2019—2022年
常州工程职业技术学院双高建设系列成果
典型案例汇编

第一册

王光文　李雄威　主　编
孙海波　丁才成　刘　健　副主编

化学工业出版社
·北京·

内容简介

本书立足于我国高水平高职院校专业群建设的示范高校：常州工程职业技术学院，详细介绍了15项学校建设案例、17项专业群建设案例、9项学术研究案例，对案例实施背景、典型做法、成果成效、典型经验、问题分析、推广应用等方面进行详细的阐述。

本书对我国高职院校开展双高学校建设、双高专业建设具有一定借鉴意义，可供从事相关研究和工作人员参考。

图书在版编目（CIP）数据

2019—2022年常州工程职业技术学院双高建设系列成果：典型案例汇编．第一册/王光文，李雄威主编．—北京：化学工业出版社，2023.9

ISBN 978-7-122-43725-9

Ⅰ.①2… Ⅱ.①王… ②李… Ⅲ.①高等职业教育-案例-汇编-常州 Ⅳ.①G718.5

中国国家版本馆CIP数据核字（2023）第116762号

责任编辑：韩庆利　　文字编辑：罗　锦　师明远

责任校对：刘曦阳　　装帧设计：王晓宇

出版发行：化学工业出版社（北京市东城区青年湖南街13号　邮政编码100011）

印　　装：北京七彩京通数码快印有限公司

787mm×1092mm　1/16　印张16¾　字数414千字　2023年9月北京第1版第1次印刷

购书咨询：010-64518888　　售后服务：010-64518899

网　　址：http://www.cip.com.cn

凡购买本书，如有缺损质量问题，本社销售中心负责调换。

定　　价：88.00元

做中国式现代化高等职业教育的先行者
（代序）

教育是国之大计、党之大计。习近平总书记指出："在全面建设社会主义现代化国家新征程中，职业教育前途广阔、大有可为。"近年来，职业院校高质量发展备受关注，日益成为培育高素质技术技能型人才的主阵地。为推进高职院校发展，国家出台了中国特色高水平高职学校和专业建设计划（简称"双高计划"），旨在打造技术技能人才培养高地和技术技能创新服务平台，引领职业教育服务国家战略、融入区域发展、促进产业升级。常州工程职业技术学院在"双高计划"建设方面积极探索、真抓实干，在坚持立德树人、深化产教融合、推进"三全育人"、实现五育融合、锻造过硬师资队伍等方面，成效十分显著。

本书立足近年来常州工程职业技术学院在"双高"建设方面取得的成效和积累的经验，精选了学校建设案例、专业群建设案例、学术研究案例汇编成册，分别阐述了常州工程职业技术学院在高质量党建引领下，深入推进育人方式、办学模式、管理体制、保障机制改革，深化产教融合和校企合作，着力优化师资团队等方面的主要做法、成果成效和经验总结，并且结合案例提出了合理化的推广应用建议，为其他职业院校推进"双高"建设提供了发展思路和可以借鉴的先进经验。

在这些案例中，构建立体式"三全育人"模式，打造精品课堂、"工程云课堂"，创新"三阶四融五保障"人才培养机制，构建"智能焊接"产教融合平台，构造五"维"一体师资团队，推行学分银行"一核三通"模式等，凝聚了常州工程职业技术学院师生和管理者的心血，体现了学院上下浓郁的创新氛围、严谨的治学态度和全方位制度的深度思考。如此全面的总结归纳和倾囊相授，为其他职业院校推进"双高计划"建设提供了一本值得学习借鉴和经常翻阅的"工具书"。

本书能够紧贴市场和就业形势的需要，加强学习教育实践、师资培养实践、平台搭建实践，高度重视深化产教融合，用系统思维建立职业教育统筹发展机制，把企业、院校、行业和政府的各类资源有效整合，以建设满足社会成员个性化、多样化、终身化学习需求的办学模式。

职业教育要为社会输出高素质技术技能型人才，为企业提供合适顶用的技术技能人才，培养更多能工巧匠、大国工匠。未来，职业院校在加强顶层设计、弘扬工匠精神、创新培育模式等方面还有很长的路要走，相信在职业院校的合力推进下，能更好地打开中国式现代化高职教育研究的新视野，引领中国式现代化高职教育发展的新趋势，进一步全面贯彻党的教育方针，全面落实立德树人根本任务，培养德智体美劳全面发展的社会主义建设者和接班人。

当前，职业院校要全面学习、全面把握、全面落实党的二十大精神，学习践行习近平总书记关于职业教育的重要论述，学习现代职教理论，躬身校本行动研究，共同开创中国式现代化高等职业教育更加美好的未来。全面增强“四大意识”，一要增强“我是职教研究者”意识，做引导学生为学、为事、为人统一的“大先生”，做促进学生成长、成人、成才的“引路人”；二要增强“我是专业思想者”意识，做面向未来、追寻积极的职业教育，做更加适合、更为优质的职业教育；三要增强“我是实践反思者”意识，聚力做正确的现代职业教育，正确地做务实的职业教育；四要增强“我是校本行动者”意识，做创新行动着的思考者，做有职教思想的“行动派”。

开创未来、赢在未来，职业院校要做知行合一、专业卓越的中国式现代化高等职教的先行者。我们要深入学习领悟中国式现代化理论的职业教育意蕴，深刻理解和科学把握后疫情时代的职业教育趋向，积极应对人工智能技术给职业教育变革带来的新机遇、新挑战，以数字化转型行动重塑职业教育新生态，推动职业教育现代化“大有作为”的创新实践，聚力推动构建高质量的现代职业教育体系，保持职业教育内涵发展的战略定力，坚持职教改革创新的正确方向，真正为职业院校学生提供更为适合、更加优质、更具特色、更有意义的现代职业教育，坚定自信走好中国式现代化职业教育理论研究和实践探索之路。职业院校的教育工作者应永葆“赶考者”的心态、“探究者”的姿态和“先行者”的状态，在奋进新征程、实干创一流中展现“领头雁”和“排头兵”的新作为、新担当，为奋力助推中国式现代化职教高质量发展做出新贡献、书写新篇章。

崔景贵

（江苏理工学院党委书记、二级教授、博士，江苏省职业技术教育科学研究中心主任，江苏职业教育决策咨询重点研究基地主任、首席专家）

2023 年 2 月 28 日

前言

近年来，国家高度重视高等职业院校改革，先后启动国家示范性高等职业院校、国家骨干高等职业院校、优质专科高等职业院校等系列建设工程。2019年，教育部、财政部印发《关于实施中国特色高水平高职学校和专业建设计划的意见》，重点支持一批优质高职学校和专业群率先发展。2021年，中央办公厅、国务院办公厅印发了《关于推动现代职业教育高质量发展的意见》，为推动现代职业教育高质量发展，加快构建现代职业教育体系，建设技能型社会明确努力方向。

自2019年以来，常州工程职业技术学院积极推进“双高计划”建设，聚焦立德树人、产教融合、三教改革、“三全”育人，加强组织领导和制度保障、创新教学模式与方法、强化双师型教师队伍建设、协同推进产教深度融合、积极打造技术技能人才培养高地和创新服务平台，形成了一系列典型经验。为进一步梳理总结学院“双高计划”建设经验成果，为“双高计划”建设绩效评价提供有效材料支撑，方便及时回顾自检、对标分析，为下步工作开展找准定位和方向，提供良好基础，我们着手汇编了本书。

在编写本书时，我们立足常州工程职业技术学院在“双高计划”建设方面取得的成效和积累的经验，详细介绍了15项学校建设案例、17项专业群建设案例、9项学术研究案例，对案例实施背景、主要做法、成果成效、经验总结、推广应用等方面进行详细的阐述。

本书内容覆盖面广、概括性强，重点突出了系统性和应用性，既有做法介绍，又有实践经验和问题分析；既是一本方便查阅借鉴的案例工具书，又是一本实践教学的优质教材；既是对常州工程职业技术学院“双高计划”建设成果的系统展示，又为本院和其他职业学院在提升职业学院教育改革方面提供了丰富的案例资料，具有很强的实用推广价值。

本书由常州工程职业技术学院王光文、李雄威共同担任主编，常州工程职业技术学院孙海波、丁才成、刘健担任副主编，相关教师参与编写。全书由常州工程职业技术学院吉国庆、王晓慧担任主审。

由于常州工程职业技术学院在“双高计划”建设方面仍处于探索推进阶段，加之编者水平有限，书中难免有不足之处，敬请广大读者批评指正。

编　者

目录

学校建设案例

专业群建设案例

学术研究案例

全面实施“人才强校”战略 激活人才发展“一池春水”

——在人才强校工作大会上的讲话

王光文

2022年3月11日

各位老师、同志们：

2021年9月，党中央召开中央人才工作会议，习近平总书记出席会议并发表重要讲话，强调要坚持党管人才，坚持面向世界科技前沿、面向经济主战场、面向国家重大需求、面向人民生命健康，深入实施新时代人才强国战略，全方位培养、引进、用好人才，加快建设世界重要人才中心和创新高地，为2035年基本实现社会主义现代化提供人才支撑，为2050年全面建成社会主义现代化强国打好人才基础。这为做好新时代人才工作指明了前进方向，提供了根本遵循。

今后三年，我校人才强校工作的目标是：以习近平新时代职业教育重要论述为指导，深入实施人才强校战略，构建大人才格局，打造聚才育才新高度，以人才强校为核心，以争创3项国家级奖项和2个国家级科研项目为目标，以打造常工人才中心和创新高地为重点，以人才发展体制机制综合改革为抓手，以学校研发和人才培养经费倍增为任务，全面提升人才工作水平，在学校高质量发展中充分发挥人才效能。

本次会议主题是：聚共识、强机制、再出发。下面，我就进一步加强我校人才队伍建设，谈几点意见。

一、聚焦“四高”，打造人才集聚的“强磁场”

人才强校是学校的核心战略，必须牢固树立“人才是第一资源”的理念，必须坚定不移地走好人才兴教、人才强校之路。

今后三年学校人才队伍建设将聚焦“四高”，即：高层次的国内领先人才队伍，高能级的载体平台，高含金量的政策举措，高品质的人才生态。

1. 唯才是举，紧盯职教需求，建设高层次的国内领先人才队伍

开展“双师、名师、博士”三大工程人才建设，聘请具有行业企业影响力的能工巧匠担任兼职教师，“全国劳模”“国家级技能大师”等柔性人才人数大幅度增加，持续深化人才培养体制。“产业教授”和博士成为学院技术研发的团队负责人，一批博士在服务区域经济发展方面取得重大突破，形成一批在省内有影响力的人才队伍和在全国有一定话语权的团队。

2. 落实责任，紧盯产教融合，铸造高能级的载体平台

学校建立以职能部门牵头的平台建设机制，进一步细化和明确团队建设尤其是产教融合平台建设的目标和要求，在团队建设上取得新的业绩突破。

3. 真抓实干，坚持双管齐下，出台高含金量的政策举措

坚持创新“引培用留”机制，强调激励压力并存，通过政策链式育才，以职能部门牵头抓总二级学院为主体育才模式，进一步畅通引才渠道，丰富育才手段，强化用才激励，全面谱好人才工作的“引培用留”四部曲。

一是谱好诚心引才“前奏曲”。深刻理解“适合的才是最好的人才”，制定杰出人才引进计划，坚持一切从实际出发，以需求引才，以事业引才，根据二级单位的重点、痛点、难点，做到“缺什么、引什么，要什么、引什么，用什么、引什么”。不同层次人才引进实行“一人一策”，强力揽才。从学校发展需求看，我们特别需要两类人才：一是高端人才或者领军人才及产业人才；二是实干型的中端人才，这类人才十分短缺，尤其是能干活、有工匠精神、能踏实做事的工匠人才，更需要大力引进、培养。

二是谱好精心育才“进行曲”。一方面对引进人才要分专业、分阶段、分对象制定培养计划，通过“学校+企业”“理论+实践”“老带新”等方式实现对人才的精细化、专业化培育。另一方面，不仅要发挥好引才的输血效应，更要重视自主“造血”功能。要把眼光聚焦到本校有潜力的优秀人才身上。通过出台相关制度，形成人才的自主培养模式。同时，不断加大人才培养投入力度。实现以必要的人才投入换取更需要的人才回报。

三是谱好放心用才“主题曲”。首先认真落实人才激励政策，继续聚焦薪酬分配、科技成果转化、收益激励等重点难点问题，进一步完善各项激励举措，打通政策落地的最后一公里，体现贡献度，让人才有成就感、获得感。其次根据人才专业领域、工作经历等情况，明确目标和任务，给岗位、交任务、压担子，崇尚真抓实干，把各类人才推向教学一线、管理一线、服务一线成长历练。最后加大青年人才培养支持力度。要主动着眼长远发展需要，在定岗进编、职称评聘、选拔任用、学术评比等方面适当向青年人才倾斜，创造更多机会，加大培养力度，构建多通道、递进式培养体系。

四是谱好安心放心“留声曲”。人才是学校的核心竞争力，要留住人才，就要亮出真心，表出实意。要建立鼓励人才创新创业的激励机制，最大限度提高人才的工作积极性。我们要划出几条政策底线：政策是激励，而非限制；政策是提高积极性，而非打压积极性；政策是激活一池春水，而非形成一潭死水！

4. 敬贤爱士，坚持多措并举，营造高品质的人才生态

栽下梧桐树，引得凤凰来。长远来看，吸引人才最主要的因素并不全是丰厚的薪酬待遇，而是成长空间和干事平台。环境比资金更重要，服务比管理更管用，人文氛围比制度更有效。引进人才，不仅要“引得进”“育得强”“用得好”，更要“留得住”。

习近平总书记在中央人才工作会议中强调，做好人才工作必须坚持正确政治方向，不断加强和改进知识分子工作，鼓励人才深怀爱国之心、砥砺报国之志，主动担负起时代赋予的使命责任。广大人才要继承和发扬老一辈科学家胸怀祖国、服务人民的优秀品质，心怀“国之大者”，为国分忧、为国解难、为国尽责。要优化人才表彰奖励制度，加大先进典型宣传

力度，在全社会推动形成尊重人才的风尚。常州工程职业技术学院的人才成才发展氛围需要我们倍加呵护。

在营造高品质人才生态上，我们要做到：

一是制度留才。一方面要落实好各项待遇保障服务政策，在安居、教育、创业等方面解决人才后顾之忧。将人才从繁琐的事务中解放出来，把精力更多地投入到教书育人和科学研究中。另一方面要健全人才服务机制，落实党管人才，实施“党建领航工程”，定期听取人才诉求，及时帮助解决人才最关心最迫切的现实问题，让人才轻装上阵。

二是人文留才。一方面要进一步强化人才氛围营造，加强人文关怀，常态关心关爱，建好“人才圈”“校友圈”，打好“感情牌”“亲情牌”，做到以细腻真实的情感引才留才，激发人才选择扎根、建功立业的热情。另一方面要集中宣传二级学院咬定目标不放松，强化人才氛围营造，构建“人人皆可成才”的校园环境。

三是环境留才。要积极营造好风清气正的人才生态，留才与引才、育才、用才息息相关、密不可分，只有在识才、爱才、容才、用才各个环节用心用情，才能真正形成人才工作的强大合力。

二、抓实“五个突出”，激活人才发展的“一池春水”

围绕人才质量、人才管理、人才引入、人才考核、任务引领等五个方面，深入开展杰出人才建设，通过“前台”政策、“后台”服务，重视引才“输血”，培育人才“造血”，不断在学校高质量发展中发挥人才效能。

1. 突出人才质量这个主抓手，建立人才评价与退出机制

人才质量决定教育质量。任何时候，都要重视人才质量。人才评价前面连着人才培养，后面接着人才使用，要抓住人才评价这个“牛鼻子”，实现“牵一发而动全身”、以人才评价推动人才质量提升的效果。要合理设置人才评价标准，用好人才退出制度。

2. 突出人才引进的灵活性，常规引进和柔性引进相结合

人才引进要注重引进高素质技术技能人才、适应型人才、复合型人才三类人才。面向经济主战场，面向常州产业转型，面向长三角一体化战略，大力引进万人计划、杰青、行业领军人才，加大企业博士及创新创业人才引进力度。

3. 突出人才管理的包容性，努力营造人才发展软环境

人才的多样性以及团队建设的多样化，需要给予人才管理更多的包容性，让人才能够“八仙过海各显神通”。各部门不能人为地对人才制造制度障碍、发展障碍，要搭建好人才干事创业平台。要突破围墙之困，坚持共建共育共有共享，与地方和企业乃至其他兄弟院校构建人才创新联合体，让人才在更广阔的空间找到舞台，发挥作用，以人才价值实现空间的拓展，带动学校事业发展空间的拓展。

4. 突出人才考核机制，强化激励考核

一是注重人才考核结果运用。要建立健全责、权、利相统一，有利于调动各方面积极性

和创造性的人才考核机制和分配激励机制。二是在使用人才的过程中，建立健全人才长效评价机制、容错机制，注重激励考核，不因一时成败论英雄，包容失败，鼓励创新，让人才迸发创新活力。今年，学校将进一步完善《科研考核办法》中对教师科研考核要求，出台《人才建设纲要（2022—2024 年）》《人才考核评价标准》《职教创新团队建设标准》。另外，学校将把人才队伍建设纳入年终绩效考核，作为二级学院、各职能部门考核内容。

5. 突出任务引领，切实落实各单位主体责任

要深化人才发展体制机制改革。要根据需要和实际向用人主体充分授权，发挥用人主体在人才培养、引进、使用中的积极作用。用人主体要发挥主观能动性，增强服务意识和保障能力，建立有效的自我约束和外部监督机制，确保下放的权限接得住、用得好。用人单位要切实履行好主体责任，用不好授权、履责不到位的要问责。要积极为人才松绑，完善人才管理制度，做到人才为本、信任人才、尊重人才、善待人才、包容人才。要建立健全责任制和军令状制度，确保科研项目取得成效。要深化科研经费管理改革，优化整合人才计划，让人才静心做学问、搞研究，多出成果、出好成果。要完善人才评价体系，加快建立以创新价值、能力、贡献为导向的人才评价体系，形成并实施有利于科技人才潜心研究和创新的评价体系。

二级学院、各职能部门是全校人才工作的主力军，人才培养的主阵地，科技创新的主战场。一是学校推进党总支、职能部门人才工作述职制度，通过“述成绩、述亮点、述特色、述问题、述不足、述原因、述责任、述打算、述措施”等九个必述，赋能“催化”人才工作。二是党委牵头举办十大名师（教学名师）、十大名团（教育教学创新团队）、十大名匠（大国工匠）、十大名博（博士）、十佳辅导员等人才品牌活动。三是党委搭台激发人才内生动力，开展百名教师大练兵、十项技能大比武（辅导员基本功技能比赛、党务工作者思政工作基本功比赛、专业教师技能比赛等）活动。四是加强过程管理，由党委定期发布人才综合竞争力指数。五是充分利用综合改革试点，改革最前线，权利下放到最小单元，进一步激发二级学院（部）的活力，激发广大人才的活力，让各类人才都能出头、有盼头、有奔头。

同志们！身处新时代、开启新征程、建设新常工，我们要从新趋势、新格局的维度，牢牢把握“人才是最重要的资源”这一原则。努力构建人人渴望成才，人人努力成才，人人皆可成才，人人尽展其才的良好局面，为学校高质量发展发挥人才效能，提供更有利的人才保障。

把握类型教育特色 赋能“双高”建设

李雄威

2022 年 1 月 10 日

各位领导，各位老师：

今天很高兴能与在座的党员同志们一起分享学校“双高”建设的进展。我报告的题目是《把握类型教育特色，赋能“双高”建设》。

首先，我们一起来学习一下中办国办去年 10 月份印发的《关于推动现代职业教育高质量发展的意见》，学界称之为“职教 22 条”。这个文件是全国职业教育大会精神的物化成果，是指导新时代职业教育高质量发展的行动纲领。我们大家都知道，去年 4 月份，经党中央批准，召开了全国职业教育大会。习近平总书记对职业教育工作作出重要指示，强调，在全面建设社会主义现代化国家新征程中，职业教育前途广阔、大有可为。要坚持党的领导，坚持正确办学方向，坚持立德树人，优化职业教育类型定位，深化产教融合、校企合作，深入推进育人方式、办学模式、管理体制、保障机制改革，稳步发展职业本科教育，建设一批高水平职业院校和专业，推动职普融通，增强职业教育适应性，加快构建现代职业教育体系，培养更多高素质技术技能人才、能工巧匠、大国工匠。各级党委和政府要加大制度创新、政策供给、投入力度，弘扬工匠精神，提高技术技能人才社会地位，为全面建设社会主义现代化国家、实现中华民族伟大复兴的中国梦提供有力人才和技能支撑。结合总书记的指示精神，下面我们从六个方面来学习“职教 22 条”。

一、树立“四个面向”职教理念

一是职业教育是面向市场的就业教育。要紧贴市场和就业形势，动态调整专业目录，更多开设紧缺的、符合市场需求的专业，帮助学生实现更高质量的就业。要落实育训并举法定职责，开展大规模职业技能培训，全面提升劳动者职业技能和就业创业能力，帮助更多劳动者特别是青年实现更高质量的就业。

二是职业教育是面向能力的实践教育。实践教育是职业教育区别于其他类型教育的显著特征。实习实训是实现职业教育培养目标、锻炼学生实践技能的必要途径，越接近真实的工作环境、越接近生产一线、越接近实际操作过程，职业教育培养的人才质量就越高。要把产教融合、工学结合作为职业教育办学的基本模式，把专业建在产业链上，把课堂设在生产服务一线，让学生在实践中增长才智、提升技能。

三是职业教育是面向社会的跨界教育。职业教育与经济社会发展联系最为紧密，跨越了职业与教育、跨越了企业与学校、跨越了工作与学习的界域。职业教育办学，必须跳出教育看教育，跳出学校看学校，用系统思维建立职业教育统筹发展机制，把企业、院校、行业和政府的各类资源有效整合起来，推动职业教育由参照普通教育办学模式向企业社会参与、专业特色鲜明的类型教育转变。

四是职业教育是面向人人的终身教育。三百六十行，行行出状元。职业教育要坚定人人皆可成才，并发挥面向人人的教育优势，为人人尽展其才创造条件，不仅要让每个人都享有受教育的机会，而且要让每个人都有人生出彩的机会。要坚持学历教育与非学历教育并举并重，坚持职业教育与普通教育、继续教育协调发展，共同满足社会成员个性化、多样化、终身化的学习需求，服务全民终身学习，建设技能型社会。

二、强化职业教育类型特色

一是巩固职业教育类型定位。进一步夯实专科层次职业教育的主体地位，牢牢把住质量关，集中优势资源打造中国特色高水平高职学校和专业，发挥示范引领作用，促进内涵发展，整体提升办学质量和服务行业企业的能力水平，增强竞争力和吸引力。稳步发展本科层次职业教育，高标准建设职业本科学校和专业，保持职业教育办学方向不变、培养模式不变、特色发展不变。到 2025 年，职业本科教育招生规模不低于高等职业教育招生规模的 10%。

二是促进不同类型教育横向融通。推动中等职业学校与普通高中、高等职业学校与应用型大学课程互选、学分互认。鼓励职业学校开展补贴性培训和市场化社会培训。制定国家资历框架，建设职业教育国家学分银行，实现各类学习成果的认证、积累和转换，加快构建服务全民终身学习的教育体系。

三、完善产教融合办学体制

一是优化职业教育供给结构。围绕国家重大战略，紧密对接产业升级和技术变革趋势，优先发展先进制造、新能源、新材料、现代农业、现代信息技术、生物技术、人工智能等产业需要的一批新兴专业，改造升级钢铁冶金、化工医药、建筑工程、轻纺制造等一批传统专业，形成紧密对接产业链、创新链的专业体系。优化区域资源配置，推进部省共建职业教育创新发展高地，持续深化职业教育东西部协作。启动实施技能型社会职业教育体系建设地方试点。办好面向农村的职业教育，强化校地合作、育训结合，加快培养乡村振兴人才，鼓励更多农民、返乡农民工接受职业教育。支持行业企业开展技术技能人才培养培训，推行终身职业技能培训制度和在岗继续教育制度。

二是健全多元办学格局。充分发挥国有企业办职业教育优势，鼓励上市公司、行业龙头企业办职业教育。鼓励职业学校与社会资本合作共建职业教育基础设施、实训基地，共建共享公共实训基地。分级分类编制发布产业结构动态调整报告、行业人才就业状况和需求预测报告。

四、创新校企合作办学机制

一是创新校企合作形式。积极与优质企业开展双边多边技术协作，共建技术技能创新平台、技术转移机构和科技园、孵化器、众创空间，服务地方中小微企业技术升级和产品研发。校企共建共管产业学院、企业学院，延伸职业学校办学空间。主动吸纳行业龙头企业深度参与职业教育专业规划、课程设置、教材开发、教学设计、教学实施，合作共建新专业、开发新课程、开展订单培养。推进全国性、行业性职教集团实体化运作。探索中国特色学徒制（现代学徒制、企业新型学徒制），大力培养技术技能人才。引导企业按岗位总量的一定比例设立学徒岗位。

二是优化校企合作政策环境。各地对产教融合型企业给予“金融+财政+土地+信用”组合式激励，按规定落实相关税费政策。工信部门要把企业参与校企合作的情况，作为各类示范企业评选的重要参考。教育、人力资源社会保障部门要把校企合作成效作为评价职业学校办学质量的重要内容。职业学校通过校企合作、技术服务、社会培训、自办企业等所得收入，可按一定比例作为绩效工资来源。

五、深化教育教学改革

一是强化双师型教师队伍建设。加强师德师风建设，全面提升教师素养。完善职业教育教师资格认定制度，在国家教师资格考试中强化专业教学和实践要求。制定双师型教师标准，完善招聘、专业技术职务评聘和绩效考核标准。落实教师定期到企业实践的规定，支持企业技术骨干到学校从教，推进固定岗与流动岗相结合、校企互聘兼职的教师队伍建设改革。建立科学的领导干部选用、培养、交流、退出机制，让懂职业教育、爱职业教育，兼具企业家思维的干部挑起重担，管好办好职业院校。

二是深化教材教法改革。完善“岗课赛证”综合育人机制，按照生产实际和岗位需求开发课程，开发模块化、系统化的实训课程体系。实施职业技能等级证书制度，完善认证管理办法，加强事中事后监管。及时更新教学标准，将新技术、新工艺、新规范、典型生产案例及时纳入教学内容。分层规划，完善职业教育教材的编写、审核、选用、使用、更新、评价监管机制。引导地方、行业和学校按规定建设地方特色教材、行业适用教材、校本专业教材。

六、打造中国特色职教品牌

探索“中文+职业技能”的国际化发展模式。服务国际产能合作，推动职业学校跟随中国企业走出去。推出一批具有国际影响力的专业标准、课程标准。

“职教22条”通过系统总结“职教20条”以来的改革经验，分析应该坚持和巩固什么，探究应该完善和发展什么，既坚持过去行之有效的政策举措，更向改革创新要动力，使中国特色现代职业教育体系充分展示出强大的自我完善能力和更为旺盛的生机活力。全校党员同志要率先深入学习，将“职教22条”的相关精神融入“双高”建设、嵌入岗位工作，弘扬工匠精神，培养更多高素质技术技能人才、能工巧匠、大国工匠，为“强富美高”新江苏现代化建设，提供有力人才和技能支撑。

我报告的第二部分是学校“双高”建设三年回顾。

一、建立健全“双高”建设管理机制

一是统筹谋划建设方案。围绕中国特色高水平高职强校目标，学校设计了全面加强党的建设、打造人才培养高地、打造创新服务平台等十一项主要任务，其中学校层面一级任务11项、二级任务39项、具体任务688件，应用化工专业群一级任务9项、二级任务42项、具体任务215件。

二是全面推进制度创新。为全面支持“双高”建设，学校先后在专业与课程建设、产教融合、教师职称改革、绩效分配制度等多个方面出台了40余项（2021年度）专项支持文件。发布实施了《学校“双高”建设项目实施与管理办法》《学校“双高”建设项目资金管理办法》等项目管理文件3项，健全了任务执行机制，提升了方案执行能力。

三是建立协调联动机制。建立了校领导牵头、牵头部门主体负责、相关二级部门协同作战的工作机制。整理编制了“双高”建设重点目标任务、分管领导、牵头部门、责任人和完成时间一览表，形成学校层面与工作组层面的作战图，将各责任部门的“双高”建设目标任务纳入考核体系，充分发挥四“会”一“简报”两“诊改”一“平台”作用：召开学校层面“双高”建设工作例会、工作组层面研讨会、重点难点专项推进会、校领导基层调研会；按月发布双高建设工作简报；开展“双高”建设项目年中、年末诊改；运用双高项目管理平台，开展任务进度跟踪。多方位的措施，促进了双高任务的高质量完成。

四是强化资金保障。我校“双高”建设项目，五年预算总投入4.03亿元，其中央财、省财拨款7800万元，行业企业支持8800万元，学校自筹2.36亿元。目前为止，我校在“双高”建设中已投入使用各类资金2.27亿元。

二、“双高”绩效指标完成情况

学校在“双高”建设项目中共设有数量指标、质量指标、效益指标256个，以实施期满目标值衡量，目前已完成或超额完成的有130个指标，占50.8%；基本完成的有52个，占20.3%；完成率较低的57个，占22.3%；完成值仍然为0的有17个指标，占6.6%。

近三年取得了20多项省级及以上标志性成果，比如全国党建工作样板支部1个，“互联网+”大学生创新创业大赛国赛金奖1项，全国职业院校技能大赛一等奖2项，国家级职业教育教师教学创新团队2支等。这些成果的取得来之不易，是全体师生员工共同奋斗的结果，是广大党员同志率先垂范的结果。借此机会，我代表学校向在座的老师们表示衷心的感谢！

三、分项任务完成情况

学校“双高”部署了十一项主要任务，接下来向大家详细汇报每一项任务的进展情况。

（一）高举旗帜固本强基，全面加强党的建设

党的政治建设持续加强。聚焦关键节点，坚定信仰有力量。学校党委统筹制定系列活动，推动庆祝建党百年活动走新走心。以多种形式组织开展“七一”专题活动，以感悟学习伟大“建党精神”为主题开展多样的师生专题实践活动，以专题党委会、组织生活会形式学习习近平总书记在庆祝中国共产党成立100周年大会重要讲话，深入开展“不忘初心、牢记使命”主题教育。

基层组织建设提质增效。以强化工作平台，打造育人阵地为工作主线，突出“阵地严、

活动实、路径新、目标明”的建设思路，形成了“2室1园4家8校”的组织育人新载体，即“党支部书记工作室”“劳模工作室”、1个党建园、4个“民主党派之家”、党委党校和7个分党校，使组织育人工作载体更加鲜明化、实体化。抓标杆树样板，焊接及理化党支部被认定为“全国党建工作样板支部”建设单位。

（二）育训结合书证融通，高质量开展人才培养

教材教法改革成果多点开花。全面深化新型教材改革，出台《教材建设管理办法》，推进数字化资源和新形态教材建设。入选“十三五”国家规划教材7部、省级重点教材4部，获得首届全国优秀教材一等奖1项、二等奖1项。推进“常工金课”建设，推进线上线下混合式教学改革，“常工金课”立项建设并通过验收75门，立项建设新形态教材66部。2019、2020、2021三年中实施“1+X”证书试点项目分别达到6个、27个、36个，建成“X”证书培训考核基地14个，入选教育部运动营养咨询与指导“1+X”证书考核优秀试点院校（省内唯一）。新增国家精品在线开放课程1门、省级在线开放课程12门。主持国家专业教学资源库建设3项，其中1项已通过验收。2021年获得江苏省教学成果奖特等奖1项、一等奖1项，二等奖2项，2020年获中国石油和化工教育教学成果奖4项。

课程思政与思政课程同向同行。积极推动党史学习教育融入思政课建设，赓续党的精神血脉。与新华网共建思政教育协同发展中心，全力打造思政教育高质量发展样板。出台《课程思政实施方案》，成立学校课程思政教学研究中心，实施专业人才培养方案、课程标准、课程教学方案一体化编制工程，采取“以岗定课”“赛教融合”“课证融通”“课程思政”等手段，将岗位标准、大赛标准、证书标准中体现的新技术、新工艺、新规范和专业内容中蕴含的思政元素融入培养方案、课程标准和教学方案。《“五贯通”育人体系打造网上通识“金课”》入选全国高职高专优秀“网上金课”教学案例。

人才培养质量稳步提升。学校积极推进“工学交替、育训结合、逐级递进”分段式人才培养改革，通过劳模班、工作坊等形式实施人才培养“卓越计划”，系统推进现代职教体系建设，打通技术技能人才成长通道，新增“4+0”项目1个，“3+2”项目6个，承担普通本科阶段教学实施试点项目1个，“3+3”分段培养项目16个。学生参加各类省部级及以上职业技能比赛、文艺比赛、体育竞赛获奖240余项。根据省就业指导中心发布的《江苏高校就业报告》显示，2019届毕业生就业率、月收入、三年晋升率三项指标均跻身全省前十，母校推荐度、母校满意度均位列江苏高水平高职院校前两位。近两年毕业生满意度分别达到98.91%、97.79%，用人单位满意度达到90.58%、88.59%。3名毕业生被人社部授予“全国技术能手”称号，1名毕业生获“江苏省技术能手”称号。2019年入选全国职业院校育人成效50强。

创新创业氛围日趋浓厚。不断完善“四融三阶”创新创业教育体系，建设双创精品课程，建立双创驱动中心，孵化双创项目，开展青创讲堂，形成人人尽展其才、人人皆能出彩的创新创业生态。学校“三阶四融五保障”创新创业教育体系入选教育部教指委特色典型案例。创赛项目获得第七届中国国际“互联网+”大赛职教赛道金奖1项，中国大学生创新方法大赛一等奖1项、三等奖2项，全国高职高专“发明杯”大学生创新创业大赛获得一等奖4个，全国大学生微创业行动乡村振兴奖1项，江苏省职业院校创新创业大赛一等奖3项，“挑战杯”江苏省大学生创业计划竞赛银奖1项、铜奖2项。

（三）对接地方多元融合，打造高品质创新服务平台

科技创新与技术转移平台建设成果显著。学校获批国家自然科学基金依托单位，能源互联网及大数据集成应用工程中心、绿色节能与新能源材料技术协同创新中心入选教育部高等职业教育创新发展行动计划协同创新中心。成功立项建设常州市食药品检验检测产学研创新联盟，立项建设校级科研平台 4 个、培育建设平台 2 个，校级、市级、省级、国家级科研创新平台培育与建设机制得到进一步完善。技术转移中心公司化、实体化、规范化运行持续推进，“多方共建、多元投入、互利共赢”的科研平台协同创新与建设机制基本形成。

立项建设江苏省科技创新团队 1 支、建成验收 1 支，承接国家部委级课题 7 项，各类省级科研课题 53 项，新增知识产权授权 684 件，其中发明专利 62 件， PCT 3 件，发表核心期刊论文 250 余篇。实现发明专利、实用新型专利转让 29 件。

（四）面向行业聚焦高端，专业品质与特色不断彰显

专业整体实力稳步提升。动态调整专业，优化专业布局，对接长三角一体化发展战略，服务区域产业需求。专业集群发展，获批 4 个江苏省高水平专业群，涵盖 16 个专业，工业分析技术、药品生产技术等 6 个专业入选教育部骨干专业，实行校级、省级、国家级三级专业群分类管理，实现以群建院、集群发展。校企协同优化教学标准，对接国家标准和国际标准，推进专业、课程数字化改造，建立课程资源库、校级专业（群）资源库、国家专业教学资源库“三层递进”的资源建设体系。

应用化工技术专业群建设有序推进。师资队伍结构更趋优化，教授比例 25%，博士比例 35%，新增国家教学创新团队 1 支、省教学创新团队 2 支。积极参与相关国家标准的制定，主持编制化工专业国家教学标准，参与编写教育部新专业目录开发（主编化工大类），参与制定、审定《国家职业技能标准——化工总控工（2019 年版）》。教育改革持续深化，获教育部首届全国教材建设成果一等奖 1 项，主编国家“十三五”规划教材 1 本、江苏省“十三五”规划重点教材 3 本，主持建设省级在线开放课程 5 门，主持国家教学资源库 1 项，全国职业院校学生技能大赛 15 连冠，省挑战杯大学生创新大赛一等奖 1 项。产教融合走深走实，牵头建设的全国检验检测认证职教集团获全国示范职教集团，发起建立长三角绿色化工医药一体化发展职教联盟，建立产业学院 2 个；与常州市应急局共建成立应急管理与安全工程学院，深入合作应急安全人才培养；与企业开展学徒制，建立 20 个学徒班。社会服务能力显著提升，承办了“1+X”证书试点（污水处理、化工危险与可操作性分析）的师资培训；年培训量 15000 人日，年四技服务 3000 万元。

（五）师德为先能力为重，师资队伍能力水平持续提升

师德师风建设不断强化。坚持思想铸魂、价值导向、示范引领，突出规则立德、课堂育德、典型树德，建立教师负面清单和信用记录电子档案，发布师德师风专项整治行动方案，出台师德考核“一票否决”实施办法，推动形成了全方位、全过程、全员的育德、育心、育人师德师风考核机制。

教师队伍水平持续提升。深入开展分配机制改革、教师分类培养体系建设，智能焊接技术专业团队、应用化工生产技术专业团队入选国家级职业教育教师教学创新团队，新增省级教学及科技创新团队 4 支、江苏省中青年突出贡献专家 1 名， 2 名教师入选省环境应急专

家。新增省级产业教授7名。3位老师获“全国技术能手”称号，王中磊老师获评“江苏工匠”称号。参加省职业院校教学能力大赛获奖等级、获奖数量逐年提高。“一体两翼、师德贯穿、阶梯提升”教师发展体系入选首批全国职业院校“双师型”教师队伍建设典型案例100例。教师培养培训基地被认定为教育部财政部职业院校教师素质提高计划优质省级职教师资培养培训基地。

（六）育人为本跨界协同，产教融合取得新突破

开放办学，产教融合平台高效推进。全国检验检测认证职业教育集团入围教育部第二批全国示范性职教集团建设单位，牵头成立长三角绿色化工与医药一体化发展职教联盟、全国医疗建筑职教联盟、常州食药品检验检测产学研合作创新联盟。联合行业协会、知名企业共建地坪产业学院等7个产业学院，获批建设江苏省绿色品质智能检测产教融合集成平台。

校企协同联动机制不断完善。探索“内生合作动力机制、资源共建共享机制、人员互兼互聘机制、学校运行保障机制”四轴联动校企命运共同体。出台《产教融合促进管理办法》，进一步明确学校产教融合、校企合作的管理体制与运行机制。新增紧密合作省级产教融合型企业4家。修订了《现代学徒制人才培养管理办法（试行）》，全面推行现代学徒制人才培养模式探索；校企共建20个企业学习中心，制定扩招生个性化人才培养方案，试行“1+N”弹性学制模式。

（七）需求导向精准支持，社会服务向品牌化迈进

培训服务供给力不断提升。成人学历教育1万余人。非学历培训16万人日，到账1940余万元。与中国化工教育协会共建国家开放大学石油化工学院，服务全国学习中心40个，建设课程资源52门，服务13465名在籍生。巩固如东中心建设，招生203名。获评“全国高校现代远程教育优秀校外学习中心”和“国家开放大学石油和化工学院优秀学习中心”。

技术服务供给力有效增强。以“六化”为标准推进技术转移中心建设，成为全省高职少数具有技术开发合同认定资质的单位。建有技术经理人事务所，拥有20多人的技术经理人队伍。被省科技厅授予“江苏省技术市场先进单位”。“四技”服务经费三年累计达1.6亿元，入选全国职业院校服务贡献50强。

扩招帮扶政策落实有力。积极落实国家百万扩招计划，招收扩招生1912人。对口帮扶等西部地区9所院校，双向挂职4人。

（八）优化机制深化改革，内部治理效能不断增强

依法治校机制持续健全。完善党委会和院长办公会议事规则，明确“三重一大”内涵要义。构建基于信息化平台的“55821”的内部质量保证体系，健全学校目标管理体系，目标链、标准链和执行链全程贯通，2019年以“有效”结论通过教育部全国诊改委专家现场复核，《开发“工程云课堂”，打破课堂教学“黑箱”》入选全国职业院校教学工作诊断与改进制度建设优秀案例。完善教代会、学代会、学术委员会、办学理事会、科协章程。三年“废改立”各项规章制度134个。优化内部控制体系构建，内控试点顺利通过省教育厅阶段验收。

（九）持续升级智慧校园，打造信息化建设标杆校

信息技术与教育教学深度融合。建成一体化教学云平台，线上线下混合式教学比例达

90%。建成智慧学工平台、智慧党建平台、教学质量诊断与改进平台、目标管理系统。服务师生的一站式网上事务大厅，目前运行229个事务流程，实现办事流程的全过程跟踪、监控，实现事务的上下追溯与跟踪，为网上办公提速增效。建设专业发展管理信息平台，利用大数据和人工智能技术实现专业职业能力分析。建设产教融合管理平台，助推专业链与产业链深度对接。

智慧校园建设引领职教同行。智慧校园建设以来，先后吸引了2000余所中高职院校14000余人次来校学习交流，智慧校园建设模式和成效获得了教育部、江苏省纪委、江苏省教育厅等领导专家的高度认可，信息平台建设经验被多所职业院校借鉴和应用，智慧校园解决方案先后获得《中国教育报》《光明日报》《科技日报》《人民网》等多家主流媒体报道，2021年荣获“江苏省智慧校园示范校”“高校智慧校园综合实力卓越奖”等荣誉，智慧校园方案对外输出到账300余万元。

（十）互鉴互融变轨超车，国际化开启新征程

国际化载体不断扩展，国际交流与合作质量稳步提升。打造“郑和中心”品牌助力“一带一路”建设，开展“中文+技能”培训近400人次。在巴基斯坦、越南建设学生海外实习基地，引进2门海外课程，向缅甸分校输出《国际汉语》（初级）教学标准，培养17名汉语预科生，与缅中友好协会共建中缅文化交流中心，近2届毕业生接近70%就职于中资企业海外公司或部门。联合张家港汉帛集团等企业在缅甸建立海外人才培养基地，与韩国朝鲜大学、灵山大学、泰国博仁大学等11所境外高校签署学生境外学历提升项目。获批教育部中外人文交流中心——“智能制造中外人文交流人才培养基地”。

（十一）熔铸精神以文化人，文化软实力不断增强

文化育人新高地初步形成。筹建新时代职业教育思想研究中心，组织力量学习研究新时代职业教育新思想、新政策。立项宣传思想文化工作创新成果4项。持续开展“感动工程”、“常工工匠”评选、大国工匠进校园、传统文化进校园、科技文化节等品牌校园文化活动。挖掘校园文化景观育人内涵，建设党建文化园、党史故事雕塑，为师生开展党团活动提供红色阵地。“我和我的祖国”微视频在学习强国平台，网络点击量突破1.8万人次。成立“非遗文化传承研修中心”。

文化氛围日益浓厚。龙舟项目入选江苏省首批中华优秀传统文化传承基地创建学校，龙舟特色文化持续发展，在第九届中国大学生龙舟锦标赛上，校龙舟队斩获直道赛100米冠军。

服务常州地方传统工艺传承与创新。“常州非遗传承研修中心”被教育部职业院校文化素质教育指导委员会授予“全国职业院校传统技艺传承示范基地”，“常州社区传统文化讲堂”成功入选2020年度江苏省社区教育特色品牌建设项目。“四梁八柱”文化育人体系在第七届高职教育文化建设与可持续发展论坛作经验交流，在第十届全国职业院校“文化育人”高端论坛上进行案例展示。

四、存在的问题

“双高”建设着重对接国家战略，响应改革任务部署，必须紧盯“引领”、强化“支

撑”、凸显“高”、彰显“强”、体现“特”，对照我们现在的完成水平，以及教育部提质培优行动计划的新要求，我们还存在不少问题与困难。

一是“双高”建设管理机制还需进一步优化。校级层面的统领与督导作用发挥不够充分，项目牵头部门的主体与协调作用不够凸显、任务责任部门的具体落实与协同作战意识不够强烈，尚未完全形成“上下同欲、多方联动、齐力推进”的良好工作局面。

二是“双高”建设绩效有待进一步提高。目标任务实际完成率和绩效指标达成率与年初学校提出的工作要求还存在一定的差距，一些重点项目的推进较为缓慢，少数责任部门的2019—2020 年延续任务还没有完成。标志性成果突破不够，教师教学能力大赛仍止步于省赛，课程思政示范项目、虚拟仿真实训基地没有进入国家级阵营，高层次科研课题与创新平台建设明显落后于同层次兄弟院校。如何在省级以上标志性成果建设上取得突破性进展是摆在每位干部和教师面前的严峻课题。

三是“双高”建设经费使用绩效有待进一步提升。部分项目组存在经费预算不合理、相关责任部门对经费预算不清楚等现象。建设经费预算执行率较低，2021 年的经费预算执行率学校层面为 31.73%、专业群层面为 16.84%。“双高”建设项目经费预算的科学性有待提高。如何提高预算执行率是每个项目必须充分重视的问题，既要把事做完、做好，也要把钱花了、花好，要科学预算与谋划，努力提高经费使用绩效。

四是行业企业经费、设备支持的有效度有待进一步加强。尽管今年以来，行业企业经费与设备支持（包括捐赠和准捐赠）达到了较高水平（价值达 4654.6 万元），但捐赠的经费和设备价值仅为 363.5 万元，且用于相关建设项目的指向性不明确。国资、财务等部门还需进一步研究，完善捐赠管理制度，提高捐赠的有效性。

这些问题在 2022 年必须加以解决，同时要建立长效机制。接下来，我就 2022 年“双高”建设工作计划向大家作个汇报：

一、主攻重大成果和绩效目标

在党的建设方面。现有“全国样板支部”建设通过验收，力争新增立项“省特色党支部”“全国样板支部”建设单位各 1 个，入选全国“三全育人”典型学校培育建设单位。

在人才培养方面。国家级成果要实现新突破：获国家级教学成果奖 1 项、国家规划教材 8 部、国家专业教学资源库验收通过 1 项、国家精品在线开放课程 2~3 门、入选全国德育特色案例 1 个、全国思想政治课示范课堂 2 项、全国课程思政教育案例 2 个、全国课堂革命典型案例 2 个。创新创业大赛国赛获奖 1 项，全国技能大赛获奖 1~2 项。省级成果要接续发力：立项省级中高职衔接示范项目 1 个、省级在线开放课程 10 门、省级思政示范课堂 1 个、入选省级课程思政典型案例 1 个、双创省赛金奖 2 项。开展本科层次职业教育试点专业 2~4 个。

在科技创新方面。立项省级创新平台 1 个，市级以上人文社科类研究创新平台 1 个。获批市级以上人文社科类科研创新团队 1~2 支。新增国家级科研项目或研究课题 1~2 项、省级科研项目 8 项以上，发表高质量论文 100 篇以上，出版学术专著 5 部以上，授权发明专利 25 件，转化专利成果 10 项以上，形成科技成果转化应用示范案例 3 项。获省级人文社科类研究成果奖 1 项以上，力争获省级以上科技成果奖 1 项。实现纵向科研到账 240 万元以上。实现技术合同认定额 8000 万元，横向到账 2200 万元；“四技”服务经费达 5800 万元。

在队伍建设方面。首批国家级教师教学创新团队通过验收、培育建设全国思想政治课教学创新团队1支；立项或培育建设国家级技能大师（劳模）工作室1个、全国班主任工作室1个、全国思政课教师研修基地1个、示范性教师企业实践流动站1个，教学能力大赛国赛获奖1项。省级成果建设方面：新增省级课程思政名师1人、省级及以上优秀教育家1人，新增省级产业教授3人、省级及以上人才项目入选者7人、立项省级教学创新团队1支；入选省级“双师型”教师培养基地1个，教学能力大赛省赛一等奖2项。引聘高端柔性人才1~2人，引培博士15人，正高15人。长期境外访学研修计划10人次左右。

在校企合作方面。累计建设国家级、省级产教融合型紧密合作企业20家以上（其中国家级4家以上）；检验检测认证全国示范性职教集团建设取得新突破，职教集团实体化办学模式和产业学院建设模式有新进展；校地共建检验检测基地建设有新突破。

在社会服务方面。全年培训规模不少于全日制在校生的2倍，培训到账不低于2000万元；开发新职业工种培训项目2个，新增社会捐赠（或准捐赠）设备价值和资金累计1800万元。力争立项校企共建全国示范性职工培训基地1个、示范性继续教育基地1个、优质继续教育网络课程2门、社区教育示范基地1个。

在其他方面。创建全国信息化标杆学校；建成国家级中华优秀传统文化传承基地；新增国际化专业教学标准1项、“一带一路”项目2个、“中文+职业技能”项目1个，在应用化工技术、智能焊接技术、建筑工程技术等重点专业群实施UK NARIC国际化专业认证试点。

二、做好中期绩效自评工作

围绕中期绩效评估开展以下工作：

一是开展学校“双高”建设项目中期满意度、认可度第三方评价工作。二是收集和整理双高建设优秀案例，学校层面与专业建设层面各不少于5个。三是组织编制学校和专业建设层面的中期绩效自评表和自评报告。四是组织整理学校和专业建设层面完成任务与绩效指标过程支撑材料。

三、完善重大项目建设管理体制和工作机制

一是充分发挥校级领导层面的统领与督导作用、项目牵头部门的主体责任与协调作用、任务责任部门的具体落实和协同作用、“双高”建设相关管理部门的统筹协调与过程监管作用，形成“上下同欲、多方联动、齐力推进”的良好工作局面。

二是健全学校重大项目建设的常规管理机制：进一步完善各项目组工作进度月报制度，强化过程管理，健全与完善对重点项目推进的督办机制，优化“双高”“提质培优”等专项工作的诊断与改进机制，切实提高工作效率与质量。

三是进一步完善学校“双高”建设管理平台功能，优化平台管理系统与管理手段。

各位领导、同志们，一分部署，九分落实。习近平总书记曾指出，如果不沉下心来抓落实，再好的目标，再好的蓝图，也只是镜中花、水中月。“双高”建设成效高不高，关键在于任务是否有效落地。“双高”建设不是“独唱”，而是“合唱”。每个任务之间都是彼此关联和相互印证的。各单位要破除本位主义，牢固树立“全校一盘棋”意识，协同攻关，相互补台，共享共赢。全体中层干部要发挥排头兵和领头雁作用，坚决扛起“双高”建设历史

使命，提高政治站位，增强干事创业本领，坚持身体力行，带头攻坚克难，带头追赶超越，以自身的榜样作用凝聚师生力量。党员同志要发挥先锋模范作用，坚持立德树人根本任务，遵循职业教育教学规律，弘扬高尚师德师风，以更显著的育人成效和更多的优秀教科研成果，有力支撑学校高质量发展。我们坚信，在学校党委的带领下，通过全体党员干部的共同努力，通过广大教职员工的砥砺奋进，一定能把“双高”建设蓝图，转化为高质量发展的具体行动，以更高水平的育人成效、更高品质的创新服务，迎接党的二十大胜利召开。

我的报告到此结束，谢谢大家！

学校建设案例

“2+2+N”塑造“三度”立体式“三全育人”模式

蒋小燕　孙津津

摘要： 学校党委坚持以党建引领为核心，以全国党建工作样板支部建设为契机，在立德树人全过程中熔铸学生两种精神（劳模精神、工匠精神），构建“并行式”党建育人两类平台（实体、网络），依托行走课堂、精准资助、志愿服务、党建品牌、文化项目等多种渠道，塑造“有温度、有亮度、有厚度”的立体式“三全育人”模式。

关键词： 三全育人；立德树人；党的建设；育人模式

一、实施背景

长期以来，党建育人与业务工作融合不紧密一直是高校党建提质增效面临的重点和难点问题，学校党委通过进一步完善“54321”党建工作体系，坚持“党建+育人”“全融合”理念，通过构建“十大育人”体系，坚持擦亮红的底色，培育一批“四有”好教师，在行走课堂、精准资助、志愿服务、党建品牌、文化项目等方面以“播撒爱的种子、传递爱的希望”为主线开展育人工作，在立德树人中充满浓郁的爱之味，形成了有温度、有亮度、有厚度的育人模式。

二、主要做法

（一）熔铸劳模精神、工匠精神

（1）明确建设思路。学校党委始终注重“党建+专业”建设，打造融合式发展新路径，将党建融入专业发展血脉，通过建设任务图和时间表，坚持以“弘扬劳模精神和工匠精神”为主线，融合人才培养，深化示范引领，形成了一套标准化党支部工作制度体系和党支部工作创新成果，为推动学校基层党建工作提质增效起到了很好的示范引领作用。

（2）构建发展格局。打造“一专业一劳模”“一专业一工匠”人才培养体系，坚持打造“四化一体+主题活动”的样板支部，通过创新支部标准化、严格化、特色化、品牌化方式，促进党支部育人成效（图1）。

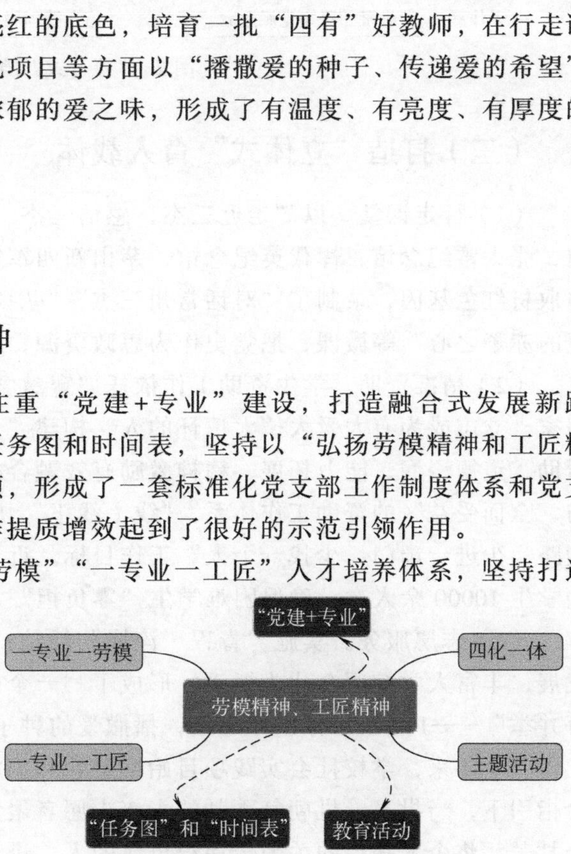

图1　熔铸劳模精神、工匠精神

（3）丰富教育活动。坚持多样化开展教育活动丰富支部组织生活，定期开展政治理论学习守初心、劳模和工匠精神感匠心、劳模工匠进校园话成长、青年学子进企业寻访、传承工匠精神社会实践、

“我行，请为我点赞”等主题教育活动。通过产教融合、校企合作打造集线上线下、课堂内外于一体的教育模式。

（二）构建“并行式”党建育人平台

（1）“2148”线下阵地育人平台。学校党委以“强化工作平台，打造育人阵地”为工作主线，形成了“2 室 1 园 4 家 8 校”的组织育人新载体，即“党支部书记工作室”和“劳模工作室”、1 个党建园、4 个“民主党派之家”、党委党校和 7 个分党校。“2 室 1 园 4 家 8 校”突出“阵地严、活动实、路径新、目标明”的建设思路，结合网络、新媒体等信息技术，使组织育人工作载体更加鲜明化、实体化。

（2）“332”线上网络育人平台。探索“党建+新媒体”育人模式，通过网络平台开展党建育人工作，重点建设“智慧党建”“智慧学工”“智慧团建”三大信息管理服务平台，着力打造学校官方微信公众号、微博、抖音号和学校共青团组织微信公众号、抖音号，平台集党务管理、学生管理、团务管理、师生展示等多重功能（图 2）。

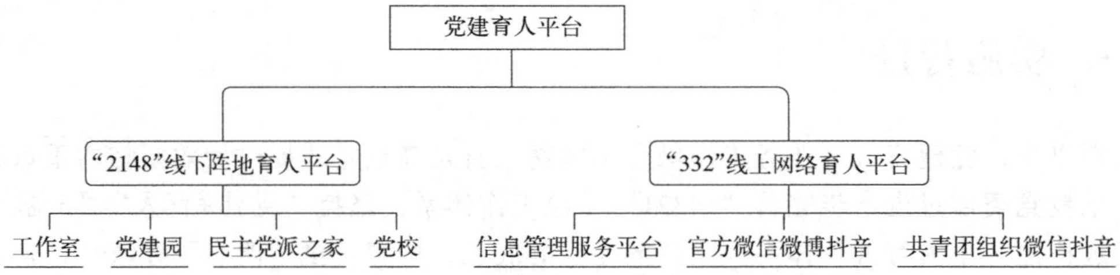

图 2 “并行式”党建育人平台

（三）打造“立体式”育人载体

（1）行走课堂。以“走近三杰、感悟三杰、践行三杰”为主线，紧紧围绕瞿秋白纪念馆、张太雷纪念馆、恽代英纪念馆、茅山新四军纪念馆、华罗庚纪念馆等本地红色资源，就地取材红色基因，录制了“对话常州三杰”“弘扬铁军精神”“探寻生命属性”“数学家华罗庚的赤子之心”等微课，把党史作为思政资源，提升学生共情能力，讲好党史故事。

（2）精准资助。学生资助工作依托“智慧学工”信息平台，引导学生扎根人民、奉献国家，立志成为有大爱大德大情怀的人，构建“三阶梯”学生资助工作育人模式，建立物质帮助、道德浸润、能力拓展、精神激励有效融合的资助育人长效机制，“全员覆盖、全程参与、全面受益”的资助工作体系，“线上线下”协同，困难帮扶有温度，实现学生“少跑一趟路、少进一扇门、少找一个人”工作目标。近五年累计投入资助经费近 1 亿元，累计受资助学生 10000 余人次，确保困难学生“零负担”入学、就读、就业。

（3）志愿服务。实施“青程 · 淬炼”行动，抓住青年思想引领主线，以服务学生成长发展，丰富大学校园文化为抓手，形成了“一个目标、一条主线、两大平台、四项行动、五育并举”——11245 总体工作思路，播撒爱的种子，传递爱的希望，助力学校“三全育人”工作。十年来，学校社会实践项目始终贯穿和闪耀着爱的光芒，在“人道、博爱、奉献”理念指引下，一批又一批朝气蓬勃的青年志愿者聚集起来，他们走向社会、勇于实践，体验社会甘苦，将个人获得的关爱传递给更多的人，进一步坚定了理想信念，增强了社会责任感。

（4）党建品牌。以党建工作的高质量提升为目标，坚持推进学校“标杆院系”“样板支部"建设，实现党建工作的"提质增效"和"强基创优"，先后完成对 3 个校级标杆院系培育单位、12 个校级样板支部培育单位的验收。以"一总支一品牌""一支部一特色"为工作抓手，聚焦党建主题主线，针对党支部建设中的短板弱项，抓好党建"最后一公里"，压紧压实党支部的主体责任，按照"接地气、切口小、示范性强"的原则，打造"党总支书记项目""党支部书记项目"。通过对标争先、提质增效、强基创优行动，积极探索新形势下加强党支部党建工作的新方法，探索发挥党员先锋模范作用的新途径。

（5）文化项目。着力打造美丽校园，构建了九个"一"工程，即"一园一路一地一窗一屏一景一牌一基地一中心"美丽校园提升工程。与新华网共同打造思政融媒体国家重点实验室试点先行校，把课程思政理念引入专业课堂，融入优秀传统文化、红色文化，运用手绘、计算机绘图、平板绘、篆刻、拓印等各种表现形式，创作一系列富有家国情怀、极具时代特色的设计作品，通过"听说读写画"等方式，激发学生的爱国热情，培养强烈的社会责任感，与党同心，与国同频。如图 3 所示为"立体式"育人载体示意图。

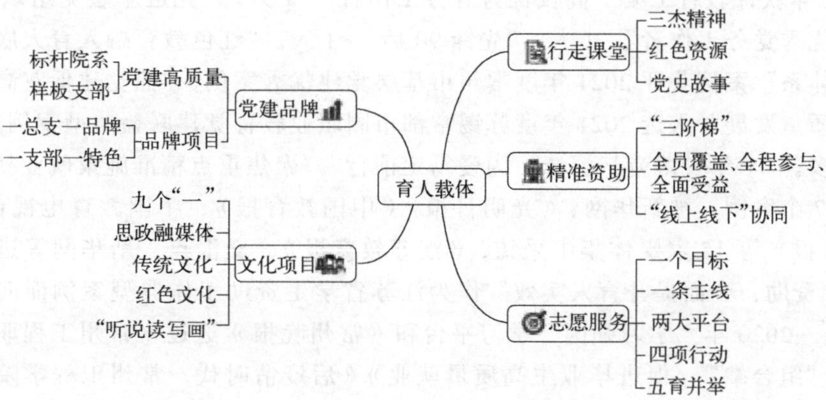

图 3 "立体式"育人载体

三、成果成效

（一）党建引领作用持续加强

党委坚持党建引领，坚持"三全育人"工作"一盘棋"，创建"54321"（5 纵——政治建设、思想建设、组织建设、作风建设、纪律建设五个方面纵向全面覆盖；4 横——党委、党总支、党支部、党员四个层面全部参与；3 度——力度、亮度、温度；2 化——制度化、信息化；1 条主线——全面从严治党）工作模式，一体化构建内容完善、标准健全、运行科学、保障有力、成效显著的学校思想政治工作质量体系，形成全员全过程全方位育人格局。2019 年学校获得全国高等职业院校育人成效 50 强，教师在教学研究、专业建设、课程建设等方面获奖 207 项，3 名教师荣获全国技术能手称号。

（二）育人成效显著提高

师生获奖多。"54321"工作模式在学校各项工作中发挥着核心引领作用。由国家助学金、国家励志奖学金的获得者为主要成员的"爱之翼"志愿服务队共开展了约 280 次志愿服务活动，帮扶约 10000 人次。2020 年第六届中国国际“互联网+”大学生创新创业大赛职教赛道江苏省选拔赛一等奖，“蜘蛛一号小型焊接机器人”团队 4 名成员有 2 人为家庭经济困难学生，1 人为退役士兵。学校“博爱青春”暑期志愿服务项目连续 7 年获省级立项支持，多个项目获评“优秀项目奖”。这些项目的主要策划者都是共产党员。我校学生席一然 2021 年应征入伍，他的父亲曾经是“杨根思连”的一员，2021 年 7 月，河南遭受特大洪涝灾害，席一然毅然驰援抗洪一线，他的事迹被人民日报、央视新闻等报道。

支部荣誉多。“三全育人”推进学校支部建设、师生发展再上新台阶。智能制造学院焊接及理化党支部是教育部 2019 年第二批“全国党建工作样板支部”培育创建单位；《高校党建信息化的创新路径》获评 2021 年全国职业院校党委书记论坛优秀论文；2022 年化工与制药工程学院第二党支部、经济管理学院第二党支部获评全省首批党建工作样板支部培育创建单位；智造学院党总支焊接及理化党支部的“党员教师当先锋，技能竞赛创佳绩”获 2019 年度省高校“最佳党日活动”优胜奖；后勤党支部获得 2019 年度常州市先进基层党组织表彰；2021 年获评教育工委“高校优秀党务工作者”1 人、“先进基层党组织”1 个，获评常州市“优秀党务工作者”1 人、“先锋 90 后”1 人。“红色教育融入育人底色，打造学生党员教育体系”案例获评 2021 年度常州市基层党建优秀案例；“抓党建促双高，用高质量党建引领高质量发展”入选 2021 年度苏锡常都市圈职业教育党建联盟典型案例。

宣传报道多。“十年‘博爱’深情，为爱笃定前行”“聚焦重点精准施策就业扶贫有力度更有温度”等 7 个案例，被新华网、《光明日报》《中国教育报》、中国教育电视台、《科技日报》《新华日报》等 15 家媒体集中采访，《江苏教育报》、交汇点、新华网等进行报道；“数治驱动精准资助，全面提升育人实效”作为江苏省学生资助工作典型案例面向全省高校进行交流推广，2020 年“学习强国”学习平台和《常州晚报》通过《常州工程职业技术学院：打出精准“组合拳”，促进毕业生高质量就业》《后疫情时代，常州工程学院巧解毕业生难题——精准“把脉”对症“下药”，护航“最后一公里”》作了详细报道。

四、经验总结

（一）“三全育人”的立足点——“红”

红色资源是我们党艰辛而辉煌奋斗历程的见证，是最宝贵的精神财富。学校党委有效地将“红”作为实施“三全育人”最重要的底色，是思想政治教育的必修课。新时代的工匠，必然是社会主义现代化建设进程中的“红色”工匠，必然传承和赓续社会主义的“红色”血脉。

（二）“三全育人”的着力点——“爱”

“爱”是“三全育人”的本味，通过资助育人这一抓手，有效地将“爱”融入教育工作，让广大青年学生以理想信念为根基，成为新时代“马克思主义者”，在价值观教育中塑造“爱”，在成长成才中传播“爱”。

（三）“三全育人”的落脚点——“三度”

培养什么人，是教育的首要问题。培养德智体美劳全面发展的社会主义建设者和接班人，必须树立共产主义远大理想和中国特色社会主义共同理想。学校通过聚焦“有温度、有亮度、有厚度”的育人模式，进一步筑牢了人才培养之基，奠定了人才培养之魂，实现了育人资源的共融、共享、共促，凝聚了育人力量的合力、动力、活力。

五、推广应用

“三全育人”工作需要精准滴灌、润物无声，更需要创建赋能社会的新机制，实现“受助者”蜕变为“助人者”。《“2+2+N”塑造“三度”立体式“三全育人”模式》适用于高职院校提升党建质量，培养学生的家国情怀和社会责任，进一步坚定学生的理想信念，增强社会责任感；适用于将立德树人作为中心环节，多措并举推进全员、全过程、全方位育人落地、落实、见效，努力培养德智体美劳全面发展的社会主义建设者和接班人。

以匠心筑精品课堂　用匠技育未来工匠

——打造高技能人才培养高地

陈保国

摘要：以职业技能大赛、创新创业竞赛为抓手，组建高水平团队，开发高水平课堂，搭建高质量创新平台，能较好地解决高职人才培养中“重教书轻育人、重技能轻素质”的问题。常州工程职业技术学院以高水平团队为载体，深化教材、教法、教师改革，国字号团队、国家级教材奖、全国创新创业金奖等高质量成果不断涌现，推进高技能人才培养质量全面提升。

关键词：结构化团队；人才培养模式；“三教”改革

党的十九届五中全会审议通过《中共中央关于制定国民经济和社会发展第十四个五年规划和二〇三五年远景目标的建议》，明确了“增强职业技术教育适应性，深化职普融通、产教融合、校企合作，探索中国特色学徒制大力培养技术技能人才”。职业教育日益受到关注，全国职业学校开设了1200余个专业和10余万个专业点，基本覆盖了国民经济各个领域，每年培养1000万左右的高素质技术技能人才，在现代制造业、战略性新兴产业和现代服务业等领域，一线新增从业人员70%以上是来自职业院校的毕业生，越来越多的职校毕业生凭借扎实的技能在就业市场上被抢空的话题常引起讨论。

目前，高职院校技术技能人才的培养仍然有很多问题，特别是工匠人才的培养与社会需求脱节；注重学生的技能培养，但忽视学生创新素养、职业素养教育；没有认识到职业素养和工匠精神是现代职业教育的精神标杆和灵魂，导致学生职业意识缺乏、入职盲目、离职随意、求职功利现象严重等问题，与企业人才需求存在很大的不匹配。针对上述问题，近年来，学校大胆改革，以技能大赛为抓手，组团队、搭平台、改机制，为培养工匠型人才提供了引擎动能和展示舞台。

一、精益求精，打造高水平特色课堂

（一）组建高水平团队

学校以教授、博士领衔，带领骨干教师、新入职教师，组建跨学科、跨专业的教师教学创新团队。每个学院结合专业学科特点，组建了不少于2支教师教学创新团队，充分发挥老教师的丰富教学经验和青年教师的信息技术应用能力，开发数字化、现代化的高水平课堂。

（二）开发新形态教学课堂

工科类团队以培养学生精益求精的大国工匠精神为主线，艺术类团队以弘扬中华美育精神为主线，药学类团队以加强仁心、责任担当教育为主线，开发新形态教材、在线开放课程和微粒化课程资源库。每支团队对接3~4个校外合作企业，合作开发课程项目，将生产项目、技能竞赛融入课程教学过程，将校内课堂搬移至企业实际生产岗位，打破课堂、教室边界，推动企业生产与课堂教学相结合，促进现代信息技术与教育教学深度融合，打造后疫情时代课堂教学新生态。

（三）参加高水平教学能力竞赛

2021年9月，团队提前谋划，选作品，从教学设计到教学课堂展示，“白+黑”“5+2”，面对各种难题和困难，从容应对，最终12件作品参加江苏省教学能力大赛（图1），10件作品获奖，2件作品获得一等奖，2件作品获得二等奖，6件作品获得三等奖，取得参赛以来的历史性突破。

二、专创融合，打造高水平创业平台

（一）搭建创新创业驱动中心

整合实验实训室、博士工作室、协同创新中心等资源，搭建创新创业驱动中心，实施科研项目融入创新创业竞赛、思想政治教育融入创新创业教育、技能培训融入创新创业培训“三融入”创新创业课程体系，全方位培育学生创新创业素养。

（二）设立“青创”孵化基金平台

整合省市主管部门、行业协会等资源，设立“青创工程”孵化基金，孵化创业企业，服务学生成长成才。对接校外创新创业实践基地，为师生服务行业企业寻找机会，创新创业项目落地提供资源和渠道。开展“跟党学创业、青年红色筑梦之旅”等活动，组织师生团队分赴四川大凉山、青海玉树、甘肃临夏、陕西安康、江苏盐城等贫困地区和革命老区开展创新创业实践活动，在服务乡村振兴中增长才干和创新创业能力。

（三）参加高水平创新竞赛

学校搭建校-省-国家三级创新创业竞赛体系，提升学生创新精神、创业意识和创新创业能力，“三阶四融五保障”创新创业教育体系入选教育部教指委特色典型案例。学生获得第七届中国国际“互联网+”大赛职教赛道金奖1项，第九届中国大学生创新方法大赛一等奖1项、三等奖2项，全国大学生微创业行动乡村振兴奖1项，江苏省职业院校创新创业大赛一等奖1项、二等奖3项、三等奖9项，党建引领下的创新创业成果，有力支撑了学校高质量发展。“‘蜘蛛一号’小型焊接机器人”项目斩获职教赛道创意组金奖，实现了学校在该项赛事上新的突破。

三、立德树人，筑牢工匠素养根基

（一）推动课程思政教育

学校以“思想政治教育”为统领，坚持“高阶性、创新性、挑战度”，围绕教学目标、教学设计、人才培养等方面，扎实推进习近平新时代中国特色社会主义思想进课程、进教材，充分挖掘课程、教材中以劳模精神、劳动精神、工匠精神为核心的思想政治教育元素，切实增强课程思政意识和育人能力，使各类课程与思政课同向同行，寓价值观引导于知识传授和能力培养之中。

（二）突出产教融合

坚持以产业发展需求和学生发展为中心，聚焦教法改革，协同大院大所、名企名社，构建校-省-国家三级教材建设体系。融企业新岗位技术技能、融技能大赛新标准、融产业发展新工艺，着力推动个性化、项目化、特色化的新形态教材建设。与上海景格、中检邦迪等成立数字化课程资源创作中心，建设集项目、视频、动画、虚拟仿真于一体的线上教学资源库。把行业头部企业的典型案例及时引入课堂教学，把体现真实工作任务、项目及工作流程、过程融入实训教学，拓展专业知识、实践技能的深度和广度，打造“双元四阶”“四劲四能”“四融四促”等多元人才培养模式，提升人才培养成效的针对性、展示点和认可度。

（三）高质量成果涌现

《流体输送与非均相分离技术》等 16 部教材获评江苏省重点教材。《传热应用技术》等 7 部教材获评国家职业教育“十三五”规划教材，其中《传热应用技术》教材荣获首届全国教材建设奖优秀教材一等奖（图 1）。人才培养模式获得 2021 年江苏省职业教育类教学成果奖 3 项，其中薛叙明教授申报的“高职化工技术专业‘双元四阶、三融三合’人才培养模式的创新实践”荣获 2021 年江苏省职业教育类教学成果特等奖，陈保国教授申报的“高职院校‘四劲四能’工匠型焊接人才培养模式创新实践”荣获一等奖，黄一波教授申报的“四融四促赋能发展——高职检验检测人才培养创新与实践”荣获二等奖。

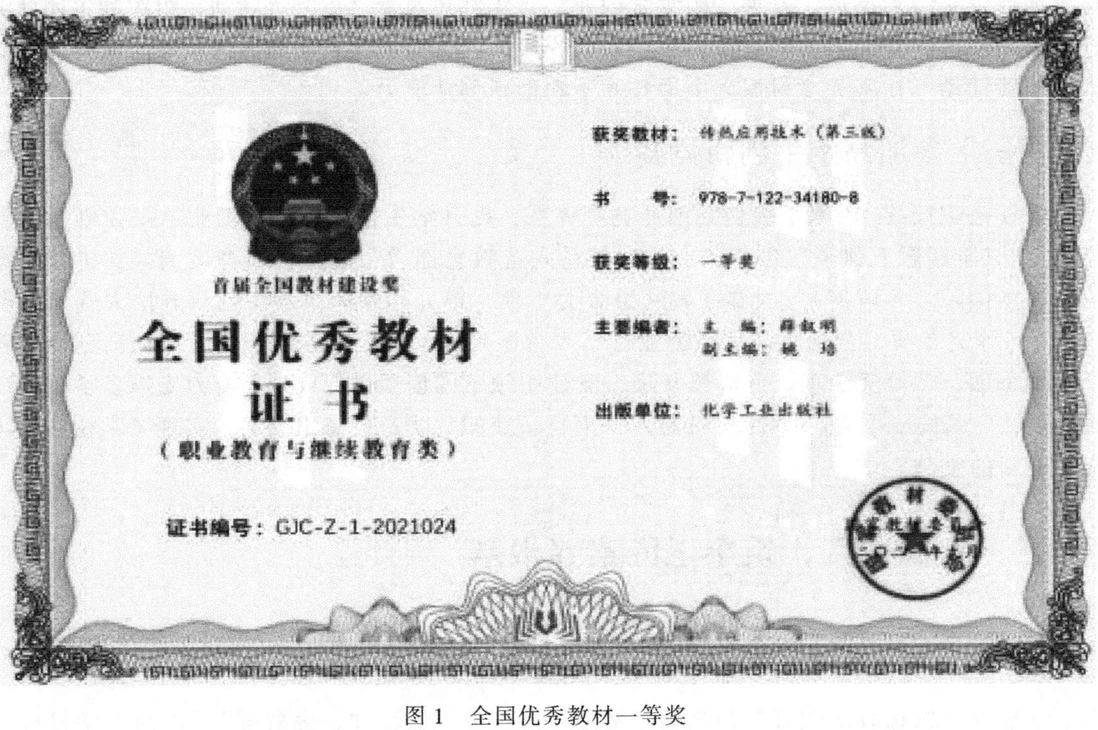

图 1　全国优秀教材一等奖

四、存在的问题

目前，高职院校通过竞赛促进学生技能技艺的掌握，取得了一定成效，但是对工匠精神、创新精神的培养未能实现全员化。无论是职业技能竞赛，还是创新创业竞赛，仅有少数学生参与，大部分学生还是通过课堂、教材、资源等方式掌握技能、学习知识。如何打造高水平课堂、高质量教材，如何将工匠精神、创新精神、劳模精神、劳动精神等贯彻于课堂、教材、资源中，培养高素质技能人才，仍需要进一步探索和研究。

职业教育的根本宗旨是为社会输出高素质技术型人才，为企业提供高素质技术技能人才，甚至是工匠型人才，“工匠精神”最佳传承者就是技术人才。对于高职院校来说，高水平团队、高水平职业技能竞赛、高质量创新大赛都是工匠精神培养的舞台，加强顶层设计、弘扬工匠文化、创新培养方式、培养更多的工匠型人才也是高职院校努力的方向。

“三阶四融五保障”培养高素质创新创业人才

仇志海

摘要：常州工程职业技术学院高度重视高职学生创新创业教育，通过打造“三阶递进”的课程体系、培训体系、实践体系，贯彻落实思创融合、专创融合、科创融合、产创融合的“四融四化”创新创业人才培养理念，加强组织、经费、空间、师资、政策等五类保障，开展普及、提高、卓越三个层级的创新创业教育活动，实现“100%普及、 30%体验、 3%落地”的双创教育目标。获批江苏省大众创业万众创新示范基地、江苏省大学生创新创业示范基地等，师生创新创业项目获得中国国际“互联网+”大学生创新创业大赛金奖、中国 TRIZ 杯大学生创新方法大赛一等奖、全国高职高专“发明杯”专利创新大赛一等奖等奖项 120 余个，获评 2020 年度全国高职院校创新创业教育特色典型案例，入选全国“创新创业 100 强”首批 30 所院校。

关键词：三阶递进；四创融合；五类保障；创新创业；高素质技术技能人才

一、实施背景

在党和政府的大力倡导下，创新创业教育已经成为加快建设创新型国家的战略部署和高等教育综合改革的突破口。中国特色高水平高职学校和专业建设计划项目对申报单位提出了包括创新创业典型经验高校、深化创新创业改革示范高校、中国“互联网+”大学生创新创业大赛、“挑战杯”全国大学生课外学术科技作品竞赛和中国大学生创业计划竞赛获奖情况等基本要求。在“双高计划”建设背景下，大力开展创新创业教育成为高职院校提升人才培养质量、服务国家战略、融入区域发展、完成“双高计划”建设目标的应然选择。但由于职业教育类型定位、人才培养目标和生源结构等迁移变化，“双高计划”建设单位创新创业教育工作在顶层系统设计、师资队伍建设、教育教学体系和实践平台建设等方面迫切需要更新升级甚至重构。

二、主要做法

常州工程职业技术学院响应“大众创业，万众创新”号召，在国家级教学成果“‘3T’创新教育模式”的基础上，建立健全学校“三阶递进、四创融合、五类保障”的创新创业教育体系（图 1），从 2019 年开始，不断整合各级各类创新创业资源，将创新创业教育全过程贯穿人才培养、全方位融入教学科研工作、全链条对接区域经济社会发展，打造“三阶四融五保障”创新创业教育模式，聚焦培养创新型技术技能人才，赋能高职学生成长成才，服务区域经济社会高质量发展。

（一）构建“三阶递进”课程体系，强化实践养成

一是“1+2+N”理论课程体系普及创新创业知识。在各专业人才培养方案中设置创新创

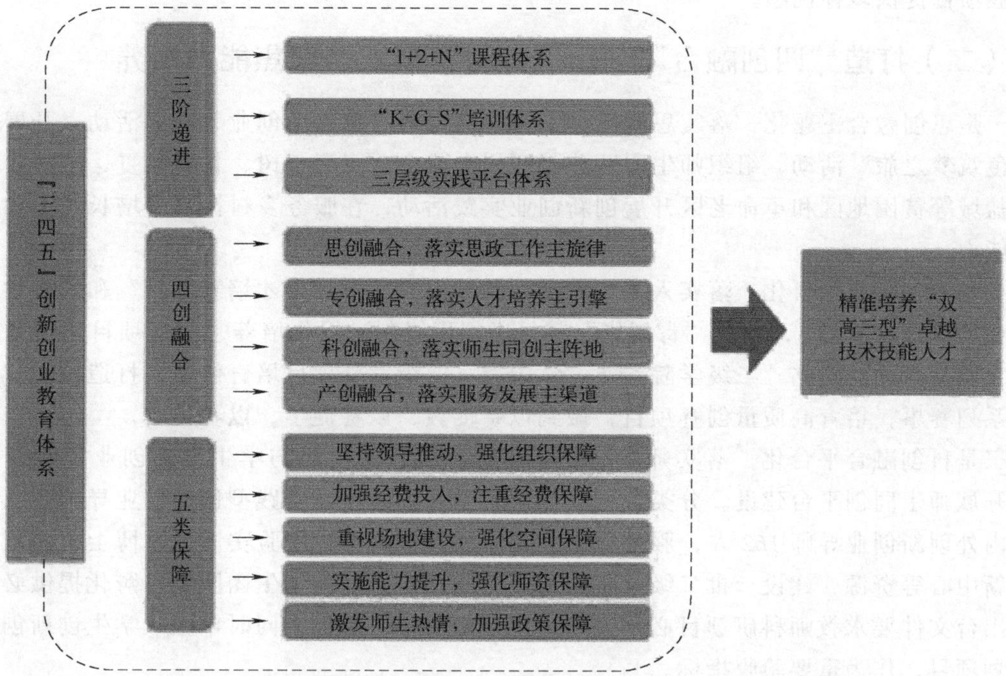

图 1　常州工程职业技术学院“三阶四融五保障”创新创业教育体系

业教育课程模块，建立“1+2+N”创新创业课程体系，即面向全体学生开设 2 个学分的“创新创业导论”必修课程，建设“技术创新方法”和“创业与小型企业管理” 2 门公共选修课程，以专业（群）为单位开设专创融合课程。

二是“K-G-S”培训课程体系训练创新创业能力。联合人社、共青团、科技等主管部门，引进大学生 KAB 创业基础、 GYB 创业意识、 SYB 创业能力等培训课程，按照“了解创业过程—产生创业意识—制定创业计划”的进阶关系，开发完成校本化“K-G-S”创业培训体系，近三年完成各级各类培训 10000 余人次，合格率 95. 3%。

三是三层级实践平台提供真实体验环境（图 2）。以二级学院为单位建设“创新创业驱动中心”，给予经费和政策支持，将项目化课程、创新创业类学生社团、大学生创新创业训练计划项目等深度融合，推动专创融合和教育教学改革不断深化发展。建成 5000 平方米“青创工程创新创业实践基地”，接受在校生和毕业两年内校友申请入驻，免收租金并组织开展培训指导、资源对接等服务工作。建立 32 个校外创新创业实践基地，为孵化成功的学

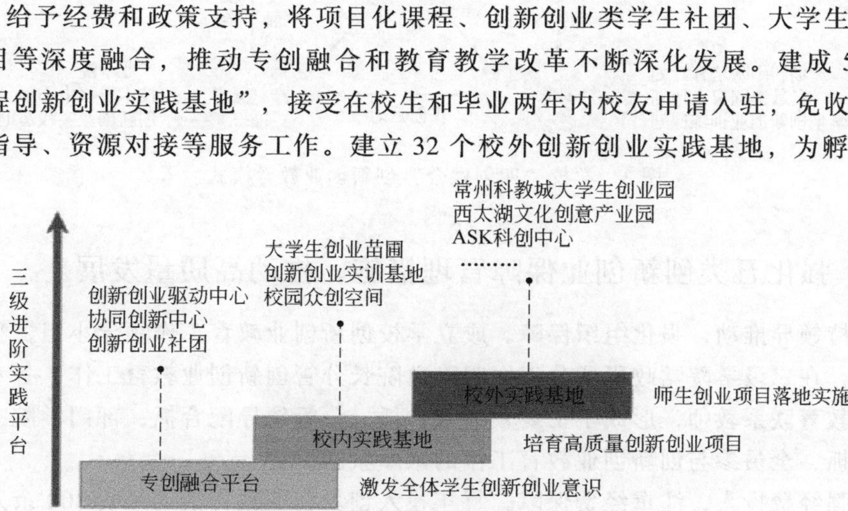

图 2　三层级创新创业实践平台体系

生创业项目提供多种优惠。

（二）打造“四创融合”创新创业教育模式，聚焦能力培养

一是思创融合主题化，落实思政工作主旋律。打造“跟党学创业”主题活动，开展“青年红色筑梦之旅”活动，组织师生团队分赴四川大凉山、青海玉树、甘肃临夏、陕西安康、江苏盐城等贫困地区和革命老区开展创新创业实践活动，在服务乡村振兴中增长才干和创新创业能力。

二是专创融合项目化，落实人才培养主引擎。设立“卓越人才培养项目”和“大学生创新创业训练计划项目”，创建“青创班”实行虚拟班级制过程化培养，打造项目化创新创业类第二课堂活动。建立“二级学院-学校-省-国家”四级竞赛项目培育体系，打造校园“青创杯”系列赛事，培育高质量创赛项目，做到以赛促教、以赛促学、以赛促创。

三是科创融合平台化，落实师生同创主阵地。将教师科研与学生创新创业实践紧密结合，开展师生同创平台建设。分类分层建设通识型、训练型、实践型创新创业导师团队，聘任校内外创新创业导师162人，服务学生多元发展需求。整合实验实训室、博士工作室、协同创新中心等资源，建设一批二级学院创新创业驱动中心，为师生团队项目孵化提供必要条件。出台文件要求教师科研项目必须吸纳一定数量的学生参加，同时申报大学生创新创业训练计划项目，作为重要验收指标。

四是产创融合多元化，落实服务发展主渠道。联合省市主管部门、行业协会，承接创新创业师资培训和技能培训，打造区域影响力，服务地方经济社会发展。引入创新创业教育机构、创投机构资源，共同开发课程和培训项目，设立“青创工程”孵化基金，孵化创业企业，服务学生成长成才。对接校外创新创业实践基地，为师生服务行业企业寻找机会，创新创业项目落地提供资源和渠道。图3为学校“四创融合”创新创业教育模式示意。

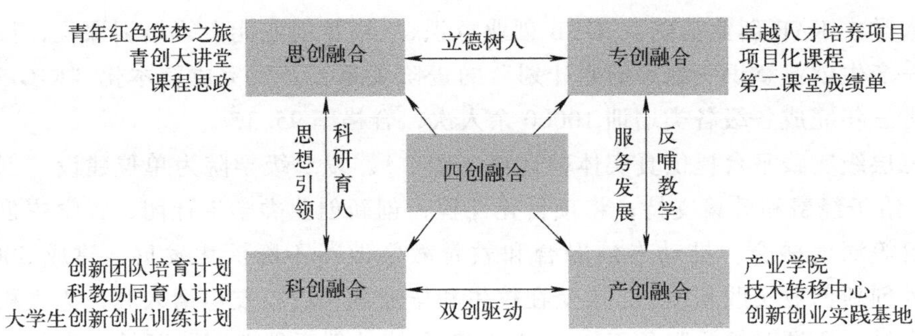

图3　学校“四创融合”创新创业教育模式

（三）强化五类创新创业保障管理措施，推动高质量发展

一是坚持领导推动，强化组织保障。成立学校创新创业教育工作领导小组，独立设置创新创业学院，在二级学院党政班子分工中明确由院长分管创新创业教育工作，各专业都设置了创新创业教育联系教师，形成了主要领导亲自抓、分管领导配合抓、部门学院主动抓、项目导师直接抓、全员参与创新创业教育工作的浓厚氛围。

二是加强经费投入，注重经费保障。每年投入创新创业教育活动经费300余万元，在突出业绩奖励中设立了创新创业竞赛专项奖励基金，在中国特色高水平专业群建设中单列创新

创业教育经费，用于推进专创融合工作。

三是重视场地建设，强化空间保障。学校建有 12 个实验实训中心， 5 个协同中心和 100 多个基础实验室、专业实验室， 125 个校外实践教学基地，建设 20000 平方米工程实训中心， 1 个校内创新创业实践基地和 7 个创新创业驱动中心，全面支撑着大学生创新实践活动。

四是实施能力提升，强化师资保障。成立教师发展中心，根据职业院校教师成长特点实施教育教学能力提升工程，以“职业院校教师教学能力大赛”“教师专业综合能力竞赛”“教师企业实践锻炼”和“教师信息化技术大赛”等项目为抓手强化师资队伍建设，提升教师创新创业教育教学能力。

五是激发师生热情，加强政策保障。从教师职称评定、岗位聘任、工作量认定、突出业绩奖励、各级各类项目申报以及学生评奖评优等方面统筹考虑，增加创新创业教育元素。出台《创新创业学分积累与转换制度》，允许学生保留学籍开展创业实践活动，设立专项奖学金，用于表彰在创新创业实践活动中表现优异的学生。

三、成果成效

经过 2019—2021 年的建设，学校“三阶四融五保障”创新创业教育模式基本形成，学生创新精神、创业意识和创新创业能力显著增强，投身创业实践的毕业生数量显著增加（表 1）。

表 1　学校 2019—2021 年来所获创新创业奖项（荣誉）

序号	2019—2021 年所获奖项(荣誉)
1	第七届中国国际“互联网+”大学生创新创业大赛职教赛道金奖 1 项
2	中国 TRIZ 杯大学生创新方法大赛国家级奖项 15 项
3	2020 年度全国大学生微创业行动乡村振兴奖 1 项
4	全国高等职业院校“发明杯”大学生创新创业大赛奖项 32 项
5	江苏省职业院校创新创业大赛与“互联网+”大赛选拔赛获奖 27 项
6	“挑战杯”全国竞赛江苏省选拔赛获奖 16 项
7	江苏省大众创业万众创新示范基地
8	江苏省大学生创新创业示范基地
9	创新创业教育全球联合教研室副理事长单位
10	教育部创新创业教育指导委员会 2020 年度高职院校创新创业教育特色典型案例

（一）立德树人显成效

2019—2021 年全校共组织开展“青年红色筑梦之旅”活动 36 场，形成红旅项目 350 余项，参与学生 3200 人次。“艺之翼”项目作为唯一高职院校项目获得 2020 年度全国大学生微创业行动乡村振兴奖，“小傲椒”“点石成金”等项目成效显著，受到省委领导赞扬，并在江苏省“互联网+”大赛红旅赛道中频频获奖，创新创业项目负责人获得“中国大学生自强之星”。

（二）孵化项目质量高

2019—2021 年高质量创赛项目不断涌现，报名参加“互联网+”“挑战杯”等创新创业赛事项目团队数量逐年增加，“‘蜘蛛一号’小型焊接机器人”项目获得第七届中国国际“互联网+”大赛国赛金奖，“耐温 PVC 电缆保护管材”“多功能护理床”“药染科技”等项目获得全国大学生创新方法大赛一等奖，同时在其他省级创新创业赛事中获奖 120 余项。

（三）平台建设新突破

2019—2021 年学校创新创业平台建设不断取得新突破，获批江苏省大学生创新创业示范基地、江苏省大众创业万众创新示范基地，成为创新创业教育全球联合教研室副理事长单位，获得 ESB 国际创新创业技能培训认证单位和江苏省创业指导师考核认定机构。各平台孵化省级大学生创新创业训练计划项目 97 项，获评省市优项目 8 个、省级“金种子”项目 2 个，指导学生获授权专利 46 项，发表论文 12 篇。

（四）服务区域促发展

2019—2021 年学校创新创业平台主动服务区域经济社会发展，承接常州市人力资源与劳动就业管理中心创业意识课程开发，推广到常州市 32 所大中专院校，开展创业技能培训 4738 人次；承担常州市科学技术协会技术创新方法培训 832 人次。建设百度（常州）创新中心、 ASK 众创部落等校外创新创业实践基地，引入百万创投基金，引导毕业生在常创业，注册创业实体 34 个，带动就业 106 人。

四、经验总结

创新创业教育作为一种全新的教育理念与“双高计划”的核心要义和建设目标一脉相承、休戚相关，创新创业教育必然能够开拓高职教育发展的新视野，引领高职教育发展的新趋势。常州工程职业技术学院“三阶四融五保障”创新创业教育模式结合“双高”建设要求、高职院校办学定位、人才培养目标以及高职学生成长成才的个性化需求出发，坚持立德树人，坚持专创融合，坚持创新引领创业，从课程体系、实践体系、保障体系等方面开展了有效的探索和实践并取得了非凡的成果。下一步学校将以“四创融合”为重点，服务高素质技术技能人才培养和区域经济社会发展，为中国特色高水平高职院校和专业群建设探索路径、积累经验。

五、推广应用

常州工程职业技术学院“三阶四融五保障”创新创业教育工作模式经过多年来的探索与实践，已经基本成熟。曾获得“学习强国”平台、《光明日报》《中国教育报》《中国科技报》、江苏教育电视台等媒体广泛报道。曾受邀在中国职业技术教育学会职业素养与创新创业教育研究年会、首届 IEECC 国际创新创业教育者大会上做主题交流，吸引国内众多高职院校来校学习交流，可以更好贯彻落实党和政府大众创业万众创新战略要求，更好服务“双高”建设和高职院校高质量发展。

开发“工程云课堂” 打破课堂教学“黑箱”

杨小林

摘要：课堂教学是职业院校教学质量的生命线。学校自主研发了“工程云课堂”，满足了多元用户学习需求、实现“教为中心”向“学为中心”转变、“教与学”全程记录、课程教学质量持续改进，课程层面“8字螺旋”也有效落地。“工程云课堂”投入使用5年以来，教师信息化教学能力显著增强，学生课程学习满意度持续提升，其建设经验为职业院校同行普遍认同，并以知识产权的方式推广至国内中高职院校8所，在学校扩招生教学中也得到了有效运用。

关键词：工程云课堂；在线教学；课程诊改；课堂革命

一、实施背景

课堂教学是职业院校教学质量的生命线。在教育系统内部积极倡导“四个回归”，教育管理者和一线教师们重新认识了课堂教学的重要价值。同时，基于“云物移大智”等现代教育技术的蓬勃发展，为“互联网+课堂”教学生态提供了技术支撑。

常州工程职业技术学院顺应“互联网+”时代潮流，依托互联网、云计算、大数据和人工智能等现代信息技术系统构建智能校园。全面升级学校信息化基础设施，实现无线WIFI全覆盖；自主研发校本数据中心，统一身份认证、统一信息门户，彻底消除信息孤岛；自主研发网上办事大厅，实时采集各系统运行过程数据，使各类事务运行过程透明高效；建立校情分析平台，为人才培养质量与工作绩效判断提供技术手段，实现精细管理。以此为基础，将现代信息技术与教育教学深度融合，坚持“学生中心、成果导向、持续改进”的基本理念，以服务多元需求、覆盖教学全程、支撑线上线下教学、服务师生诊改为指导思想，自主研发了“工程云课堂”，使课堂教学过程透明，诊断信息实时共享，改进举措及时落实，彻底打破了课堂教学“黑箱”，有效提升了课堂教学质量。

二、主要做法

（一）依托“工程云课堂”，满足了多元用户学习需求

工程云课堂集在线教学、线上线下混合式教学功能于一体，拓展了传统课堂的时空地域限制，有效满足了在校生的课堂教学和社会学习者的培训需求。目前全院500多名任课教师98.5%的课程使用“工程云课堂”开展教学。2020年春季学期，依托“工程云课堂”，学校实现战“疫”不停教、战“疫”不停学，全校422门课程启动线上教学，11035名同学正式进入新学期学习周期，线上教学开课率达到86.2%。

（二）依托“工程云课堂”，实现“教为中心”向“学为中心”转变

学校全面推广基于“翻转课堂”的线上线下混合式教学改革，学生课前主动接收任务，

按照教师提供的学习资源自主完成低阶性知识的学习并完成测试，不断激发学生自主学习能力、主动学习意识；课中通过师生、生生交流研讨，促使其知识、技能掌握更为深入，批判性思维、创新意识得到有效提升；课后学生依托平台进行拓展学习，极大提升学生学习投入度，让学生真正成为学习的“主人”，教师真正成为学习的“促进者”。

（三）依托“工程云课堂”，实现“教与学”全程记录

课前，教师通过平台进行备课，列出单元教学目标，组织单元教学内容，策划课堂教学活动，将活动与学生学习目标相关联，确保教学活动设计的针对性、有效性，解决了过去部分教师备课不认真、准备不充分而又不好监控的问题。课中，教师利用“邀请码”考勤，实时、精准、快捷。教师充分运用平台，“激活”每一个教学环节，上课开始进行预热调查，了解学生的预习情况，实现以学定教、因材施教。通过“点名答题”“一句话问答”“抢答”“头脑风暴”“显示墙”“练一练”“教师示范”等教学活动的开展，激发学生学习兴趣，提升学生参与教学活动的积极性和投入度。依托教学活动数据的实时展现，即时监测教学目标达成度，解决了以往课堂氛围沉闷、参与互动不足、目标达成度无法有效测量的问题。课后，教师通过平台及时与学生沟通，对学生尚未完全掌握的内容进行辅导答疑，及时批阅学生提交的在线作业，系统自动记录学生作业提交、教师辅导答疑和作业批阅等情况，破解了过去难以掌握教师课后作业量、作业批改不及时、课后辅导答疑不及时等难题，激发了教与学的内生动力。

（四）依托“工程云课堂”，课程层面“8 字螺旋”有效落地

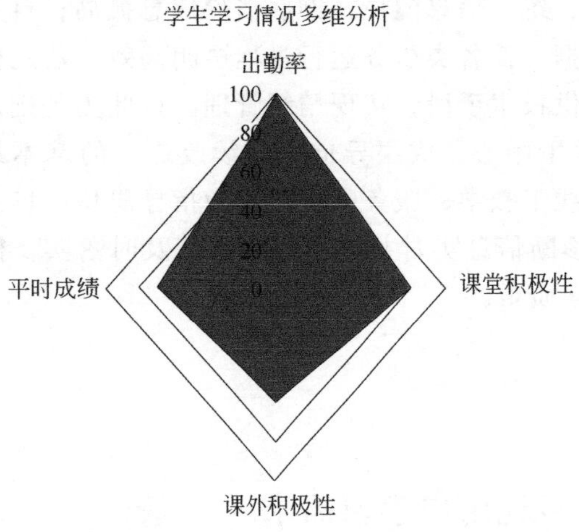

图 1　学生学习情况智能分析

“8 字螺旋”中“动螺旋”体现的是实时监测、预警改进，是课程诊改中的难点。依托“工程云课堂”后台数据自动统计分析（图 1），生成学生课堂学习报告，呈现学生课前预习、课中参与、课后互动的情况，以积分形式反馈学习目标达成度，帮助学生及时掌握学习状况。同时，每次课生成课堂教学报告推送给授课教师，反馈学生考勤、学习目标达成度、学生对教学的满意度等情况，帮助教师精准掌握学生学习状况。平台依据教师课前设定的目标值、预警值和课后实际采集值进行自动判别，遵循预警流程，进行即时预警推送，实现了数据源头即时采集与教师教学及时纠偏、调控改进，使课程层面“8 字螺旋”有效落地。

（五）依托“工程云课堂”，实现课程教学质量持续改进

基于课程教学目标，系统生成学生出勤率、任务完成率、活动参与率、资源引用数、学习目标达成度、学生满意度等教学大数据统计结果，并与其他教师形成横向比较，任课教师依据大数据开展课堂实时性诊改，及时优化调整教学设计。基于课程教学目标，依据课程学习报告中学习目标达成度等关键数据和期末考试成绩，课程团队开展课程教学诊改，优化调

整学生学习达标标准，实现教学质量持续提升。教学质量管理和监控部门依据课程教学大数据，对出勤率、备课率、教学平台使用占比、课程资源增长率、教学目标达成度、学生满意度趋势等进行分析（图2），及时预警、精准调控，持续改进和优化教学管理。

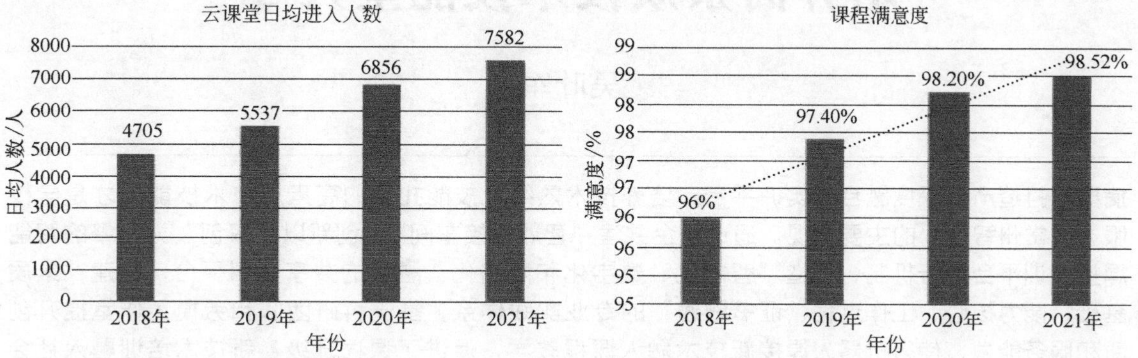

图2　“工程云课堂”相关统计数据

三、建设成效

“工程云课堂”投入使用几年来，逐渐成为师生教与学的“好帮手”，引发了教学形态的深度变革，课堂教学由“黑箱”变为“白箱”，人才培养由“批量生产”变为“个性定制”。全校所有课程依托“工程云课堂”开展实时性诊改和期末课程教学诊改，课程教学质量得到有效提升。教师信息化资源创作能力、信息化教学能力显著提升，教师信息化思维得到有效形塑，2019—2021年教师在省级及以上信息化教学能力比赛中获奖近40项。学生课程学习满意度持续提升，从2017年下学期的92.90%持续提升至2021年的98.52%，学校2019年首批获全国职业院校“育人成效50强”。“工程云课堂”的建设经验为职业院校同行普遍认同，依托学校技术转移中心将“工程云课堂”建设方案以知识产权的方式推广至国内8所中高职院校，为职业院校教育信息化建设贡献常州工程职业技术学院的智慧。

“工程云课堂”也秉持持续改进的理念在不断优化升级，如进一步升级平台的在线考试功能。优化课程质量诊断要点和预警机制的设计，更好地服务课程层面的诊改工作，实现教学质量的螺旋递进。提升教学数据的挖掘、分析能力和展示效果，为建立以“教”与“学”的大数据为基本依据，以“学生、教师、行企专家、同行专家、教学管理人员”多元主体共同参与的教学质量评价体系奠定基础。

构建“智能焊接”产教深度融合平台，培养高素质技术技能型人才

吴叶军

摘要：打造产教深度融合的实训平台，培养技术熟练、技能扎实的高素质技术技能人才是学校服务“常州智造”的主要体现。通过校企共建“智能焊接车间”，创新以“双创”为引擎的智能焊接实训平台运行机制，打造“智能化、数字化和网络化”融合的共享实训平台，构建“素质基础、能力核心、工作过程、证书融通”的专业实践体系，基于科研团队和劳模工作室提升创新和服务能力，使得机器人焊接新技术融入课程教学，促进了课程升级、新技术培训融入社会服务，提升了社会服务能力，科技研发融入创新创业，提升了创新创业能力水平。

关键词：智能焊接；中国制造；2025；实训平台；高素质高技能

一、实施背景

常州市“十三五”规划中明确提出要提升现代产业竞争力，加快推进“中国制造2025”，打响“常州智造”名片，实施智能制造、工业强基等工程，进一步突出装备制造优势，加快建设国内一流的智能制造名城。适应新一轮产业和科技革命，打造产教深度融合的实训平台，构建技术熟练、技能扎实的高素质技术技能人才培养的第一阵地，实现“产-学-研”的良性循环。

建立以激光焊接机器人、弧焊机器人为主的符合“中国制造2025”要求的智能焊接实训平台，培养一批适应转型需求、数量充足、结构合理、素质优良的实用技术型、技术技能型和复合技术型人才队伍，服务区域经济发展。

二、主要做法

（一）校企共建“智能焊接车间”

学校与无锡汉神电气股份有限公司和机械科学研究总院江苏分院有限公司校企合作建设了智能焊接车间，按照典型焊接产品生产流程，合理布置汉神智能焊接车间各区域的功能，同时按照产品生产规范和6S管理理念，对智能焊接车间进行安全和文化布置，制定切割工、焊工、焊接技术员、焊接检验员、焊接工程师等岗位职责和各项规章制度，建立产品质量保障体系，保证每个生产环节的质量。

参照企业“生产之星”“技术之星”等方式设置“优秀学员”，并在平台进行展示，形成典型引领、争先创优的良好学习氛围，培育工匠精神。

（二）创新以“双创”为引擎的智能焊接实训平台运行机制

校企合作成立了智能焊接实训平台管委会，基于“风险共担、利益共享”的原

则，制定平台共建共管共享制度；定期进行SWOT分析，建立平台诊断和改建制度。按照实训平台组织机构图，教育培训部制定实训设备和项目持续更新制度、校企双方互兼互聘的师资保障制度、国内外焊工职业资格培训考核制度；车间按照企业文化布置，制定质量保障体系和各项规章制度；双创辅导部制定创新创业辅导制度；技术开发部制定“四技服务”和网络平台开发管理制度等。平台组织架构如图1所示。

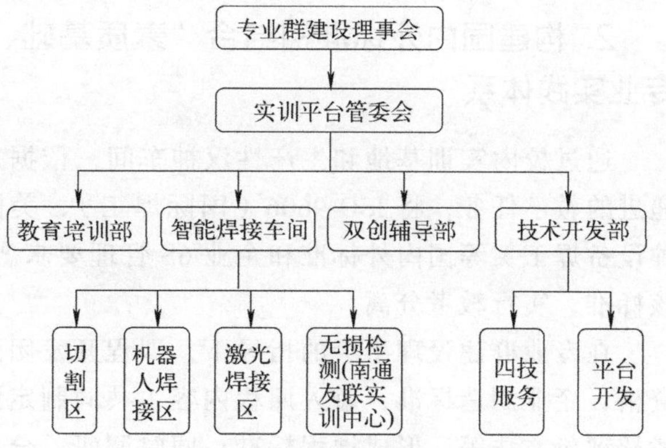

图1　智能焊接实训平台组织架构

（三）打造“智能化、数字化和网络化”融合的共享实训平台

1. 共建“双线结合”式实训平台

建立线上与线下结合的实训平台（图2）。线上对接机械设计总院江苏分院已建立的智能焊接网络制造云服务平台，实现虚拟设计、线上教学、培训以及创业孵化，线下以汉神车间为物理实体平台，实施具体的创业项目、实训教学、培训服务等。通过线下非标准件的小批量生产，将教学、培训、考核、生产、技术服务、创新创业培养有机融合，形成开放式的智慧-智能实训平台。

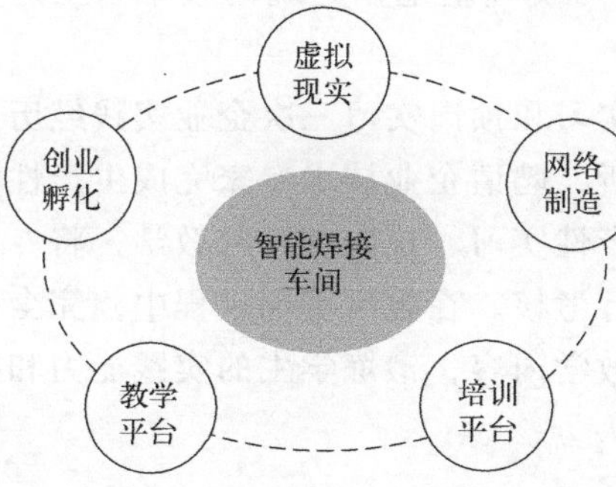

图2　“双线结合”实训平台

2. 共建网络资源平台

校企共建网络制造云平台和虚拟现实实验室，充分利用现代信息技术，共同开发焊接工艺专家系统、数字化设计等共性技术，创建国家、国际和特种设备焊工等培训包4个；按照实训项目制作视频、动画等各类资源2000多条，可通过电脑和手机APP实时访问，满足学生和企业员工学习及对外服务需要。

（四）构建“素质基础、能力核心、工作过程、证书融通”的专业实践体系

1. 构建“立足操作岗、适应技术岗、迈向管理岗”的课程体系

通过专业调研，确定焊工、焊接技术员、焊接质检员为专业典型工作岗位，确定工作岗位的典型工作任务，分析专业职业能力，形成职业行动领域向学习领域的转换，结合国内外特种设备制造标准，按照焊工、技术员和检验员三类岗位成长规律，构建“立足操作岗、适应技术岗、迈向管理岗”的课程体系。

2. 构建国内外标准相结合“素质基础、能力核心、工作过程、双证融通”的专业实践体系

通过校内实训基地和生产性汉神车间，依据人的认知规律，设置焊工初、中、高级能力递进的教学任务，将 ISO 9606（国际焊工）、美国 ASME、国家职业技能和 TSGZ 6002（特种设备焊工）等国内外标准和企业 6S 管理要求融入教学内容，将职业资格标准作为实训考核标准，实行教考分离。

在专业群建设理事会的指导下，课程开发团队调研专业培养目标、专业人才规格、职业资格、企业制造标准，融入课程内容，共同制定课程培养目标、课程学习情境、教学项目、考核评价方法等，形成课程标准；同时调研、分析研讨课程培养目标，融合焊工中高级职业资格要求、特种设备焊接作业人员考核细则要求、特种设备制造行业标准等，建成与专业对应的职业资格和特种设备制造行业标准深度融合的项目化课程。

3. 双结交替，安排校内外实践教学

依托常州及周边地区化工、环保、制药等压力容器类特种设备制造和风力发电、工程机械、轨道车辆、造船等先进装备制造企业众多的区域优势，积极与技术力量雄厚、规模较大、运转良好、质量要求高、毕业生就业较多的企业建立合作关系，与中国石化集团南化公司化工机械厂等 16 家企业，建成了全面、稳定的校外实习实训基地，为现场教学、生产实习、顶岗实习等教学活动提供了保障。

学生在第三、四、六学期有焊接认识实习、生产性实习和顶岗实习三次企业实践经历，实习企业提供生产实训场地、生产性实训设备和教学场所，聘请企业技术专家完成生产性实习、顶岗实习的教学任务，专业专任教师在企业组织生产性实习、顶岗实习的教学，将专业教学与企业生产紧密结合。双方共同对学生实训质量进行考核。在教学实训过程中，完全按照企业的生产工艺制定教学进程、按照企业的产品设计教学内容，锻炼学生的实践能力和接受企业文化的熏陶。

4. 建设具有企业文化的实训平台

生产性实训平台汉神车间，完全按照企业 6S 管理理念进行布置，实践教学也按照企业要求来管理，明确各岗位的职责，设备专人管理，实行责任到人制。定期对设备进行维修维护，发现问题及时上报，确保教学活动顺利进行。对于妨碍实训教学的瞒报、虚报、事后报等进行严肃处理。

（五）基于科研团队和劳模工作室提升创新和服务能力

1. 共建科研团队，开展“四技”服务

依托江苏省常州工程技术转移中心、汉神车间和企业教师工作站等，聘请机械科学研究总院、戚墅堰焊接研究所、哈尔滨焊接研究所、江苏省机械工程学会焊接分会、河海大学等单位和高校的专家作为坚强的技术后盾，共同开展新材料、新工艺以及焊接机器人和焊接自动化等领域的技术研究工作。

通过云平台体验与推广，吸引更多的焊接领域的技术成果和资源落地及产业化，在先进

信息技术环境支撑的基础上，形象地传播现代制造理念，进一步建设为集项目成果展示、教育培训、专场推介、洽谈交易等功能于一体的平台，并开展应用示范。

2. 实行创新创业教学

构建课程学习、聆听讲座、加入社团、参与教师科研项目、参加省、市、学院创新创业项目的创新创业培养体系，锻炼学生的创新创业能力。以专业教学团队集体辅导为主、教师个人指导为辅，扶持学生参加省、市各级创新创业项目的申报和比赛。

与企业技术人员共同开展激光焊接新型材料的研究、焊接机器人焊接复杂产品编程技术等研究过程中，结合专业教学课程设置和教学内容，引导学生参与，有选择地将科研内容转化为教学内容，以企业的真实产品转化为教学案例组织教学，实现产学研有机结合，提高学生创新能力。

依托“劳模工作室”，进行学生和企业员工技能的培训，养成工匠精神。

三、成果成效

（一）机器人焊接新技术融入课程教学，促进课程升级

配备焊接机器人以及激光焊接机器人，建设由机器人离线仿真室、网络焊接实训室、智能焊接车间组成的“虚实结合”智能焊接实训平台。通过开发不锈钢薄板的激光焊接、异形组合件机器人焊接等机器人焊接项目，转化成“机器人焊接高端技术”课程模块教学项目，全面升级专业课程教学内容。

（二）新技术培训融入社会服务，提升社会服务能力

我校牵头组建了全国现代焊接职教集团，我校也是中国焊接协会、中国职业教育学会理事单位。连续 5 年承办“5 · 18”常州智能制造焊接大会、江苏省焊接学会理事扩大会议等，组织“中焊杯”全国机器人焊接大赛、江苏省“技能状元”选拔赛、常州市级焊接比赛等 18 次。

专业实训基地被授权为全国机器人焊接培训基地，负责全国职业院校技能竞赛机器人焊接项目培训，培训学生达 1000 人次；开展高级技师、技师、国际焊工考证、机器人焊接考证以及特种设备行业焊工考核、鉴定等，累计培训、鉴定企业员工 166981 人时，为河海大学等高校培训学生累计 42040 人时；面向企业广泛开展技术服务，与东方瑞吉能源装备有限公司等企业合作开展 52 项横向课题。

（三）科技研发融入创新创业，提升创新创业能力水平

依托焊接创新创业实践基地，开展“焊花”孵化培育项目，转化“超薄板材激光自动焊工艺”“焊接空间站用高压真空电极”等新技术、新工艺科技研发项目为双创孵化项目，开发了“蜘蛛一号”小型智能焊接机器人、焊接虚拟工艺系统、管对接焊缝相控阵超声检测工艺等国家级和省级创新创业项目多项，全面升级焊接高端人才的创新能力和创业意识。

四、经验总结

案例以“中国制造2025”对人才的需求为依据，按照“双线结合、校企协同、服务社会”的建设思路，与行业名企深度合作，建设“智能焊接”产教深度融合实训平台，培养高素质技术技能型人才，取得了一定的成绩，主要包括：

（一）制定了保障平台有效运行的制度体系

制定了实训设备和项目持续更新制度、校企双方互兼互聘的师资保障制度、国内外焊工职业资格培训考核制度、创新创业辅导制度、“四技服务”和网络平台开发管理制度、培训考核质量保证体系等一系列制度，有力保障了产教融合平台顺畅运行。

（二）建成了线上线下相结合的资源平台

线下建设以机器人和激光焊为主的生产性实训车间，线上建设焊接网络制造实训教学培训以及公共服务云平台，建立满足学生和企业员工自主学习的实训教学资源库，打造理念超前、设备先进的智能实训平台，承担兄弟院校的实训教学，企业员工和社会培训，承办学校、行业和社会技能比赛，共享平台资源，使利用率达到最大化。

五、推广应用

本案例适用于中职、高职制造类专业，学校所在城市、省份应该有一定的工业制造基础，拥有一批具有一定规模的制造企业。聘请企业参与平台的建设、管理和运行；建立专业群建设理事会制度；共建实训平台管委会，基于“风险共担、利益共享”的原则，制定平台共建共管共享制度；学校应为企业提供毕业生、员工培训、技术服务、成果转换等服务，企业为学校提供实际生产案例、学生校外实训基地等服务，从而达到校企双赢的局面，使实训平台能够持续有效地运行。

“五维一体”构造高水平教师教学创新团队

——“智能焊接技术”全国职业教育教师教学创新团队养成记

叶爱英　顾亚莉

摘要： 为打造引领教育教学改革创新、推进人才培养质量持续提升的教师教学创新团队，本文以常州工程职业技术学院智能焊接技术教学创新团队建设为例，提出了师资、课程、课堂、文化、基地“五维一体”的国家级教师教学创新团队培育模式，为高职院校教师教学创新团队提供建设思路和路径。

关键词： 教学创新团队；智能焊接技术专业；高职教育

2019年，教育部和财政部出台《关于实施中国特色高水平高职学校和专业建设计划的意见》（简称“双高计划”），国务院出台《国家职业教育改革实施方案》（简称“职教20条”），教育部出台《全国职业院校教师教学创新团队建设方案》，一系列有关职业教育的政策和制度相继出台，为高职教育的内涵建设指明了方向，也为建设高水平职业院校“双师型”教师教学创新团队提供了发展路径，为全面培养多样化人才、传承技术技能、提升技术技能人才质量打下了坚实的基础。

“双高计划”政策支持下，高职学校“双师型”教师教学创新团队的内涵也发生了巨大的变化。“职教20条”提出“高水平、结构化教师教学创新团队，教师分工协作进行模块化教学”，意味着职业院校的教师教学创新团队构建要向“能工巧匠、企业工匠、教学名师、国家大师”等高层次发展，另一方面要由学校专任教师、企业技术人员等不同岗位、不同技术人员组成，同时要加深校企深度融合，面向市场、面向实践，构建活页式、工作手册式等新形态教材和模块化教学内容。目前高职院校教师教学创新团队仍然存在诸多挑战，一方面，国家教师创新团队建设方案已经出台，但各院校一般都没有与之对应的校级团队建设细则，学校如何给予团队支持、如何引导、如何规范、如何激励等都处于探索阶段，特别是如何确定“双师型”教师认定标准，一直未有确定的概念和定义；另一方面，因校企合作深度不够，校内团队组建基本是以教研室为单位进行组建，跨学科、跨专业、跨学院、跨行业基本都未能做到；第三方面，团队的引领示范作用未能充分发挥，不仅仅未能引领校内教师发展，同时在引领区域企业技术升级和经济发展方面也存在很大的缺陷。

常州工程职业技术学院智能焊接技术专业是江苏省品牌示范专业，该专业团队以培养高水平焊接技术技能人才为目标，依托科教城现代工业中心，整合中德国际焊接技术考试中心、焊工高级技师鉴定机构以及机器人焊接培训基地等资源，协同中车、迪森等大中小微企业，建立校企主导、政行支撑、学校企业双主体实施的协同培养人才机制，共建集师资、课程、课堂、文化、基地“五维”于一体的智能焊接技术专业教师教学创新团队，培养了一批高技能高水平焊接人才，为学校“双高计划”建设做出了突出贡献。

一、名师引领，平台支撑，构建“五维一体”的高水平团队养成体系

学校各专业团队针对高职人才对高端装备制造、绿色生产、智慧服务等领域转型升级支撑不足、职业素养不能满足新技术、新工艺发展需求等问题，搭平台、建机制，构建师资队伍“混”、课程资源“微”、真实岗位“练”、工匠文化“养”、实践基地“创”，“五维一体”的高水平教师教学创新团队培养体系（图1），建成集大师教授、骨干教师、境内外专家组成的混编教学共同体，养成一支能教学、能传技、能研发的焊接“教练型”教师队伍。

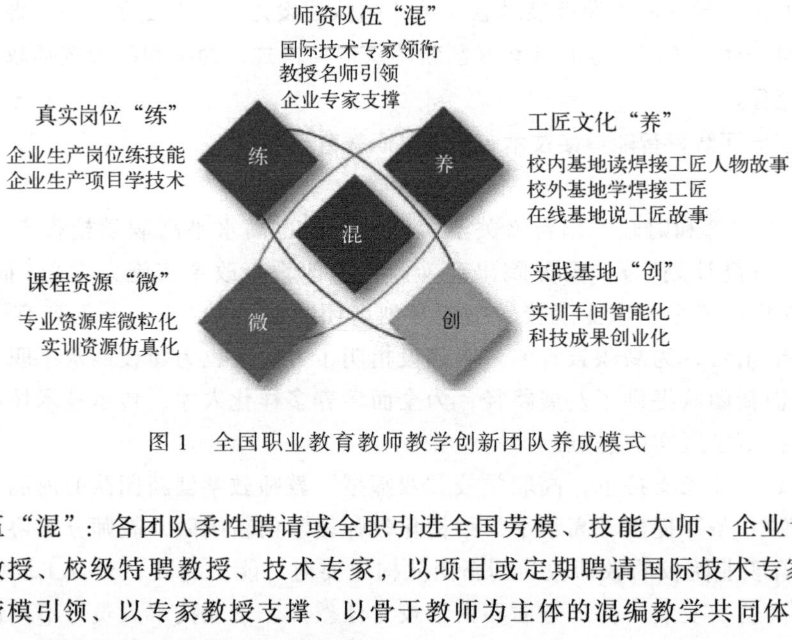

图1 全国职业教育教师教学创新团队养成模式

师资队伍“混”：各团队柔性聘请或全职引进全国劳模、技能大师、企业专家等人才担任省级产业教授、校级特聘教授、技术专家，以项目或定期聘请国际技术专家担任技术专家，建立以劳模引领、以专家教授支撑、以骨干教师为主体的混编教学共同体，培养一支能教学、能授技、能研发的“教练型”教师队伍。

课程资源“微”：依托VR、AI等信息化技术，建设以微课、视频、动画、虚拟仿真等形式呈现的专业教学资源库。实施翻转课堂、线上、线下混合教学模式，开展“1+X”技能培训、实操考试等服务，形成集技能练习、科普教育、劳动教育的虚实一体的资源库。

真实岗位“练”：校内实训平台对接企业车间，购置ABB、库卡等焊接机器人及机器人工作站，建设集虚拟仿真和机器人工作站虚实结合型实训基地；对接企业生产项目及岗位生产任务，建立课程教学项目库，构建学习情境及教学活动，形成融教学于职业场景、岗位情境、生产现场为一体的“准企业”教学课堂。

工匠文化“养”：以校内实训平台、教师企业工作站为载体，建立以“大国工匠、大国重器”为主线的工匠文化长廊；开展“实训课上讲工匠、企业实习学工匠”等活动，建成学生职业意识认同、岗位敬业奉献精神、价值创造与技术精进协同养成的工匠文化实践体系。

实践基地“创”：联合基地考试中心和技能鉴定中心，组织开展区、省、国家技能竞赛交流平台，开展中、高、技师等技能等级培训服务，组织开展机器人、机器人技术研发等项目，建成集教学、培训、竞赛、研发于一体的服务平台。

二、全国职业教育教师创新团队——智能焊接技术团队“养成记”

（一）“焊接家风”薪火相传

该团队始终传承并践行“韧劲、犟劲、钻劲、稳劲”的焊接工匠初心和使命，组建15年来，团队成员扩大到近30人，其中全国劳模、国家级技能大师2人，省级人才10人。通过引育并举、传帮带，逐步建成了一支年龄学缘结构合理、研究方向特色鲜明、团队凝聚力强的“双师型”教师队伍。团队先后获得“江苏省青蓝工程优秀教学团队”“全国职业教育教师教学创新团队”“全国党建工作样板支部”等优秀团队称号。

（二）“名师智慧”建强专业

团队结合中国装备制造业转型升级和“制造强国”对智能化、自动化焊接技术技能人才的迫切需求，重构了“一高三基、阶梯成长”的专业课程体系，由陈保国教授为主要负责人建设的“焊接技术及自动化”专业教学资源库入选全国职业教育专业教学资源库，并通过验收；由史维琴教授牵头的“智能焊接产教融合平台”入选省级实训平台；以陈保国教授领衔的“焊接技术及自动化”专业入选江苏省品牌专业，并通过验收。以团队骨干教师为主体开发出版省级重点教材3本，建成（设）“机器人弧焊技术”等核心课程11门，江苏省在线开放课程3门，线上学习人数达54121人次。

（三）“焊接学子”播撒四方

80%以上毕业生就职于中车集团、迪森能源装备有限公司、徐州重工等国家级高新技术企业，部分学生就职于博世力士乐、卡特彼勒等世界500强外资企业（图2）。毕业生王海浪、樊鹏飞分别获得第十三届、第十四届全国工程建设系统职业技能竞赛第一名，崔恒祥获得第十五届全国工程建设系统职业技能竞赛第三名， 3人都获得“全国技术能手”称号。毕业生杨红坤获得“江苏省技术能手”称号。

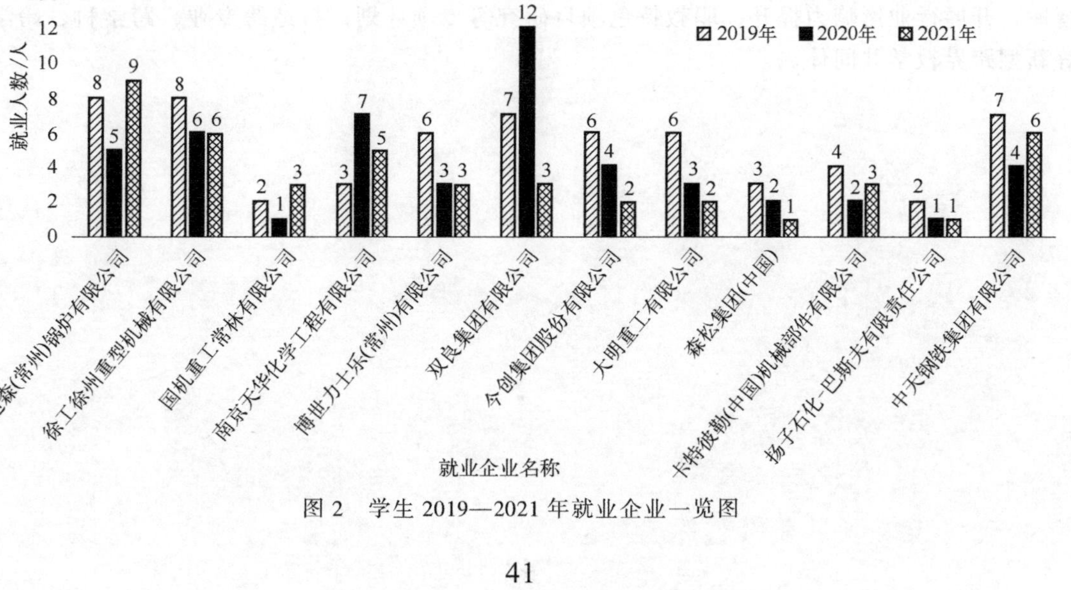

图2　学生2019—2021年就业企业一览图

（四）"焊接基地"服务区域人才培养

团队牵头组建了全国现代焊接职教集团，整合资源，建设"先进焊接技术服务基地"。协同中国焊接协会、全国机械职业教育教学指导委员会共同组建市-省-国家焊接技能竞赛平台，连续5年（2015年—2019年）承办"5 · 18"常州智能制造焊接大会、江苏省焊接学会理事扩大会议等，组织"中焊杯"全国机器人焊接大赛、江苏省"技能状元"选拔赛、常州市级焊接比赛等多次，累计为区域企业培训鉴定高级技师、技师、国际焊工考证、机器人焊接考证以及特种设备行业焊工考核、鉴定166981人时，为河海大学等高校培训学生累计42040人时，累计为东方瑞吉能源装备有限公司等企业开展横向课题多项，促进区域人才技能水平满足经济发展需求。

三、建设成效与不足及改进措施

（一）入选全国职业教育教师教学创新团队

2021年9月，智能焊接技术专业团队获批全国职业教育教师教学创新团队立项建设单位。学校现有2支国家级教师教学创新团队，5支省级教学创新团队，8支专业教学创新团队，国家-省-校三级团队培育体系基本形成。

（二）团队的影响力仍然不足

学校产教融合一直处于融而不深、合而不深的状态，在业界、行业内有影响的专业领军人才基本没有，跨专业、跨业绩的教师教学团队未完全成形，博士、正高教师比例与职业教育本科标准还有不小差距。

（三）下一步改进措施

下一步将以国家级应用化工技术专业教师教学团队和智能焊接技术团队为引领，构建智能焊接、智能建造、检验检测认证三大专业群双跨团队，组建博士、教授、工匠等高端人才智库，开展行业影响力提升、职教特色项目研究等专项计划，打造跨专业、跨学科、跨学院等新型跨界教学共同体。

“一体两翼，师德贯穿，阶梯递进”的高水平“双师”队伍培养体系的探索与实践

叶爱英　陈保国

摘要：基于“互联网+”背景下，系统进行“双师型”教师的发展路径设计、培养平台构建、动力机制创新，从教学、专业实践、研究和师德四方面探索构建“一体两翼、师德贯穿、阶梯递进”的教师培养体系；以“课堂、企业、团队”为核心，设计“校本、国内、国际”三类培养平台，实施不同层次教师培训主题和项目，实行分层培育，因材施培；通过“一体两翼”培训体系，全面提升高职教师的综合能力，以教师的专业发展促进学生的最大发展，提升学校可持续发展能力。

关键词：高职教师；专业发展；教师培养；一体两翼；教师成长

物联网、大数据、云计算、人工智能等新技术的大量涌现，催生了智能化、生物技术在人们生产、生活、生态各领域的应用，涌现了一大批新一代信息技术产业、新医药产业、新材料产业、高端装备制造产业等战略性新兴产业，加快了传统产业的改造升级步伐，形成了大批新技术、新产品、新业态、新模式。大数据时代的到来，一方面将经济发展由高速增长阶段转向高质量发展阶段，产业升级和经济结构调整不断加快，各行各业对技术技能人才的需求越来越紧迫，职业教育重要地位和作用越来越凸显；另一方面，也将教育生态由传统的工业化集中物流的经济批量教育模式转向弹性学制、个性化辅导、社区和家庭学习等“一种自组织行为”教育模式，学校的围墙一次次坍塌。在万物互联的冲击与挑战面前，高等职业教育迎来了前所未有的社会焦虑，《国务院关于印发国家职业教育改革实施方案的通知》（国发［2019］4号）文件的发布，再次让职业与技术倾向的高等教育人才培养体系得以确认，也为高等职业教育的“双师型”教师发展指引了发展方向和政策保障。“1+X”制度改革、学分银行建立、学习成果互换、退役军人等新型生源的出现，触动了高等职业教育高素质“双师”改革的神经。常州工程职业技术学院结合高职教师专业发展规律，探索建立了“一体两翼，四个阶梯，四个维度”的“四有四型”高水平“双师”队伍专业发展培养体系（简称“1244”培养体系），将教师职业成长规律与学习认知规律相结合，从教学、科研、实践、人文多方面培养高职教师的教育教学理论、教学能力、职业实践能力和职业岗位素养，有效地促进高职教师专业化发展和职业成长。

一、标准引领，打造“四有四型”高水平“双师”队伍培养体系

（一）建立“四维度十一层级”高素质“双师”标准

以打造有理想信念、有道德情操、有扎实知识、有仁爱之心的学习型、研究型、创新型、奉献型“四有四型”高水平创新型“双师”队伍为目标，聚焦产教融合、协同育人，结

合专业群转型升级和学校事业发展需要，融合高端产业和产业高端发展新技术、新标准、新规范，建立了“师德修养、教育教学、教研科研、社会实践”四维度，教师12级～教师2级的教师自我发展标准。教师自我发展标准强化了师德修养与师德负面清单底线标准和践行社会主义核心价值观高线标准相融合，教育教学与国际化素养、信息化技术、人工智能新技术相融合，教研科研与跨专业、跨学科等跨界能力相融合，社会实践与技术开发、技术服务、成果转化等相融合，形成常工特色、支撑高职教师专业发展标准的建设范式，引领学院教师做“四有四型”高素质“双师”。

（二）对接一流技术和标准，构建高职“双师”培养体系

学校依据教师职业发展规律，科学设计新教师、骨干教师、带头人、名师名匠发展四层阶梯，围绕“四维度十一层级”“双师型”教师发展标准，构建以教育教学能力为主体、专业实践能力和教研科研能力为两翼的教师能力规格，以践行社会主义核心价值观和爱岗敬业、追求卓越为目标导向，形成“以德为先，能力为本，价值引领”建设思路和“一体两翼，四个阶梯，四个维度”高水平“双师”队伍培养体系（图1）。

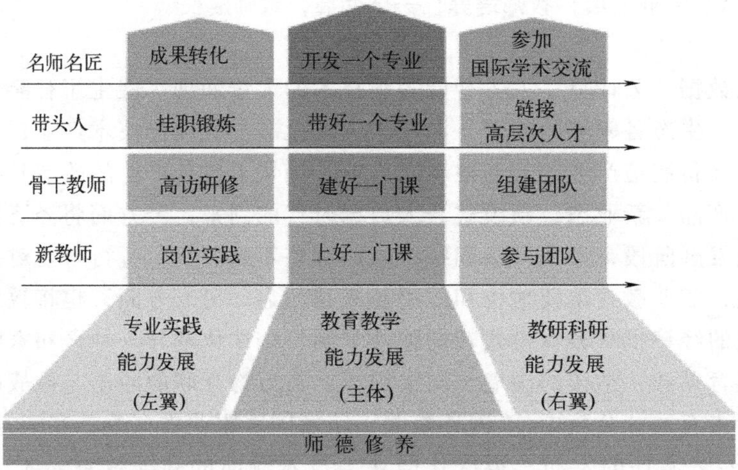

图1　“1244”双师培养体系

1. 教育教学能力发展

教育教学能力发展以课堂教学有效性、课程开发先进性、专业建设前瞻性为主体，以新教师微格教学、骨干教师信息化教学设计和高质量微课、专业带头人说好一个专业的教育教学能力分层考核标准，构建新教师上好一门课程、骨干教师建好一门课程、专业带头人带好一个专业、名师开发一个专业教育的教学能力成长主题。通过校本培训、网络课程培训、岗位实践以及名师指导，从点到面，由浅入深，分阶段培养，使新教师从上好一堂课开始，慢慢成长为教学骨干、专业带头人，最后成为教练型教学名师的培育人选。

2. 专业实践能力发展

专业实践能力发展注重对接行业一流技术、一流标准，以“技能”为主线，以实践教学技能、专业实践技能、技术服务能力为主体，实施“1（生产安全证书）+X（新教师和骨干教师获得高级技能证书和生产安全证书、带头人承担横向项目或技术开发项目、

名匠成果转化1项以上）”考核标准，构建新教师岗位实践、骨干教师高访研修、专业带头人挂职锻炼、名师名匠成果转化的专业实践能力发展路径，助推教师成长为能工巧匠、技术专家。

3. 教研科研能力发展

学校以“个人成长、团队发展”为主线，以技术开发、技术创新能力为主体，以博士、教授领衔专业教学团队、课程教学团队、科研团队、素质教育团队为载体，构建新教师参与团队、骨干教师组建团队、带头人链接高层次人才（劳模、技能大师和行业领军人）、名师名匠参加国际学术会议交流组成的教研科研能力发展路径。通过学历进修、高级访问学者和出国研修等发展项目培训，推进教科研工作老中青结合，发挥传帮带作用，由个体成长到团队发展，使教师在教学中研究，以研究带动教学，从一名“教书匠”蜕变为教育者、技术研发专家、技术创新专家。

4. 师德修养

师德修养以全面提高教师职业理想和职业精神为核心，贯穿于“教育教学、专业实践、教研科研”三维能力培训过程中，通过开展一系列讲座、报告、典型案例、网络公开课等师德修养活动，使教师有意识地主动研究教育，学习先进教育思想，及时更新自己的教育观念。因此，师德修养使教师的专业发展有了理论和理念支持，优化了课堂教学模式，逐渐体会到工作的快乐。

二、“1244”的“双师型”教师发展培养体系实施

（一）分层培育，因材施培

学校依据“1244”的“双师型”教师发展培养体系，以建设国家级教师发展中心为目标，架构校内、国内、国际三类平台，并根据每个平台的特点，设计各具特色的项目，实施“新教师、骨干教师、带头人职业素养提升、技术开发能力提升、创新能力提升”三项提升工程，分级打造名师名匠，实现高职教师“精湛的课堂课程教学技能、丰富的岗位实践经验、较强的研究能力和敏锐的问题捕捉能力”等多方面能力发展（图2）。

校级平台以教师发展中心为基础，联合劳模工作室、大师工作室、博士工作室等，以科研和社会服务平台为支撑，全面发展教师的教学能力、教研科研能力；国内平台对接师培中心、北京大学、清华大学等名校和44个名企工作站，全面培养教师专业实践、研究和创新能力；对接25家境外研修单位，创建国际化培养平台。

近年来，学院每年开展新教师教学能力、骨干教师信息化培养、带头人专业建设、科研沙龙等培训项目近30项，年培训经费近400万元，受训教师达400人/年。自2018—2020年以来，参加省培国培项目82项，受训教师154名。每年选派50名教师参加境外研修。以焊接专业团队为例，取得焊接工程师职称3人，国际焊工证书2人；指导学生获得国际焊工大赛金奖，首批33名学生中有30名学生获得国际焊工证书，联合大院大所协同建设高端智能机器人焊接实训平台。优质的培养质量，受到德国HWK考官专家的高度好评，也得到江苏科技大学美国工程院院士的高度认可。

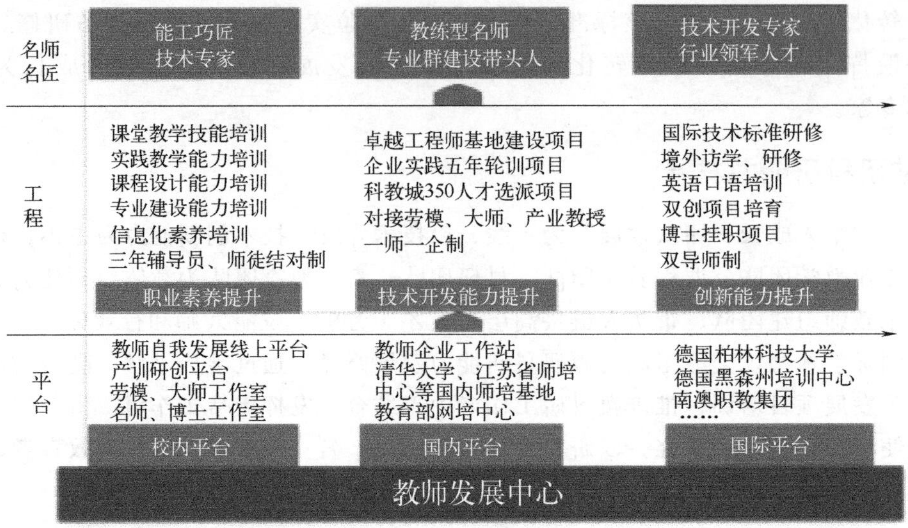

图 2 “1244”双师教师培养平台

（二）“低线”目标，有培无类

基于青年教师教学能力欠佳、缺乏实践经验或研究能力不足的现状，学校采取“低线”要求策略，有针对性差别化培养。对缺乏实践经验的新教师，首先进行实验技能培训，同时企业顶岗实践半年后才可上岗；青年教师在教学、实践、研究等各方面承担项目或成果突出，亦可成长为教学骨干或技术骨干或技能骨干。“低线”目标，让教师做力所能及之事，发挥自己最大的潜力，做到“有培无类”，实现教师多元发展。学校 3 名教师在专业实践技能岗位表现突出， 2019 年一举拿下全国职业院校技能大赛一等奖， 2021 年获得“全国技术能手”荣誉称号。

（三）机制设计，人人皆可成才

学校建立了教师自主发展、外部激励和产教融合协同发展三项机制和发展通道，形成人人渴望成才、人人皆可成才、人人尽展其才的教师发展生动局面。

1. 自主发展，人人渴望成才

以“四维度十一层级”教师发展标准为基础，建立教师发展平台，依据平台数据统计，精细分析教师需求和教师发展目标，精准制定教师培养方案，精益培养各类教师，形成“精细分析、精准制定、精益培养”三位一体的教师发展内生动力机制。目前学院近 500 名教师开展了自我定位、自我规划、自我诊断改进，促进了教师专业化、个性化发展；学校分析全体教师的发展诉求，制定教师个性化培养方案，充分激发全体教师的积极性和创造性，促进教师自我成长，追求卓越。

2. 外部激励，人人皆可成才

学校贯彻落实《深化新时代教育评价改革总体方案》、“科创 30 条”等，从人才选拔、教师培养、激励与表彰等方面制定 18 项制度。《教师攻读博士学位进修制度》允许脱产三年，工资全额发放，顺利毕业并取得学位的奖励 6 万元，享受高层次人才津贴补助和副教授待遇。《职称评审制度》分设教学、教学科研、科研、社会服务四类，实行扬长发展；职称评审注重代表作质量，突出业绩和科研成果转化能力，不唯论文、资历等。

3. 产教融合，人人尽展其才

学院创新柔性人才、兼职教师引聘机制，特设柔性人才流动岗、专职科研岗，共引聘劳模、产业教授、技能大师等高端人才 47 人，引聘全国劳模、全国教学名师 5 人。聚合校内青年教师，组建合作团队，抱团走进企业，对接行业先进标准和先进技术，高质量推进课程开发、平台建设、师资培养、专业建设，协同共建一支德艺双馨、勇于创新、乐于奉献职教事业的兼职教师队伍，打造产教融合、校企协同育人的生动局面。

三、打造高素质“双师”队伍，服务教育发展现代化

（一）“双师”队伍建设成效显著，学院综合实力节节攀升

自“1244”培养体系实施后，师资队伍整体素质和水平提升很快。双高结构逐步优化，博士数量由 2014 年的 7 名上升到近 70 名；入选高层次人才项目不断扩大，学院现有省中青年突出贡献专家、省“六大人才高峰”、省优秀团队等省级人才资助项目近 70 人次；国家级人才项目有了零的突破，应用化工技术专业团队、智能焊接技术团队荣获国家级教师教学创新团队， 3 名教师获得“全国技术能手”称号。

科技创新水平节节攀升，省级平台不断突破，主持 4 项国家自然科学基金项目和省自然科学基金项目，参与科技部重点研发计划，主持江苏省科技项目，纵向项目近 100 项；“四技服务”到账经费位居江苏省高职院校第一方阵，科研水平有了质的飞跃。

（二）深化“三提高”，服务教育现代化

进入新时代，我校将以质量强国和制造强国战略为指引，紧跟先进制造业和高技术服务业发展需求，加强人才队伍建设。青年兴则国家兴，青年强则国家强，人才强校则人才强国；未来将继续加强高素质“双师”教师队伍建设，提高职业教育教师的社会声誉；倾听一线教师心声，提高职教教师政治地位；促进教师职业发展，提高职教教师职业地位，努力将学校打造成地方离不开、行业都认可、教师愿意教、学生乐意学、国际可交流的高水平高职强校。

聚焦常州标杆产业集群、持续提升协同创新供给能力

李树白

摘要：学校主动对接国家产教融合试点城市建设任务，服务常州“智能制造”名城建设，聚焦常州标杆产业，整合政府、行业龙头企业等优势资源，融合相关企业、科研院所，创新校企合作机制，重点搭建产教融合集成化平台，服务急需技术技能积累与成果转化，促进区域产业高速发展。

关键词：校企合作；产教融合；共建共享；协同创新；集成平台

一、实施背景

在制造业转型与升级背景下，行业企业对职业院校培养的人才提出了更高的要求。培养出符合企业需求，能支撑制造业转型升级的技术技能人才成为职业院校亟须解决的问题。产教融合、校企合作作为解决该问题的有效手段被众多职业院校采用。教育部、人社部等相关部门出台了一系列文件和政策，鼓励推动学校和企业进行合作，提高人才培养质量。但是在实际教学过程中存在产教融合深度不够，校企协同育人平台机制不完善，校企合作共建的育人平台往往停留在表面等问题，致使双元育人处于浅层次，人才培养与企业用人需求不匹配，人才培养质量难以提升。如何深化校企合作，切实提高人才培养质量是摆在各职业院校面前的难题，特别是在“双高计划”建设的背景下，深化校企合作更是职业教育关注的焦点。学校将校企合作作为“双高”建设的基石，坚持“立足常州、服务江苏、辐射长三角”办学定位，持续创新校企合作机制，深度推进产教融合。通过搭建校企协同育人平台引领教学模式改革创新、推进人才培养质量持续提升。

二、主要做法

（一）创新引领、共建共享，打造产教融合集成平台

对接常州十大高端产业，以“需求导向、深度融合、创新引领、共建共享”为原则，以体制机制创新为突破口，以提升技术技能创新服务能力为抓手，多方协同，建成引领技术创新、支撑产业发展、体现区域特色的技术技能创新服务平台，推进职业教育融入区域发展，促进产业升级。外引内培建成高层次科技创新团队，技术技能创新服务能力全面提升。集聚校内外优势资源，打造高端装备制造、新材料、新能源应用技术研发和职业技能培养培训领域的产教融合高地。

1. 健全制度体系，完善技术技能创新服务机制

制定《常州工程职业技术学院产教融合管理办法》《常州工程职业技术学院专利管理办

法》和深入推进“双百计划”、“一人一企”等教师技能提升的实施意见等制度，立足产学研结合，激发教师科研创新活力。自主建设省级科研成果转化服务机构——常州工程职业技术学院技术转移中心，密切跟踪成果从研究到技术到产品的全链条发展过程，提升成果转化率，促进产教供需双向对接。

2. 构建“平台+团队+项目”科研组织模式，建设高层次科研创新团队

实施教师科研能力提升培养计划，推进学校科研梯队建设，逐步形成以科研平台为载体，以科研团队建设为主线，以领军人物为引领，以科研骨干为主体的科研队伍。2018 年以来立项省级以上教科研课题 70 余项。

3. 优化资源、统筹推进，分类打造协同创新平台

依托省级中小企业公共服务平台，立足和发挥各专业群人才优势、技术优势，优化工程技术中心和重点实验室的服务方向，坚持校企联合、校地联合、校所联合，开展协同创新研究，为产业结构调整、行业技术进步提供技术支撑和科技引领，成为支撑区域中小微企业发展的加速器、创新源。

4. 集成优势、整合资源，重点打造产教融合高地

发挥学校在智能制造应用技术研发、新型职业农民培养培训和大学生创新创业三方面的优势，整合校内外资源，建设高端装备制造、新材料、新能源产教融合高地，服务“中国制造 2025”。

（二）权益约定、自主运营，形成平台运行机制

以产教融合集成平台建设为契机，结合区域功能、产业特点深化政行校企合作办学体制机制改革，促进人才培养与产业需求有机衔接，建立健全产教对接机制。积极与行业联合、与企业联盟、与政府联手、与园区联结，注重发挥骨干企业的示范引领作用，按照“共建、共管、共用、共享”的原则，探索发展股份制等多元投资模式，在集成平台中吸引企业联合建设职教集团、产业学院和企业工作室、实验室、创新中心。允许利益相关方以资本、技术、知识、设施、设备和管理等要素依法参与平台建设与管理，建立“企业化管理、市场化运作、集成化展示”的全新平台运行机制。

三、主要成效

（一）集聚了一批平台基地与创新团队

对接“中国制造 2025”发展战略，常州十大产业中高端装备制造，新材料、新能源及应用领域，聚焦“绿色智能”技术，以“五位一体”实训基地为支撑，以“双向双通”师资队伍为保障，形成了“四共融通”长效运行机制。携手中国检验检疫科学研究院、江苏检验检疫质量研究中心、中国检验检测学会共建常州工程职业技术学院检验检测认证学院；与中国化工教育协会共建国家开放大学石油和化工学院、成立国家开放大学学习成果认证中心；建有各类科技创新与服务平台 25 个，其中高等职业教育创新发展行动计划协同创新中心 2

个（图 1），省级工程中心 3 个，省级服务平台 2 个，市级重点实验室 3 个；建设各级各类创新团队 20 余支，其中国家级教师教学创新团队 2 支，省级科技创新团队 3 支。

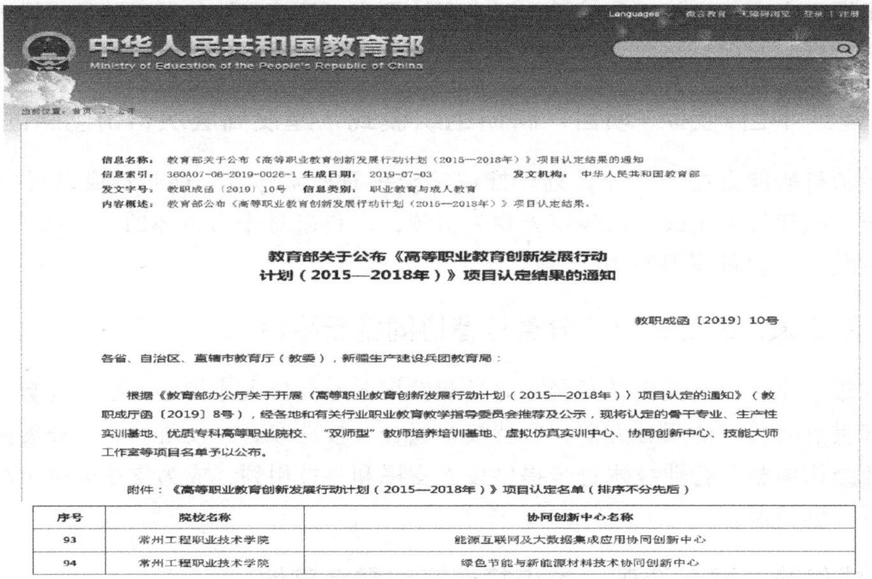
中华人民共和国教育部
Ministry of Education of the People's Republic of China

信息名称：教育部关于公布《高等职业教育创新发展行动计划（2015—2018年）》项目认定结果的通知
信息索引：360A07-06-2019-0026-1　生成日期：2019-07-03　发文机构：中华人民共和国教育部
发文字号：教职成函〔2019〕10号　信息类别：职业教育与成人教育
内容概述：教育部公布《高等职业教育创新发展行动计划（2015—2018年）》项目认定结果。

教育部关于公布《高等职业教育创新发展行动计划（2015—2018年）》项目认定结果的通知

教职成函〔2019〕10号

各省、自治区、直辖市教育厅（教委），新疆生产建设兵团教育局：

根据《教育部办公厅关于开展〈高等职业教育创新发展行动计划（2015—2018年）〉项目认定的通知》（教职成厅函〔2019〕8号），经各地和有关行业职业教育教学指导委员会推荐及公示，现将认定的骨干专业、生产性实训基地、优质专科高等职业院校、"双师型"教师培养培训基地、虚拟仿真实训中心、协同创新中心、技能大师工作室等项目名单予以公布。

附件：《高等职业教育创新发展行动计划（2015—2018年）》项目认定名单（排序不分先后）

序号	院校名称	协同创新中心名称
93	常州工程职业技术学院	能源互联网及大数据集成应用协同创新中心
94	常州工程职业技术学院	绿色节能与新能源材料技术协同创新中心

图 1　高等职业教育创新发展行动计划协同创新中心 2 个

（二）牵头成立了一批职教集团、产业学院

牵头组建全国检验检测认证职教集团、全国现代焊接职教集团、全国医疗建筑职教联盟、长三角绿色化工与医药一体化发展职教联盟。

其中，全国检验检测认证职教集团获评示范性职教集团。

联合机械科学研究总院哈尔滨焊接研究所、上海城建市政工程（集团）、中检邦迪、京东集团、中天汽车、北京东方仿真、蓝澄晶体科技等大院大所及龙头企业，共建 10 个产业学院、 10 个实训平台（3 个获批省级平台）。与 SGS 通标标准技术服务有限公司、北汽新能源等行业领军企业实施现代学徒制项目 36 个、订单班 30 个（其中国家级现代学徒制试点 1 项）。

四、经验总结

学校聚焦常州标杆产业，打造产教深度融合、功能有机集成，设施设备先进、资源集聚集优、团队结构优化、管理集约高效的产教融合集成平台，创新校企合作机制，引领教学模式改革创新、持续提升协同创新供给能力。服务急需技术技能积累与成果转化，推进人才培养质量持续提升，促进区域产业高速发展。

五、推广运用

学校积极探索专业与产业协同发展的建设模式，以产教融合平台生态体系建设为抓手，通过平台建设支撑"三教"改革，不断提高专业人才培养质量和技术服务能力，实现了专业与产业协同发展，为增强职业教育适应性探索出一条有效的发展之路。

“搭桥建路”打造一体化技术服务平台

孙毓韬

摘要：打造技术技能创新服务平台有利于提升学校办学实力和办学声誉，提升技术技能人才培养水平。学校结合产业转型升级实际，提出技术技能创新服务平台建设推进策略；凝聚优势特色，建设以应用科研为特征的服务平台；推动成果转化，形成科研反哺人才培养的良性循环；强化制度供给，激发师生开展创新活动的文化氛围。

关键词：高职院校；创新服务；集成平台技术转移

一、实施背景

随着我国制造业转型升级需求的不断增长，经济社会对于高职院校推进技术转移工作的诉求也不断递增。常州工程职业技术学院高度重视创新服务高地创建，紧密联合大院大所，确立应用为主的科研方向，深度融合创新服务和人才培养，积极对接县域乡镇，高质量打造创新服务平台，高效开展技术转移活动，初步形成常工特色的技术转移模式，为处于起步阶段的高职院校技术转移工作提供有益启示。

二、主要做法

（一）“搭桥”大院大所，打造创新服务平台

为进一步提升学校科技创新与社会服务能力，打造常州地区的技术转移服务高地、区域的先进技术对接平台和国际性创新资源链接载体，学院与机械科学研究总院哈尔滨焊接研究所联合共建“常州工程职业技术学院技术转移中心”，秉持“实体化、科学化、专业化、特色化、信息化、国际化”理念，充分整合校内外技术转移要素，依托双方科技、人才及学科优势，面向地方经济社会发展需求，系统开展技术转移体系架构与制度建设，积极探索技术转移的新模式与新机制，构建技术转移创新服务平台，提供一站式、网络化技术转移全程服务，促进校企的知识流动与技术转移，并以技术转移为主线，全面夯实学校科研内涵建设，充分提升科研育人效果。

学校与哈焊所合作共建集技术研发、技能培训于一体的省级智能焊接实训平台；与江苏中科智能科学技术应用研究院、北京机械工业自动化研究所等单位签约共建智能工程技术产业研究院。依托共建平台，围绕智能制造领域开展技术服务。

（二）依托优势资源，“建路”专业服务平台

对标区域经济发展标杆产业，依托学校优势专业，分层次、分类别、分功能建设专业服务平台。获批教育部能源互联网及大数据集成应用协同创新中心、绿色节能与新能源材料技

术协同创新中心；独立建设国家自然科学基金依托单位；共建江苏省发展改革委江苏省建筑数字化建造工程研究中心；独立建设江苏省中小企业公共服务平台；创建常州市食药品检验检测产学研合作创新联盟；独立建设常州市工程健康智慧监测重点实验室、常州市微流控芯片技术及装备重点实验室；与国家电投集团、电凯实业等单位校企共建智慧植物工厂研究院。

（三）对接县域乡镇，构建特色服务平台

发挥学校在科技和人才方面的资源优势，推动校地科技合作走向更高水平，为地方企业转型升级精准提供更多科技助力，构建特色服务平台。从深入企业调研、开展产学研活动、科技成果对接转化、拓展合作渠道等四个方面拓宽校企合作的深度和广度，加快成果转化，实现合作共赢，促进经济转型升级、为创新发展提供了新动能。

与泗阳县人民政府共建技术转移中心泗阳分中心，联合钱正芳教授、江苏科技大学与泗阳县人民政府共建智能科技研究院；与海安市共建智能装备研究院；与汽摩配特色小镇——孟河镇共建智能汽车研究院；与地板特色小镇——横林镇共建绿色材料研究院。

三、成果成效

（一）完善技术转移服务体系，助推科技成果转化

重点实施“一二三四五发展战略”，“一”是“一个目标”：建立常州工程职业技术学院联合技术转移中心服务体系。“二”是“两个对接”：与区域创新产业化对接，与区域产业创新化对接。“三”是“三大步骤”：立足常州，创新发展；服务苏南，协同发展；辐射长三角，跨越发展。“四”是“四大战略任务”：实现服务多样化、功能集成化、转移国际化和资源网络化。“五”是“五项保障措施”：完善体制机制、加强政策支持、创新激励机制、实施六大工程和健全评价体系。在空间布局上构建“一核多极、两网互动、两圈共享”的技术转移服务体系。“一核”就是以常州市科技大市场为核心载体打造“常州市技术转移集聚区”，“两网”为苏南中心线上线下互动并行，“两圈”为“国内技术共享圈和长三角技术合作圈”协同创新，共同发展。

（二）推进体制机制建设，激发技术转移活力

采取实体化独立运行模式，整合校内外创新要素，按市场化规律进行技术转移。从体制上厘清关系，明晰职能，实行董事会领导下的总经理负责制，自主用工，自负盈亏。

积极落实《中华人民共和国促进科技成果转化法》，明确成果转化收益分配。依据《常州工程职业技术学院技术转移中心有限公司章程》，先后制订修订《技术转移公司合同管理办法》《技术转移公司财务管理办法》《公司绩效奖励办法》等16项规章制度，规范工作流程，激发工作活力。

依托科教城的创新资源集聚优势和常州区域经济优势，结合学院优势专业，立足常州，服务江苏，走特色发展、错位发展之路。积极推进技术创新要素向苏中苏北地区转移，先后筹建技术转移泗阳分中心、海安分中心等6个分中心。

（三）多措并举，推进专业化队伍建设

通过内培外引，进一步充实技术转移队伍，打造三支稳定的队伍，一是拥有职责分工明确，业务精湛的技术转移专职管理队伍，目前专职管理人达 6 人。二是建有与区域产业紧密结合的技术攻关队伍 16 支，其中省级团队 4 支。涵盖智能制造、新材料、新医药、轨道交通等产业。三是拥有经专业化培训有专业技术背景的技术经理人队伍 35 人。

（四）技术转移常工特色、成果转化高效平台

技术转移中心建成江苏省首批高职技术转移中心，省高职院校唯一技术合同认定单位，省级中小企业公共服务平台，省级技术经理人事务所等一站式技术转移平台。中心技术交易额、四技服务经费到账额均位居全国高职院校前列。技术转移中心荣获江苏省科技服务业百强机构、获评江苏省技术市场先进集体（图 1）。学院 4 次蝉联全国职业院校服务贡献 50 强。技术转移中心成为技术转移集成化平台典范，受到《科技日报》《中国教育报》等媒体的高度关注，形成了技术转移常工特色。

图 1　技术转移中心所获荣誉

四、经验总结

通过体制机制建设、搭建产学研平台、组建科研团队等一系列组合拳，学校技术转移中心解放思想，充分发挥公司独立法人实体的作用，按市场规律进行利益分配，完善成果转化市场定价机制。从成果发布到洽谈到公示到签约，市场化运营模式初步建立。中心实现了

“五个一”的目标，即链接了一流创新资源要素、集成了一群技术转移服务机构、创新了一批新型技术交易模式、建立了一个公共研发联盟体系、带动了一体化创新创业活动。

五、推广应用

常州工程职业技术学院技术转移中心的成功经验，为处于起步阶段的高职院校技术转移工作提供有益启示。

“政府主导、行业指导”校企双主体服务石油和化工行业终身教育的探索与实践

窦苏明

摘要：常州工程职业技术学院发挥专业、师资等优势找准位置，依托行业，整合企业资源建设国家开放大学石油和化工学院，构建“校企双主体”学习中心，创新“多元协同”治理机制，开发学习成果认证单元，实现学历与非学历学分融通。通过共建“职工培训基地”、施行“双导师”制度，共同开发典型工艺课程、密切校企协同育人机制，提高化工从业人员岗位适应能力、岗位迁移能力和职业发展能力，赋能产业转型升级。

关键词：终身教育；成果认证；协同育人；产教融合

一、实施背景

石油和化学工业是基础性产业，在国民经济中占有举足轻重的地位，是重要的经济支柱。我国正从石化大国向石化强国转变，安全、绿色、智能化转型势不可挡，产业升级对人力资源的依赖越来越明显。探索和建立大规模、常态化、标准化的石化从业人员的终身教育体系，培养更多“能工巧匠”“大国工匠”，为促进构建技能型社会增添动力，是化工类职业院校的重大使命和历史担当。

二、主要做法

在国家开放大学和相关石化园区管委会的指导下，常州工程职业技术学院联合中国化工教育协会、化学工业出版社、大庆油田有限责任公司等 30 余家规模以上石化企业（园区）共建国家开放大学石油和化工学院（简称：石化学院）及校外学习中心，探索了“政府指导、行业主导的校企双主体终身教育”育人体系，助力石化产业转型和人力资源建设。石化学院现有学习中心 40 个，在读学生 16000 人，遍布全国 20 多个大型化工园区 3000 多家石化企业。

（一）高起点建设石化行业职工“自己的大学”，构建多元融合治理体系

按照“政府指导、行业主导”建设思路，石化学院及其校外学习中心建设由国家开放大学和各地教育主管部门直接指导，中国化工教育协会主导，常州工程职业技术学院、化学工业出版社三方两地一体协作，成立石油和化工学院，实现资源、队伍和其他教育优势有机整合。利益相关方通过合作成立办学理事会，化工教育协会和常州工程职业技术学院设分管校长，在各教学点成立管理委员会，建立定期联席机制。在行业指导下，行业学院以化工技术专业群为核心设置专业，形成紧密对接产业链的育训体系。根据产业需求布局教学点，坚持把学习中心建在产业集中区、工业园区、大型企业。学习中心紧密围绕设点企业需求，把化学工程与工艺、工业分析技术、应用化工技术、化工安全等专业办进园区、送入企业、建在

生产线。实现了政府统筹管理、行业企业深度参与、学校积极举办的多元办学格局（图1），为构建终身学习服务体系探索了有效的路径。

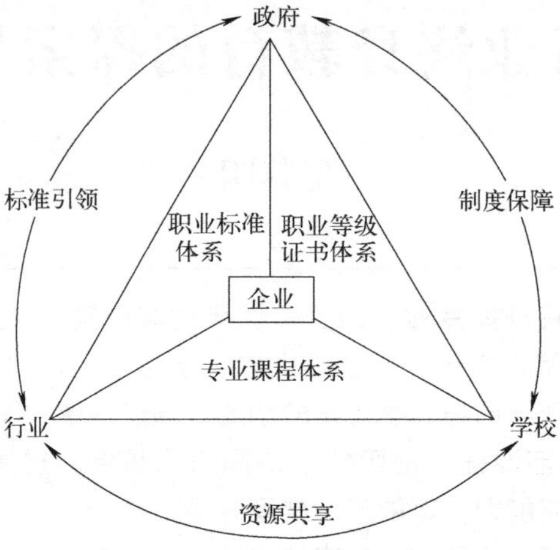

图 1 “政府指导、行业主导”的校企双主体育人模式示意图

（二）高质量耕耘石化行业终身教育“试验田”，推动校企融合“双引擎”

采用“1+N”学习中心建设模式（即学校与园区多家企业联合办学），明确各方责任、利益、风险关系，成立联合管理委员会，为高水平建设、高质量发展提供组织保障，确保三方“管、办、评”角色定位清晰。共建框架下，园区管委会从服务和管理的角度顶层设计人力资源规划，制定技能培训和学历提升年度计划，引导行业龙头企业深度参与专业规划、课程设置、教材开发、教学设计、教学实施等环节，采用“招生即招工，招工即招生”的企业新型学徒制方式，围绕产业转型升级、技术迭代和工艺改良等共性需求及员工职业生涯发展的个性需求，在企业和职工发展的不同阶段，持续提升知识体系、技能水平、创新能力、沟通技巧，增强岗位迁移能力和团队合作能力，加速石化企业人力资源开发方式的变革。

（三）高标准完善石化行业学习成果“度量衡”，认证单元纳入国家资历框架

按照“同质等效”的原则，借鉴《华盛顿协议》《悉尼协议》等国际工程教育认证协议的“以成果为导向、注重核心能力提升”等专业建设理念，遵循石化企业操作岗位从业人员职业发展规律，建立合适的岗位职业能力模型。以岗位职业能力模型为参考制定基于《学习成果框架等级标准》的石化行业学习成果认证单元，构建中职、高职、本科纵向衔接的岗位

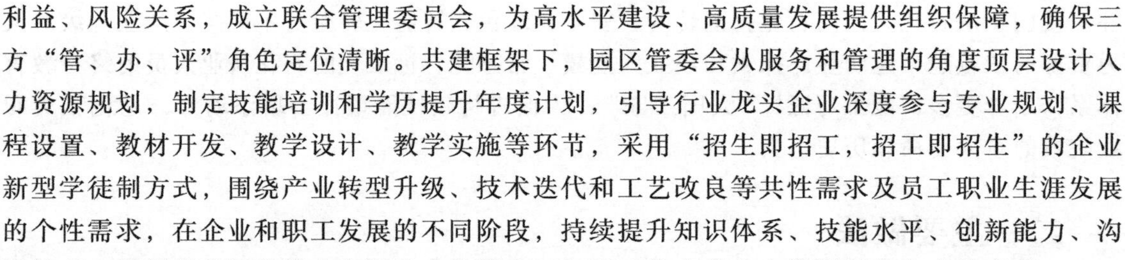

图 2 资历框架下学习成果认证示意图

认证标准，研制工业分析与检验学习成果认证与学分兑换规则，实现非学历教育与学历教育学习成果之间的融通（图 2）。依托国家开放大学，建成面向石化行业员工的终身教育平台，构建双向融通和纵向衔接的石化行业终身教育体系。

三、成果成效

（一）专业建设对接石化产业发展

自主开发建设应用化工技术（能源化工方向）、工业分析技术和化学工程与工艺 3 个本专科专业，与辽宁奥克化学股份有限公司、江苏优普生物化学科技股份有限公司等 20 家行业龙头企业共建体现石化行业新工艺、新技术的典型工艺课程 17 门，解决“课程内容滞后于企业技术升级发展”的行业终身教育难题，提升人才培养与石化行业需求的契合度，推动石化行业从业人员素质提升。

（二）培养质量获得行业高度认可

2020 年以来，石化学院以重点城市为节点、石化行业为支点、龙头企业为重点，在全国共建设学习中心 40 个，形成市场导向、供需匹配、服务精准、运作规范的终身教育服务基层组织。“1+N”学习中心建设经验在 2020 中国石油和化工职工教育与培训年会上推广，被评为第五届中国石油和化工教育教学成果一等奖。

（三）推动石化行业终身教育创新发展

通过建立学习成果认证框架，推动国家开放大学石油和化工学习成果认证中心建设，搭建起石化行业从业人员终身学习的“立交桥”，实现不同层级学历教育的纵向衔接以及学历

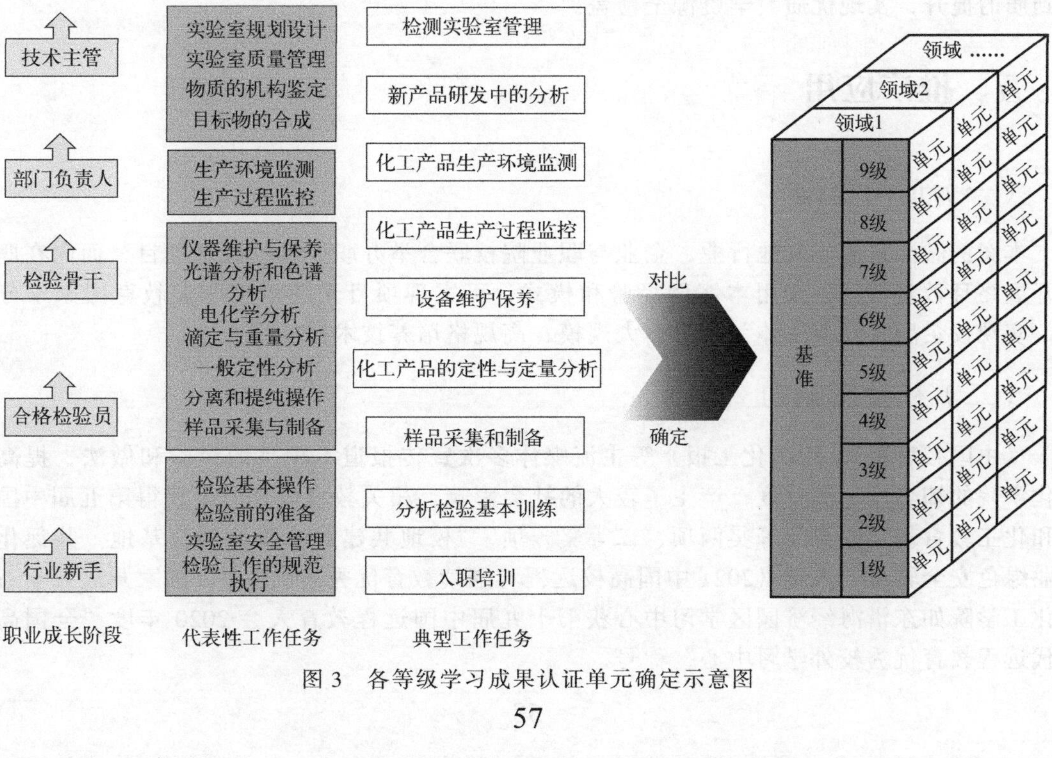

图 3　各等级学习成果认证单元确定示意图

教育与非学历教育之间的横向贯通（图3）。打通校企之间壁垒，破除体制机制障碍，融合石化行业企业优质资源，有效推动企业和社会力量参与办学。

四、经验总结

（一）敢于突破禁锢，创立了新时代石化产业从业人员终身教育培养理念

立足石化产业转型升级对高技能人才的需求，创立“政府主导、行业指导下的校企双主体石化产业工人终身教育”理念，明确“知识型、技能型、创新型”的现代石化产业高技能人才定位，推行学习成果认证、储存与转换，激励产业工人终身学习。

（二）勇于探索新路，创设了新时代石化产业从业人员接受终身教育路径

以产教融合为载体，创建服务石化行业从业人员终身教育的国家开放大学行业学院，为推进石化产业安全、绿色和智能化发展提供充沛人力资源。将石化学院学习中心办在全国大型化工园区和石化企业，开设覆盖石化行业的专业，形成“产业链-专业链-人才链”贯通的全类型职业继续教育链，打通石化行业在职员工终身学习的上升通道。

（三）善于整合资源，形成了内涵丰富的石化产业协同育人资源整合机制

以教育部发布的专业教学标准为指南，依据新职业标准，围绕成人学员学习认知规律，以学习成果为导向分析学习者需求，校企联合开发课程资源，在石化学院40个学习中心内共享，实现课程资源全面开放、高效使用。通过共建共享，促进石化学院教学资源从量的积累到质的提升，实现优质教学资源全覆盖。

五、推广应用

（一）适用范围

本案例做法适用于其他行业、企业与职业院校联合举办职业继续教育项目，面向在职员工开展终身教育活动，借用本案例经验和模式，可实现项目无缝对接职业教育国家学分银行，实现校企融合“双主体”办学，大规模、高规格培养技术技能型人才。

（二）社会影响力

《中国教育报》《中国化工报》等主流媒体多次宣传报道本项目的经验和做法，提高了石化学院的知名度、美誉度，产生了较大的社会影响。相关教育研究成果获得第五届中国石油和化工教育教学成果一等奖两项、二等奖一项，“校地共建继续职业教育基地，共促化工企业绿色安全转型”入选《2021中国高校远程与继续教育优秀案例库》。国家开放大学石油和化工学院如东沿海经济园区学习中心获第十九届中国远程教育大会2020年度“全国高校现代远程教育优秀校外学习中心”称号。

学生资助管理与信息技术的深度融合模式创新与实践

姜庆华　韦庆昱

摘要： 作为教育部职业院校教学诊断与改进工作试点院校和江苏省智慧校园示范校，常州工程职业技术学院（以下简称学校）学生资助信息化建设思路清、布局早、举措实、基础好。学校2017 年参与江苏省学生家庭经济信息采集量化指标体系研发， 2019 年承担江苏省学生资助申请平台建设试点，运用数据治理思维与方法规范资助流程，构建认定模型，建设“智慧学工”信息平台，促进数据互融互通，绘制数据画像，实现精准资助、提升育人质量。

关键词： 学生资助；信息技术；深度融合；模式创新

一、实施背景：聚焦资助初心精耕细作

（一）攻克难点：精准识别资助对象

资助对象精准识别是资助的难点和育人起点。高校普遍全国招生，各地社会经济发展不均衡，依据办学地的最低生活标准认定困难等级可能是“一刀切”，按照地区分开认定又容易造成混乱，建立认定标准体系需要依托信息化。根据《教育部关于取消一批证明事项的通知》（教政法函 ［2019］ 12 号），学生无须提供贫困证明，只需提交书面承诺书进行家庭经济困难认定申请即可，杜绝“假贫困”“骗资助”，构建资助诚信体系，需要借助信息化。 脱贫攻坚收官之后，绝对贫困消除，学生资助对象，由绝对困难为主、困难程度分明，转向相对困难居多、困难特征虚化，相对贫困治理需要借力信息化。

（二）疏通堵点：信息孤岛有效破除

学生家庭经济信息数据涉及工商、残联、民政、教育及银行等多个部门，相关部门的信息化建设以各自业务和需求为导向，数据分散在架构不统一、开发语言不一致、数据库多样化的系统中，形成了一个个的“信息孤岛”。许多高校学生管理、教务、招生、财务、门禁等系统数据和校内消费信息同样尚未完全互联互通。治理资助数据，挖掘数据价值，实现资助育人精准化，需要打破校内校外信息孤岛，促进数据互融互通。

（三）深耕重点：资助育人提质增效

资助是手段，育人是目的。通过建设的“智慧学工”信息平台，对在校学生进行大数据画像，精准识别困难学生，快速收集个性需求，结合实际，量身定制显性和隐性资助措施，实现精准育人和精准评价。学生资助高质量发展的重点是坚持立德树人，坚守为党育人、为国育才，借助信息化，形成全员参与、全程服务、各方协同的格局，打造“资助一个、培养一个、成才一个”的发展型资助育人体系，实现“经济资助”向“资助育人”转变、“保障

型资助”向“发展型资助”转型。

二、主要做法：数据治理驱动精准资助

（一）共建数据标准

资助对象的精准识别关键在于数据标准。江苏省学生资助管理中心牵头、我校全程参与制定了江苏省学生家庭经济信息采集量化指标体系，涵盖基本信息、家庭类型、家庭成员情况、曾获国家教育资助信息及影响家庭经济状况其他有关信息等 5 个维度和 22 项指标。构建了数据标准，明确单一、准确、权威的事实来源，实现数据的完整性、有效性、一致性、规范性，并在此基础上开发了“江苏省学生资助申请平台”。学校采取“申请平台”+“智慧学工”模式全面应用，达到快速精准识别资助对象效果。

（二）构建认定模型

资助资金分配的关键在于困难等级认定标准。依据定量评价与定性评价相结合、公开透明与保护隐私相结合的原则，学校率先构建了学生家庭经济困难程度量化数据模型，即通过中位数和标准方差结合把申请平台计算的数值分成 4 个部分，分别对应特别困难、比较困难、一般困难和不予认定。通过 2019 年和 2020 年两次试点对此模型进行分析和验证。把运用模型认定的结果与上一年度用传统方式认定的结果进行对比，验证契合度， 2019 年契合度为 40. 7%， 2020 年契合度为 84. 3%。利用 SPSS 软件对相关指标进行相关性和回归分析，验证模型拟合度和显著性，结果达到设计要求。几年的实际应用中，师生满意度明显提高。该方案在 2020 年江苏省高校学生资助骨干培训会上进行了经验交流。

（三）优化工作流程

资助队伍效率的提升关键在于工作流程优化。按照程序规范、过程透明、服务到位的理念，推动学生资助工作流程化、制度化、人性化。学校基于“智慧学工”，先后制定了绿色通道实施、学费减免申请、家庭经济困难学生认定、民主评议实施、学生综合素质测评、奖助学金评审、临时困难补助申领、保险理赔受理、勤工助学工作等 28 个流程，线上线下结合记录相关过程，规范了资助工作，提高了工作效率。制定《工作手册》，提出职业操守、操作细则等，成为班主任、辅导员等一线资助工作者一看便懂的“宝典”。

（四）绘制数据画像

精准滴灌、润物无声关键在于资助数据画像。通过大数据分析和经验总结，制定“四会四有”的困难学生发展目标链，从学业发展、职业发展、个人发展和社会能力等个四方面建立家庭经济困难学生发展标准链。学校运用“智慧学工”信息平台聚集学生需求，融合目标链和价值链，量身定制“菜单式”帮扶方案，实施赋能工程。开发贴近困难学生身心特点和发展需求的生涯规划、职业素养教育和技能培训课程，全过程融入社会主义核心价值观；在社会实践、创新创业等项目上向困难学生倾斜，给予更多的机会和经费。学生通过“智慧学工”自测，实现数据画像，找出不足和提升途径，能让更多学生更高效地提高个人竞争力指数。 2021 年 10 月，由学校退役大学生和困难学生为主要成员的创业团队在第七届中国国

际“互联网+”大学生创新创业大赛总决赛中斩获职教赛道金奖，为学校取得历史性突破。

三、成果成效：促进资助育人提质增效

聚焦学生需求，从百年党史中汲取智慧和力量，发挥组织力量，实践智慧发展型资助育人模式，构建一个模型，制定一套标准、打造一门课程、培育一批典型，提高资助育人成效。

构建一个模型：发挥党支部战斗堡垒作用，针对学生资助工作难点和痛点，组织支部党员干部集中攻关，基于江苏省学生资助申请平台构建了学生家庭经济困难程度认定模型，实现资助对象精准识别，提高了资助资金分配精准程度。

制定一套标准：2019 年开始，动员党员主动关注家庭经济困难学生，实施一对一结对帮扶，收集一手需求；2021 年 7 月，开展大规模问卷调查，收集 50 多万份数据，系统分析需求；深入企业、走访校友，收集社会需求。结合各方实际需求，基于诊断与改进理念，制定并完善家庭经济困难学生发展标准，为党员、辅导员和专任教师开展资助育人活动提供具体行动指南。

打造一门课程：基于全生命周期育人理念，用好“智慧学工”信息平台，收集学生、校友、用人单位数据，基于社会适应性制定家庭经济困难学生帮扶措施，提炼“专业、积极、诚信、谨慎”的职业素养教育关键词，并协同校外公益组织围绕 4 个核心要素打造“职业素养教育”网络课程，发动支部党员为家庭经济困难学生提供就业援助。

培育一批典型：《聚焦贫困生急难办实事，实践智慧式资助开新局》入选江苏省高校党史学习教育优秀案例。《华亚：用爱照亮贫困学生的人生路》在 2021 年“我为群众办实事——扶困助学在行动”活动中被评为“前行的力量——十佳资助育人好故事”。杜洁获评“江苏学生资助宣传大使”。

四、经验总结：创新模式成就精彩人生

（一）治理资助数据，实现资助工作精准化标准化

治理学生资助工作各类数据，学校基本实现了“3 个 100%”和“3 个零误差”，连续 10 年获江苏省学生资助绩效评价优秀等级。数据互通，学生线上申请资助，既保护隐私又简化程序，还符合当前大学生行为习惯，学生接受度高；因数据互融，申请者家庭经济状况无法弄虚作假，让诚信教育有底气，通过资助数据治理创造诚信。学校大数据驱动精准资助项目获评江苏省“十佳资助育人好做法”，资助育人经验和案例得到了《光明日报》《中国教育报》等重要媒体报道。

（二）建立发展指标，探索数据化资助育人新范式

2020 年 9 月学校出版了《高职院校智慧学生工作体系建设与研究》一书，结合高职教育特点提出“四有四会”学生发展目标，即“有高尚的人格、有健康的审美情趣、有较强的实践能力、有优良的职业道德”“会学习、会做事、会做人、会生活”。从学业规划、职业生涯、个人发展和社会能力等 4 个方面建立学生发展标准，涵盖 20 个二级指标和 80 个三级

指标。信息技术应用助力困难学生发展目标和标准数据化建设，学生随时自测实现数据画像，对标对表激发个体内生动力，为资助育人提供切实可行的方法路径。多所学校来校学习“学生发展”经验做法，学校在“职业院校长高级研修班”等多个重要会议上作过交流。

（三）运用“智慧学工”，拓宽困难学生成长成才之路

基于全生命周期管理理念，运用“智慧学工”，全面收集从招生、就业到职业生涯发展的大数据，系统分析挖掘价值，持续完善认定模型、发展目标和标准，实现精准认定、资助、育人和评价，拓宽困难学生成长成才之路。依托校友会在各地设立“服务站”，发挥杰出校友榜样作用，组织带领受助学生集中开展回馈社会活动，实现“解困—育人—成才—回馈”的良性循环。近年来学校涌现出包括全国技术能手樊鹏飞、王海浪，中国自强之星许彪，江苏省劳动模范袁冬根在内的一批励志成才之星，起到了良好的示范引领作用。

内部质量保证诊改促进学校治理能力现代化

高玉萍

摘要： 常州工程职业技术学院基于问题导向，从 2015 年起积极探索职业院校内部质量保证体系建设理论与实践，构建了“55821”内部质量保证体系与运行模式，内部治理实现“制度管权、流程管事、过程可溯、绩效可测”，促进了治理能力现代化，促进了人才培养质量提升。

关键词： 质量保证；诊断改进；信息化；治理能力

一、实施背景

加快推进高职院校治理体系和治理能力现代化，是新时期高职院校必须面对的时代命题和历史任务。学校从 2007 年起构建内部质量保障体系，但建设中长期存在质量保证主体缺位、内生动力不足、运行体系失调、信息数据滞后失真等问题。学校利用教育部“职业教育评估系统架构与高职院校下轮评估实施方案的研究与实践”等课题研究，以教育部职业院校教学诊断与改进工作试点和省属高校内部控制建设试点为契机，针对借鉴全面质量管理、目标管理、知识管理、卓越绩效管理等理论，深入探索职业院校内部质量保证体系建设理论与实践，建立完善了“五纵五横”网络化联动结构、“8 字形质量改进螺旋”基本运行单元、“双引擎”（文化、机制）常态化动力机制以及“一平台”智能化技术支撑的“55821”内部质量保证体系与运行模式，提升了学校治理水平，促进了人才培养质量。

二、探索常态化内部质量自主保证运行模式，创新学校治理新生态

（一）完善目标链和标准链，明晰内部治理源头和质量保证责任

学校基于 SWOT 分析和发展能力诊断，编制学校“十三五”“十四五”事业发展规划、8 个专项建设规划和 7 个二级学院子规划，建立“学院-专项-二级学院”三级规划体系。连续 6 年实施目标管理，将学校规划（“双高”建设）目标任务层层传递到专业建设、课程建设、教师个人规划和各项管理服务中，使专业团队、课程团队、部门工作、教师的目标任务与学校总目标密切关联，建立学院发展目标统领、上下衔接、左右呼应的学校目标体系。依据 SMART 原则和三全育人要求，完善了 23 个职能部门的职责、岗位工作和工作标准，明确了责任主体权责；42 个专业制定专业建设方案和专业教学标准，进一步明晰了专业建设目标、人才培养目标和规格，900 余门课程编制完成建设方案和课程标准，架构了“培养目标—课程目标—课堂目标”链路贯通的教学标准体系；515 名教师制定个人三年发展规划，12000 余名学生制定个人学业职业生涯规划和学期计划，实现师生个人发展与学校发展要求同向同行。

（二）完善治理制度和内控流程，优化组织运行体系

依据内部治理实际，近3年制定和修订138项内部管理制度，充实和规范了制度体系。利用省属高校内部控制建设试点学校的契机，建立管事流程和管人制度匹配的内控制度，深入推进“互联网+”内控机制建设。梳理与管理制度匹配的工作流程并上线运行，在网上办事大厅针对重大决策、党政事务、教学科研、采购报销、师生服务等上线运行229个工作流程，真正做到“数据多跑路，师生少跑腿”。目前90%以上的管理事项实现不见面审批，规范了部门职责履行和权力运行，促进组织系统有效协调联动，使学校各项管控事务透明、规范、高效。让内部管理提质增效的同时，实现“制度管权、流程管事、过程可溯、绩效可测”。

（三）运行“8字形质量改进螺旋”，落实自我诊断改进

在学校、专业、课程、教师和学生5个层面建立“8字形质量改进螺旋”常态化内部质量自主保证运行模式（图1），变管理为治理。一是对年度重点目标任务和重点项目实施目标管理。事前建标，明确任务，落实责任主体和考核标准；事中监测，利用目标管理平台和“一页纸”管理工具对工作实时诊断与预警；事后诊改，针对问题及时改进；2018—2021年学校重点目标任务年均达成率为84.1%。二是利用专业发展平台在线实时监测预警，通过7个诊断项目、34个诊断点对专业建设情况监测预警，依据源头数据开展一年一次的专业建设诊改，形成专业自我诊改机制和动态调整机制。三是500多名教师98.5%的课程使用“工程云课堂”开展在线教学，课程教学每单元实时监测预警，每学期诊断改进，实现了课程数据即时采集、教学及时调控改进，引发了教学形态的深度变革，学生对课程教学满意度达到97%以上。四是利用师生发展平台，实施教师和学生自测诊断，建立师生成长电子档案，实施监测预警和自我改进，促其目标达成并追求卓越；不断完善教师职称晋升、选拔激励、培养培训，学生质量评价、培养激励等外部干预机制。同时建立动态且持续改进的绩效考核机制，激发干部师生自我发展的内生动力，保证目标任务有效落实。

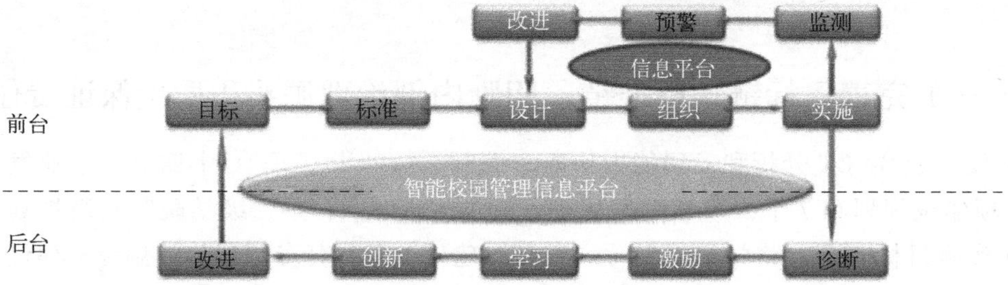

图1　“8字形质量改进螺旋”基本运行单元

（四）建设智能化校园，推进治理能力现代化

坚持服务需求、自主开发，建成国内高职院校领先的智能化校园平台，先后建设10大系统和平台服务学校治理。数据中心消除信息孤岛，实现数据开放共享与交换；“双高”任务管理系统实现建设任务实时监测预警、诊断分析；专业发展平台实现专业的动态监测预警和诊断分析；课堂教学平台具备在线教学、资源存储、诊断改进、质量监测等功能，帮助学

生高效学习、教师实时诊改、教改顺利实施；教师、学生发展平台记录发展轨迹，支撑自我诊改，助力师生成长发展；大数据分析平台全面掌控学校各层面运行状态，做到数据源头即时采集、运行状态实时监测预警与分析，支撑内部质量保证体系协同高效运行；移动信息平台提供随时随地的移动校园事务处理、移动学习和交流互动服务，平均日活数达6万多。成立数据研究中心，做好数据规划、信息应用和数据分析，发出数据预警。智能化校园平台实现各项工作即时监测与预警，及时反馈改进，促进决策、管理、服务的现代化，2020年学校获江苏省智慧校园示范校。学校开发的系统形成自主知识产权，获得软件著作权18项。

三、促进学校内涵发展，内部治理改革成果惠及广大师生

学校全面实施内部质量保证体系建设以来，各项工作自我诊改、动态优化的机制逐步形成。干部师生自立目标、自定标准、自主实施、自我诊改，学校、专业、课程、教师、学生五个层面均形成流程化管理、过程化自诊、动态化调整、信息化支撑的运行机制，质量保证由局部转变为整体、事后转变为实时、被动应付转变为主动发展，学校管理模式呈现自主发展、多元共治局面，"自主自律、追求卓越"的质量文化深入人心。学校毕业生薪酬水平、雇主满意度年年攀升，"十三五"规划主要任务完成率86%。2019年学校入选中国特色高水平专业建设计划建设单位，"高职院校内部质量保证体系的研究与实践"成果获2018年职业教育国家级教学成果一等奖（图2）。

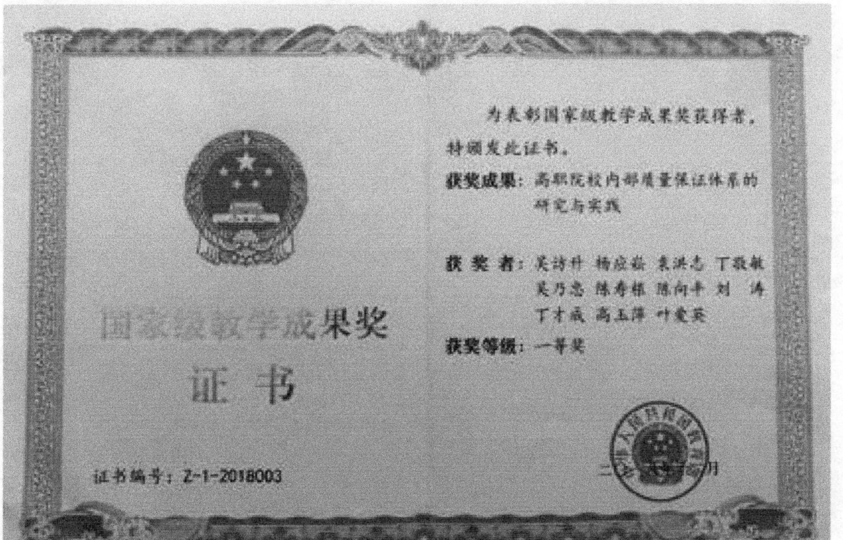

图2　国家教学成果一等奖获奖证书

四、创新内部质量保证理论和实践，对全国同行形成辐射

常州工程职业技术学院通过内部质量保证体系诊改试点实践，创新全要素网络化覆盖联动的"55821"高职院校内部质量保证理论体系，建立了基于"8字形质量改进螺旋"的常态化内部质量自主保证运行模式，建设有效支撑自我保证的智能化校园平台，为全国高职院

校治理体系建设常态化诊改提供了理论支撑与实践指导。在全国首批编制发布《内部质量保证体系建设方案》，引导推动全国职业院校同行转变理念；连续两次在高职高专校长联席会议上分享内部质量保证体系建立与运行案例；江苏省纪委向全省推广学校内控建设经验；全国 31 个省市 345 所高职院校来校学习交流内部质量保证体系建设经验；项目组成员赴全国 100 余所高职院校参与指导其内部质量保证体系建设，内部质量保证体系建设理念和运行模式、智能化信息平台建设经验被几十所职业院校借鉴和应用。近年来向全国 22 所职业院校输出学校智慧校园相关业务。公开出版内部治理专著 3 部，其中全国首部《高等职业院校内部质量保证体系建立与运行实务》，成为全国职业院校内部质量保证体系与诊改机制建设的实操性强、应用广泛的指导手册。

融合创新，多元赋能，信息化助力“双高”建设

赵小芳

摘要： 在高职教育发展要求和智慧校园建设背景下，学校科学制定建设方案、夯实网络基础、整合业务流程、完善教学平台、汇聚应用集成、强化数据赋能，全方位推进智慧校园建设，打造“互联网+教育”平台和精细化校务管理云平台，建成国内高职领先的智慧校园平台，并对外输出解决方案，为学校双高建设助力。

关键词： 智慧校园；双高建设；多元赋能

一、实施背景

（一）高职教育发展的具体要求

教育部、财政部印发的《关于实施中国特色高水平高职学校和专业建设计划的意见》，明确提出中国特色高水平高职学校需紧跟信息化发展步伐，以“信息技术+”升级传统专业，助力高职教育服务供给模式的升级。同时加快信息化建设速度，利用大数据、人工智能等手段推动优质教育资源共建共享，促进信息技术与课堂教学深度融合；通过建设集行政、教学、科研、学生和后勤管理于一体的信息服务平台促进教与学、教与教、教与研、学与研的“全时化”互动，提高高职教育领域内科学化决策和精准化管理水平。

（二）智慧校园建设的良好基础

学校在“十三五”期间系统化推进智慧校园建设，建成校级数据中心、大数据智慧分析平台、“工程云课堂”、网上事务大厅等，初步实现全业务系统互联互通、过程数据实时采集、课堂教学即时诊改、管理运行透明高效。拥有自主知识产权、线上线下融合的网上事务大厅、“工程云课堂”等系统流程，吸引多所同行院校前来交流，智慧校园建设经验为进一步提升信息化水平奠定了扎实基础。

二、主要做法

学校从新时代对人才培养的新需求和建设高职名校的战略需要出发，坚持规划先行、分步实施、自主可控、特色引领的建设思路，紧紧围绕立德树人的根本任务，为实现从管理向治理的转变，依托现代信息技术高标准建设透明校园。在“双高”建设中，着力打造智慧教育教学管理云平台、精细化校务管理云平台、产教融合云平台、一体化教学云平台，改进教学、优化管理、提升绩效，推进融合创新，使人才培养的数量与质量满足信息化社会的需求。

（一）科学决策，输出信息化建设方案

坚持信息技术与教育教学深度融合的核心理念，总结凝练智慧校园实践经验，科学制定“三全三化三效”的信息化建设方案，明确了信息化建设的目标即实现网络全覆盖（有线、无线、物联网、 5G）、终端全云化（云课堂、云办公）、数据全通达（基础数据全打通、应用数据全共享），构建数字化、网络化、智能化“三化”教育教学体系，达到教学提质增效、管理规范提效、决策科学高效。

（二）夯实网络基础，推进信息共建共享

学校基于教育信息化 2.0 全新思维，建成了一个布局合理、有现代感、功能完备、安全可靠、省内领先、国内一流的智能化数据中心；建成了一条覆盖全校区的万兆光纤骨干网络的信息高速公路；建成了一套完备的网络安全防护及运维体系。

疫情防控期间为保障学院网络远程教学，统一为全院云桌面系统安装腾讯会议 APP，紧急联系厂家开通 WebVPN，实现教师和学生线上线下上课的体验无差别。在学生返校期间，采购网络应急响应硬件设备，保障网络运行不间断。学生封闭管理期间，设置宿舍网络服务点，全方面保障学生生活、学习有序进行。

（三）整合业务流程，筑牢数字校园底座

以建成学院信息化基础架构平台和应用，完成常用的工作流程的梳理和开发，实现基本的数据分析和展现为目标，持续推进统一身份认证、统一信息门户、移动信息门户、统一消息中心等基础功能平台，实现小核心大平台的功能。针对早期开发技术条件限制、浏览器的兼容性等突出问题及时组织自主开发，对统一身份认证、统一信息门户和 OA 站内信进行升级。

为满足学校网络宣传、形象展示、舆情监管、师生服务等工作需要，同时实现与校内现有信息平台互联互通和统一管理， 2020 年升级打造集服务师生员工、树立学校正能量形象、传播校园文化为一体的特色站群系统，实现整体规划，顶层设计大格局；整体设计，兼顾差异化需求；安全可靠，动静分离全面兼容；内容推送，解决信息孤岛模式。

（四）完善教学平台，实现教育深度融合

运用翻转课堂的教学理念，在前期网络教学平台建设基础上，融入教学资源库建设、课堂教学工具、诊改数据服务等功能，建成基于“互联网+教育”的一体化教学云平台，汇聚课前、课中、课后各类学习行为的过程数据统计与建模分析，为教学质量诊断与改进提供量化依据。

2020 年以来，通过构建“互联网+教学资源”的形式开展教学，实现“工程云课堂”平台、网络课程平台、在线开放课程和教学资源库学习平台等平台联动。教学平台采用“私有云+公有云”混合部署方式，将视频、课件等资源部署在阿里云，保证资源访问的流量和稳定性，服务器 24 小时监控，出现异常自动预警，同时对出口网络进行调优，确保教学平台出口带宽，保障复杂网络情况下均能流畅访问云课堂。借助信息化手段，无差别、无障碍、无隔阂地实现了分类培养、分层教学，助力“双高”建设和人才培养。

（五）汇聚应用集成，提升内控精准服务

利用云计算、微服务、区块链等技术，打造智慧校园信息平台，以数据为驱动，以业务为引擎，基于统一身份认证和统一信息门户，汇聚师生一站式网上事务大厅、一体化教学云平台、智慧学工平台、智慧党建平台、顶岗实习平台、会议管理系统和全业务系统，通过一站式申办、跨部门协同、多终端结合，让师生办事最多跑一次，淡化部门界限，感知用户行为，让校园服务一站式触达，打造价值闭环的校级一站式服务中心。

通过流程再造，不断完善一站式网上事务大厅，实现事务办理“网上+网下”的无缝对接，通过“定制+推送”等方式，提供更加精准的个性化服务。截至2021年底运行流程229个，实现行政、教学、科研等各项业务在线办理、在线评价，实现办事流程的全过程跟踪、监控，实现事务的上下追溯与跟踪，实时采集各系统运行过程数据，使各类事务运行过程高效透明。

（六）强化数据赋能，协同高效管理决策

在“双高”建设期间，进一步推动校本数据中心、数据中台、大数据分析平台、数据可视化中心等平台发展，完善数据平台在人才培养工作过程中的状态分析、监控、预警等功能，为学校管理、科学决策提供精准的大数据服务。强化数据和服务治理，实现向数据化、服务化、智慧化转型；通过数据个性化分析、订阅和推送，实现数据赋能，充分发挥信息化在师生服务、辅助决策和日常事务管理中的作用，实现资源效益的最大化。

三、建设经验与成果

（一）建设经验

1. 打造“互联网+教育”平台，实现教育教学与信息技术深度融合

适应“互联网+教育”要求，推进信息技术融入教育教学全过程，打造教育教学云平台，质量监控实现课前、课中、课后全覆盖，课堂教学“黑箱”变“白箱”，教学形态由“教为中心”向“学为中心”转变，满足泛在学习、个性需求。依托“工程云课堂”实时数据采集，教学质量实现了持续改进，教学评价由单一向综合评价转变，教师使用率、学生使用率、学生满意度等逐年上升，充分调动了学生融入课堂教学的积极性，推动了教学形态的深度变革。

2. 打造精细化校务管理云平台，形成治理新生态

深入推进学校内部治理变革，对业务进行服务碎片化和“流程再造”，按照云端化、在线化、移动化、自助化、数据化、智能化理念打造精细化校务管理云平台。利用“流程再造”使各项服务可检验、可追溯，倒逼学校优化、简化、精化相关业务流程，使学校管理模式从“粗放”走向“精细”，进一步推动学校管理运行的“透明化”，提高部门协同能力、服务效能和师生满意度，提升学校治理能力和水平。

3. 对外输出智慧校园解决方案，凸显常工品牌

近年来注重对建设成果进行积累，组织团队对智慧校园建设经验进行总结凝练，形成智慧校园解决方案，为兄弟院校提供借鉴，吸引来校交流学习院校 800 多所，指导职业院校 100 多所，其中西部学校 30 多所。并将学校信息化建设方案以知识产权的方式推广至国内 20 余所中高职院校，为职业院校信息化建设贡献常州工程智慧。

（二）主要成果

1. 建成国内高职领先的智慧校园平台

以“十三五”信息化建设的良好基础为前提，加速发展信息化建设。以问题导向、系统设计，自主开发、校本特色，多端集成、泛在智能，范式引领、输出标准为建设思路，自主研发多端集成与共享、数据互联互通、国内高职领先的智慧校园平台，实现由人工到信息化的智能诊断。自主开发应用系统多项，形成自主知识产权， 2019 年以来申请软件著作权 10 余项。

2. 社会认可高，建设成效显著

学校信息化建设模式和成效获得了教育部、江苏省纪委、江苏教育厅等领导专家的高度认可，智慧校园解决方案先后获得《中国教育报》《光明日报》《科技日报》、人民网等多家主流媒体报道， 2019—2020 年先后荣获“江苏省高等学校信息化建设先进集体”“智慧校园飞跃奖”“江苏省智慧校园示范校”等多项称号，信息化建设成效显著。

校企共育海外本土人才，“洋学徒”成中国职教代言人

李旭海　王树春

摘要： 服务苏企“走出去”，拓展海外发展空间，培养海外本土职业技能人才是学校国际化工作的主要内容。通过建立校企海外人才共育平台、建立校企“二元”协同育人机制、建构“复合型”人才培育课程体系、创新汉语教学及中华文化沁润途径形成了健全的海外人才培养体系。在缅甸曼德勒建立分校，培训当地员工近 300 人次，语言预科生近 150 名；与江苏贝德服装集团共建海外人才培养基地， 9 名教师赴国外开展“中文+技能”培训，为企业的本土化进程贡献“常工智慧”；与巴中青年华侨联谊会在巴基斯坦合作共建“郑和中心”，开展“1+2+1”职业教育专科人才联合培养。

关键词： 国际化；海外人才；校企合作；中文+职业技能

一、实施背景

江苏作为“一带一路”交汇点，为确保始终走在全国前列， 2019 年省委、省政府出台《关于高质量推进“一带一路”交汇点建设的意见》，重点实施国际产能合作深化、人文交流品牌塑造等 5 个计划。在政府的引导下，越来越多的苏企“走出去”，拓展海外发展空间。海外本土职业技能人才缺乏，成为企业扎根和发展的主要瓶颈。为帮助企业更好地“走出去”，常州工程职业技术学院（以下称“学校”）与企业携手共建海外技能人才培养基地，打造“中文+职业技能”品牌项目，共同培养了解中国文化、熟悉职业技能的“洋学徒”。

二、主要做法

（一）建立校企海外人才共育平台

培养符合企业需求的本土化国际人才，关键在于创新校企合作模式和构建新的多元化人才培养体系。学校利用自身办学特色和地缘优势，整合海外华人、华企等各方资源，建立校企海外人才培养基地、海外分校、“郑和中心”等育人实体。联合依托单位、海外华企，吸收留学生校友成立办学理事会，发布办学理事会章程，明确利益相关方权利与义务，形成有机联系的命运共同体。

发挥平台聚集效应，在海外获得华企、华人团体和中国驻外使领馆的支持，树立了“常州工程”海外培训品牌。在中华人民共和国驻拉合尔总领事馆的推动下，巴基斯坦“郑和中心”及其职业培训和留学生联合培养项目获得巴基斯坦教育部、职业教育训练局及拉合尔市政府的认证和授权，超过 20 家华企向“郑和中心”提出开展联合培养本土人才意向。在缅

中友好协会、缅北中华商会、缅甸校友会的组织下，在缅甸仰光贝德服装成立了海外教师工作站，既服务企业技术创新、工艺升级，又为培养当地技能人才提供了平台。与亚龙集团在柬埔寨共建教育部中外人文交流人才培养基地，提供中外学生海外实习就业平台。

（二）建立校企“二元”协同育人机制

采取“校企二元、工学一体”的人才培养模式（即校企双师带徒、工学交替培养），实施“汉语+职业技能”的双证书制度，开展跨文化、理论实践一体化教学和跨国别顶岗实习，培养留学生的国际职业能力。学校和企业在海外开展“招工即招生，入企即入校”的校企合作“订单”培养，在制定自主招生规程、设计人才培养方案、编排理论实践课程、指导学生学习实践、管理服务学生等方面，双方师资互融，管理互通。学历留学生采用“2+0.5+0.5”学制，学生前4学期在校学习，第5学期到华企中国公司实习，第6学期到海外公司顶岗，企业承认学生在华学习期间的工龄，资助部分学费和生活费，第5、6学期顶岗实习期间，发放“学徒工”工资，让学生提前就业。留学生培养坚持中国职业教育特色，强化职业技能训练，注重中国文化和企业文化沁润，使毕业生有较强的岗位适应性和职业发展潜力。跟踪调查显示，毕业生60%留在华企，成为技术骨干和管理中坚力量。

（三）建构“复合型”人才培育课程体系

学校开展国别和政策研究，合理设置留学生招生专业，在教育部要求的学历留学生专科入学标准基础上，合理制定录取规则和条件。根据培养目标编制人才培养方案和专业教学标准，将汉语及中国历史、经济、政治、文化等作为通识教育的主要内容，将知华、友华作为素质培养的必要目标。构建通识课、专业基础课、专业核心课、专业拓展课、实习实践课等五个课程模块，约120学分。通识课程旨在教授中华传统文化、自然科学基础知识和工具性知识，包括人文素质课程、文化基础课程、体育与健康课程等。专业基础课程、专业核心课围绕职业标准和岗位要求，按照工作过程导向设置相关课程，突出培养学生实践能力和问题解决能力。专业拓展课由专业提升课程组、交叉拓展课程组、就业创业课程组、学历提升课程组、科技创新课程组等若干个个性化学习模块组成。实习实践课包括顶岗实习、毕业综合实践、毕业教育等。

（四）创新汉语教学及中华文化沁润途径

学校注重培养留学生跨文化交际能力，通过显性和隐性的汉语课程及文化活动，让他们理解和承认文化差异，尊重、包容各民族文化，能够综合运用语言、社交等技能实现跨文化交流与合作。一是要安排有充分中华文化认同和民族自豪感的教师参与留学生教学和管理，从教师的言行和举止中散发出中华文化的魅力，实现在服务中育人、在管理中育人。二是将汉语和中国文化相关课程贯穿人才培养始终。按照汉语水平等级标准设计汉语听说读写课程，创设宽松、民主、自由的教学氛围，提高汉语教学质量的总体感知度，激发留学生学习汉语的动力；通过“中国文化概论”“中国语言文化”“中国传统文化”等课程，让留学生了解中国，认同中国文化。三是创设体验式教学，寓教于乐。组织留学生走进“新农村”、参观博物馆、考察历史文化古迹、体验民俗技艺等让他们感知、了解真实的中国；结合中国传统节日，举办美食、美文、美乐等民俗活动，组织书法、剪纸、茶艺、汉语歌曲、朗诵比赛等形式多样的文化体验活动，不仅丰富了他们的业余生活，更有效提高了留学生对中国文化的理解和认同，增强了他们在学校的归属感。四是营造中文学习环境，发挥环境育人功能。小到留学生公寓的对联窗花，大到校园里的亭台楼榭，中国元素皆能成为留学生教育的隐性素材。民族舞社、太极拳社、龙舟队、汉语角等社团活动发挥着留学生培养第二课堂的积极作用。

三、主要成效

学校在缅甸曼德勒建立分校，持续为缅甸当地的中资企业员工开展技术技能培训，同时利用分校汉语教学的优势，招收及培养语言预科生，为他们来华留学打下坚实的基础。近3年来，在缅甸开展光伏材料、建筑材料、建筑装饰、塑料加工等专业的职业技能培训，通过引生人境和外派教师相结合的培训模式，共培训当地员工近300人次，语言预科生近150名，持续为当地经济社会发展提供人才支撑。

2017年以来，学校与江苏贝德服装集团、江苏国泰汉帛实业发展有限公司、利嘉建筑安装工程有限公司等建立海外人才培养基地，面向海外中资企业本土员工、当地居民开展语言及技术培训，并在此基础上开展学历教育，为缅甸、孟加拉国、巴基斯坦等“一带一路”沿线国家经济社会发展做出积极的贡献。至今，推荐近50名缅甸留学生、 25名孟加拉国留学生到海外人才培养基地实习并就业，共派出9名教师赴国外开展“中文+技能”培训，为企业的本土化进程贡献“常工智慧”。

2021年，学校与巴中青年华侨联谊会在巴基斯坦合作共建“郑和中心”，助力中巴经济走廊建设，面向巴基斯坦推广职业教育，输出专业教学标准和核心课程，同时，以“中心”为载体，面向巴基斯坦青年，开展“1+2+1”职业教育专科人才联合培养；面向企业在职人员，开展“中文+职业技能”培训，切实服务当地经济发展、服务青年成长成才，助力“走出去”企业人才本土化战略。

越来越多的“走出去”企业，尝到了职业教育带来的“甜头”，校企协同海外育人的“订单”纷沓而至，“洋学徒”成了中国职教品牌的代言人。

四、经验与推广

中国职业院校培养留学生正从规模扩张向质量提升转型。职业院校要按照《关于加快和扩大新时代教育对外开放的意见》的要求，优化留学生规模结构，持续完善人才培养体系，结合学校“双高”建设提升学校国际化综合水平，培养高质量知华、友华的复合型国际技能人才。

未来的留学生培养面临着诸多挑战。学校须做好应对国际环境复杂多变的形势的准备，参与国际职业教育交流与合作；做好大国崛起背景下职业教育自信地走向世界的准备，为全球技能人才培养提供中国方案。

党建引领，育人为本，打造“八度”美丽校园

张雪华　吴玉剑

摘要：坚持党建引领，深耕校园文化建设是推动学校高质量发展的动力之源。通过党建文化园，打造红色阵地，彰显文化育人“高度”；耕耘校本文化，赓续学校精神，挖掘育人“深度”；创新立体宣传，夯实舆论阵地，永葆育人“湿度”；丰富景观层次，增添人文色彩，营造育人“温度”；流动阅读服务，营造书香校园，拓展文化“广度”；丰富建筑内涵，铭记学校历史，积淀人生“厚度”；弘扬民族精神，传承传统文化，呈现常工“力度”；立足以生为本，坚持五育并举，聚焦人才培养“亮度”，打造了“八度”美丽校园。文化建设取得了显著成效，在全国和全省业内形成了较强的影响力。

关键词：党建引领；三全育人；景观建设；文化品牌

一、实施背景

党的十九届五中全会把“建成文化强国”列为2035年基本实现社会主义现代化远景目标之一，并对“十四五”时期进入新发展阶段如何加强文化建设做出了明确规划。学校党委坚持以习近平新时代中国特色社会主义思想为指导，坚持党建引领，坚定文化自信、守正创新，从百年党史中汲取智慧和力量，深耕校本文化，不断丰富学校文化建设载体，打造特色品牌，创新工作方式，讲好“常工”故事，厚植文化育人，涵养人文情怀，为学校“双高”建设启智聚力，书写学校文化建设高质量发展的新篇章。

二、主要做法

学校深入学习贯彻党的十九届六中全会精神，以人为本，全方位提升校园景观文化，构建具有“高度、深度、湿度、温度、广度、厚度、力度、亮度”的多维校园，着力打造常州科教城最美校园。

（一）党建文化园，打造红色阵地，彰显文化育人“高度”

为充分展示党的百年辉煌历程，彰显伟大建党精神，打造校园红色阵地，赓续红色血脉，学校分期建设了党建文化园。党建文化园一期包含辉煌百年党史展、社会主义核心价值观、“常州三杰”精神、党建之窗、党旗雕塑和“初心亭”五大板块，充分展示党的百年辉煌历程，全方位、立体化宣传党的路线方针政策和党史知识，展现学校党建工作成果，同时为学校各级党组织和学生开展党建活动、团建活动、党员学习教育等爱国主义教育提供了红色文化阵地。

党建文化园二期工程包括“初心广场”、建党精神雕塑、党史故事雕塑等文化小景，用栩栩如生的形象雕塑，向师生述说着中国共产党辉煌而壮丽的历史，为青年学生课余时间提

供一个读书、交流、休闲的文化阵地。

（二）耕耘校本文化，赓续学校精神，挖掘育人“深度”

为充分展示校园精神文化，2021 年利用图书馆北面的大草坪设计成教风学风绿地（图 1），白色时尚的立体造型在苍翠掩映下大气庄重，将原本抽象的“教学相长、知行合一”的教风和“志存高远、学做并用”学风具象化呈现，制作学校精神堡垒，与北大门的“励志践行”的校训石遥相呼应，形成相对独立完整的学校精神文化空间。一进校门，一眼便远远看到，从而加深对教风和学风的印象，感受到浓厚的学校文化。在绿地上随意摆放着一些读书人物造型，与绿地主题相映成趣。春夏之交，青草茂盛，绿荫蔽日，同学们坐在草地上看日出日落，仰望星空，构成一道亮丽的风景。

图 1　教风学风绿地

（三）创新立体宣传，夯实舆论阵地，永葆育人“湿度”

充分发挥南北电子橱窗的功能，实时滚动播放最新校园动态和宣传标语，2019—2021 年里发布动态和标语 500 余条。对校园内教学楼前后、宿舍区、食堂、各实训楼外等处共计 30 块宣传橱窗（图 2）进行翻新和维修，让传统宣传阵地旧貌换新颜。围绕百年党史、疫情防控、校园摄影、新生入学、应征入伍、心理健康等主题张贴海报近 200 张，充分发挥线下宣传主阵地舆论引导作用和潜移默化的育人功能。

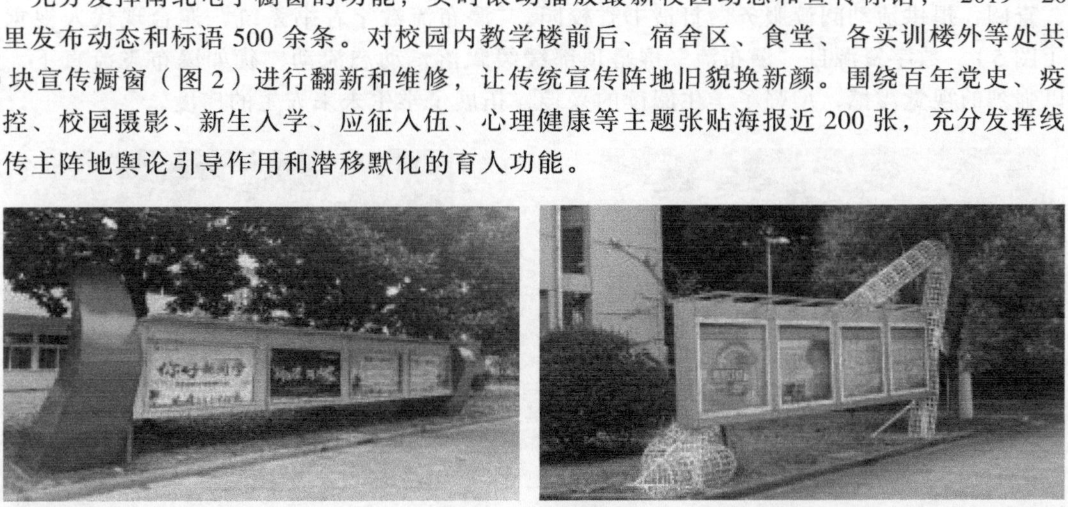

图 2　宣传橱窗

（四）丰富景观层次，增添人文色彩，营造育人“温度”

利用校友林浓密的树荫，在校友林北侧新辟一条林荫大道，既为烈日下师生遮阳避暑，也成为师生们散步休闲的好去处，刻画下美好回忆。同时在校友林、大学生活动中心、体育场周边等师生人流量大的场地增设了五组艺术类、体育类的文化雕塑小景共 15 件，色彩明亮、造型生动的雕塑小景既呼应建筑和场地的主题，也让校园瞬间变得生动活泼起来，增添了校园浓浓的人文氛围。林荫大道命名为“成长大道”，路面用鲜红的彩色沥青铺就，宛如一条红色的星光大道，寓意学生从这里成长，从这里出发，迈向人生锦绣前程（图 3）。

图 3　成长大道

（五）流动阅读服务，营造书香校园，拓展文化“广度”

充分利用了图书馆一楼大厅、大学生活动中心大厅、宿舍区门厅等公共活动空间的优势，安放设置集查询、借阅、浏览、阅读于一体的多功能借阅系统（图 4），方便学生阅读、查阅，提供流动阅读服务，打造书香校园。“瀑布流数字荐书系统”迎合现代人视觉感受（图 5），数字资源自“瀑布流”屏幕顶部缓缓飘落，动态流动，犹如瀑布飞流直下，给人以强烈的视觉震撼，增强了学生阅读的兴趣，拓展了学生未来人生的广度。

图 4　多功能借阅系统

图 5　瀑布流数字荐书系统

（六）丰富建筑内涵，铭记学校历史，积淀人生“厚度”

坚持以人为本，充分挖掘校园整体设计、建筑风格、道路命名等方面的文化内涵，为已经命名的楼宇和桥梁设计制作铭牌，标注命名的由来、建造的时间等内容。先后完成知行楼、合一楼、天工楼、开物楼四幢实训楼的楼名和启智桥、践行桥、竹林桥、晋陵桥、崇德桥、弘毅桥六座桥的桥名铭牌安装，既充分展示校园建筑景观的文化内涵，让楼有名、桥有义，也让后人铭记学校的历史，铭记建设者的辛苦付出（图6）。

图6　楼名、桥名铭牌安装

（七）弘扬民族精神，传承传统文化，呈现常工“力度”

坚持以文化人、以体育人，面向全校学生进行中华优秀传统体育文化的普及与推广，以学校龙舟基地建设“江苏省优秀传统文化传承基地”为契机，建成龙舟文化墙，充分展示学校多年来取得辉煌成绩和研究成果；建设龙舟文化大道，利用校园龙舟训练河道驳岸展示中华龙舟精神，让学生现场感受龙舟力量，引导学生自觉接受中华优秀文化的熏陶，弘扬民族精神传播中华龙舟优秀传统文化，展示常州工程独一无二的龙舟文化名片（图7）。

图7　龙舟文化

（八）立足以生为本，坚持五育并举，聚焦人才培养“亮度”

学校倾心打造校园文化活动品牌，将万人参加的露天迎新晚会打造成“工程春晚”，数万名师生家长通过现场或直播同赏精彩，共襄盛典。以庆祝中国共产党成立100周年，举办“永远跟党走——庆祝中国共产党成立100周年文艺演出”、“奋斗百年路 启航新征程”庆祝建党百年党史主题展、“重走长征路 庆百年华诞”红色毅行、“重温红色经典 铸就永恒信仰”主题观影等丰富多彩的各类活动百余场，激发全体师生的爱党爱国热情。

学校以江苏省大学生年度人物王延春的故事为原型，创作了微电影《延春》，既表达了学校一代又一代莘莘学子将王延春的志愿服务的精神传承延续，同时也充分展示学校多年来志愿服务工作上取得的一个个优异的成果。微电影《舞出人生》是以学校省级艺术团——舞蹈团为素材，集中描述了学校大学生艺术团多年来开展艺术教育，精心培育学生，激发一批又一批学生开启人生高光时刻，充分展示学校坚持“五育并举”，倾力培养德智体美劳全面发展的人才上取得的累累成果（图 8）。

图 8 校园微电影

三、成效与推广

以新思想引领学校价值文化，弘扬中华优秀传统文化、红色革命文化和社会主义先进文化进校园。同时编制校园文化读本，编撰学校改革发展史，组建校史校情宣讲团，利用新生入学教育、新教师入职教育开展宣传。开展“常工工匠”评选活动，启动“书香校园、书声校园”“传统文化进校园”等品牌文化建设，大大优化了学校文化育人的氛围。

立足现有校园景观群，发掘学校工程特色，进一步完善学校文化环境体系，突出主题，丰富内涵，让校园处处有文化，人人爱校园，大大提升了师生对校园环境的满意度，为打造美丽校园奠定了坚实的环境基础。

围绕学校改革发展先锋、教书育人先进、自立成才典型、疫情防控、“双高”建设等主题，深入挖掘，总结提炼学校典型人物和事迹，充分整合校内外媒体平台和资源，在全校形成了团结奋斗的主流舆论场，为学校高质量发展提供强大精神动力，营造积极向上的良好氛围。学校微信公众号、微博、抖音三大新媒体平台累计关注人数达 105000 人，“百人百篇”常工故事发布文章 300 余篇，在人民网、新华网、《中国教育报》《中国青年报》《科技日报》《中国化工报》《新华日报》等中央及省级重要媒体等发布新闻 300 余篇，赢得了良好的社会声誉和影响。我校报送的新闻作品《工程战“疫”》荣获中国青年报社、中国青少年新媒体协会、中青校媒评选的“百强校园新闻专题作品”，学校连续四年获得“江苏教育新闻舆论工作表扬单位”。

专业群建设案例

“三对接、三提升”，高质量打造绿色化工人才培养高地

李东升

摘要：面对化工产业“集群化、绿色化、数字化、国际化”转型升级带来的新挑战新机遇，如何优化专业结构，培养创新型、复合型人才，成为化工专业群高质量发展过程中亟待解决的问题。学校通过对接化工产业集群发展，构建“一体两翼”专业格局，提升专业集成发展力；对接化工行业技术迭代升级需求，创新“双元四阶、三融三合”人才培养模式，提升专业人才培养力；对接化工企业数字化转型，“四方联合、四位一体”打造高水平集成式实践创新平台，提升专业协同创新力，人才培养质量得到显著提升。获得国家级教学成果等标志性成果多项，建设举措也得到《中国教育报》等媒体宣传报道。

关键词：绿色化工；人才培养；复合型人才

一、实施背景

“十四五”期间国家明确提出化工行业绿色发展、升级发展、开放发展的高质量发展主题，加快推进传统产业改造提升，大力发展化工新材料和精细化学品，加快产业数字化转型，引导化工项目进区入园，促进高水平集聚发展。《国家职业教育改革实施方案》明确了职业教育类型定位，要求持续深化产教融合、校企合作。面对化工产业“集群化、绿色化、数字化、国际化”转型升级带来的新挑战新机遇，如何优化专业结构；面对化工企业更加注重职业迁移和发展适应能力，如何培养创新型、复合型人才，如何打造支撑人才培养新要求的产教融合平台，成为化工专业群高质量发展过程中亟待解决的问题。

二、主要做法

常州工程职业技术学院应用化工技术专业群实施“三对接、三提升”工程（图 1），通过对接产业集群、对接技术迭代、对接数字化转型，提升专业集成发展力、人才培养力、协同创新力，聚力打造全国绿色、智能化工类人才培养高地。

（一）对接化工产业集群发展，构建“一体两翼”专业格局，提升专业集成发展力

专业群紧贴化工产业链新布局，按照“技术基础相同、职业岗位相关、职业技能相近、教学资源可共享”的原则，重构专业群（图 2），形成“一体两翼”发展格局，精准支撑产业“三高”发展。一个主体，即以应用化工技术专业为核心，面向基础化学品生产，支撑化工产业基础绿色安全高质量发展；以工业分析技术专业为主线，面向产业链全过程质量控制与管理，驱动产业高品质发展；两翼协同，即以精细化工技术、药品生产技术专业为两翼，

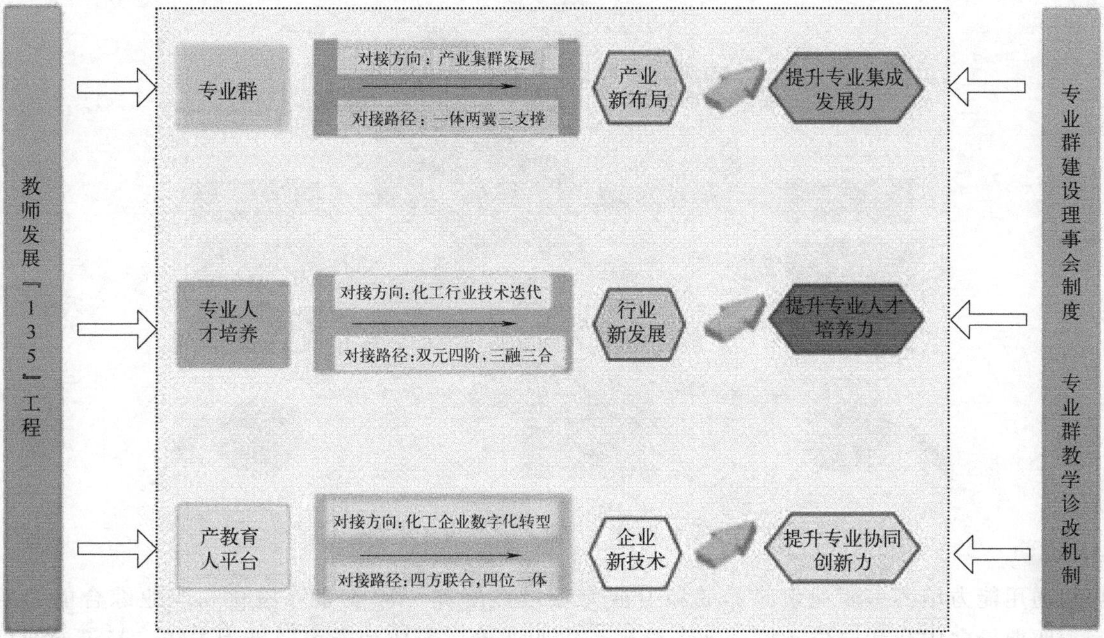

图 1 应用化工技术专业群“三对接、三提升”建设模式

面向农药、医药中间体和消费品生产，支撑化工产业向高端发展。

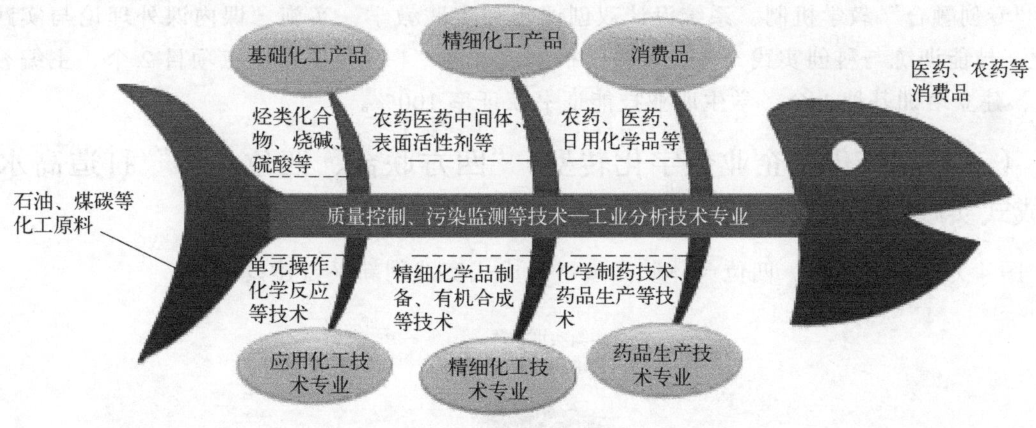

图 2 基于“化工产业链”构建专业群示意图

基于专业群，开发了“HSE 管理基础”等 15 门职业通用能力平台课程、 32 门专业拓展课程，引入了 20 余门在线开放课程，建成了专业群课程共享库，其中建成国家级专业教学资源库课程 3 门，建成省级在线开放课程 5 门，校级金课 20 门。

（二）对接化工行业技术迭代升级需求，创新“双元四阶、三融三合”人才培养模式，提升专业人才培养力

“双元四阶、三融三合”人才培养模式如图 3 所示。

针对化工行业人才新需求，构建了“双元四阶”人才培养路径：校企双元协同，职业认

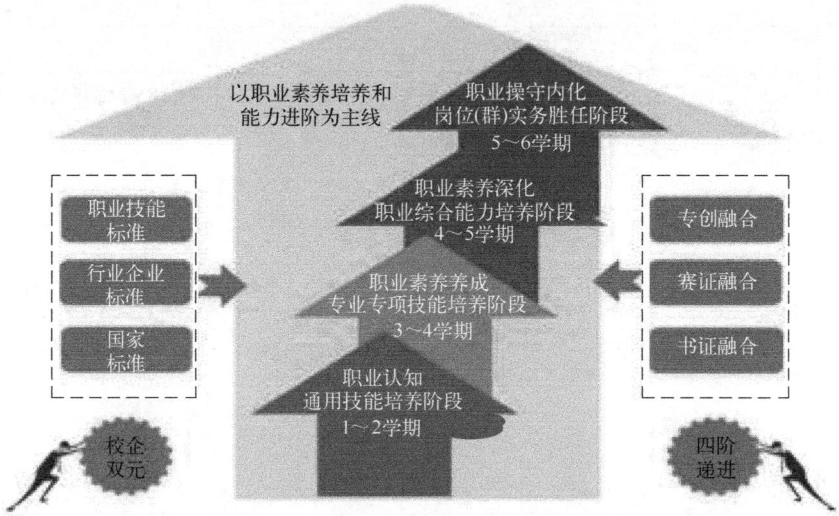

图 3　“双元四阶、三融三合”人才培养模式

知和通用能力培养→职业素养养成和专业专项技能培养→职业素养深化和职业综合能力培养→职业操守内化和岗位（群）实务胜任。以职业素质养成和能力递进为主线，基于专业群视角，重构了“平台+模块”课程体系。

创设“三融三合”教学运行机制，将职业技能标准、行业企业标准、技能竞赛国赛标准所蕴含的项目案例、组织训练方式、评价标准融入教学过程；建立“书证融合”“赛证融合”“专创融合”教学机制，系统设计双创课程和实践教学，实施“课内课外理论与实践一体化、技能训练与科创实践一体化”教学机制。开展“1+X”证书试点项目 2 个、主编教材 1 本、建立培训基地 1 个。学生职业技能证书获证率 100%。

（三）对接化工企业数字化转型，“四方联合、四位一体”打造高水平集成式实践创新平台，提升专业协同创新力

图 4 为“四方联合、四位一体”高水平集成式实践创新平台建设模式。

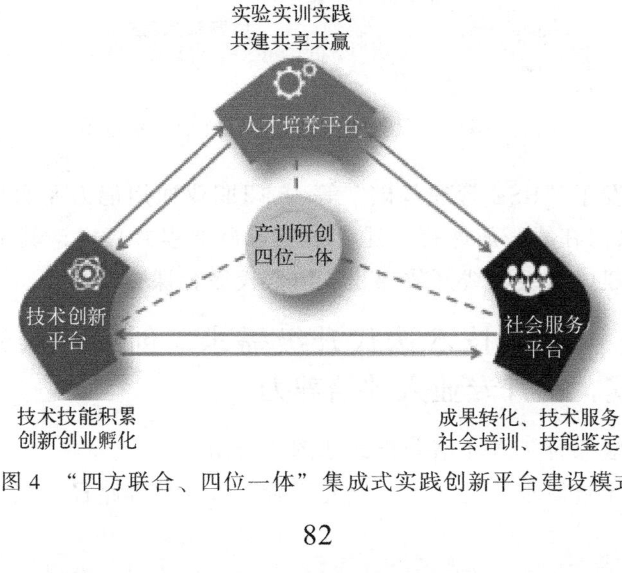

图 4　“四方联合、四位一体”集成式实践创新平台建设模式

到“十四五”结束的时候，石化重点领域企业主要生产装置自控率达到95%以上。依托学校牵头成立的职教联盟和产业学院，校、政、行、企四方联动，引入5G、人工智能、数字孪生等新技术，投资2400万元（其中企业投入600万元）与扬子石化-巴斯夫有限责任公司等知名企业共建“产训研创”四位一体绿色化工智慧教学工厂。实训基地实行“三进三转”运行机制，即通过教师科研项目、大学生创新大赛、学徒制人才培养改革等载体，促进教师进平台、学生进项目、教学进现场，实现教师向师傅转变、作业向作品转变、教学消耗向服务增值转变。依托基地，开设现代学徒制班26个，惠及学生700余人，年横向到账600万元，发表SCI等高水平论文58篇，授权专利21项。

三、成果成效

经过多年建设，专业群内涵建设水平显著提升，获国家教学成果一等奖1项、二等奖2项，省特等奖2项。《传热应用技术》获首届全国优秀教材一等奖。主持国家教学资源库1项。牵头制定专业教学标准等6类22项国家标准。培养省突出贡献中青年专家2名。建成了国家教学创新团队1支，省“青蓝工程”优秀团队3支。服务学生成才和产业发展取得了显著成绩，全国技能大赛实现8连冠，全国大学生挑战杯特等奖1项（图5）。毕业生一次就业率稳定在98%以上，近60%毕业生进入世界五百强或行业领先企业工作。年四技服务

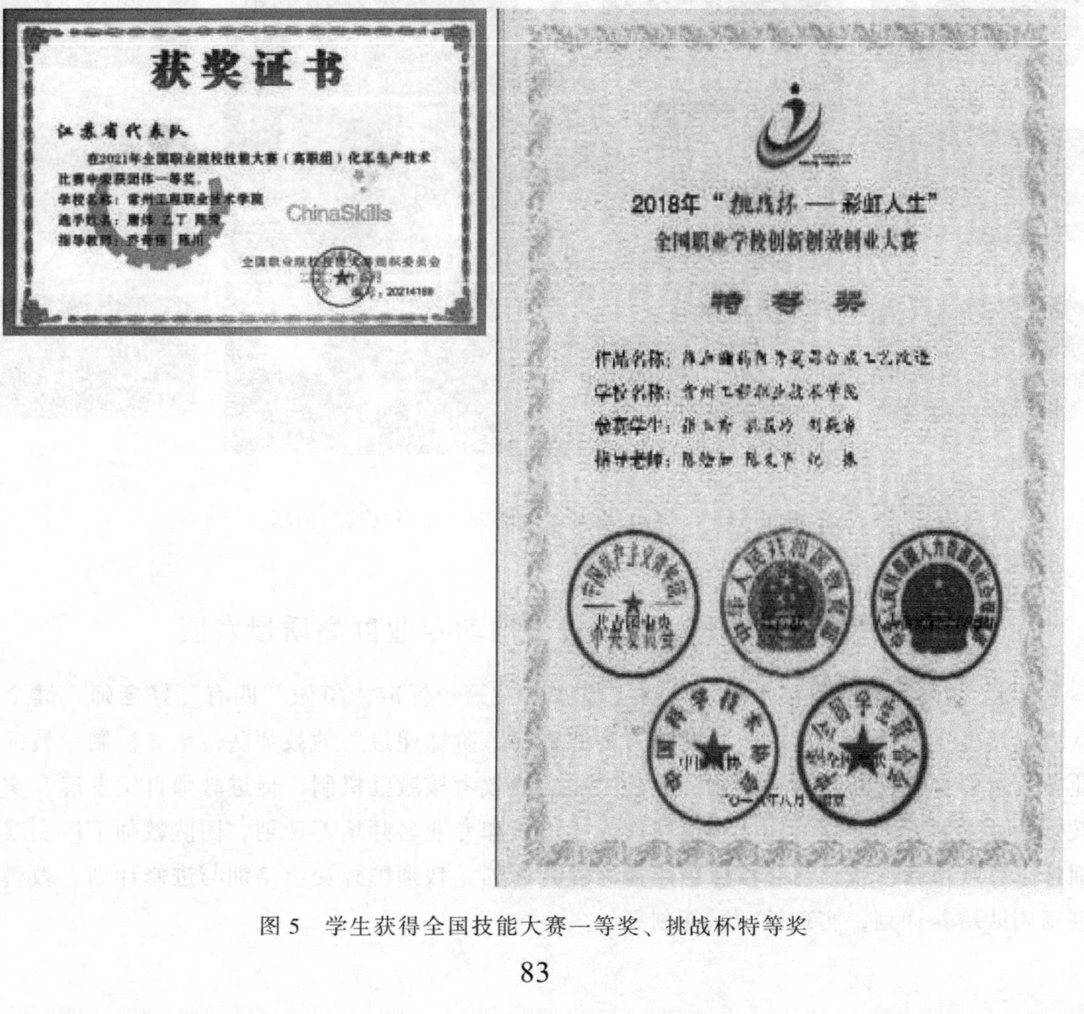

图5　学生获得全国技能大赛一等奖、挑战杯特等奖

经费3000余万元，年社会培训人数1500人次。2021年“金平果”排行榜化工技术类专业中，学校在江苏省排名第1，全国排名第2。

四、经验总结

（一）创新专业与产业跨界融合模式，提升职业教育适应性

一是针对化工产业链新布局，创建了“一体两翼三支撑”对接模式，建立专业动态调整机制，促进了教育链与产业链的深度融合。二是创建了以职业能力进阶为主线、学生个性化发展为特征的化工技术专业“双元四阶、三融三合”人才培养模式，建立了课证学分互认机制、“校级技能月-省赛-国赛”技能考证与竞赛选拔机制、专创一体化教学机制。三是建立了“技术引领、政行企校联动”数字化迭代升级化工实训基地建设机制和“三进三转”实训基地运行机制。利用虚拟仿真技术，实现实践教学“看得见、进得去、能操作、可再现”目标，有效解决化工类专业实训“三高三难”问题（图6）。

图6　理实一体、虚实结合解决“三高三难”问题

（二）创新教师系统化发展模式，推动专业群高质量发展

实施“135”教师发展工程，即落实师德建设第一标准，争做“四有”好老师。健全团队教师培养三大机制，即“一体两翼、师德贯穿、阶梯递进”的教师队伍培养机制、教师专业化发展的自我诊断与改进机制、教师工作的绩效考核激励机制，促进教师自觉发展。实施教师专业发展五大计划，即实施高层次人才增长和专业名师培养计划、团队教师下厂实践轮训计划、教师新一代信息化技术应用能力提升计划、教师国外交流培训与进修计划、教科研创新团队培养计划，实现教师赋能创新。

（三）创新专业群内部治理机制，提升人才培养质量

聚焦机制创新，建立健全与专业群发展相适应的管理机制与质量保证体系，成立跨学院、跨业界专业群建设理事会，建立专业群发展年度诊断机制；建立“三阶段、三层面、四主体”专业群教学诊改机制，即建立“标准编制-标准执行-培养成效”三阶段工作路径；借鉴 OBE 成果导向教育理念，基于专业-课程-课堂三层面目标贯通的原则，构建专业教学标准-课程标准-单元教学标准三级标准体系；明确专业群负责人牵头制定群内各专业共享性标准，专业负责人牵头制定专业教学标准，课程负责人牵头制定课程标准，任课教师制定单元教学标准（单元教学设计）等四主体责任。

五、推广应用

专业建设成果得到了政府与业内同行的高度认可。牵头或参与制定的国家专业教学标准、国赛标准在全国被广泛应用和推广。《中国教育报》等 10 多家媒体多次报道了专业建设成果， 2022 年“双元四阶、三融三合”人才培养做法在《中国教育报》推广； 2020 年在中国职教学会举办的“说专业说课程”全国会议上展示专业建设成果；团队建设、教材建设、人才培养模式、丙烯酸甲酯仿真工厂典型案例分别入选江苏省高等职业教育质量年报优秀案例、教育部创新创业教指委典型案例和全国高职高专校联会优秀案例。

“用户导向、建用一体”，打造开放共享的教学资源体系

樊亚娟

摘要： 常州工程职业技术学院应用化工技术专业主持了国家-省-校三级教学资源库建设。在边建边用的过程中，引入新工艺、新技术、新规范，形成了“用户导向、建用一体”的资源建设理念与模式，建设了以颗粒资源为主的专业资源库和以在线课程为重点的专业课程体系，打造了开放共享的教学资源体系，有力保障了线上线下混合式教学改革。

关键词： 用户导向；建用一体；开放共享；教学资源

一、实施背景

常州工程职业技术学院应用化工技术专业2013年主持国家教学资源库“化学反应过程与设备”课程建设；2015年主持江苏省能源化工专业资源库；2019年主持国家应用化工技术专业教学资源库；同步完善了校级专业教学资源库。本专业教学资源建设模式获2017年江苏省教学成果二等奖。

二、主要做法

（一）基于“用户导向、建用一体”理念，建设“互联网+”教学资源

创设“用户导向、建用一体”的专业课程资源建设理念与模式和“素材层-表现层-交互层”三层式的课程资源建设、使用和更新机制（图1）。依据行业技术岗位标准、专业教学标准、资源建设标准，汇聚行业企业优质资源，开发教学资源、建设课程和专业教学资源库。基于行动导向教学，设计教学项目和开发新形态教材；基于用户学习方式开发化工操作互动动画、在线开放课程和富媒体教材；基于“互联网+”技术，开发以浏览器为容器的学习平台，实现了建设者与使用者之间的即时响应和共享共生，满足了学习者“书中学”“做中学”和“课中学”的个性化学习方式。

（二）构建立体化学习环境，形成资源共享、开放育人新局面

搭建在线学习与实践平台，构建线上线下、课内课外、校内校外立体化学习环境，覆盖学生职前教育、职后培训的全过程，满足学生持续发展、终身发展的需求；面向全国同类院校师生、企业人员和社会学习者开放专业教学资源库；通过“智慧职教”“爱课程”等平台开放课程资源、开放教学活动，有力保障了线上线下混合式教学改革；建立了职教联盟院校资源共建共享与资源应用推广机制，形成了“资源汇聚，开放育人”新局面。

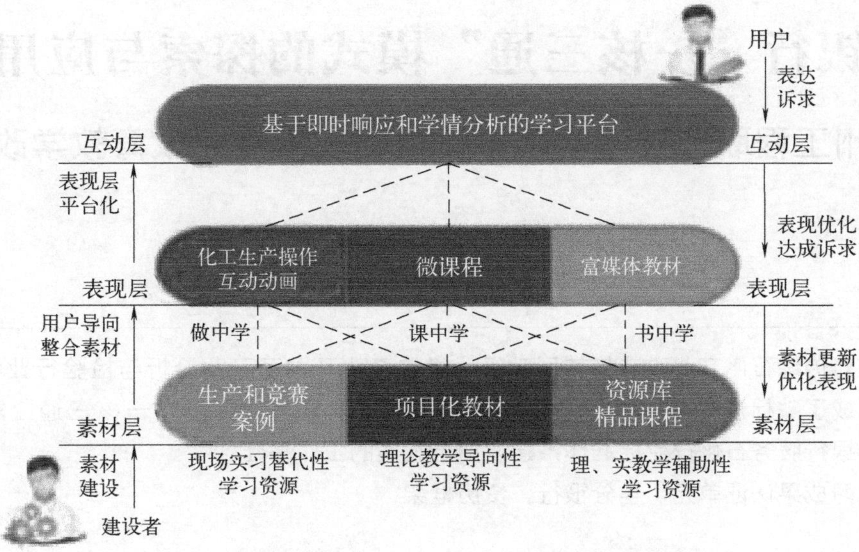

图 1 “用户导向、建用一体”的教学资源建设模式

三、成效与推广

（一）主持升级建设了应用化工技术专业国家教学资源库

目前已完成颗粒化资源 14764 个，题库 16963 条；立项建设了 6 门江苏省在线开放课程及 9 门常工金课；主编教材《传热应用技术》 2021 年获首届全国优秀教材一等奖；立项或建成“十三五”国家规划教材 2 部、江苏省重点教材 6 部、省优秀培育教材 1 部、公开出版新形态教材 7 本、立项校级双语教材 2 本、建成富媒体教材 9 部；立项建设省级虚拟仿真基地项目 1 个、建成了国家和省级专业师资实践培训基地、江苏省中小学职业体验中心。

（二）影响了多家院校的课程资源建设模式

多次在国家和省课程资源建设研讨会上进行经验分享，建设模式被多家院校所借鉴，其中技能大赛案例被二十多个省份的院校所引进。

（三）扩大了社会服务受益面

依托课程资源，学院持续举办了由全国石油与化工职业教育教学指导委员会组织的全国职业院校化工专业教师技能培训班和项目化教学改革师资培训班，全国上百家职业院校专业教师 1500 余人次接受了培训，产生了积极深远影响。持续举办了省职业院校能源化工类带头人和骨干教师教学能力提升培训班，受训人数达 500 余人，提升了全省能源化工类专业教师的信息化教学水平，受训教师中有 10 多人在国家和省级信息化教学大赛中获奖。利用教学资源对数十家企业进行了员工培训，企业受训人员达 2000 余人次，受益面覆盖常州、无锡、苏州、南京、镇江、南通等江苏主要化工产业园区。

学分银行“一核三通”模式的探索与应用实践

——常州工程职业技术学院分析检验技术专业教育教学改革案例

徐　瑾　黄一波

摘要：为应对传统石化产业改造与转型升级，学校牵头开发了工业分析与检验行业学习成果认证单元，形成了“标准为核，目标贯通，内容融通，机制互通”的“一核三通”常工建设模式，为学分银行服务石化行业标准体系建设奠定扎实的工作基础。

关键词：学习成果认证单元；学分银行；资历框架

一、实施背景

为应对传统石化产业改造与转型升级，新技术、新规范、新工艺背景下从业人员知识、技能和素质不断提升的需求，中国化工教育协会和化学工业出版社主导筹建了国家开放大学石油和化工学院（以下简称：国开石化学院），常州工程职业技术学院作为国开石化学院教务处单位，与牵头单位负责石化学院日常运行和管理。学院分析检验技术专业作为国家“双高计划”建设专业，牵头开发了工业分析与检验行业学习成果认证单元，实现不同类型、不同层次学习成果之间的横向沟通与纵向衔接，打通了学历教育与非学历教育之间的沟通壁垒，搭建不同学习成果之间价值对比的标准体系，为学分银行服务石化行业标准体系建设奠定扎实的工作基础。

为解决国家层面资历框架体系不够健全，高职教育领域主动服务行业终身教育体系的经验案例不多，高职院校推动多元化教育教学评价改革的方法不全，高职教育生源结构的日趋复杂和多元等问题，我们积极探索，勇于实践，蹚出了常州工程职业技术学院探索国家开放大学学分银行制度体系应用在分析检验技术专业教育教学改革的“标准为核，目标贯通，内容融通，机制互通”的“一核三通”常工程建设模式。该模式助推国家开放大学石化学院学习成果认证、积累与转换制度的探索实践，搭建终身学习“立交桥”，助力石化行业高质量发展。

二、主要做法

学分银行制度就是学习成果认证、积累与转换制度。国家开放大学学分银行提出了以“资格框架”为引领的职业教育学分银行制度模式和“框架+标准”的技术路径。学分银行制度的内核由学习成果框架和标准体系组成。标准体系是开展学习成果认证、积累与转换的一系列标准按其内在联系形成的有机整体。国开大学学分银行通过机制创新，以学习成果为导向，通过教学标准与职业标准的有效对接，创新研制了学习成果认证、积累与转换系统解决方案，有效解决了专业教学标准与职业标准脱节，职业院校人才培养标准与行业企业用人标准错位，专业课程内容与岗位要求的不吻合等问题。

而认证单元是具有连贯而明确的学习结果和评价标准的内容模块，是用于学习成果认证的最小颗粒，认证单元的开发是学分银行建设的第一步，也是最关键的一步。我校以学习成果认证单元开发作为教育教学改革的逻辑起点，将认证单元标准应用在人才培养方案制定、课程标准开发和学分转换等教育教学改革中。

（一）基于行业，需求导向，开发了分析检验行业学习成果认证标准

学习成果认证标准是学分银行制度体系中的核心内容。团队充分调研，基于行业发展现状和企业员工发展需求，通过头脑风暴，与行业专家设计分析检验行业不同职业成长阶段的代表性工作任务，参照分析检验行业学习成果框架对应的层次在核心岗位中的实际形态（图1），分析获得分析检验行业下的4个职业行动领域（即行业方向）——检验检测、检验检测质量保障、检验检测质量监控、检验检测技术管理，以及每一行业方向下的职能，制定职能编码，形成行业结构划分表。

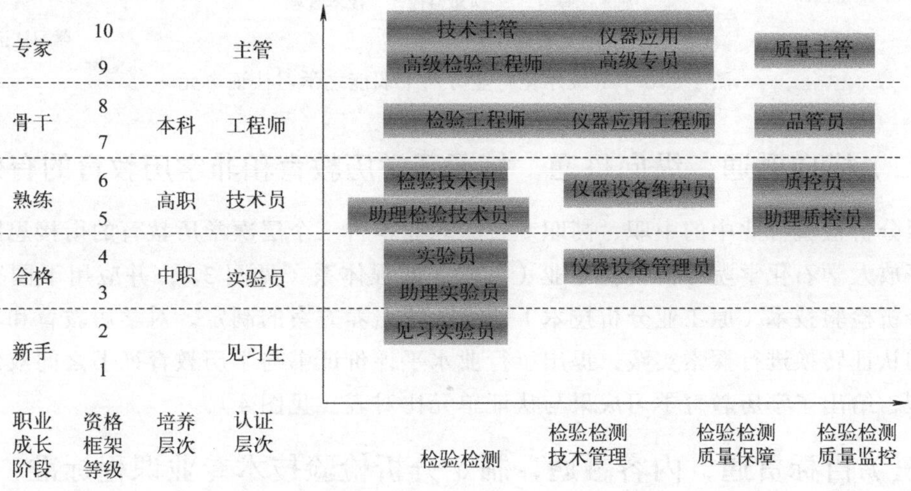

图1 分析检验行业学习成果框架对应的层次在核心岗位中的实际形态

对典型任务进行分解分层，归属到分析与检验行业学习成果框架下1~7等级中（8~10级为研究生水平）（见图2），制定各个等级的认证单元。

在确定和制作认证单元时归纳总结出以下原则：（1）面向岗位，基于任务。结合岗位职能，基于典型任务中岗位分解单元，保证单元相对独立。梳理每一单元所需的知识技能，获得认证单元。（2）边界清晰，表述规范。一个认证单元对应一项相对独立且单一完整的工作任务。学习结果描述突出完成这一任务应达到的能力，兼顾知识体系的系统性和连贯性。学习成果评价标准要明确、具体、可衡量。（3）统筹兼顾，分值灵活。认证单元容量要遵循学历教育学时规律，每一认证单元不能超过一门课的容量， 1个认证单元原则上对应1个学分， 1学分=20小时学习时间。（4）单元覆盖，横向融通。开发出的认证单元要能覆盖各等级所对应的学历课程体系以及资格证书课程。并按照等级分类，展示不同等级下各行业方向所包含的认证单元，形成认证单元矩阵表。

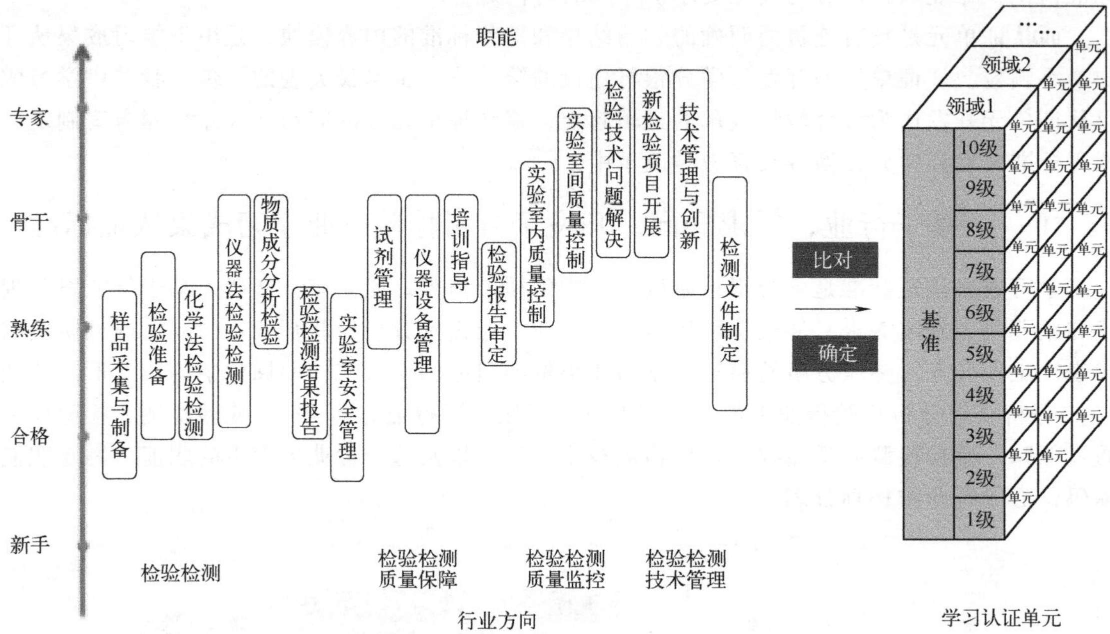

图2　10个等级序化行业方向下职能之学习认证单元

（二）横向融通，纵向贯通，打通了学历教育和非学历教育的有效衔接

按照分析检验行业中的中职、高职专科、职业本科三个层次学历教育的衔接思路，形成了国家开放大学石化学院分析检验专业（高职）课程体系（见图3），并应用于国家开放大学高职分析检验技术（原工业分析技术）专业人才培养方案的制定。对学历教育和非学历教育成果的认证转换进行探索实践，提出了行业水平评价证书与学历教育证书之间双向融通的整体模型，给出了学历教育学习成果与认证单元比对表（见图4）。

（三）目标贯通，内容融通，制定分析检验技术专业课程标准

团队将学习成果认证单元项目开发的应用领域界定在石化行业化学品生产过程的原料、中间体、产品及废弃物的检测。此定位与分析检验技术专业人才培养目标中，职业面向及岗位群相吻合，即面向石油化工、环境保护和检测服务等行业领域，从事分析检测、实验室组织管理、生产质量控制等技术岗位。

按照学生中心、成果导向和持续改进的教学理念，将分析检验技术专业人才培养的总体目标逐层分解到各门课程教学目标中，而每门课程教学目标可能对接2~3个学习成果认证单元的认证要求。不同课程所对应的认证单元做到不重复，体现能力本位，逐层递进。课程目标与认证单元中的学习结果对应，认证单元的学习结果描述凸显完成任务应达到的能力，兼顾知识体系的系统性和连贯性，有效地指导了课程总体目标的细化。细化后的单元教学目标，经汇总、梳理、归纳，可进一步完善课程目标，使得指向性更明确，范围更具有针对性。而细化的教学单元目标也有效地支撑了课程总体目标的实现。

同时，团队积极将学习成果认证单元中学习成果和评价标准引入到课程标准中，实现核心课程标准的有效衔接。在课程目标、课程内容、课程组织和课程评价等方面，全面系统融

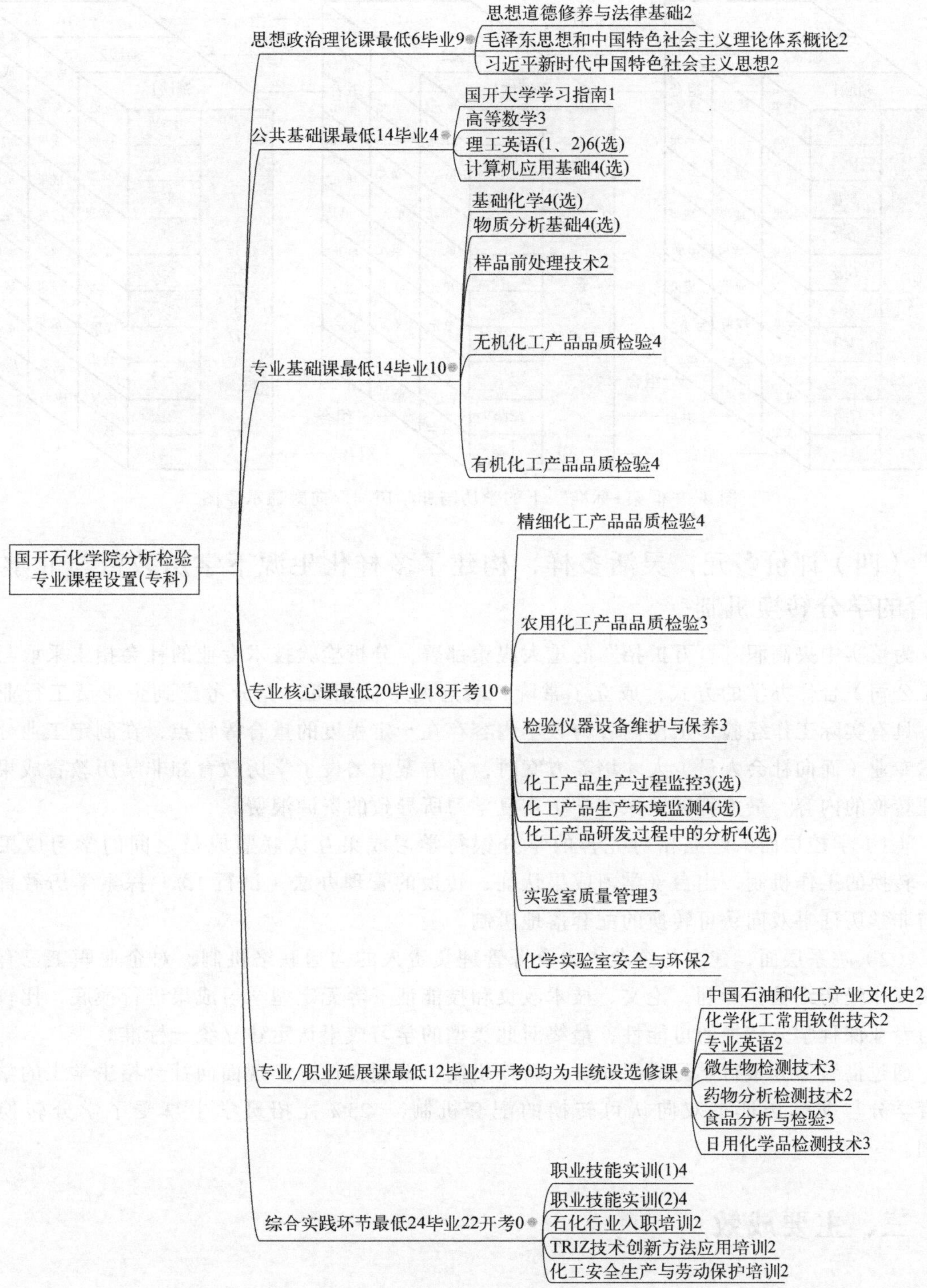

图 3　国家开放大学石化学院分析检验专业（高职）课程体系

入学习成果认证标准。将学习成果认证单元中的评价标准中的考核方式明确、考核内容具体、考核结果可衡量的优势特点，有机融入分析检验专业的课程考核方案设计中，在有助于课程考核兼顾过程性与结果性的同时，也反向优化了课程的教学设计。

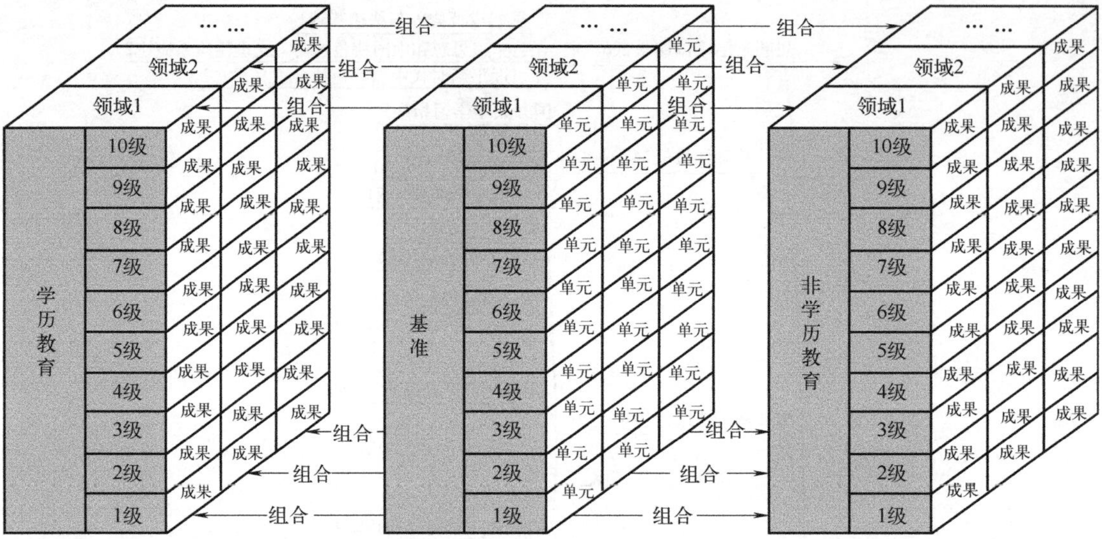

图 4　“框架+标准”下的学历与非学历间双向融通示意图

（四）评价多元，灵活多样，构建了多样化生源下学历教育与非学历教育的学分转换机制

为落实中央高职“百万扩招”的重大决策部署，分析检验技术专业的社会招生采取与企业（公司）合作办学的方式，成立了常隆、吉恩两个社招班。充分考虑到企业员工行业对口、具有实际工作经验、工作内容与教学内容存在一定程度的重合等特点，在制定工业分析技术专业（面向社会人员）人才培养方案时，在方案中增设了学历教育和非学历教育成果的认证转换的内容，最大程度地减少学生重复学习所导致的资源浪费。

（1）学校层面，建立相对完善的学分银行学习成果互认联盟成员之间的学习成果认证、转换的工作机制，出台《学习成果认证、转换的管理办法（试行）》，探索学历教育学分与非学历证书双向认可转换的配套落地机制。

（2）院系层面，建立与企业人力资源管理负责人的沟通联络机制，对企业职工已有的有关工作经历经验、专利、论文、技术改良和技能证书等无定型学习成果进行摸底，比较分析与专业课程学分转换的可能性，最终对此类型的学习成果认定建立统一标准。

通过借鉴学分银行学习成果认证、转换机制，编制文件，实现面向社会招生学生的学历教育学分与非学历证书双向认可转换的配套机制，25%社招班学生享受了学分转换的红利。

三、主要成效

（一）教学改革成效显著

分析检验技术专业于2020年3月引入“工业分析与检验行业学习成果认证单元”，经多次研讨，完成了课程体系的重新梳理，10门课程内容的重组，以及各课程认证单元的对应，共引用认证单元46个。在此基础上，专业团队于2020年8月完成了专业核心课课程标准的第一轮修订，于2020年9月至2022年7月完成修订课程标准的第一轮实践。

实践结果证明：依据“工业分析与检验行业学习成果认证单元”完善的课程体系，整体结构更严谨，能力递进体系更科学，课程内容划分更合理；修订的课程标准，教学目标完整清晰，项目选择更有针对性，且符合生产实际，任务安排更合理，操作性更强，同时每个学习成果都有相应的评价标准，因此每个任务都有相应的考核方式和考核目标，教师可以根据任务完成情况了解学生在知识点、技能点上的达标情况，实施对标分析，根据学生掌握情况及时调整策略，根据学生特点进一步优化教学设计及教学组织，教学设计更精细，教学活动更全面，结果评价更直观。由学习成果认证单元引发的这一场教育教学改革，使得本专业建设了更多优质的金课。

（二）制度体系保障有力

学校依据江苏省教育厅发布的《江苏省终身教育学分银行管理暂行办法》等相关规定，在原有的《常州工程职业技术学院学生学分兑换管理办法》上，针对社会招生学生的特点以及实际需求，制定了《常州工程职业技术学院针对扩招学生学分兑换管理办法补充规定（试行）》。规定指出扩招学员参加企业生产、安全、技能、岗位提升等相关的培训，由企业人事或相关部门出具学习经历证明材料认定相应学分，可以用于1：1兑换专业课程学分。扩招学员参与企业技术、工艺更新并取得相应成果，由企业技术主管部门认定并出具相关认证材料的可以认定为毕业设计学习经历进行兑换。扩招学员在其所在企业工作满2年的或在同一岗位工作满1年的，其工作经历可以认定为顶岗实习课程学习经历进行兑换。

（三）学分兑换特色彰显

分析检验技术专业收集2个社招班共83名学员的各类无定型学习成果，包括外语类、计算机类证书，技术技能类证书，各级各类竞赛获奖证书，论文及作品发表，专利，社会兼职履职证明等。在获取足够多信息的基础上，召开专业建设指导委员会会议，参照学校的文件制度，针对规定的第十二条，对第九、十、十一条中未提及的工作经验、工作经历、专利、论文、技术改良等无定型学习成果的可兑换性以及可兑换的相应专业课程进行了讨论，并最终确定了相应的兑换细目表。实现了学分兑换申请25份，经相关部门审核认定，共有21人次完成了学分兑换，兑换学分达到58分。

“对接职业标准、基于行动导向、融入信息技术”打造《传热应用技术》新形态教材

薛叙明

摘要：薛叙明教授主编的《传热应用技术》（第三版）以传热规律为主体的单元操作为主线，辅以设备、电器、仪表等相关知识与操作为一体的项目化教材，主要内容包括传热、蒸发、结晶和干燥四大单元的操作与控制。该教材是高职化工技术及相关专业的专业基础课程和专业核心课程“化工单元操作”或“化工传热过程与控制”的配套教材。2021 年教材荣获首届全国优秀教材一等奖。

关键词：传热应用技术；新形态教材；对接标准；行动导向；信息技术

一、实施背景

《传热应用技术》教材是首批国家“十二五”“十三五”规划教材，江苏省“十二五”“十三五”重点教材。本教材是以传热规律为主体的单元操作为主线，辅以设备、电器、仪表等相关知识与操作为一体的项目化教材，主要内容包括传热、蒸发、结晶和干燥四大单元的操作与控制；并与应用化工技术专业“传热操作与控制”课程国家教学资源相配套。目前已出版 3 版。

二、主要做法

（一）目标体现“德技并修、人人成才”人才观

一是落实立德树人与课程思政教育理念。依据化工行业特点，教材融入了“绿色、环保与可持续发展”理念和“安全、节能、规程”等职业意识养成与职业操守教育；并从学生学习方法与创新思维的养成、注重化工过程分析能力培养和团队合作精神的渗透，实现专业课程的思政教育功能和素质养成目标。二是体现专业教学标准和职业标准相对接理念。教材以国家专业教学标准为基本遵循，对接国家职业技能等级标准和岗位能力要求，设计项目教学的知识、能力、课程思政与素质教学目标。以“项目载体、任务驱动”方式，设计和选取教学项目和教学内容，通过精选化工生产典型操作控制案例、生产技术规范，体现化工企业生产一线职业岗位工作要求，强化理论实践一体化教学和学生综合职业能力培养。

（二）内容设计体现“行动导向、学生主体”教学观

一是教材结构设计体现“三对接”，即教学目标与职业技能等级标准的对接、教学内容与职业岗位工作任务的对接、教学过程与生产过程的对接。具体的教材结构设计路径为：依据教学目标、结合职业岗位要求和专业特点，选定教学项目和设计典型工作情境，系统设计

工作任务，选取完成任务必须具备的知识学习内容，编制实施任务工作清单，确立知识拓展与任务深化内容（如图1）。二是教材教学内容编排体现“知识基础、能力为本”职教理念和“学生主体”教学思想。教材教学内容组织按照“项目导言”情景设计、“工作任务要求”布置、“技术理论与必备知识”介绍、“项目任务实施”安排、“项目任务拓展”的思路展开。通过整个项目中每项任务的实施，构成了该项目基本完整的工作过程，在任务实施过程中学习必备的技术理论知识和养成良好的职业素养。每个教学环节又以“咨询、计划、决策、实施、检查、评估”等项目教学法设计教学过程，满足了项目化教学、案例教学等不同教学方式要求。

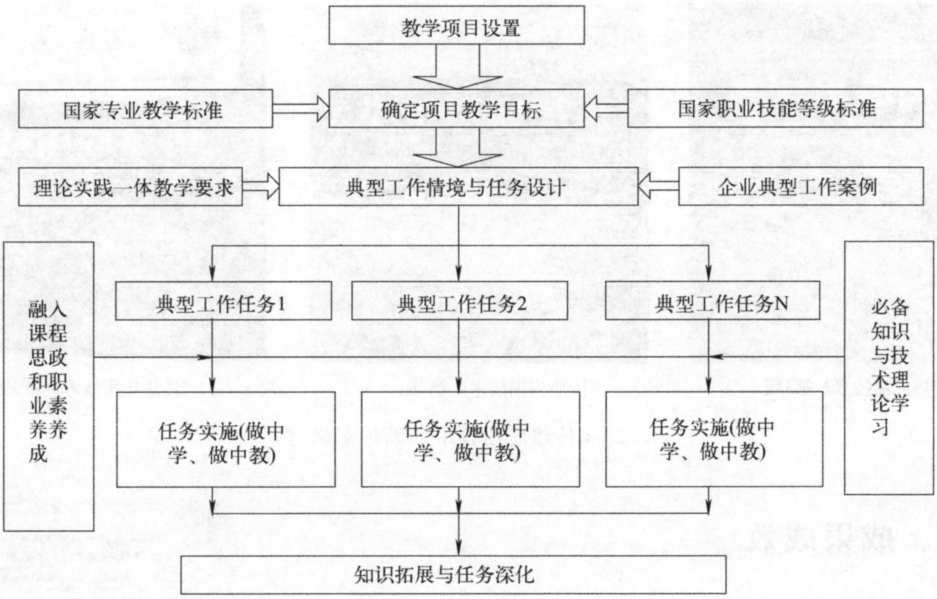

图1　教材结构设计路线图

（三）数字化资源开发体现“应用导向、学为中心”

利用多媒体技术，开发建设了与教学内容相配套的2D或3D互动动画，教学微课，视频等教学素材，并以二维码形式直接植入教材，在互联网条件下，读者通过应用软件，采用移动终端扫描嵌入教材中的二维码，即可随时观看和使用；同时还配套建设了江苏省在线开放课程，既创新了教材的表现形式、增强了教材的可读性，也丰富了学习者的阅读体验，增强了其学习兴趣，更促进了混合式教学改革。

（四）教材开发团队体现“校企双元、多方合作、优势互补”

教材编审团队分别来自全国“双高”建设专业高职院校、行业特色高职院校和化工企业技术管理一线，均有丰富的企业实践经历或化工企业一线技术管理经验，是一支政治素质过硬、政治立场坚定、始终坚定“四个自信”、能自觉践行社会主义核心价值观、深谙职业教育教学规律和学生身心发展特点、熟悉行业发展与企业用人要求，有着丰富教学、教科研经验，教材编写经验的教材编审团队。教材主编、主审均为资深的教育专家和行业领军人物，更好地保障了教材教学内容既与生产实际相结合，又符合职业教育教学规律。

（五）坚持动态更新，注重教材的时效性和前瞻性

一是教材内容与时俱进（图 2）。通过修订再版，对接最新国家专业教学标准与国家职业技能等级标准，完善教材顶层设计；跟踪化工行业技术升级与产业发展，纳入新技术、新工艺、新装备，吸收产业文化与优秀企业文化，更新与调整教学内容，以增强教材的实用性、时效性和前瞻性。二是更新教材呈现形式。通过开发建设、更新完善与教学内容配套的微课件、 2D 或 3D 动画及企业生产实际案例视频等颗粒化教学资源和开发新形态教材，提升学生阅读体验，增强其学习兴趣。三是及时纳入省和国家规划教材建设。

《传热应用技术》第1版

《传热应用技术》第2版

《传热应用技术》第3版

图 2 《传热应用技术》新形态教材

三、成果成效

2021 年该教材荣获首届全国优秀教材一等奖。教材第三版入选职业教育国家“十三五”规划教材和江苏省高等学校“十三五”重点教材。 2019 年《传热应用技术》教材制作成富媒体教材并获软件著作权（登记号： 2019SR0198979）（图 3）。

图 3　富媒体教材软件著作权

通过教材编写和修订，提升了教材的教学服务功能，促进了教育教学改革。 2009 年获国家教学成果一等奖， 2020 年获中国石油和化工教育教学成果一等奖， 2021 年获江苏省教学成果特等奖。团队成员获江苏省微课教学比赛二等奖和三等奖各 1 次。近年使用本教材培训的学生 8 次蝉联全国化工技术赛项团体一等奖。

四、经验总结

（一）顶层结构设计突出课程思政和对标国家标准

依据国家教学标准与职业标准，完善项目顶层设计，以“能”做什么、“会”做什么，明确学生的能力目标；以“掌握”“理解”“了解”等要求，明确学生的知识目标；从学生创新思维养成、情感价值观、职业操守、安全意识及学习能力的培养和团队合作精神的渗透，

明确学生的职业素质目标。项目设计始终贯穿了“绿色、安全、环保、节能”等可持续发展理念，将体现化工行业特征的清洁生产、安全节能、职业健康与环境保护等思政要素融入项目之中，如在“传热”“蒸发”项目中，专门设置了化工过程中热量的回收利用和节能、新型传热与蒸发技术等内容；“结晶”项目中，通过设置拓展项目介绍结晶技术的环保应用等。由此实现课程思政与教学目标的达成。

（二）内容编排设计体现“做中学，做中教”现代职教理念

教材按照“项目导言”情境设计、“工作任务要求”布置、“技术理论与必备知识”介绍、“项目任务实施”安排、“项目任务拓展”的思路组织教学内容，通过整个项目中每项任务的实施，构成了该项目基本完整的工作过程，体现了工作过程导向；每个教学环节又以“咨询、计划、决策、实施、检查、评估”等项目教学法设计教学内容，体现“做中学，做中教”职业教育理念；满足了项目化教学、案例教学等不同教学方式要求。

（三）教学内容选取凸现与职业标准和岗位要求的对接

教材通过编入化工生产典型操作控制案例、生产技术规范和相关扩展知识内容，不仅符合高职化工专业培养目标、教学标准和课程教学基本要求；更对接了化工企业一线职业岗位要求、技术规范与职业标准，便于实施项目化教学。

（四）融入信息技术构建与教材配套的立体化教学资源

编者充分利用信息技术，将结构复杂的装置、设备以及工作原理制作成 2D 或 3D 动画、视频与微课等形式，并以二维码形式直接植入教材，读者通过移动终端应用软件扫描二维码，即可阅读或观看，既创新了教材的表现形式，也丰富了学习者的学习体验。同时教材还配套建设了富媒体教材和省级在线开放课程，不仅丰富了数字化教学资源，也体现了线上线下混合式教学改革的趋势。

（五）校企合作共同开发与编写教材

聘请中盐常州化工股份有限公司工程技术人员参与教材项目整体设计、共同改造企业生产案例为教学案例、参与教材编审等工作，突出教材教学内容与生产实际的结合。

五、推广应用

该教材自出版以来，得到了全国高职高专同类院校师生的广泛认可。教材的发行量近 20000 册，教材使用面涵盖了天津职业大学、金华职业技术学院、山东科技职业学院、克拉玛依职业技术学院（独山子校区）、常州工程职业技术学院、贵州职业技术学院、苏州健雄职业技术学院、宁夏工业职业学院等全国“双高”建设院校、示范高职院校和石化行业知名院校，菏泽学院、兰州文理学院、青岛石化高级技工学校等应用本科和技工类学校等 30 多所院校，使用范围遍及全国。此外，教材在京东、当当、天猫、亚马逊等全国知名网店均有销售，且销量较大，证明了教材不仅在全国高职院校化工类专业师生中广泛使用，还受到了化工及其相关行业的广大工程技术人员、企业职工和其他社会培训人员的青睐。由此可见，该教材对技术技能人才培养、职业培训和石化产业发展，产生了积极深远的影响。

实施教师发展“135”工程，打造德技双馨高水平教学创新团队

薛叙明

摘要：高水平教学创新团队建设是专业内涵质量提升的基本保障。学校积极探索和实践师德师风、专业能力和自我创新发展建设路径，并形成了“135”教师发展模式。通过落实团队师德建设第一标准，争做“四有”好老师；健全团队教师培养三大机制，促进教师自觉发展；实施教师专业发展五大计划，实现教师赋能创新，师资队伍水平显著提升， 2019 年成功入选首批国家级职业教育教师教学创新团队。

关键词：教学创新团队；教师培养；教师发展

一、实施背景

常州工程职业技术学院应用化工技术专业教师教学创新团队积极探索和实践师德师风、专业能力和自我创新发展建设路径，并形成了“135”教师发展模式， 2019 年成功入选首批国家级职业教育教师教学创新团队。

二、主要做法

（一）落实团队师德建设第一标准，争做“四有”好老师

形成了师德师风建设常态化机制。一是建立了制度化、系统化与常态化理论学习机制，依托团队专题学习、教研活动、党员活动等形式，定期开展理论学习，形成了制度化、系统化、常态化的理论学习生态，用“四个意识”导航、“四个自信”强基、“两个维护”铸魂，成为了团队成员的自觉行动。二是坚持典型示范引领，通过组织先进典型人物师德精神宣讲和学习、开展师德先进典型评选等活动，进一步激励团队教师不忘“立德树人”初心使命，全面提高了师德素养和水平。三是坚持师生共受教育，结合“学院年度人物——最受学生喜爱教师”评选，弘扬“敬业爱岗、诲人不倦”的师德师风，推进师德建设向纵深发展。

（二）健全团队教师培养三大机制，促进教师自觉发展

（1）建立健全了“一体两翼、师德贯穿、阶梯递进”的教师队伍培养机制。设定了从“骨干教师—专业带头人—教学名师”的培养链路，构建了定位明确、层次清晰、衔接紧密、促进优秀人才可持续发展的培养和支持体系。一是明确团队教师应依据教师发展标准和自我发展规划，精准参与系列化培训活动，依据新教师、骨干教师、带头人等不同对象设置不同培训内容和要求，全面提升教师团队的专业建设、教学改革能力和信息化技术应用能力

等；二是建立健全多种发展提升平台，包括安排新老教师师徒结对、高校访问学者、企业访问工程师、参加省培、国培及其相关网络培训、组织参加教学技能大赛等提升项目和载体，全面提升团队教师的实践能力和可持续发展能力。

（2）建立健全了教师专业化发展的自我诊断与改进机制。根据学校教师专业化发展标准，进行 SWOT 分析，设定个人聘期发展目标和年度发展计划，利用教师发展平台实施教师发展自我诊断，对照学校教师发展标准与自我规划和定位，及时改进与动态纠偏，促进教师快速精准发展。

（3）建立健全了教师工作的绩效考核激励机制。利用学院教师绩效考核制度对团队教师的师德师风、教学工作、教学建设和科研工作等进行综合量化考核，实现奖勤罚懒；并建立了违背良好师德师风、学术不端等不良行为的一票否决制，以此树立正确的价值导向和绩效评价与激励机制。

（三）实施教师专业发展五大计划，实现教师赋能创新

（1）实施高层次人才增长和专业名师培养计划。通过实施“科教城 350 高层次人才互聘计划”、省级“产业教授”柔性引进计划、教学名师与技能大师精准培育计划、博士教授培养与引进计划等方式，实现了团队高层次人才与名师的外引内培、分层次培养和精准培育，达到了全国一流水平。

（2）实施团队教师下厂实践轮训和“X”职业技能证书培训计划，促进教师“双师”能力、专业实践与实习指导能力全面提升。一是落实团队教师 5 年一周期脱产轮训半年以上的全员轮训制度，有计划安排团队教师脱产下厂实践、进驻教师企业工作站、担任企业访问工程师、科技副镇长、企业科技副总等。二是实施“一人一企”对口交流计划。三是依托国家级化工行业“双师型”教师培养基地，全面实施专业群教师“X”职业技能证书培训和考核计划。

（3）实施教师新一代信息化技术应用能力提升计划，全面提升教师信息化技术开发和应用能力，实现教学技术与信息化技术的有机融合。一是基于团队全员参与的院级、省级和国家级在线开放课程资源建设和教学资源库建设，二是基于学校教学云平台的普及化运用、推进线上线下混合式教学改革和开展信息化教学技能竞赛，三是基于学校平台全面实施信息化教学过程与评价管理。

（4）实施教师国外交流培训与进修计划。一是依托教育部和教育厅的境外研修计划，积极开展国际学术交流、进修培训与脱产学习，了解职业教育领域最新发展成果，拓展国际化视野。二是与德国 SES 退休工程师协会等国际组织合作，引进多名高水平外籍专家来校讲学，推进国际先进工艺流程、产品标准、技术标准和管理方法等国际化优质技术与教育资源的吸收与借鉴，全面拓展了专业教师国际化视野和提升了国际交流能力。

（5）实施教科研创新团队培养计划。通过组建跨界跨学科科研创新团队和创建科研创新平台，跟踪石化领域技术发展前沿，激励教师承担各级各类科研基金项目、承接横向项目，开展技术服务与技术成果转化，强化了团队的技术技能积累，有效提升了团队的科研创新和社会服务能力。

三、实施成效

通过多年探索建设，应用化工技术专业教学团队结构与水平得到显著改善与提升，建成了省“青蓝工程”优秀教学团队2支、省“青蓝工程”科技创新团队1支；产出了一大批省级以上高水平的教学与科研创新成果；人才培养质量得到显著提升，指导学生参加全国职业院校技能大赛，连续13年获团体一等奖。

建设虚实结合智能化仿真教学工厂，破解化工专业实训难题

刘承先

摘要：智能化仿真教学工厂能破解化工专业实训难题，学校应用化工专业群依据“设备生产化、过程虚拟化、管控智能化、教学项目化”理念，投资1400万元建设了绿色化工制药智造虚拟仿真实训基地。通过以实带虚，打造智能化半实物仿真教学工厂；优化实训课程体系，强化课程资源建设；虚实结合，助力教育教学改革等举措有效解决了化工类专业实训教学过程“三高三难”痛点和难点。

关键词：虚拟仿真；智能化；实训基地

一、实施背景

2020年，应用化工专业群依据“设备生产化、过程虚拟化、管控智能化、教学项目化”理念，投资1400万元建设了绿色化工制药智造虚拟仿真实训基地，该基地重点打造了集生产性和教学性于一体的丙烯酸甲酯半实物仿真教学工厂，有效解决了化工类专业实训教学过程“三高三难”痛点和难点。

二、主要做法

（一）以实带虚，打造智能化半实物仿真教学工厂

教学工厂以真实的丙烯酸甲酯生产装置为模型，建设仿真模拟与现场装置互动，构建出具有感知性、沉浸性、交互性、智能性的实训教学场景。利用AR技术通过移动终端呈现不安全视频，实施危险源的辨识，通过云计算随时查看辨识结果，寓学于竞，融教于行。以声光气模拟着火、爆炸、泄漏等事故，让学生感受事故发生时的紧迫感和责任感，让学生对安全生产有深刻的认知和理解。

将物联网技术引入特种作业场景，辅以RFID（射频识别）技术和仿真软件，让特种作业执行流程更明显、更可控；借助3D Touch技术，使设备拆解与组装的教与学变得可视化、形象化，很好地解决了化工设备结构原理学习难的问题。

（二）优化实训课程体系，强化课程资源建设

依托构建的智能生产场景，建构了智能化体验与认知、智能化生产运行操作、智能化生产控制与优化、智能化生产管控4大模块（图1），重构模块化实训课程体系。校企共同开发融入思政元素的专业教学资源、国家教学资源库课程、省在线开放课程、新形态教材。

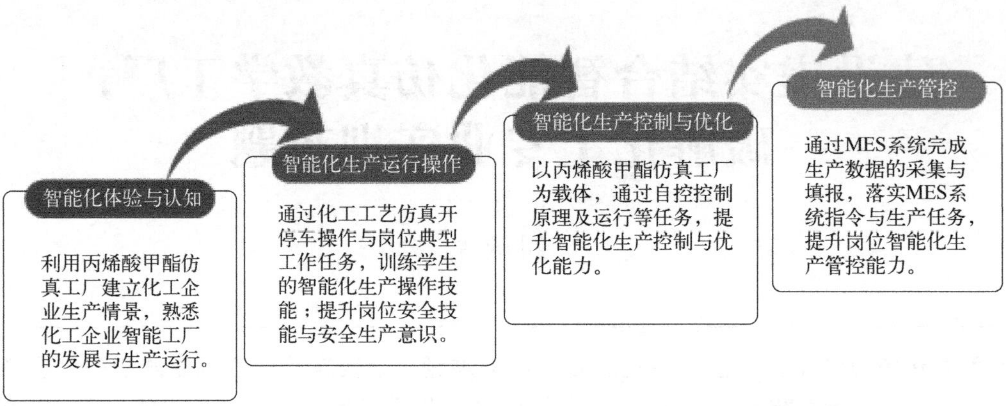

图 1　实训课程体系框架

（三）虚实结合，助力教育教学改革

创新项目化教学形式，实施情境体验与实践训练相结合，能力逐级递进的教学策略，以沉浸式的教学演练破解“事故不可重现、危险不可复制”的教学困境（图 2）。智能化管理平台集实训教学、管理、训练、考核、评价于一体，实现“教”“学”全过程评估，实现实训过程可控、实训效果更可期。

图 2　理实一体、虚实结合解决“三高三难”问题

三、建设成效

建设了国家教学创新团队 1 支、省“青蓝工程”优秀教学团队 2 支，牵头制定 6 项教育部专业教学标准，主持建设 2 门国家级教学资源库课程和 4 门省级在线开放课程，《传热应用技术》获首届全国优秀教材一等奖；全国职业院校技能大赛化工生产技术项目蝉联一等奖，职业技能获证率达 100%；累计接纳社会培训 3000 余人次，线上教学资源年平均共享使用量达 5000 余人次。

打造微流控芯片创新平台，服务地方绿色化工产业

王晓东

摘要： 主动适应江苏化工产业绿色转型发展，切中化工本质安全领域关键攻关技术——微流控芯片技术，校政行企协同共建市级科研创新平台，服务常州乃至江苏省地方产业发展。

关键词： 协同共建；创新平台；微流控芯片技术

一、实施背景

常州市微流控芯片技术及装备重点实验室于 2018 年 4 月经常州市科学技术局批准成立，是一所由常州工程职业技术学院、中国检验检疫科学研究院共建的市级重点实验室，于 2021 年 12 月顺利通过验收。

重点实验室现有专兼职人员 28 人，其中正高职称 8 人，副高职称 5 人；博士 26 人，硕士 2 人；省教学名师 1 人；省“青蓝工程”学术带头人 1 人。实验室设有绿色化工微反应器、食品安全快速检测、病原菌快速检测等 3 个研究方向。

重点实验室根据常州市经济和社会发展的需要，开展微流控芯片技术和应用基础研究，获得具有自主知识产权的基于微流控技术的绿色化工生产、食品安全快速检测以及病原菌快速检测相关工艺。通过产学研合作和项目成果示范化应用，促进微流控芯片技术及装备在常州市的应用推广，培育常州市智能装备产业新名片。

二、主要做法

常州市微流控芯片技术与装备重点实验室日常事务管理实行主任负责制，并配备相应的专兼职科研人员、科研秘书和办公室人员，具体负责开展实验室的项目研究与科技合作工作，建立科学有效的队伍建设、人员管理、设备管理制度，有明确的岗位职责及分工细则，有严格的考核办法和奖惩制度。实验室制定了实验室主任岗位职责、办公室人员岗位职责、兼职科研人员管理制度等一系列的管理制度。

常州市微流控芯片技术与装备重点实验室建成后，采用技术研发与市场运行相结合的方式，通过对绿色化工微流控芯片反应器（微反应器）、食品污染物快速检测和病原菌微生物快速检测等三个领域方面的研究，培养科研型教师，提高单位师资综合实力。通过校企技术交流、技术联合攻关等形式，加强校企之间的深度融合，推进产学研的结合和技术交流，坚持科技工作与经济、社会紧密结合，不断强化自身内涵，提高技术研发水平和社会服务能力。

三、建设成效

自实验室建设以来，在微流控分析交叉学科领域（动态血糖检测、 poct 临床快检、食品安全检测等）开展技术研发，逐步拥有成熟的系列成果，并依据行业和企业发展，协助行业主管部门编制技术标准和发展规划，帮助企业开展技术攻关，服务地方开展研发。

重点实验室已经完成国家、市厅级课题 3 项；在研各类纵向项目 9 项；与其他单位合作研发课题 8 项；累计横向科研经费到账 194 万元。实验室成员在各类行业期刊中发表 30 余篇应用性技术论文，其中 SCI 收录 23 篇，中文核心 9 篇。共申请专利 62 项，其中发明专利授权 13 项，发明专利实审公开 13 项，实用新型专利授权 31 项，外观专利授权 5 项。

与常州昊天新材料科技有限公司等 6 家省内外企业合作，累计收入 132 万余元。重点实验室在现有专业技术团队的基础上加强了学科交叉，锻炼了一支科研和教学队伍。建设期间 3 位成员晋升正教授职称， 1 位获评省“六大人才高峰”项目高层次人才； 5 位江苏省高层次创新创业人才引进“科技副总”；省高等学校优秀科技创新团队顺利结题。虽然在成立中期，受到重大疫情影响，实验室在实际项目落地上产生很多困难，但实验室在已有的教学与实训中心的基础上，进一步加大技术和人员投入，设立自主研究课题，加强与企业交流和合作，将实验室建设成为技术开发平台，完成预定目标。

破冰“痛点”，谱写“产教融合”新篇章

——全国检验检测认证职业教育集团建设实践

黄一波　李智利

摘要：针对检验检测认证行业系统化人才培养路径不清晰、人才培养质量不能满足产业技术发展需求、政校行企多元协同育人不够深入等“痛点”问题，常州工程职业技术学院敢于“破冰”，与中国检验检疫科学研究院、中国检验检测学会、中欧（常州）检验检测认证国际合作产业园、通标标准技术服务有限公司（SGS）和国内示范性职业院校等创建了全国检验检测认证职业教育集团，构建了“一体两翼、一核三融”的职教集团建设模式，即职教集团理事会为“一体”，标准建设和制度建设为“两翼”，政校行企，多元协同，产教融合，共建产业学院为“一核”，实现专业布局与检测行业岗位人才需求相融合、课程标准与岗位能力要求相融合、教学过程对接检测行业服务过程相融合的“三融”，服务检验检测认证行业的人才培养、产业发展和技术创新，打造成为“质量强国”战略共生共融“命运共同体”的示范性职教集团品牌。

关键词：一体两翼；一核三融；职业教育集团；检验检测认证

一、实施背景

检验检测是国家质量基础的重要技术支撑。国家市场监督管理总局统计数据表明，截至2020年底，我国检验检测机构共48919家，年营业收入3585.92亿元，从业人员141.19万人。中国检验检测服务市场成为全球最繁荣的检验检测市场。《2021年全国检验检测认证就业市场白皮书》统计数据表明，2021年我国新增检验检测类人才岗位约91万个，而本科与专科检测人才总供给约11.2万人，人才供需严重不平衡。而随着“互联网+”的蓬勃发展，检测技术向智能化、集成化、痕量化迭代发展，对人才培养质量提出更高要求。

围绕检验检测行业“高素质技术技能人才培养路径不清晰，如何破局？企业参与协同育人深度不够，如何解困？人才培养支撑产业发展能力不强，如何精准发力？”等难点痛点问题，常州工程职业技术学院审时度势，与中国检验检疫科学研究院、中国检验检测学会、中欧（常州）检验检测认证产业园、SGS和国家示范职业院校创建全国检验检测认证职业教育集团。“破冰”导航，探索构建了“一体两翼、一核三融”职教集团建设模式，为精准培养高素质技术技能人才和高效支撑行业发展提供示范和样本。

二、主要做法

（一）创新理念

通过不断探索和实践，创新了“一体两翼、一核三融”检验检测认证职教集团建设模式（图1）。以“职教集团理事会”为“一体”，标准建设和制度建设为“两翼”，组织行业专

家和院校专家制定行业通用技术标准、专业教学标准及课程标准，规范建立职教集团运行和管理的制度文件。以标准建设引领行业发展，推动院校高质量发展；以制度建设规范职教集团有效运行和科学决策。打造检测领域产业学院为“一核”，聚焦专业布局与检测行业岗位人才需求相融合、课程标准与岗位能力要求相融合、教学过程对接检测行业服务过程相融合的“三融”，创新集团体制机制，破解痛点难点问题，打通职业教育与产业发展最后一公里，实现教育链与人才链，产业链与创新链有机衔接。

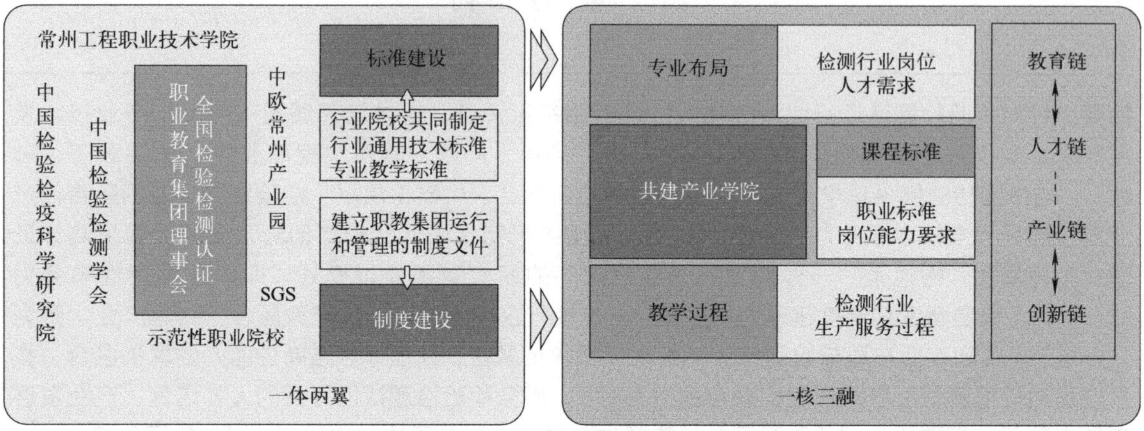

图 1 检验检测认证职教集团建设模式

（二）具体实践

1. 创新构建“理事会+双秘书处”的组织模式

通过制定《全国检验检测认证职业教育集团章程》等文件，规范集团的性质、宗旨和功能，明确了理事会科学决策、“院校和企业”双秘书处实体运行的组织模式（图 2）。常州工程职业技术学院发挥常州秘书处的院校纽带功能，中国检科院及北京秘书处发挥国家研究权威机构丰富的行业资源优势，副理事长单位如 SGS 和部分院校积极参与，主动作为，构建了集信息采集、资源整合、项目组织实施、成效评估与监控、信息反馈等一体化的集团组织管理体系。

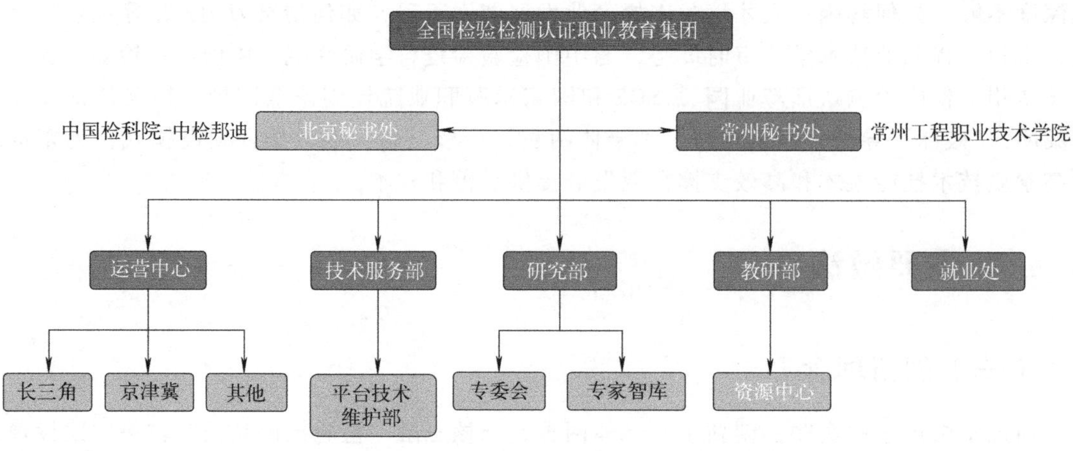

图 2 全国检验检测认证职教集团组织框架图

会员单位共计244家，含国家级研究院1家，一级行业协会学会2家， SGS等行业龙头企业36家，“双高计划”职业院校48家。在人才培养、专业建设、资源建设、招生就业和国际合作等方面形成互利共赢的动力机制。

2. 探索实践“产业学院+合作项目”的运行模式

根据职教集团内院校专业群建设及区域经济发展需求，探索实践“产业学院+合作项目”运行模式，共建不同领域TIC产业学院，实施现代学徒制。集团成员协同完成不同主题的产教融合项目，提升院校服务发展能力。

与常州工程职业技术学院、河北化工医药职业技术学院和广东环境保护工程职业学院等高职院校，共建化学、食品和环境检测领域TIC产业学院9个。产业学院分别对接化学、食品和环境检测的岗位群，构建相应高水平专业群；按照采样、前处理、溶液配制、仪器测试、报告处理与审核等能力要求，开发基于能力本位课程体系及课程标准；教学过程引入真实企业检测项目，实训过程模拟真实企业环境，实施基于职业行动导向的项目教学，实现专业对接产业、课程标准对接职业标准、教学过程对接生产服务的“三融”。

设立“SGS化学检测班”等现代学徒班45个，培养学徒3014人。构建了“人才共育、专业共建、基地共享、标准共研、成果共享”的产业学院建设模式。

集团内部选定重点建设的合作项目，包括大数据服务专业项目、 TIC行业通用能力标准、教育部食品检验管理“1+X”证书标准等。通过秘书处遴选单位，以项目为纽带，推动院校之间合作和发展。

3. 建立“办学成效与行业服务”的评估体系

参照示范职教集团评估体系，建立了以“办学成效与行业服务”为价值取向的评估体系。

支持院校专业建设。 14家集团内院校的分析检测类专业成功入选国家“双高计划”建设专业，开展现代学徒制等育人项目76个，开发教育部食品检验管理“1+X”职业技能等级证书标准1项，与行业龙头企业共建校外实践基地62家，每年组织“双师”培训100场。

服务院校学生发展。组织“TIC行业第一课”公益讲座超60场，每年组织大型企业招聘会超15场，服务全国近6万检测专业群学生。

推动国际交流与合作。与澳大利亚职评局签署合作协议，开发《检验检测认证专业群国际评估认证标准》，探索制定全球认可的TIC专业评估认证标准体系。

支撑行业企业发展。组织专家编制《检验检测岗位通用技能要求》和《分析检验行业职业核心能力标准》团体标准2项，发布就业市场白皮书3份（图3）和专业大数据报告64份。

三、建设成效

经过多年建设，取得如下成效。

第一，搭建共建共享产教融合平台。依托中国检科院的优质资源，搭建了TIC行业与职业院校深度互动的产教融合平台。 2021年入选教育部第二批示范职教集团（联盟）培育单位。

图 3　检验检测认证就业市场白皮书

第二，创新校企协同育人培养模式。首创了“TIC 产业学院”办学模式，与河北化工医药职业技术学院共建产业学院项目入选 2021 年中国教育发展战略学会产教融合专委会认定的校企合作典型案例（图 4）。常州工程学院与 SGS 合作的教育部第二批现代学徒制试点项目验收通过。

图 4　TIC 产业学院案例获产教融合典型案例

第三，构建了 TIC 人才培养标准体系。联合行业专家与职业教育专家制定了系列 TIC 职业人才培养与评价的标准体系，含 TIC 专业群人才评价标准、产业学院课程体系、 TIC 职教智慧云平台等。 TIC 智慧云平台获 2022 年中国检验检测学会科学技术二等奖（图 5）。

四、经验总结

在探索和实践中总结如下经验。

第一，构建了职教集团实体化运行模式。中国检科院牵头并组建了实体化秘书处，分工明确、协作到位。从产业学院的运行和项目建设中获得服务收益，反哺职教集团的运行，实现在机制、团队与资源层面的正向循环。

图 5　职教智慧云平台获中检学会科技二等奖

第二，创新了职教集团整体发展模式。以标准建设引领行业发展，推动院校高质量发展，充分保证人才培养质量；以制度建设推动职教集团有效运行，科学决策，以理事会为核心，双秘书处有效运行，建设产业学院，做好协同育人。

第三，形成了职教集团内产业学院建设模式。以高水平专业群人才培养体系为抓手，推进产业学院建设，探索“招生-培养-就业”一体化人才培养。

进一步优化内容：如何增加政府等引导基金，促进职教集团更加健康发展，以及加强职教集团治理体系理论研究。

下一步工作举措：对接区域特色产业和满足特色产业人才需求，继续打造 TIC 产业学院。确保职教集团“职业性+教育性”的平衡发展，加强教育教学领域能力建设。

五、推广应用

江苏化工职教集团和机械行业智能检测技术职教集团多次与本集团进行对口交流。本集团组织模式、运行机制和服务发展能力方面的特色，得到政府部门和其他院校的认可。

职教集团的成立与发展得到国家市场监督管理总局和教育行政部门的普遍关注，得到《中国青年报》《中国教育报》《科技日报》《中国市场监管报》《中国质量报》和“学习强国”等数十家媒体的报道。

主动对接国际优质资源 打造化工技术技能人才培养国际化高地

李东升

摘要：引进国际优质资源对于打造化工技术技能人才培养国际化高地有重要意义。学校应用化工专业群通过搭建国际化合作平台，共建特色专业群、外引内培，优化师资队伍国际化结构、拓宽学生国际实践平台，提升人才培养质量等举措，有力提升了教师的国际化素养、学生的国际化视野和专业的国际化水平。

关键词：国际化；优质资源；国际标准

一、实施背景

学校应用化工专业群落实“一带一路”建设倡议、长三角一体化发展战略等，更好服务化工产业转型升级和优质产能输出的需求，对接世界一流资源开展高水平合作，进一步推进化工专业国际化发展。

二、主要做法

（一）搭建国际化合作平台，共建特色专业群

专业群充分发挥专业特色，加强与发达国家行业组织、职业教育机构、跨国企业的合作，推动专业间的强强联手，着眼于推进中外合作项目本土化开发，拓展合作项目的形式与内容，服务人才质量提升，打造标杆性国际化重点专业群。

（二）外引内培，优化师资队伍国际化结构

一是加大引智力度，做好境外专家的聘任和服务工作，促进专业群师资的国际化建设。依托专业群对外合作项目，聘请境外知名专家、学者担任客座教授或专业顾问，邀请专家为各专业师生开展学术报告、专题讲座，讲授课程等，指导专业建设，共同完成项目，提高专业群引智效益。二是鼓励青年教师赴国外知名院校和友好学校进行访学深造和培训交流，促进国际学术交流，吸收先进教育理念和教科研方法，开阔教师国际视野。

（三）拓宽学生国际实践平台，提升人才培养质量

学院积极开展国（境）外研修、专业和人文交流、夏令营、实习实训等学生境外研学项目，搭建高校的跨文化交际社会实践平台。积极开展校际合作，择优全额资助优秀学生短期交流实习、师资交流、交换生等项目。打造学生海外交流、实习、竞赛和升学平台，大幅度提高具有境外学习实践经历的学生比例，提高了学生跨文化合作竞争力。

三、成果成效

专业群加强与德国SES退休工程师协会、德国工商大会等国际组织合作，引进3名高水平外籍专家；将AHK化工操作员和检验员证书标准，融入专业人才培养方案，形成“标准-课程-证书”一体化的专业综合建设体系和人才多元培养体系。对接世界一流化工企业巴斯夫、阿郎新科和中石化，多方协同共建国际认可的课程与教学资源。先后引进JaredBurke和SergeyKozlovtsev 2名外教和具有国外博士学位的教师4人，培养国外进修博士2人，专业教师中有海外教育培训经历的23人（占比88.5%），有六个月及以上海外经历9人（占比35%）。选拔36名学生参加韩国湖西大学的线上课程，拓展了学生的国际化视野，提升人才培养质量。

四、工作展望

专业群将以学校“双高”建设为契机，大力开展国际交流与合作，切实做好国际优质职教资源的引进、教师教学创新团队境外培训、学生国际实践平台搭建、专业课程国际化建设，推动职业教育走出去，建立多层次、重实效的国际化建设格局，打造国际交流合作专业群品牌特色。

创自主诊改机制，促专业群可持续发展

祁秀秀

摘要：针对应用化工专业群应对产业发展新挑战和新机遇，提出促进专业群发展的诊改机制，分别围绕适应产业发展需求、促进教师系统化发展、健全教学标准体系三个维度，提出了创新举措，取得了显著成效。

关键词：产业；人才；质量；诊改

一、实施背景

随着化工产业智能化、绿色化、服务化趋势，主动推进专业数字化升级改造，调整人才培养规格，强化责任担当、工匠精神、跨界技能、创新意识等核心素质培育，全面推动“三教”改革，赋能高素质技术技能人才培养已成为彰显职业教育适应性的关键举措。健全协同共建与自主诊改机制，可以为专业群提质升级和可持续发展提供保障。

二、主要做法

（一）产业引领，建立专业适应产业发展需求的诊改机制

一是健全专业群运行机制，组建项目工作组，成立专业群建设理事会。专业群建设理事会先后认证人才培养方案 12 项，实训项目论证 16 项，开展学术交流 2 次，组织全国“1+X”证书师资培训 1 次。依托专业发展平台和第三方评价，实施专业群诊断与改进，连续 2 年发布专业（群）年度质量报告。二是针对化工产业链新布局，创建了“一体两翼三支撑”对接模式，建立专业动态调整诊改机制，促进了教育链与产业链的深度融合。三是建立了“技术引领、政行企校联动”数字化迭代升级化工实训基地建设机制和“三进三转”实训基地运行机制。

（二）人才为先，建立教师系统化发展的诊改机制

实施“135”教师发展工程，即落实团队师德建设第一标准，争做“四有”好老师。健全团队教师培养三大机制，即“一体两翼、师德贯穿、阶梯递进”的教师队伍培养机制、教师专业化发展的自我诊断与改进机制、教师工作的绩效考核激励机制，促进教师自觉发展。实施教师专业发展五大计划，即实施高层次人才增长和专业名师培养计划、团队教师下厂实践轮训计划、教师新一代信息化技术应用能力提升计划、教师国外交流培训与进修计划、教科研创新团队培养计划，实现教师赋能创新。

（三）质量为本，建立教学标准体系和诊改机制

建立“三阶段、三层面、四主体”专业群教学诊改机制，即，建立“标准编制—标准执

行—培养成效”三阶段工作路径；借鉴 OBE 成果导向教育理念，基于专业-课程-课堂三层面目标贯通的原则，构建专业教学标准-课程标准-单元教学标准三级标准体系；明确专业群负责人牵头制定群内各专业共享性标准，专业负责人牵头制定专业教学标准，课程负责人牵头制定课程标准，任课教师制定单元教学标准（单元教学设计）等四主体责任。

三、成果成效

专业群主持教育部应用化工专业教学资源库升级改造项目 1 项，主持完成工业分析、化工生产技术两个领域学习成果认证单元开发，主持修订化工生产技术等教育部新专业目录和教学标准 4 项，入选教育部教师教学创新团队 1 支。

多元维度同向同行，终身教育走心走实

——为构建服务全民终身学习体系贡献常工智慧

吴亚伟

摘要： 随着时代的不断发展，社会对个人的要求不断提高，上进心与职业焦虑成为了人们的主要学习动机，而随着人均寿命逐步提升，延迟退休政策的陆续出台，社会老龄化特征逐步凸显，“终身教育”与“终身学习”将成为现代人追求高质量、高标准生活的新定义。继续教育学院顺势而为，主动作为，结合实际情况，整合校内外资源，多元维度同向同行，从学历继续教育、非学历继续教育、社区教育、学分银行等维度构建服务全民终身学习体系，为全民终身学习贡献常工智慧。

关键词： 多维度；继续教育；社区教育；终身教育

一、实施背景

党的十九大报告提出，要办好继续教育，加快建设学习型社会，大力提高国民素质。党的十九届四中全会提出，要构建服务全民终身学习的教育体系。终身教育对促进人的全面发展和社会进步具有重要意义，服务全民终身学习的教育体系是国家基本公共服务制度体系的重要组成部分。

构建终身学习体系是国家提供基本公共服务的重要体现，为人民提供更加满意的教育服务、满足群众多样化学习需求是完善全民终身学习推进机制的价值旨归。只有持续不断学习，更新观念，升级知识，才能适应社会发展新要求，持续释放能量，增强与时代和发展同行共进的过硬本领。同时构建终身学习体系是提高全民素质、推进继续教育、提升国家发展能力和水平的必然要求。面对前进道路上的各种挑战、面对人民对美好生活的迫切需求，完善全民终身学习推进机制、构建终身学习体系已成为时代之必然、 目标之应然、现实之实然。

构建服务终身学习的教育体系，建设学习型社会，让人民群众在日常生活中享有更多学习的机会、丰富便捷的学习资源、更高质量的教育服务，是提高国民素质的重要路径，是反映人民群众幸福感、获得感的重要生态指标。

继续教育学院根据学校整体规划，整合内外资源，多元维度同向同行，从学历继续教育、非学历继续教育、社区教育、学分银行等维度构建服务全民终身学习体系（图1），为全民终身学习贡献常工智慧。

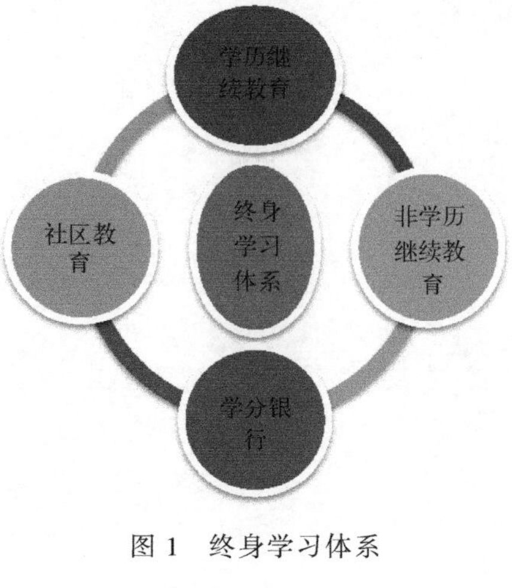

图1　终身学习体系

二、主要做法

（1）完善全民终身学习推进机制，构建服务全民的终身学习体系，形成人人皆学、处处能学、时时可学的学习型组织。

（2）创新理念、强化干部带头，构建“人人皆学”的动力机制。理论联系实际，把知识转化为解决实际问题的能力，自觉改造客观世界和主观世界。

（3）丰富内容方式、优化资源供给，构建“处处能学”的组织机制。在学习内容上，跟踪重视教育发展态势，掌握最新知识，以任务和问题为牵引，进行研究式学习；在学习方式上，通过评比、互访、研讨等方式，交流经验，共享资源，打破壁垒，实现学习成效的整体提升；在资源供给上，灵活运用新兴技术、采用先进信息网络，传输学习信息和经验。

（4）培育多元主体、满足多样需求，构建“时时可学”的服务机制。坚持需求导向，根据不同群体不同需求提供多样化教育服务。培育多元主体，构建协同发展长效机制，为终身学习创造充足条件。向社会有序开放教育资源，适应学习者多样化的学习需求，为全民学习提供多层次、全方位服务。

三、成果成效

学历教育全面开花，学校现有全日制学生13000余人，成人教育10000余人，开放教育3200余人。校政行企协作同行，年社会培训20000余人次、鉴定6000余人次。科技服务“专精特新”，近三年“四技”服务经费到账1.63亿元，科研成果转化为企业新增产值累计达6478万余元。脱贫攻坚精准发力，近三年在中西部地区累计招生2779人，委派专任教师援疆援青18人次。终身教育多元育人，依托国家开放大学石化学院如东学习中心以学习成果认证单元开发为突破，以校企共建职工培训基地为依托，面向园区职工举办多层次多类型继续教育，赋能企业员工成长。危化产业安全护航，学校为常州市唯一危险化工工艺特种作业培训基地，为企业培训3500余人次。学分银行储备蓄能，学校建有学分银行兑换中心，实现学历教育与技能证书互通共享，自由存储兑换，江苏终身教育学分银行注册13000余人。老年教育走心贴心，承担江苏省老年教育学习资源库子项目建设，承担江苏省、常州市一级、二级社会体育指导员培训任务，年培训学员300余名。文化传承担当责任，“常州社区传统文化讲堂”项目入选江苏省社区教育特色品牌项目，“非遗技艺体验中心”被认定为省级中小学生职业体验中心。职业体验从小做起，学校建有中国检验检测学会科普基地和常州市中小学食品质量与安全职业体验中心。社区教育共建共享，学校各二级学院都与至少一家社区开展共建合作，在社区家庭教育、志愿服务、艺术展演、知识宣传等方面全面融入社区。开放资源普惠大众，学校目前已建成校级成教资源库1个，拥有9000余门各类课程资源，可供免费在线学习，社区课程主要有：老年瑜伽、太极拳、茶艺、非遗乱针绣、刻纸、健康保健等。生命教育重于泰山，学校响应健康中国“为自己和他人的生命健康与安全多一份保险”的呼唤，依托“首批全国急救教育试点学校”“常州市红十字应急救护培训基地”“武进区民防教育科普馆”开展相关课程推进急救知识的普及教育，为全民生命健康保驾护航。

四、经验总结

（一）经验启示

1. 紧跟国家战略、行业及经济社会发展，主动参与学习型社会建设

学校与江苏省如东沿海经济开发区共同投入2000万元建设示范性职工培训基地，为园区职工提供多层次多类型的培训项目，满足企业职工对继续教育的需求。同时，该培训基地紧密对接园区化工产业绿色发展对技能人才的多样化要求，校企协同制定各类职工培训方案，开展适应企业岗位需求和员工发展需要的岗位技能、精益管理、创新创业、职业心理、安全环保、政策解读等培训，稳步提升职工岗位胜任能力和职业素养，精准促进园区职工“赋能成长”，积极服务园区化工产业智能化绿色化改造升级。

2. 专业群对接产业链，针对性开展技能培训

紧密围绕常州“五新三高两智能”十大产业链设置专业，依托专业开展技能培训。近年来学校聚合了一批包含华润化工、佳尔科药业等龙头企业在内的紧密型合作企业，建立人才双向流通机制，年均培养产业工人和职教“双师” 2万余人。贴近产业需求，将优质的职业教育资源带进园区，比如为昆山工业园区设立工匠学院，共育技能人才，服务技术升级，服务地方“六保六稳”。

3. 发挥高水平专业协同优势，主动走出去探索输出中国方案

学校依托“双高”建设专业群，辐射带动校内“2+4+n”专业群发展，代表中国特色高水平专业与安徽海螺水泥、中国有色金属、江阴贝德服装集团等海外分公司共建海外人才培养基地和丝路学院，为华企培养海外本土人才近500人。与海外友好学校共建缅甸曼德勒分校、巴基斯坦鲁班学院，定制开发线上培训课程，培养留学预科生60余人，为输出中国方案和中国标准探索了实践路径。

4. 本土技能人才培养紧跟政策导向，打造高技能人才培养示范基地

学校紧扣“立足常州、服务江苏，辐射长三角”的办学定位，社会培训紧跟产业转型和员工职业发展政策，为地方支柱产业培养了化工、焊接、建筑、机电、管理等职业技能人才，获得了常州市人社局颁发的“高技能人才培养示范基地”“非社会力量办学4A级单位”等殊荣。

5. 依托优质省级职教师资培养培训基地，讲好常工故事

通过职教师资培训项目，分享常州工程走在职业教育改革前沿，率先在项目化课程改革、教学工作诊断与改进、智慧校园建设等领域开展的探索，取得的成绩。先进的治学执教理念，系统科学的课程设置及优质周到的培训服务，获得兄弟院校、省、部主管部门的高度评价。

（二）主要困难

1. 继续教育办学面临快速适变的挑战

为贯彻落实党的十九大及十九届历次全会精神，加强对高校设置高等学历继续教育校外教学点的规范管理，推动高等学历继续教育规范有序发展， 2022 年教育部发布了《关于严格规范高等学历继续教育校外教学点设置与管理工作的通知》，江苏省教育厅制定了高于国家标准的《江苏省高等学历继续教育函授站（校外教学点）管理办法》，说明了教育主管部门对高校举办继续教育参与社会服务工作的重视，以及对遏制继续教育市场乱象和确保人才培养质量的决心。学校如何落实政策，快速调整战略，配套政策、组织队伍、优化资源、收紧规模、规范办学、提升质量等问题是主要面临的挑战之一。

2. 继续教育教学面临转型提质的挑战

"三教"融合后，政府对继续教育的期待是逐渐实现"同校同质量"，社会对继续教育的期待是"规范有序"，学员对继续教育的期待是"学以致用"。学校当前的经费和师资投入远远达不到管理者和学习者对更高质量继续教育的需求。改变学校领导和继续教育参与者对继续教育教学的偏见，调动学校继教、教务和各二级学院"三全育人"合力，兼具人才培养的基本标准和继续教育办学灵活性，探索继续教育的教师、教法、教材和教学资源建设改革，提高教学质量是面临的中期问题。

3. 开放教育面临教法改革的挑战

教师对开放教育的理念研究不够深入，对学习平台功能运用熟练度不够。后续将加大专项（题）培训、交流学习力度，聚焦于教师理念转变、教学与信息能力提升主题，建立培训学习考核制度，提升教师开放教学能力。

（三）下一步举措

1. 实施全面对接国家学分银行计划

按照《国家职业教育改革实施方案》中的要求和路径，在国家开放大学石油和化工学院的实践中推进资历框架建设，试行学历证书和职业技能等级证书互通衔接机制。发挥如东学习中心示范引领作用，辐射带动一批优秀学习中心高质量建设。积极参与职业教育国家"学分银行"建设，主持应用化工技术、工业分析等专业认证单元开发，占据化工职业技术教育领域核心地位，掌握话语权。

2. 实施继续教育"四化"建设计划

继续教育模式现代化建设。优化体制机制，创新继续教育办学模式，深化继续教育领域的产教融合，吸纳优质社会化继续教育资源，探索建设混合所有制的培训中心、产业学院；依托全国化工行业协会、中国建材联合会、中国认证认可协会、中国建筑装饰协会等平台，聚集一批校企深度合作企业，构建校企命运共同体。

继续教育手段现代化建设。利用信息技术和 5G 技术发展的红利，完善数字化、碎片化、个性化的网络教育平台，适应人们学习习惯改变和新时代教学形态变革的需求，建设“人人皆学、处处能学、时时可学”的线上线下混合式学习环境。

继续教育内容现代化建设。对标新职业标准，坚持德技并修、弘扬时代精神，不断升级迭代教学内容，创新教育资源，整合共享方式，运用虚拟现实、增强现实、混合现实等技术开发培训课程，以适应机器换人后时代的职业发展需求。

继续教育管理现代化建设。完善继续教育管理制度，健全质量保证体系、绩效分配和创收激励机制，构建政行校企利益相关方多元治理格局，深化“放管服”，落实二级管理，激发二级学院参与继续教育的主动性。

3. 实施继续教育内部质量保证体系建设计划

完善制度建设，确保各项工作规范有序，制定全面的管理制度以保证继续教育工作有序高效开展，将工作流程标准化、重复工作信息化，实现跨平台和移动端协同办公，提高行政效率，增加工作过程的透明度，有效预防廉政风险。

加强师资队伍建设，确保继续教育教学工作高质量。加强专兼职教师队伍建设，优化师资队伍结构，实现师资资源共享，提高继续教育教学工作的质量和水平，建立继续教育师资库。引进企业技术能手、大师傅、管理专家加入兼职教师队伍，通过产学研合作不断提升教师的工程经验，“双师”队伍逐年得到改善。

严格规范合作办学管理，完善校外教学点建设和管理机制。根据教育部、江苏省以及学院相关文件要求，对校外教学点进一步精简和优化。在管理上，实行常规管理加巡查的方式，在做好日常管理基础上，不定期进行检查，发现问题及时通报整改，规范办学行为，保证办学质量。

建设内外部质量管理体系。学院成立兼职督导员专家队伍，建立质量监控和反馈制度，完善继续教育教学质量监控保障体系，预警管理风险。在校外教学点建设、学生服务管理、教学质量监控等方面，吸纳本科学校的意见和建议，促进自我管理体系建设完善。

五、推广应用

（一）社会影响广

学校先后获批全国急救教育试点学校、省中华优秀传统文化传承基地、江苏省科技服务百强机构和技术成果转移转化先进单位、全国高校现代远程教育优秀校外学习中心等荣誉；获中国石油和化工教育教学成果奖特等奖 1 项（图 2）；四度蝉联全国高职院校服务贡献 50 强。各类主体对学校满意度为 95.48%。学校为省成人教育研究会理事单位、全国第一批“职业院校服务全民终身学习项目实验校”（图 3）和江苏高校银龄学习中心首批建设校（图 4）。获得中国化工教育协会高技能人才培养突出贡献奖。

（二）社会声誉好

继续教育学院基于服务全民终身学习理念，充分发挥学校资源和专业特色，努力打造全生命周期的全民终身学习体系，为职业院校构建终身学习教育体系提供了参考之路。职业院校在为企事业单位、社区、社会团体、行业协会等组织成员接受终身教育提供支持，开展有

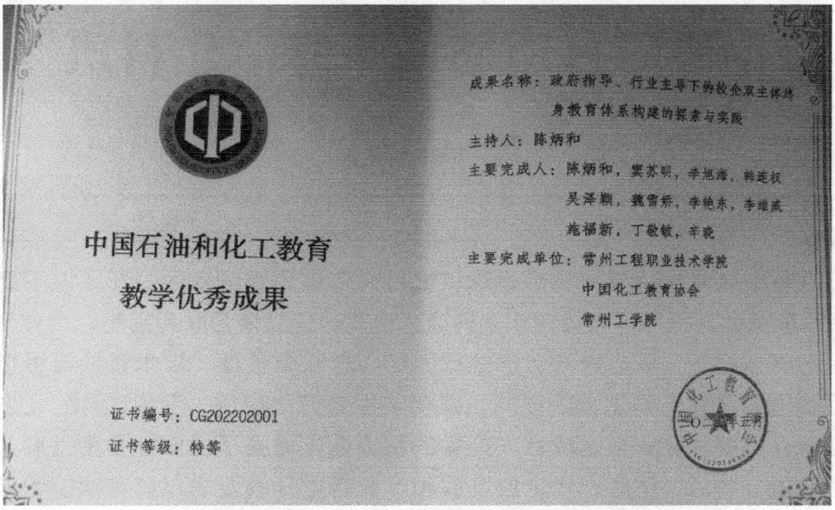

图 2　中国石油和化工教育教学优秀成果特等奖

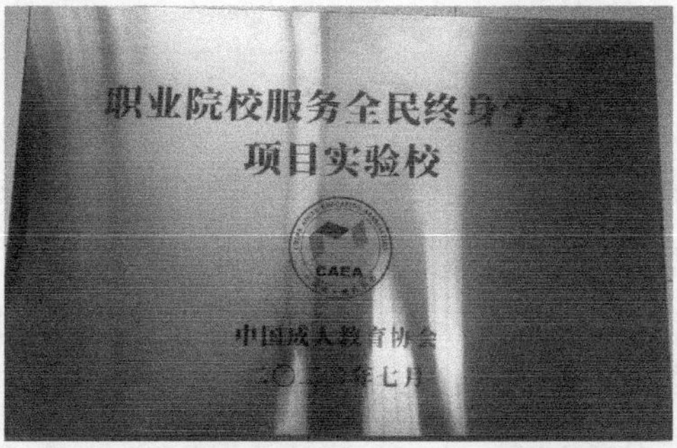

图 3　全国职业院校服务全民终身学习项目实验校

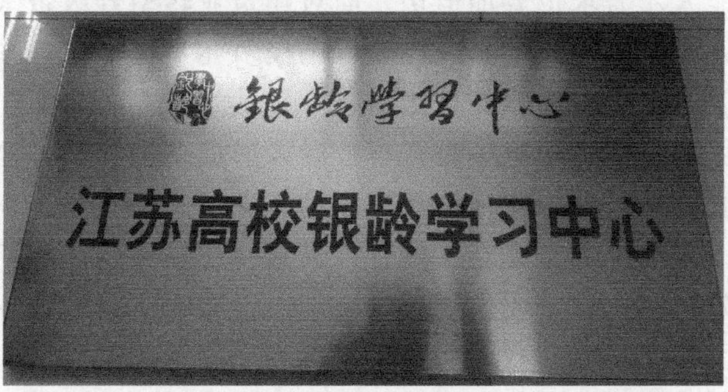

图 4　江苏高校银龄学习中心

益于终身教育活动等方面大有作为。未来，继续教育学院将继续发挥师资、资源等优势，在推进学习型社会和技能型社会建设中再立新功。为全民终身学习型社会贡献常工力量。

校企协同打造德技兼修“建科班”

岳　翎

摘要：常州工程职业技术学院与常州市建筑科学研究院集团股份有限公司（以下简称“常州建科院”）开展深度融合，积极探索校企双主体育人模式，建立校企联合招生、合作育人、合作就业、合作发展的长效机制，逐渐探索出学生行为和心理双重管理、技术技能与思想道德双重评价、学校与企业双向激励的学生管理模式，强化学生的劳动精神、劳模精神、工匠精神，育人效果显著，进一步提高了企业与学校合作办学的积极性，增强了企业社会责任感，形成了符合长三角经济社会发展特点、适应现代企业发展和产业转型升级要求、具有学校和常州建科院特色的现代学徒制育人模式。

关键词：现代学徒制；双重管理；双重评价；双向激励

一、实施背景

2019 年，教育部办公厅发布了《关于全面推进现代学徒制工作的通知》，明确提出要全面推广政府引导、行业参与、社会支持、企业和职业学校双主体育人的中国特色现代学徒制。2021 年，中共中央办公厅、国务院办公厅印发了《关于推动现代职业教育高质量发展的意见》，提出职业教育要创新校企合作办学机制，拓展校企合作形式内容，探索中国特色学徒制，大力培养技术技能人才。

随着建筑产业链现代化水平不断提高，绿色低碳建造方式加快推行，各类建筑企业对工程建设方面的技术技能人才需求也愈加迫切。面对建筑业转型升级带来的人才缺口，许多职业院校在校企合作育人方面不断探索，发挥政行企校多元主体作用，在人才培养、使用、管理、评价等方面取得了宝贵经验。但在具体实践中，“校热企冷”现象仍然存在，企业在育人过程中重使用轻培养，社会责任感不足；学校尚未形成精细化动态监管制度；学生对劳动精神、劳模精神、工匠精神、契约精神的认识不足。近年来，常州工程职业技术学院与常州建科院开展深度融合，积极探索校企双主体育人模式，建立校企联合招生、合作育人、合作就业、合作发展的长效机制，育人成效显著。

二、主要做法

根据常州建科院的发展规划及人才战略需求，确定现代学徒班招生对象、招生规模及招生形式，组建新型现代学徒班——“建科班”，同时班级学生成为常州建科院“准员工”，提前感受企业文化，从毕业到就业无缝对接。企业依托“建科班”培养人才梯队，由校企双方共同制定并实施契合企业需求的人才培养计划。

在“建科班”运行期间，校企双方密切配合，在学生管理、学习评价、政策激励等方面不断探索，形成一系列精细化、人性化管理制度（图 1），成效显著。

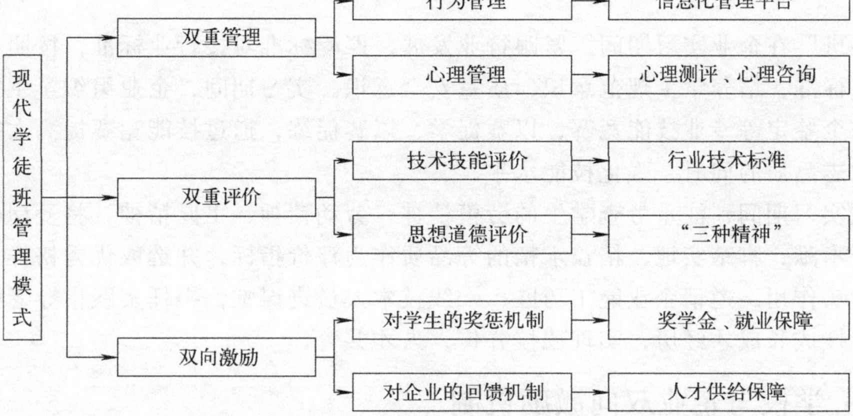

图 1　现代学徒班管理模式

（一）学生行为和心理双重管理制度

由学校建设学生校外实习信息化管理平台，在学生实习前由学校、企业和学生签署实习三方协议，同时学生在平台中提交实习相关信息，并由企业负责统一为学生购买实习保险，学校和企业负责人在管理平台中审核通过后，学生即可上岗。实习的变更、终止均需要在管理平台中备案、审核。学生在实习期间需要按规定在管理平台中提交实习日志，记录学习情况和存在问题。

此外，在实习期间，针对学生的心理健康状况开展定期心理测评（图2），为实习学生提供心理咨询，结合咨询者的现状、困扰和心理发展提出建议，教会学生发挥自身优势，以积极乐观的心态面对工作、学习和生活。引导校外实习学生关注心理健康，提高心理素质。

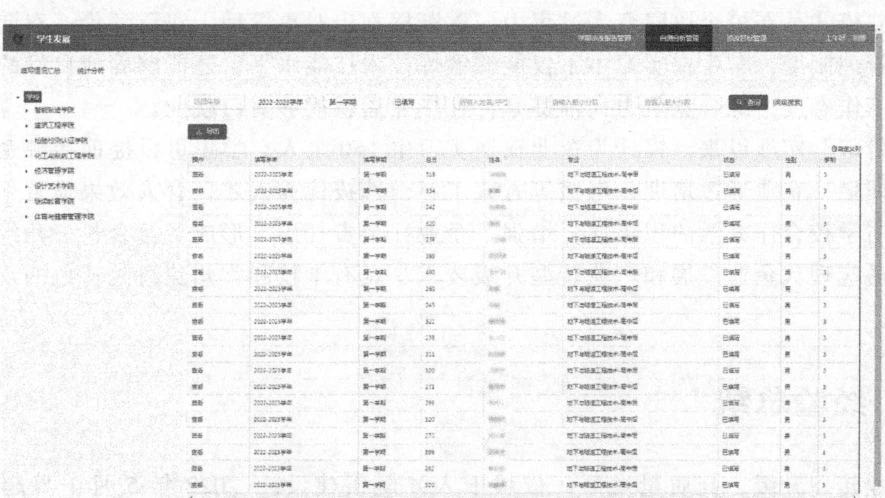

图 2　实习生心理健康测评系统（岳翎摄）

（二）技术技能与思想道德双重评价体系

“建科班”在企业实习期间，紧跟行业发展，课程标准对接行业标准，按照相关技术规范制定考核标准，培养学生规范意识、质量安全意识。实习期间，企业组织学生开展材料检测、质量安全鉴定等专业技能竞赛，以赛促学、以赛促练，通过技能竞赛提高大家学习积极性，磨炼意志品质的同时，强化技能水平。

在学生实习期间，注重考查学生的劳模精神、劳动精神、工匠精神，将爱岗敬业、淡泊名利、甘于奉献、脚踏实地、精益求精的等品质作为评价指标，并选取优秀榜样进行表彰，发挥示范带头作用。邀请企业能工巧匠、一线技术人员进课堂，担任实践指导老师，传授技艺，同时讲授成长成才经历，实现德技并传，人才共育。

（三）学校与企业双向激励机制

常州建科院针对“建科班”设立专项奖学金，用来奖励在技术技能、劳动精神、劳模精神、工匠精神等方面表现突出的学生，奖励比例约 60%。同时建立预警和淘汰机制，加强学生学习习惯养成，帮助学生塑造阳光自信、团结协作、遵规守纪的品格。修满校企共同制定教学计划课程学分、完成企业岗位学徒工作量、取得相关技能证书的学生，可以获得常州建科院颁发的学徒证书。以双向选择为原则，学生毕业后可以成为企业正式员工，享受企业正式员工的一切待遇。

另一方面，学校邀请优秀实习生代表回校宣传，以宣讲会、座谈会的形式，传播企业文化、实习经历，对在校生进行正确引导，保障“建科班”形成良性循环。

三、成果成效

以“合作共赢、职责共担”为原则，学校与常州建科院深度合作，建立校企联合招生、合作育人、合作就业、合作发展的长效机制，深化“学生—学徒—准员工—员工”四位一体的人才培养模式。在校企协同育人过程中，逐渐探索出双重管理、双重评价、双向激励的现代学徒班管理制度，学生在实习中不仅能够锻炼技术技能水平，还能够养成良好的学习习惯和严谨的工作态度，综合竞争力大幅提升，在毕业后就能够对口就业。

“建科班”实施以来，累计为企业输送实习生 150 余人，学生可以提前接触企业文化，了解工作环境，企业通过培训、考核等方式了解、选拔优秀人才，育人效果显著，进一步提高了企业与学校合作办学的积极性，增强了企业社会责任感，形成了符合长三角经济社会发展特点、适应现代企业发展和产业转型升级要求、具有学校和常州建科院特色的现代学徒制育人模式。

四、经验总结

建筑业转型升级、高质量发展，依赖于人才队伍建设。 2022 年 5 月 1 日起施行的新《职业教育法》强调了，立德树人、德技并修是职业教育人才培养的目标要求，同时新《职业教育法》也强化了企业的办学责任，明确了行业和企业支持职业教育高质量发展的义务。

从实践看，现代学徒制模式，提升了职业技能人才的水平，一定程度上解决了院校培育与企业所需之间的“错位”难题，是解决就业结构性矛盾的重要举措。人才是第一资源，通过现代学徒制培育更多能工巧匠，对企业、行业和地方的长远发展来说，意义深远。在校企协同育人过程中，不仅要传授科学文化与专业知识，培养技术技能人才，更要弘扬社会主义核心价值观，对学生进行思想政治教育和职业道德教育。对学校，应当加强校风学风、师德师风建设，保障教育教学质量；对企业，在享受职业教学政策激励的同时，应当打造脚踏实地、精益求精、爱岗敬业的企业文化，引导学生形成正确的职业观。

五、推广应用

“建科班”现代学徒制的人才培养方案实施以来，校企共同制定并完善了现代学徒制人才培养质量考核和评价体系、现代学徒制学生管理办法，加强了相关制度建设，保障了校企协同育人成效，并形成了一系列可复制的管理规范，相关管理经验已推广应用于地坪产业学院、龙湖智慧服务集团现代学徒制班等校企协同育人项目。

基于 OBE 理念的“1+X”证书赋能人才培养探索与实践

徐　林　李仁璞　蒋恒蔚

摘要： 成果导向教育（OBE）理念是近年来在我国得到广泛重视和应用的一种教育理念。“1+X”证书制度试点工作是深化人才培养模式和评价模式改革的一次教学实践尝试。结合经管学院各专业现状，探究在“1+X”证书制度的框架下，如何优化人才培养方案，重构课证融通的课程体系，推动教材改革，建设师资队伍以及改革课程考试方式，提高经管专业的人才培养质量，拓展毕业生的就业创业本领。

关键词： OBE；“1+X”证书；经管专业；人才培养模式

一、实施背景

OBE 是 Outcomes-based Education 的缩写，即基于学习产出的教育模式，也有人将其称为成果导向教育理念。虽然对 OBE 理念的解读定义繁多、莫衷一是，但共性理解也较为明显。 OBE 理念强调能力本位和个性化评定，以最终学习成果为起点，反向进行课程设计，正向开展教学活动。 OBE 理念下，高职经管专业核心能力的确定和评价体系的构建都需要引入多元化主体的内外部力量，而“1+X”证书制度正是将社会多元化力量引入高职教育的一项制度。 OBE 教育模式反向设计中，高职院校在明确专业人才培养目标起点时，可以借助“1+X”制度中的“X”来实现科学发掘和规划外部需求。

自 2019 年启动“1+X”证书制度试点工作以来，常州工程职业技术学院经济管理学院各专业积极申报并成为教育部首批“1+X”证书制度试点专业。专业群紧紧围绕行业发展需求，推进人才培养模式改革，按照学校“2+1”工学交替多循环的教学模式，在学校教师与企业师傅“双导师”的共同培养下，助推学生实现从专业知识到岗位技能的跨越。严格按照项目建设方案及任务书建设目标，在创新人才培养模式，师资队伍建设，校企合作、工学结合机制建设方面取得了一定的成效。

二、主要做法

（一）坚持实施课证融通，扎实有序推进“1+X”证书制度试点工作

学院坚持把立德树人作为根本任务，将技能培养融入人才培养全过程，并把技能养成作为培养学生的重心和关键，积极探索“1+X”证书制度试点工作，全面提升学生的创新能力和综合素养。经管各专业有序推进财务数字化应用职业技能等级证书（中级）、电子商务客户服务职业技能等级证书（中级）、现代酒店服务质量管理职业技能等级证书（中级）、新媒体技术职业技能等级证书（中级）等“1+X”证书，积极探索课证融通，深化“三教”改

革，扎实推进“1+X”证书制度试点工作。

（二）以赛促教、以赛促学、赛训结合，助推“X”技能提升

为了全面提升学生技能水平，信息类专业以技能大赛为抓手，采取“以赛促教，以赛促学、赛训结合”的模式，激发学生的自主学习意识，充分调动学生的积极性和创造性，同时，将技能大赛中的新技术、新方法纳入教学标准和教学内容中，满足技术技能教学时效性要求，更好地做到学以致用，助推“X”技能提升。

教学重技能，竞赛显身手，将理论与实践有机结合，在做中学，在学中做，是经管类专业技能人才培养的核心理念，从基础知识入手，强化技能训练，培养学生独立思考、解决问题和综合应用的能力。以赛促教、以赛促学、赛训结合，让学生在熟练掌握理论知识的基础上，加强对知识的运用和实践，实现在实训中领悟，在领悟中提升。

（三）课证融通，构建模块化课程体系，创新人才培养模式

1. 有章可循，修订“课证融通版”人才培养方案

通过积极参与“1+X”师资培训、研讨会、推进会、走访兄弟院校等方式仔细研究经管相关职业技能等级证书标准，并且与江苏京东信息技术有限公司、华住集团等多家优质合作企业调研岗位能力需求，从而理顺“1+X”证书标准技能点、岗位能力、课程知识点三者之间关系，在原有人才培养方案基础上，围绕“对证、融证、考证”原则，探索“1+X”试点课证融通，使课程培养计划融合职业技能等级证书模块，学生通过模块化课程学习获得“1+X”证书和企业岗位技能，成为复合型技术技能人才。

2. 构建项目化、模块化课证融通课程

以能力培养为主线，将课程的教学内容与相应的技能等级证书标准衔接起来，将产业新技术、新规范纳入教学内容，构建项目化、模块化的课证融通课程。根据课程大纲、课程实施方案、职业技能等级证书标准等将课程内容按照“项目驱动、任务引领”的原则，划定项目任务，确定知识点、技能点，要求各课程小组制作完善任务教学课件、知识点微课、技能点实操视频等数字化教学资源，构建课程资源库。

3. 融合“1+X”证书知识点，革新教材内容

学院与京东、华住等召开多次证书教学研讨会议，技术人员为专业部教师深入解读界面设计职业技能等级证书考核要求，各专业在此基础上完善学习目标，丰富教材内容，优化课程标准。“1+X”证书制度中，每个职业技能等级证书的考核内容，本身就是基于不同的核心岗位的工作内容和工作要求而设计的，与手册式、活页式教材模块化教学的本质要求是一致的。这无疑也为教材改革提供了可行的路径，教师应在组织、参与证书的考核及培训过程中，有意识地将其整合进教学中，进而总结凝练成教材内容。

三、成果成效

（一）“1+X”证书考试融入人才培养方案，考证人数和通过率持续攀升

在与培训评价组织保持联系、沟通的同时，深入其他院校和企业就课程体系设计、课程

方案实施、实训学期安排等方面如何与“1+X”职业技能等级证书对接融通等进行调研，修订了《2019 年人才培养方案》，结合经管学院四个“1+X”职业技能等级证书要求优化教学进程，完善课程标准。组织相关教师多次召开专题教学研讨会，讨论课程实施方案、分解教学任务、优选教材清单，将“1+X”职业技能等级证书职业能力基础培养融入专业课程教学中，实施课证融通，深化“三教”改革，把职业技能等级证书制度工作落到实处，夯实学生自主学习、终身学习和可持续发展的职业素养和技能基础， 2020 年、 2021 年经管学院完成报名 441、 267 人，一次性通过率均在 80% 以上， 2022 年完成培训考证 384 人（见表 1）。

表 1　2022 年经管学院“1+X”证书试点建设情况汇总

参与试点的证书及等级	参与试点的专业名称	培训学生数（指标）	培训总人数（指标）	本年度已完成的培训学生数	本年度组织的考证人数	本年度已获证学生数	累计师资培训人次
财务数字化应用职业技能等级证书(中级)	会计	90	241	241	241	221	3
	大数据与会计	151					
电子商务客户服务职业技能等级证书(中级)	国际商务	69	69	69	69	69	3
现代酒店服务质量管理职业技能等级证书(中级)	酒店管理	40	112	39	39	39	1
	酒店管理与数字化运营	72					
新媒体技术职业技能等级证书(中级)	市场营销	35	35	35	35	34	2

（二）在近年江苏省职业院校学生专业技能大赛中屡创佳绩

一直以来，经管学院坚持“以赛促教，以赛促学，以赛促改”的教学方针，高度重视学生专业实践实训，积极探索专业人才培养方案，大力支持学生参加专业技能大赛。在 2021 年省专业技能大赛上收获佳绩，正是我院重视“理论+实践”教学的成果体现，展现了经管学子良好的专业综合素质。

在 2021 年江苏省职业院校技能大赛中经管学院大赛成绩再创辉煌，其中束惠萍、杨玲老师指导，胡淼淼、尹大江、周家龙等同学参加的国赛“‘正大杯’第十一届全国大学生市场调查与分析大赛”获得二等奖，另外在创新创业等省技能大赛中获二等奖 4 项，三等奖 2 项（表 2）。

表 2　2021 年经管学院“1+X”证书相关技能大赛获奖情况

序号	获奖等级	赛项名称	选手名单	指导教师
1	团体二等奖	创新创业大赛	李家乐、胡淼淼、郑晓盼、陈高宇、张芷菡	周科、张政
2	团体二等奖	互联网+国际贸易综合技能	鲍雨昕、刘馨羽、范世辰	蒋恒蔚、徐林
3	个人二等奖	会计技能	周艳	朱焱、耿睿
4	个人二等奖	会计技能	唐青霞	朱焱、耿睿
5	个人三等奖	餐厅服务技能	于晨雨	罗元
6	团体三等奖	电子商务与营销技能	袁明燕、高杰、马星宇	金志芳、周科

经管学院参加的2022年度江苏省职业院校技能大赛整体发挥出色，在各赛项中累计获得团体二等奖3项、三等奖2项。

四、经验总结

基于OBE理念，依据“1+X”证书标准构建“岗课赛证”融通模式是职业教育改革发展的创新产物，是学院推进“1+X”证书制度试点工作以及职业院校“三教”改革政策深度，参与院校的人才培养，聚焦职业教育新一代新兴技术专业人才培养方案、课程体系、教师、教材及信息化资源、教法、课堂、人才培养质量评价等方面重要举措。

（一）建立完善的组织管理和制度保障机制

学院成立“1+X”证书实施工作小组，系统策划、组织、指导“1+X”证书实施工作。同时，制定整体“1+X”证书实施工作方案、计划和工作制度，抓好关键过程，建立激励专业教师积极主动参与实际工作并取得预期业绩的长效机制。

（二）建设“顶层设计+落地实施”的强有力团队

工作小组根据专业群建设规划、双高建设计划、专业发展规划做好了顶层设计，实时安排专业负责人和课程团队开展相关主题的系统学习、外出培训、研讨交流。

（三）以“X”证书为抓手，多措并举推动“三教”改革

“1+X”证书考试对教师进行“培、赛、研”多元赋能，提升教师的综合能力和素养，鼓励教师应用大数据新技术，创新基于行动导向的任务驱动式、项目式、情境式、案例式、游戏化等教学方法，探索模块化教学模式，鼓励教师编写新形态教材。

（四）制定科学的评价方式和评价指标

评价“岗课赛证”融通效果，制定了科学合理的评价指标和方法。课题组结合经管各专业“1+X”试点工作，构建了课证融合评价效果的定性和定量指标体系。

五、推广应用

成果已在电子商务、市场营销、大数据与会计、酒店与数字化运营等专业应用实施，已覆盖1000余名学生。同时，教改成果发表论文3篇，获得学院教学成果二等奖1项，获批学院重点课题1项。

学院将充分利用“1+X”试点工作促进专业融入产业的契机，根据证书标准和专业教学标准要求，将“1+X”职业技能等级认证标准和考核内容引入人才培养方案，努力做到课证融通，不断优化课程设置和教学内容，统筹教学组织与实施，推进“1”和“X”的有机衔接，深化教学方式方法改革，提升经管专业人才培养的灵活性、适应性、针对性，培养一批具有创新性、复合型、技术技能型人才。

把思政课讲深讲透讲活，让党的创新理论入脑入心入行

韦庆昱

摘要：常州工程职业技术学院马克思主义学院深入贯彻落实习近平总书记关于思政课建设的重要论述精神，把讲深、讲透、讲活三者统一于思政课“讲道理”的全过程，在打造“常工金课”、开设“星火讲堂”、善用“大思政课”中讲好国家、社会、个人的道理，达到“沟通心灵、启智润心、激扬斗志”的作用，不断提高学生思想水平、政治觉悟、道德品质、文化素养，让学生成为德才兼备、全面发展的社会主义建设者和接班人。

关键词：思政课改革创新；讲深讲透讲活；大思政课

一、实施背景

当前，思政课建设整体上进入质量提升和内涵发展的新阶段，常州工程职业技术学院马克思主义学院深入贯彻落实习近平总书记关于思政课建设的系列重要指示批示精神，立足中国特色社会主义新时代，不断推进思政课改革创新，打好思政教育“组合拳”，把道理讲深讲透讲活，使老师用心教，学生用心悟，真正实现沟通心灵、启智润心、激扬斗志。

二、主要做法

（一）打造“常工金课”，把道理“讲深”

一直以来，学院持续在打造高水平思政“金课”上下功夫，不断提升把道理讲深的硬本领，做到绵绵用力、久久为功、止于至善。

抓好思政课教师这一关键主体的建设，从根本上使思政课成为有厚度的“金课”。学院实施“青年教师成长营”提质培优“135”工作法，助推思政教师成长为“大先生”。围绕“一个中心”，即围绕“政治要强、情怀要深、思维要新、视野要广、自律要严、人格要正”中心；建设“三大板块”，即建设“政治素养、理论水平、教学能力”板块；开展“五项行动”，即开展“理论学习强素养、师徒结对带成长、专题研修拓视野、集体备课促合作、教学比赛提能力”行动，使思政教师学深悟透、真学真信，确保把道理讲深入、讲深刻，筑牢思政课讲道理之基。

抓好“常工金课”这一关键载体的建设，积极探索课堂革命，通过重构教学体系、创新教学方法、优化教学手段串联起讲深思政课道理的逻辑理路。以江苏省高校思政课教学改革创新示范点项目“‘金课’引领助推思政课改革”建设为抓手，有序推进“思想道德与法治”“毛泽东思想和中国特色社会主义理论体系概论”“形势与政策”三门“金课”建设，探

索议题教学模式，创新融入五星教学法，打造“浸润式”思政课堂，实现教材体系向教学体系转变、理论体系向实践体系转变、知识体系向信仰体系转变。

（二）开设“星火讲堂”，把道理“讲透”

学院坚持“理论宣讲是打通党的创新理论传播‘最后一公里’”的工作理念，开设“星火讲堂”“星火之窗”“星火荟萃”宣讲阵地，采取线上线下相结合的方式，面向全校师生开展理论专题宣讲，从讲透一个问题入手，继而讲透多个问题、系列问题直至讲透中国实践中的时代课题，以小切口呈现大主题，用微宣讲传递强声音，让道理直抵人心。

开设“星火讲堂”，做强“专题式”理论宣讲。围绕“中国共产党为什么能、马克思主义为什么行、中国特色社会主义为什么好”等重大问题，开设“中国青年的革命担当与力量”“党的十一届三中全会与伟大历史转折”“弘扬长征精神，走好新时代长征路”等主题宣讲70余场，覆盖学生6000余人。践行党“从群众中来，到群众中去”的群众路线，先后赴国药集团常州公司、丽华一村、昆山等企业和社区开展理论宣讲20余次，受众3000余人。

开创“星火之窗”，做好“互动式”理论宣讲。以“星火之窗”微信公众号为网络宣讲阵地，开设“小思伴你读”“小思为你讲”“党史学习月月测”等栏目，创新宣讲方式内容、优化宣讲语言，用“网言网语”“青言青语”讲理论，让理论宣讲在学生中活起来，推进思政教育走深走实。

汇编“星火荟萃”，做实“沉浸式”理论宣讲。开展“‘讲好党史故事，传承红色基因’党史故事我来讲”主题活动，充分融入思政课堂主阵地，营造党史故事“人人讲、堂堂讲”的生动学习氛围，遴选优秀学生成果形成汇编集《星火荟萃——党史故事100篇》（图1），充分发挥学生主动性和创造性，让理论“入耳、入脑、入心”，学生“真懂、真信、真用”。

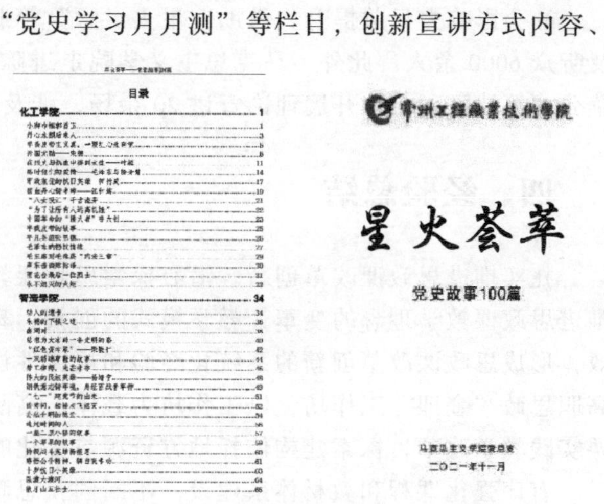

图1 《星火荟萃——党史故事100篇》

（三）善用“大思政课”，把道理“讲活”

学院秉承习近平总书记善用“大思政课”理念，将思政课办到天地之间，用好实践这本“无字之书”，把“大思政课”讲得生动、鲜活，引导学生在回望历史、体悟真理、观察社会、参与实践中经风雨、见世面、壮筋骨、长才干。

在革命故居，赓续红色基因。广泛深挖红色资源，带领学生走进瞿秋白纪念馆、溧阳新四军指挥部旧址等地，深入推进“常州三杰”革命精神、新四军精神等融入教学，让学生在浸润式、体验式的思政课中接受教育。

在田间地头，体悟乡村振兴。走进“江苏省美丽乡村连片建设示范区”溧阳市戴埠镇蓝城·悠然南山特色小镇，开展“乡间思政课”，体验新时代乡村振兴战略发展成果，激励青年学生奋发有为，以实际行动投身生产劳动实践。

在生产车间，放飞职业理想。组建社会实践团队，走进江苏天马万象建设集团、汉武智能、能量圈等“专精特新”企业，深入施工现场、生产车间、创新工作室参观学习，走访企业管理者、青年产业工人和技术研发人员，在实践中寻找职业发展的答案。

三、成果成效

教师教学能力比赛成绩显著。2020 年以来，先后获 2021 年江苏省高校思政课教学展示二等奖 2 项、江苏省职业院校教学能力大赛二等奖 1 项、三等奖 2 项，江苏省高职高专院校思想政治理论课中青年教师教学竞赛三等奖 1 项，常州市第五届高校青年教师教学竞赛二等奖 1 项，校教学能力大赛一等奖 2 项、二等奖 2 项。

教师科研水平不断提高。主持 2022 年江苏省教育科学“十四五”规划课题 1 项，主持和完成市厅级以上课题 28 项，校级课题 13 项；发表马克思主义理论、思政教育等相关论文 20 余篇，其中包括《高职毕业生社会支持、应付方式与心理健康关系的实证研究——基于江苏省 4 所高职院校毕业生的调查》《产教融合视域下高职学生工匠精神培育》等核心论文 4 篇。

社会影响力日益提升。借助“星火讲堂”等载体，在学生中开展理论宣讲 70 余场，涉及听众 6000 余人。此外，马克思主义学院走进陈渡新苑社区、蓝豹股份有限公司、常州烟草公司等社区和企业开展理论宣讲 20 余场，涉及听众 3000 余人。

四、经验总结

扎实推进思政课改革创新。潜心探索思政课教学规律、育人规律、学生认知规律，不断推进思政课教学理念的变革、教学模式的创新、教学方式的转型，提高思政课教学质量和实效，形成思政课改革创新的系统化经验和规律性认识，打造可复制可推广的有益成果。建设高职思政“金课”工作坊，以工作坊为载体，高品质推进高职思政“金课”建设。深化思政课实践教学改革，探索建构依托地方资源与文化的实践教学体系。

有序强化课程和教材体系建设。不断创新思政课程体系，构建“4+1+n”思政课程群。在开设“习近平新时代中国特色社会主义思想”“毛泽东思想和中国特色社会主义理论体系概论”“思想道德与法治”“形势与政策”四门必修课的基础上，强化实践教学，并围绕党史、新中国史、改革开放史、社会主义发展史，宪法法律，中华优秀传统文化等设定课程模块，开设 n 门选修课程。

着力深化思政课教学研究。创新集体备课制度，建立“手拉手”备课机制，形成研讨式、反思式等备课新模式，在集体备课中激活思政课教学研究思路；贯通校内、社区、乡村思政课堂，在多维课堂教学实践中扩展教学研究空间；邀请专家指导教师开展思政课教学重点难点问题研究，提升教师教学研究水平；建立校际教学研究交流平台，总结思政课教学研究规律。

合力打造高素质思政课教师队伍。实施骨干教师固本强基工程。建立健全思政课教师专业发展体系，定期组织开展系列培训、集体备课、教学研讨、教学能力比赛、说课比赛、教学展示等活动，系统提升教师教学能力；安排教师开展学术交流、实践研修、学习考察、脱产（半脱产）进修活动；常态化、机制化开展思政课教师国内考察调研活动，全方位提升思政教师综合素质。

五、推广应用

守正创新打造新时代思政“金课”，开拓思政课堂半径打通理论宣讲“最后一公里”，善用社会大课堂讲好“大思政课”，从而进一步发挥思政课立德树人应有作用，把道理讲深、讲透、讲活，把思政课讲得有深度、有力度、有温度，使学生有志气、有骨气、有底气，既是回答“培养什么人，怎样培养人，为谁培养人”的常工方案，也是深化新时代思政课改革创新的重要举措，更是助力职业教育高质量发展的强基固本工程。

五学五提升，为生命护航

——全面推进“全国急救教育试点校”建设工作

洪　煜

摘要：常州工程职业技术学院多年来高度重视应急救护知识普及工作，在2013年获评“常州市红十字应急救护培训基地”，2021年获评教育部首批“全国急救教育试点学校”。学校以高度的政治责任感，重视和支持急救教育融入体育教育教学，不断发展和壮大学校应急救护师资队伍，推动校园应急救护工作高质量发展，为学生构筑校园生命健康的“安全岛”。

关键词：急救教育；生命健康；应急救护

一、实施背景

常州工程职业技术学院是中国特色高水平专业群建设单位、国家优质高职院校、全国职业院校教学工作诊断与改进试点院校、教育部首批“1+X”证书制度试点院校、江苏省高水平高等职业院校建设单位。2021年学校获评首批“全国急救教育试点学校”，在学校党委的坚强领导下，体育与健康管理学院党总支联合学校组织部、学工部、团委，以“五学五提升”为工作目标，系统化深入推进校园急救教育工作。

二、主要做法

（一）领导干部带头学，提升全校学习动力

练“救”真本领，干部作表率。为提高学校干部职工应对突发事件的应急避险能力和自救能力，有效提升全校急救教育普及度和校园应急救援综合水平，2022年8月常州工程职业技术学院组织全体中层干部带头学习急救知识（图1）。全体中层干部通过培训，掌握了

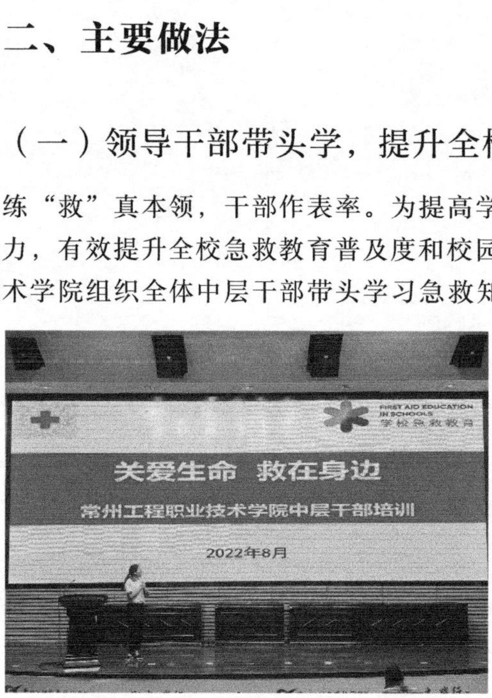

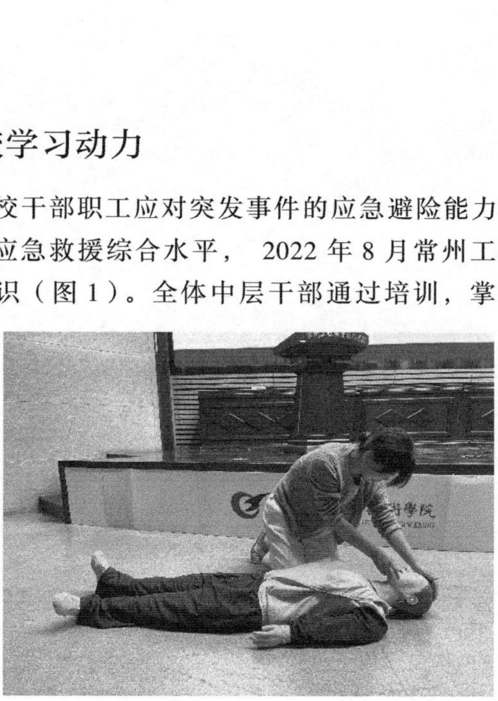

图1　学校全体中层干部学习急救知识

心肺复苏术（CPR）、自动体外除颤器（AED）的使用及海姆立克急救法等应急救护技能，并深入领会“生命至上、科学救援”的理念，认识到工作生活中急救知识的重要性，进一步提高了学校干部职工应对灾害能力和应急保障能力，为筑牢学校生命健康防线奠定了坚实有效的基础。

（二）体育教师全员学，提升课堂应急能力

2022 年 9 月 1 日，学校体育课开课之前，体育与健康管理学院党总支组织全体体育教师学习急救知识（图 2）。本次应急救护培训采用理论知识讲解和实际操作考核相结合的方式进行，老师们学习了救护新概念、创伤救护等理论知识，熟练掌握了 CPR、 AED 的操作技术。学习完毕后对全体体育教师逐一进行理论和实操考核，参训教师均通过考核，取得红十字“CPR+AED”证书。在今后的体育课堂中，学校体育老师能够运用所学的急救知识，第一时间处理运动损伤，更好地保护学生的生命健康与安全。

图 2　体育教师学习急救知识

（三）在校学生全面学，提升全校急救能力

学校坚持将新生急救普训和重点急救技能训练相结合，为全校学生全面普及防灾避险、应急救护知识，提升学生自救互救技能。 2022 年 10 月，学校为 5000 多名新生开展应急救护知识普及化培训。学校开设“运动防护与急救”课程，将应急救护知识引入课堂，为学生精细化讲授创伤救护、常见急症与避险逃生知识，反复训练学生实操技能。系统的急救教育使得学生从入校时急救知识“零基础”，到毕业前成为“乐于施救、敢于施救、善于施救”的人才。优秀校友程旭同学，运用在校期间学习的急救技能，成功挽救了一名溺水市民的生命，得到社会各界的充分肯定。

（四）牵手他校带动学，提升学校急救水平

多年来，学校以建设优秀红十字应急救护培训基地为目标，将应急救护师资队伍壮大到 12 名。 2022 年学校应急救护师资为江苏省常州高级中学、南京航空航天大学溧阳校区、江苏理工学院等多家学校普及急救知识和开展应急疏散演练。常州工程职业技术学院作为江苏省常州市唯一一所入选“全国首批急救教育试点校”的学校，主动牵手常州各大中小学，共同提升学校急救教育水平。

（五）服务社会全民学，提升民众急救意识

学校成立“爱之翼”应急救护志愿服务队，义务普及应急救护知识，服务各项大型赛事。应急救护志愿服务队汇集了一群有志气、有朝气、有爱心的志愿者，发挥应急救护专长，致力于红十字志愿服务工作，以饱满的热情参与红十字救护工作。为金坛茅山半程马拉松赛、常州市高铁新城中国马拉松精英排名赛、发现常州·城市定向挑战赛开展志愿服务活动，受到了赛事组委会和受益群众好评。为进一步提高企事业单位职工急救知识和技能水平，学校为常州现代传媒中心、中天钢铁、贝亲母婴等单位开展应急救护培训（图3），提高了企事业单位职工应对各类突发事件中的应急反应能力和自救、互救能力。

图3　向社会宣讲急救知识

三、成果成效

我校是首批全国急救教育试点学校，也是江苏省红十字示范校。2013年以来，学校急救教育工作以急救教育课程和应急救护培训为两翼，开展形式多样的生命健康和应急救护教育活动，应急救护培训基本实现全覆盖，取得实际成效。

完善硬件设施配套，营造应急救护学习氛围。2022年学校配备2台自动体外除颤仪设备，除了对体育教师、辅导员、宿舍管理员等进行救护培训，全校学生每年也会定期开展“CPR+AED”实操培训。学校通过配齐硬件设施，让学生真正学会、学好急救技能，在意外发生时有保护自己和帮助他人的能力和底气。

开设生命教育课程，宣传应急救护文化。学校有效利用世界红十字日、国家防灾减灾日、世界急救日等时间和节点，大力宣传应急救护知识文化，组织学生观看了应急救护公益宣传片、举办红十字知识普及宣讲会、开展地震科普宣讲等，均取得了良好的教育效果。2022年开设应急救护社团，动员更多学生学习急救、学会急救、敢于施救。

应急救护课程纳入体育课，师资培训实现持证上岗。学校现有救护师资12人，整体教育师资力量丰厚，能够满足日常的教育、培训需要。学校全体体育教师均具备“CPR+AED”救护证，实现应急救护教学持证上岗。从2022年起，正式将系统化的应急救护课程纳入体育课教学，每学期开展4课时的应急救护培训，由学校体育教师进行授课。

四、经验总结

作为一所以学生发展为中心的学校，我校高度关注学生的生命健康与安全，通过全方位普及学生的急救知识，守护学生生命，呵护学生成长。入校即普及基础急救知识，体育课程中操练急救技术，学生社团中精细打磨急救操作，志愿服务中为他人讲解急救知识。学生人

校后从急救知识零基础“小白”，成长为掌握急救知识的“能手”，再进步成为传播急救知识的“使者”，在全校范围内形成“人人学急救，急救为人人”的良好氛围。

五、推广应用

本案例适合于高职院校提升全校学生急救知识普及率，培养学生乐于施救、敢于施救、善于施救的精神，培养学生掌握急救专项技能，并把急救教育贯穿于育人的各个环节。

强健体魄砥砺意志，培养健康体魄人才

——发挥新时代学校体育的育人价值

刘会平

摘要：基于“立德树人”的教育根本任务，新时代学校体育也要坚持“立德”的价值导向。学校体育的育人价值主要是通过克己修身、榜样化人、社会大同这三层逐渐递增的场域来达成其育人的目标。德育是学校体育育人价值的本质回归。近年来，常州工程职业技术学院在学校体育工作中，注重“知行合一”、实践育人，为实现学校体育的育人功能，取得了一系列优异成绩。

关键词：立德树人；学校体育；育人

一、实施背景

在我国高等教育改革稳步推进之时，高等职业教育“双高”建设对大学体育提出了新要求。大学体育是高等教育人才培养的重要组成部分，一流大学建设需要大学体育的有力支撑，大学体育建设应贯彻学校体育“四位一体”新理念新目标，融入新时代我国一流大学培养人才方阵的历史背景，充分发挥大学体育培养人才的重要作用，为培养德智体美劳全面发展的社会主义建设者和接班人做出贡献。

2022 年 9 月，江苏省第二十届运动会圆满闭幕。四年一届的省运会是全省级别最高、规模最大、项目最多、水平最高、竞争最激烈的体育盛会。本届省运会高校部的比赛共设置 22 个大项，来自省内的 62 所高校参与其中。为做好各竞赛项目的参赛工作，我校专门成立参加省二十届运动会高校部比赛工作领导小组。比赛前夕，教练员和运动员克服疫情影响、不畏酷暑高温，艰苦训练，积极备战。比赛期间，全体教练员、运动员在校领导和相关部门的关心支持下，在比赛中以饱满的热情、昂扬的斗志、精湛的竞技能力，在多个项目中取得优异成绩，向学校全体师生交上一份满意的答卷。

二、主要做法

（一）为运动员创造学习机会，创新性开展工作

体育运动还是一个充满挑战的活动，作为运动员要善于迎接挑战、敢于迎接挑战，必须要创新性地开展工作。这就要求运动员要不断地学习，不断地进步，用良好的身体素质和战术能力来武装自己、充实自己。教练员在自己学习、提高的同时，为了能够使运动员得到更好的学习机会，应抓住各种机会，为提高运动员的整体素质，还应该安排各种强化训练。一个好的运动队也是一个好的学习团队，通过不断地学习创新才能使团队得到持续的发展。另外，在运动队管理技巧中，教练员要少当裁判，带领所有运动员一起进步。

（二）鼓励运动员拥有自主思考的能力和团队协作的精神

教练员应多鼓励运动员拥有自主思考的能力和团队协作的精神。鼓励运动员在提出问题时要先尝试自己弄清楚这个问题的答案，做到自己的事情自己处理，自己的问题自己解答，从而提高运动员的思考能力和独立应战能力。教练员应鼓励大家彼此之间交流，让大家充分发挥自己的潜力，提高整体的团队协作能力。积极地要求大家取长补短，共同学习，共同进步。让运动员作为成员的同时也能参与到运动队管理中，帮助运动员树立正确的价值观。

（三）营造和谐的运动队氛围

每一个和谐的团队都具有共同的基本特征——成员有归属感和安全感，有团队意识和付出意识。这些因素对团队是至关重要的。因此，教练员在管理过程中必须起到积极引导的作用，为整个团队营造出良好的氛围。把运动员的力量拧成一股绳，使大家为实现共同的目标而努力奋斗。

（四）健全运动队管理制度

一个运动队在公平、公正、公开的环境下才能稳步发展。营造这种环境需要教练员讲原则，即制定合理的管理制度，也就是运动员必须要遵守的行为准则。所以，管理制度也是教练员运用运动队管理技巧中精神激励的一个很重要的组成部分。合理的管理制度，能有效地帮助运动员克服惰性，激发运动员的积极性。

三、成果成效

（一）龙舟队取得省运会优异成绩

2022 年 6 月 28 日，江苏省第二十届运动会高校部龙舟赛在连云港市徐圩新区水上运动场地鸣枪竞渡，分别进行 200 米混合组直道赛和 500 米混合组直道赛。我校龙舟队分别获得 200 米直道赛和 500 米混合直道赛决赛两项冠军。 最终，以团体总分第一的成绩拿下江苏省第二十届运动会高校部龙舟比赛的“大满贯”（图 1）。近年来，我校作为“江苏省优秀传统文化传承基地（龙舟）”，积极推广龙舟运动，传承优秀民族传统文化，龙舟项目建设已全方位融入校园文化建设当中。此次比赛取得优异成绩，不仅体现出我校龙舟队队员积极进取、拼搏奋发的体育精神，还为中华优秀传统文化的推广与校园文化建设注入青春力量，彰显文化自信。

图 1　校龙舟队在龙舟比赛中取得优异成绩

（二）棒垒球队取得省运会优异成绩

7 月 8 日—11 日，高校部棒垒球比赛在南京工业大学开赛，一共有来自全省 17 所高校的队伍参加了此项赛事。我校棒垒球队凭借努力与实力，以四战四胜的成绩，夺得了本次赛事乙组的冠军。这是我校棒垒球队自建队以来取得的历史性突破，首次在省运会的赛场上全战全胜摘得桂冠（图2）。此次比赛荣获冠军既创造了球队新的历史，也是我校校园体育工作不断创新、不断突破的必然结果。

图2　校棒垒球队摘得桂冠

（三）网球队取得省运会优异成绩

在高校部网球（乙组）比赛中，我校网球队勇夺女子双打冠军；女子单打获得亚军和第四名；男子双打实现历史性突破，获得第四名的好成绩；男子单打荣获第七名。最终，以总成绩48分获得乙组团体总分第二名，创造出我校网球队征战省运会最好成绩（图3）。同时，我校网球队被赛事组委会授予“体育道德风尚奖”运动队，实现竞赛成绩和精神文明双丰收。网球队以精神和技能的传承为核心，以“凝心聚力，披荆斩棘”为口号，在队伍训练过程中培养队员积极进取、顽强拼搏、永不放弃的精神以及锻炼其良好的心理素质，同时引导队员正确的体育行为。

（四）跆拳道队取得省运会优异成绩

在江苏省第二十届运动会高校部跆拳道比赛中，我校跆拳道队运动员们不骄不躁、奋力拼搏，在女子63公斤级项目中勇夺桂冠；女子72公斤级项目中获亚军；男子54公斤级、63公斤级、80公斤级、女子+72公斤级等项目中均荣获第五名，我校在23所高校中取得了前八名的成绩（图4）。运动员们在比赛中尊重对手、遵守规则、恪守礼仪、谦以待人，我校跆拳道队被组委会授予“体育道德风尚奖”。

图3　校网球队创造征战省运会最好成绩

图4　校跆拳道队取得省运会优异成绩

四、经验总结

大学体育是高等教育培养德智体美劳全面发展的人的重要组成部分，是实现高等教育培养德智体美劳全面发展的人的重要现实途径，充分彰显了体育的育人价值。我国社会主义教育的根本落脚点是培养德智体美劳全面发展的社会主义建设者和接班人，从建设中国特色社会主义一流大学和全面推进中国特色社会主义教育“五育并举”的高度，体育是培养德智体美劳全面发展的人的重要一环，是实现人的全面发展的应有之义。在新发展阶段，中国青年肩负国家高质量转型发展的重任，将在未来知识发展和先进科学技术领域崭露头角，没有一个好的身体，难以承载知识与智慧的发展。

大学体育是国民教育体系中体育培养最后一站，是建立中国青年终身体育意识和行为的关键成长阶段。夯实大学体育发展基础，能够为人民追求幸福生活提供实践路径和实现方式，在实现“两个一百年”奋斗目标的新征程中，体育融入日常生活必将成为人民幸福的来源，是实现人民追求幸福生活的基础性工程。

大学体育是实现立德树人根本任务的主要途径之一，体育运动蕴含的规则意识、竞争意识等价值，对于中国青年“健全人格、锤炼意志”乃至德育培养具有积极的作用，体育的“具身德育”功能，对于实现立德树人根本任务具有独特育人优势。

五、推广应用

在新时代高等职业教育“双高”建设背景下，大学体育担当了教育立德树人的重大责任，对于培养德智体美劳全面发展的社会主义建设者和接班人具有不可推卸的时代使命，大学体育的最终目标是全面育人。大学体育既是青少年体育教育培养的最后阶段，也是竞技体育后备人才培养的有效途径。

在以后的工作中，我们将继续强化体育的德育功能，将饱满的热情、昂扬的斗志、精湛的竞技能力推广到各项工作中。展望未来，在习近平新时代中国特色社会主义思想指引下，我校体育工作必将在推进“双高建设”、促进学生健康成长等方面发挥更加重要的作用。

依托 BSC 工程实践项目培养汽车专业复合创新型人才

孙海波

摘要： 为推进品德高尚、技艺高超的复合创新型人才培养，实施基于工程实践教育的改革试点，依托中国汽车工程学会巴哈大赛等赛事和项目，赛教融合、课赛融通，以赛促学、以赛促教，对接汽车“新四化”发展人才需求，形成了“工程实践项目引领、赛训研服一体”的汽车相关专业复合创新型人才培养模式，取得了良好成效。

关键词： 工程实践； BSC；复合创新型；人才培养

一、实施背景

（一）汽车产业发展需要复合创新型人才

人才是汽车产业的第一资源。随着汽车“新四化”（电动化、智能化、网联化和共享化）的发展，汽车专业人才呈现出车辆与能源、计算机、电子、信息、大数据和交通等诸多“跨界”领域深度交叉融合的需求。按现行我国汽车技术人才分层，汽车相关专业本科毕业生服务于前市场，职业院校毕业生服务于后市场，汽车前市场和后市场的人才衔接问题突出，因此通过高职院校人才培养改革，培养复合创新型专项技术技能人才，是解决此类问题的有效办法。

（二）高职院校复合创新型人才培养定位

汽车产业是地处长三角核心区的江苏省常州市重点发展产业，产业链完整，产值已经超过千亿元，为培养适应汽车“新四化”发展、服务常州及周边地区汽车产业人才需求的复合创新型人才，常州工程职业技术学院（以下简称学校）实施“双高三型”（品德高尚、技艺高超、复合型、创新型、国际型）卓越技术技能人才培养的教学改革，解决汽车前市场和后市场的人才衔接问题。

二、主要做法

（一）依托工程实践项目，明确人才培养目标

复合创新型人才培养需要借助符合高职学生兴趣爱好、心理特点的集知识运用、技能训练、创新教育和工匠精神培养为一体的项目载体，学校自 2015 年开始，确定以中国汽车工程学会巴哈大赛（Baja SAE China，BSC）工程实践项目为主要载体，结合创新创业大赛，以培养学生工程实践能力和创新创造能力为目标，针对性地编制专业专项人才培养方案，以

BSC 项目任务引领，设置适合学生自主学习探究的课程体系（图 1），赛教融合、课赛融通，开展人才培养改革。

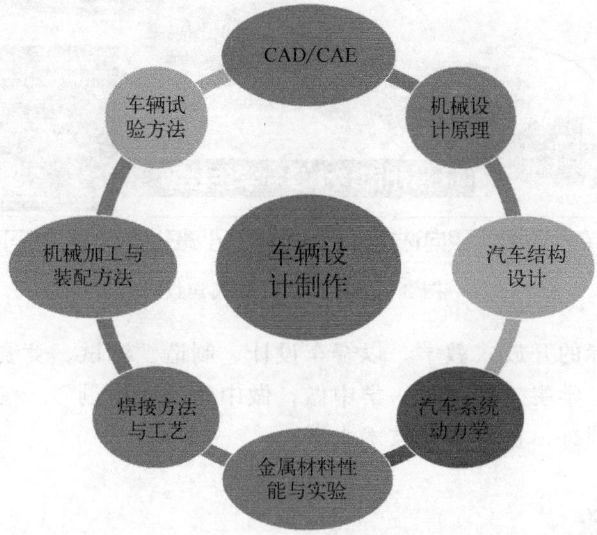

图 1　围绕 BSC 工程实践项目设计的课程体系

（二）搭建工程实践平台，夯实人才培养基础

学校将原有实训中心重新整合规划改造，推行“理论学习探究+生产性维修服务+性能检测调试”的综合性工程实践中心的建设模式，为师生开展专业理论教学与创新研发、设计优化、小型零部件加工试制、车辆装配调试提供硬件环境，搭建了融生产性车间、专业实训室、教师工作室和创新实践基地于一体工程实践平台（图 2）。

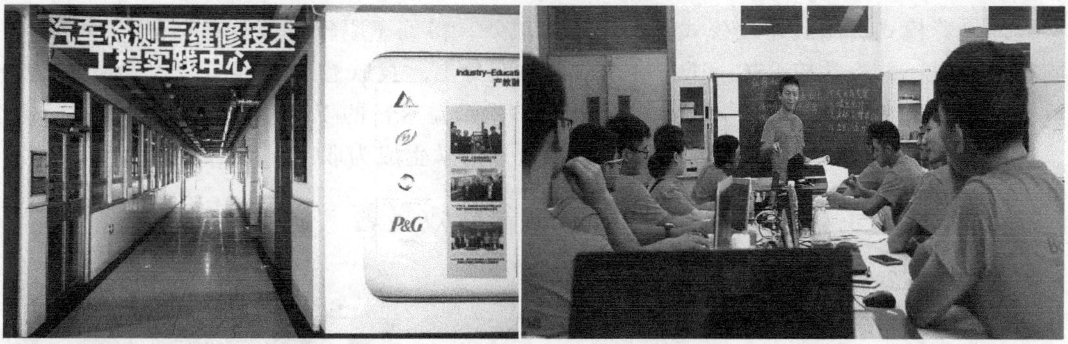

图 2　学院工程实践中心

（三）组建工程实践团队，保证人才培养质量

专项的人才培养需要专项的团队，学校基于 BSC 等工程实践项目，跨专业、跨学科组建教师指导团队，同时聘请相关行业组织专家和企业专技人员加入；学生团队从多专业招募，通过学生自主申报、专业测试与面试等环节，按社团、虚拟班、实体班、BSC 团队开展阶梯式团队建设（图 3）。

BSC 团队虚实结合。实体班单独编制人才培养方案，开展小班化教学，将传统的封闭式

图 3　BSC 团队阶梯式建设

教学变为面向生产实际的开放式教学，以赛车设计、制造、测试、竞赛项目为主要任务，将生产与教学紧密结合，学生"做中学，学中做，做中研，研中创"，在承接和完成项目的过程中，开展专项技能训练，提升专业技术水平。

三、成果成效

（一）创新复合创新型人才培养模式

学校通过以完成工作实践项目为主，集比赛、训练、研发、服务于一体的汽车类高职复合创新型人才培养方案的组织实施，解决了具备扎实功底和高超技艺的高职汽车专业复合创新型人才如何培养的难题。BSC 团队成员在职业岗位适应性、知识能力体系、团队协作能力和职业素养等方面得到了针对性地培养与实践，与普通专业毕业生相比具备工程实践能力强、创新意识好和心理准备充分的优势。

人才培养模式、团队建设模式及人才培养成效，得到了原教育部党组书记、部长陈宝生的支持与肯定，并给学校 BSC 团队回信："在你们身上，我欣慰地看到了职教学生良好的素质、扎实的功底和高超的技艺，感受到了职教学生精益求精的工匠精神、敢为人先的创新精神、互助互信的团队精神"。同时希望"让高质量的学生成为职业教育的品牌和代言人"。

（二）基于工程实践项目的人才培养成效显著

开展工程实践教育，实现了教学相长。学校通过对汽车相关专业人才培养改革项目的持续推进与深化，BSC 团队专业理论、专项技能和创新能力得到了大幅度提升。学生团队先后获得 2017 年、2018 年中国汽车工程学会巴哈大赛职校组一等奖，2019 年夺得巴哈大赛襄阳场地赛和白山站森林赛的职校组冠军、年度赛季总成绩职校组冠军（图 4）。

图 4　BSC 团队 2019 年度巴哈大赛获奖证书、奖杯

教师团队获得全国新能源汽车关键技术技能大赛汽车装调工项目职工组一等奖，获评全国技术能手 3 名、江苏工匠 1 名（图 5~图 7）。

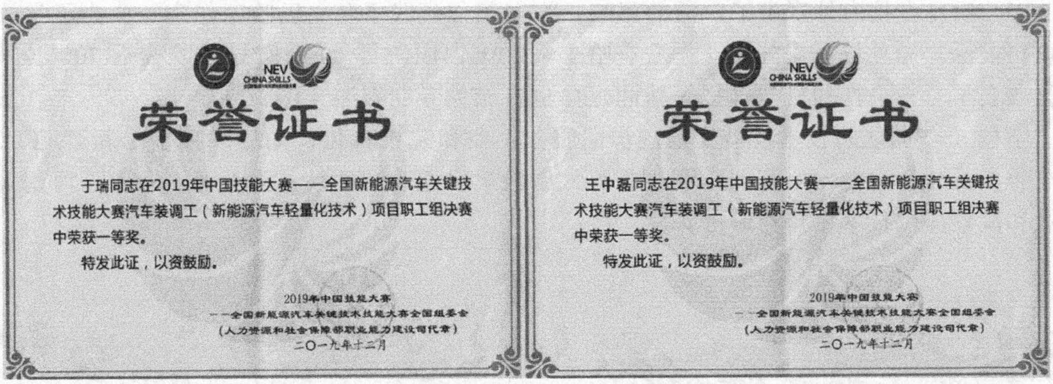
荣誉证书

于瑞同志在2019年中国技能大赛——全国新能源汽车关键技术技能大赛汽车装调工（新能源汽车轻量化技术）项目职工组决赛中荣获一等奖。

特发此证，以资鼓励。

2019年中国技能大赛
——全国新能源汽车关键技术技能大赛全国组委会
（人力资源和社会保障部职业能力建设司代章）
二〇一九年十二月

荣誉证书

王中磊同志在2019年中国技能大赛——全国新能源汽车关键技术技能大赛汽车装调工（新能源汽车轻量化技术）项目职工组决赛中荣获一等奖。

特发此证，以资鼓励。

2019年中国技能大赛
——全国新能源汽车关键技术技能大赛全国组委会
（人力资源和社会保障部职业能力建设司代章）
二〇一九年十二月

图 5　BSC 教师团队获得中国技能大赛一等奖

荣誉证书

授予王中磊同志

全国技术能手荣誉称号

中华人民共和国人力资源和社会保障部

荣誉证书

授予于瑞同志

全国技术能手荣誉称号

中华人民共和国人力资源和社会保障部

荣誉证书

授予倪晋尚同志

全国技术能手荣誉称号

中华人民共和国人力资源和社会保障部

图 6　BSC 团队指导教师获评全国技术能手

团队获得 1 项发明专利授权、36 项实用新型专利授权（学生为第一发明人 17 项），全国高等职业院校“发明杯”大学生创新创业大赛一等奖 5 项、全国“TRIZ”杯大学生创新方法大赛一等奖 1 项（图 8），完成省大学生实践创新项目 3 项，省级优秀毕业设计 1 项。

团队作品先后在 2016 年南京教育教学装备展示会、2017 年江苏大学生创新创业优秀成果交流展示会（图 9），2019 年全国汽车职业教育年会等大型活动中作为示教作品参展。

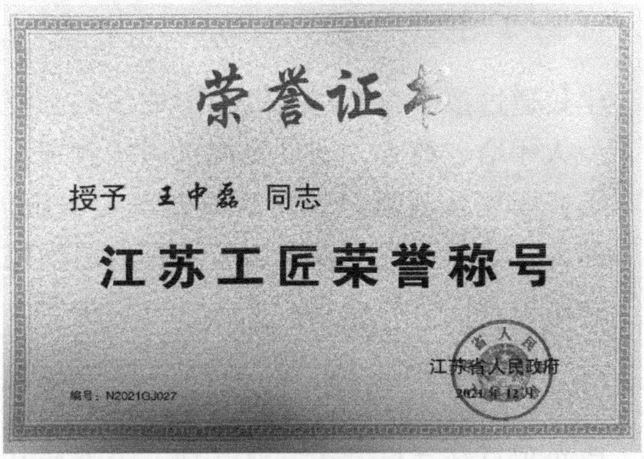
荣誉证书

授予　王中磊　同志

江苏工匠荣誉称号

江苏省人民政府
2021年12月

编号：N2021GJ027

图 7　BSC 团队指导教师获评“江苏工匠”

第六届全国“TRIZ”杯大学生创新方法大赛

获奖证书

学　　校：常州工程职业技术学院
作品名称：仓储用小型重载新能源搬运车
创新方法导师：姜淑华　　专业指导教师：皮连根
参赛作者：唐祥祥、顾怀践、林余凯、姚惹、傅洋
在本届大赛中获得发明制作类　一等奖

二〇一八年五月

证书
Certificate

作品名称：仓储用小型重载新能源搬运车
推报学校：常州工程职业技术学院
作品奖项：第十四届全国高等职业院校“发明杯”大学生创新创业大赛　一等奖
团队成员：杨威风　王文杰　陆静　鲍鹏宇　陈慧斐
指导教师：皮连根　倪晋尚

二〇一九年十月

图 8　BSC 团队创新类大赛一等奖

BSC 项目在校内外产生了广泛的影响，汽车工程实践平台（巴哈工作室）成为了学校对外宣传展示、专项教育主阵地，先后有哈工大、无锡职院等 40 余所兄弟院校近 200 名师生同行参观学习，央视和科技日报等新闻媒体也有相关专题报道（图 10）。

学校 BSC 团队的技术技能积累逐步向服务企业和院校转化，先后承接了全新奔驰 C260 轿车整车拆分和智能网联实训车辆改装等大型教学仪器改造项目，为上海、云南、河南等地企业和院校提供技术支持与服务。

图 9 BSC 团队赛车作品在南京参展

图 10 学院副院长周勇参加央视媒体直播

四、经验总结

（一）主要经验

学校通过多年改革与实践，形成了“工程实践项目引领、赛训研服一体”的汽车类复合创新型人才培养模式，即以完成工程实践项目为载体，集比赛、训练、研发、服务于一体的汽车类高职复合创新型人才培养方案与实施体系。确立了“学生主体、教师指导、团队运管”的人才培养和教学改革创新项目的组织建设管理原则，创新了“做中学、做中教、做中研”和学生自主管理途径。

（二）存在问题

改革项目在建设“多专业互动、上下届互助、校行企互联”的复合创新型人才培养平台方面的开创不够，具体工程实践项目需要根据产业发展和区域企业需求进行拓展与更新，同时需要全国性的行业学会、全国相关行指委的引领指导。

五、推广应用

（1）通过开展工程实践教育证明，高职生并不是分流的失败者，只要培养方式方法得当，在与本科院校同场竞技中同样可以出彩， BSC 团队企业化地设置了队长、经理、会计和项目组长等岗位，职场氛围浓厚，多数团队成员毕业后在维修服务、车辆改装、整机厂和汽车零部件设计制造企业快速成长为技术骨干。

（2）本案例可为高职院校相关专业开展高质量技术技能人才培养提供参考与借鉴，同时也可为参加大学生系列比赛、竞赛的团队建设提供参照，希望在此基础上有更多创新与实践。

学术研究案例

"适合的教育"理念下完善江苏高职院校分类考试招生制度的政策研究

韦庆昱

一、研究背景

（一）国家加快推进高职分类考试招生改革

分类考试是高考改革历程中具有里程碑意义的一次制度变革。它将高职院校从高等院校"统考"的制度安排中解放出来，实现了招生考试制度与高等学校分类发展的结合。2014年国务院出台《国务院关于深化考试招生制度改革的实施意见》，明确"分类考试、综合评价、多元录取"为高考招生制度改革的方向，要求2015年通过分类考试录取的学生占高职院校招生总数的一半左右，2017年成为主渠道。分类考试的招生制度立足高职院校的组织特性及生源供给结构的现实，针对不同生源设计不同的考试招生方式。

（二）江苏省推进高职分类考试招生的改革实践

江苏省高职院校分类考试招生的类型主要包括提前招生（2017年以前称为单独招生）、对口单独招生、面向中职学生注册入学和注册入学。自2007年启动高职单独招生以来，江苏省推进高职分类考试招生改革实践的步伐从未停止。当前，江苏省根据《国务院关于深化考试招生制度改革的实施意见》（国发[2014]35号）《国务院关于印发国家职业教育改革实施方案的通知》（国发[2019]4号）和《江苏省深化普通高校考试招生制度综合改革实施方案》等文件精神，主动适应经济社会发展对职业教育质量提升的要求，以建立分类考试、综合评价、多元录取的"职教高考制度"为目标，完善以"文化素质+职业技能"为主的多样化考试招生办法，扩大高校招生自主权，拓宽各类人群接受高等职业教育的入学途径，通过考试招生制度改革，促进职业院校深化教学改革，推进现代职业教育体系建设，探索高素质技术技能人才培养规律。建立"职教高考制度"，完善以"文化素质+职业技能"为主的多样化考试招生办法内在地彰显了以"适合的教育"理念与方法构建职业教育人才考试选拔制度的必要性。

（三）分类考试招生制度研究存在的问题

目前的已有研究主要聚焦以下三个方面：

1. 关于"适合的教育"核心理念的研究

《国家中长期教育改革和发展规划纲要（2010—2020年）》提出要"关心每个学生，促进每个学生主动地、生动活泼地发展，尊重教育规律和学生身心发展规律，为每个学生提供适合的教育”。江苏省教育厅厅长葛道凯在《光明日报》（2017 年 12 月 14 日）撰文指出：“适合的教育”才是最好的教育。认为“适合的教育”是以人民为中心、素质教育、因材施教在新时期新阶段的一种应用，应是问题导向，不是一把“万能钥匙”。对政府来说，要发展“适合的教育”；对学校来说，要提供“适合的教育”；对学生与家长来说，要选择“适合的教育”；对社会来说，要支持参与“适合的教育”。“适合的教育”要适合学生、社会、地区和国家，做到适合不同。江苏省教科所原所长成尚荣认为每个学生的天赋和秉性、兴趣和爱好，千差万别，各不相同。即使是同一个学生，在不同的成长阶段，他的认知能力、兴趣与关注点也是不相同的。一旦教育太注意统一性，忽略差异性；只强调共性，而忽视了个性的时候，教育就成为了“禁锢”，禁锢了学生发展的自由和成长的无限可能。打破禁锢，创造“适合的教育”，是适应人自身发展的需要，也是“育人为本”的实践体现。只有“适合的教育”，才能让学生在校园里生活得更加幸福，更有尊严（人民教育，2010）。

2. 对国外高职院校招生政策的相关研究

国内学者已经关注到国外尤其是职业教育发达国家的高职院校招生政策。杨尊伟（2015）介绍了国外高职院校招生政策的三种主要类型、完善的教育招生考试制度，并从不同维度分析了国外高职院校招生政策的基本特征及对我国高职院校招生政策的启示。

3. 对高职院校分类考试招生制度的实施现状及实践探索的研究

黄为、张智敏（2016）分析了国家提出的高职院校分类考试招生制度的目的与指向，探讨了高职院校实施分类考试招生的理论基础；基于国家、学校、学生等利益相关者的视角，分析了高职院校实施分类考试招生的政策效应。赖晓琴（2013）从高职院校招生考试制度现状着眼，重点分析了其中的不足，提出了针对性的改革措施。田建荣（2017）系统分析了高职院校招生考试的历史变迁与现实困境，探讨了高职院校“单独招生”的实施与成效，并从不同维度阐述了高职院校分类考试的创新性、合理性与重要性，最后为当前高职院校分类考试在实施过程中面临的三重困境提出了完善高职院校分类考试的推进策略。

梳理相关研究，我们可以看出，已有的研究一方面聚焦于高职院校分类考试招生制度改革理论基础、历史沿革与发展进程以及实践探索，另一方面尤其关注一些高职院校提前招生、对口单招等招生制度实施过程中的困境、问题及相应改进策略。此外，“适合的教育”不仅是根据学生的差异，为在校学生提供“适合的教育”，也应该根据职业教育的规律，将“适合的教育”的理念贯穿教育的整个过程，建立适合的职业教育考试招生制度，选拔适合职业教育的人才。整体说来，已有研究对高职院校分类考试招生制度实施成效、存在的现实问题和原因缺乏系统研究。

（四）对江苏高职院校分类考试招生制度改革实施成效关注不够

就已有的研究来看，对江苏省高职院校分类考试招生制度的成效、主要问题及成因关注不够。“适合的教育”理念如何渗透不同类型招生制度的运行机制和相关政策制定以及如何基于“适合的教育”理念进一步思考完善江苏省高职院校分类考试招生制度的政策仍需要深入研究。

二、研究思路

第一步，“适合的教育”对完善高职院校分类考试招生制度的重要性与必要性研究。“适合的教育”核心内涵就是承认差异、尊重差异，为不同学生的成长提供多样化的教育选择，这与高职分类考试招生制度改革的初衷在某种意义上不谋而合。厘清两者之间的关系，对完善高职院校分类考试招生制度有重要意义，这是本研究的逻辑起点。

第二步，高职院校分类考试招生制度演变与相关问题研究。主要探讨高职院校分类考试招生的意义与内涵，江苏省高职院校分类考试招生制度的缘起、内涵与演变，高职院校在高职院校分类考试招生中的职能定位。

第三步，江苏省高职院校分类考试招生制度成效与问题的调查。以江苏省为例，主要以各高职院校领导、招生负责人、教师和在校新生为对象，主要采用问卷调查、座谈访谈等方法，广泛调查各地不同类型高职院校分类考试招生制度的运行机制与实施成效，总结不同类型高职院校分类考试招生制度实施中存在的问题，剖析问题的成因。

第四步，高职院校校园开放的实践研究。江苏高考人数呈断崖式下降，高职院校间竞争更加激烈，“校园开放”作为重要宣传途径，是高职院校的必然选择。高职院校要制订“校园开放”管理制度，发挥宣传媒体舆论作用，丰富“校园开放”活动形式，推进高职院校“校园开放”常态化发展。

第五步，基于“适合的教育”理念，提出完善江苏省高职院校分类考试招生制度的政策建议。以江苏省为例，围绕职能定位、运行机制和政策调整等内容，提出完善高职院校分类考试招生制度的政策建议。一是省级政府要加强统筹，进一步加强与周边省份的招生协作，如提前单招跨省域的协同招生；二是教育主管部门要着眼于完善现代职教体系建设这一大局，基于学生的发展诉求和职业成长需要，破除提前招生和对口招生学生学历提升的“天花板”，如“3+2 专本贯通”也在提前招生阶段投放招生计划；三是高职院校尊重学生的现实差异和特点，进一步完善“综合素质评价+职业适应性测试”考试招生制度，进一步探索并完善“分层教学、分层管理、分类引导”的教育教学模式。

图 1 为研究思路简图。

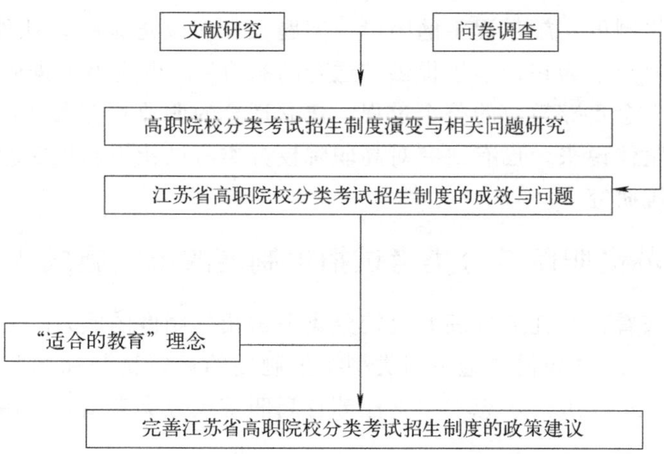

图 1　研究思路

三、开展的研究、实践及成果

（一）江苏省高职院校提前招生政策的实施成效、现实困境及对策建议

高职院校提前招生政策是贯彻《国家职业教育改革实施方案》，推进高职院校考试招生制度改革的重要内容。通过选取江苏省22所高水平高职院校建设单位为研究样本，系统了解高职院校提前招生制度的历史沿革，分析高职院校提前招生政策的实施成效及面临的现实困境，着眼于推动高职教育高质量发展的时代背景，以办人民满意的教育和为学生提供适合的教育为高职院校考试招生制度改革的逻辑起点，探索构建遵循高等职业教育技术技能人才成长规律的招生选拔方式。

1. 江苏省高职院校提前招生政策的实施与成效

2018年1月，江苏省教育厅和江苏省财政厅联合公布江苏省高水平高等职业院校建设单位名单，22所高职院校入选高水平高职院校建设单位（以下简称为高水平高职院校）。从整体上看，22所高职院校是江苏省高等职业教育加快推进高质量发展的典型代表，是目前江苏省高等职业教育发展的“领头雁”和第一方阵。以22所高水平高职院校的分类招生制度为例，通过提前招生的招生简章、招生计划等文本比较，分析这些高职院校提前招生的总体情况及基本特点，从而深入系统地了解江苏省高职院校提前招生政策，也是进一步改进和完善江苏省高职院校分类考试招生制度的样本参考。

（1）提前招生的实施状况。

首先，提前招生计划的占比情况。提前招生的生源主要是已参加当年普通高考报名的学生。根据各个学校公布的招生计划数据，2019年，在22所高水平高职院校中，提前招生计划数多于普通招生计划数的院校有6所，占比为27.27%。22所院校中的21所院校提前招生计划数多于其对口单招计划数（含中职注册），21所高职院校的提前招生计划数超过了其分类招生计划数（提前招生计划数与对口单招计划数总和） 50%以上（如表1所示）。换言之，提前招生已经成为江苏省高水平高职院校分类考试招生的主渠道。

表1　2019年江苏省22所高水平高职院校招生计划数一览表

院校名称	提前招生	对口单招(含中职注册)	普通招生(含普招注册)	总计划数	提前招生计划占总计划比例
G1	1200	710	2556	4466	26.87%
G2	1780	1230	3369	6379	27.9%
G3	1000	888	2061	3949	25.32%
G4	2400	1635	2113	6382	37.6%
G5	1700	470	3233	5403	31.46%
G6	2248	490	2488	5326	42.2%
G7	1335	540	2323	4515	29.57%
G8	2150	1000	3167	6442	33.37%
G9	210	120	1453	1783	11.78%
G10	1450	850	1862	4162	34.84%

续表

院校名称	提前招生	对口单招(含中职注册)	普通招生(含普招注册)	总计划数	提前招生计划占总计划比例
G11	1000	1350	3627	5977	16.73%
G12	1625	561	1941	4127	39.37%
G13	2403	780	1882	5065	47.44%
G14	1550	1200	1159	3909	39.65%
G15	2025	1040	1906	4971	40.73%
G16	2300	735	4413	7448	30.88%
G17	1950	635	2952	5537	35.22%
G18	2050	1485	1242	4777	42.91%
G19	1360	670	2716	4746	28.66%
G20	1620	0	1450	3070	52.77%
G21	1500	600	2345	4445	33.75%
G22	1525	710	2065	4300	35.47%

注：1. 数据来源于各个院校公布的计划数，单位：人。

2. 根据江苏省提前招生工作的通知，该批次未完成的计划可列入普招计划执行，因此部分院校总计划汇总数大于年度核定的总招生计划数。

其次，提前招生计划的年度比较。江苏省普通高考报名人数从2009年的54.63万人，连续下降至2017年的33.01万人（如图2所示）。2018年普通高考报名人数为33.15万人，近十年来首次出现增长，较2017年增加0.14万人，2019年高考报名人数较2018年增长约0.75万人。江苏省是高等教育大省，有普通高等学校167所，其中高职院校90所。普通高考生源的急剧减少，导致许多高校面临着严重的生源不足危机。由于普通高招中高职院校的录取在本科院校之后且高职院校的数量远超过本科院校数量，因而高职院校面临的生源危机更为突出。纵向比较来看，整体上，2017—2019年22所高职院校中的大部分院校提前招生计划数都呈现下降趋势。22所院校中2018年提前招生计划数超过2017年的院校数量不到其中的一半（如图3所示）。

图2　2008—2019年江苏省普通高考报名人数一览图

注：数据来源于江苏省教育考试院公布的数据。

再次，提前招生的考核方式。2007年到2016年，高职提前招生的考核方式从试点初期的笔试与面试相结合，逐渐形成了“文化素质+技能考核或面试”，考核内容由单一的言语

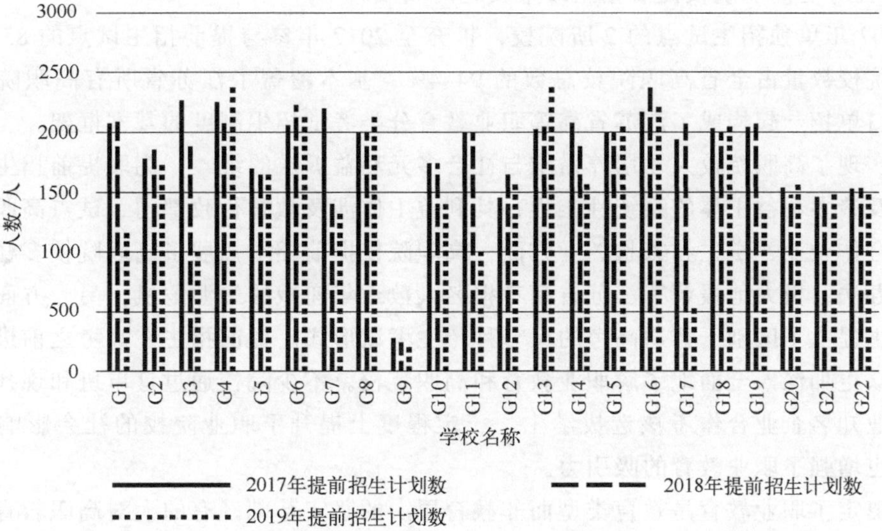

图3　2017—2019 年江苏省 22 所高水平高职院校提前招生计划数对比图

注：数据来源于各个院校公布的计划数。

表达和反应能力等通识性测试转变为对学生职业倾向、技能等综合素质的考核评价（如表 2 所示）。与此同时，省级教育主管部门开始下放一些组织管理权限，试点高职院校在提前招生考核与录取等组织工作中的自主权逐渐扩大，对免文化测试、优先录取等政策进一步规范。

表 2　江苏省高职院校单独招生（提前招生）考核方式变革统计表

年度	文化测试	技能考核或面试	优先录取政策
2007—2008 年	由学校自行命题、考试	面试	
2009—2010 年	由学校单独或联合组织进行文化考试	结合高中学业水平考试成绩，以职业技能测试为重点进行考核	
2011—2015 年	1. 江苏省教育考试院对语文、数学、外语 3 门进行统一命题、考试和评分，成绩以 A、B、C、D 共 4 个等级呈现 2. 也可以由院校申请自行组织文化测试	进行技能考核或面试	对学科竞赛、技能大赛、创新实践活动有突出表现、体育艺术特长生可制定优录政策
2016—2018 年	1. 不再自行组织文化测试，统一由江苏省教育考试院对语文、数学、外语 3 门进行统一命题、考试和评分，成绩以 A、B、C、D 共 4 个等级呈现 2. 高中学业水平必修科目成绩优秀的考生可申请免文化测试	1. 是否进行技能考核或面试，由院校自主决定 2. 免文化测试的考生，须进行技能考核或面试	1. 不得以“校长推荐”的名义免试录取 2. 新增招生退役士兵试点工作 3. 对学科竞赛、技能大赛、创新实践活动有突出表现、体育艺术特长生可制定优录政策
2019 年	所有报名考生均须参加省文化联考，语文、数学、外语三门科目成绩全部以原始分数呈现，各校自行规定文化成绩要求	各校结合自身办学特色和专业培养要求，对考生进行技能考核或面试	

（2）江苏省高职院校提前招生政策实施的成效。

从2007年单独招生试点的2所院校，扩充至2017年参与提前招生试点的85所院校，试点高职院校数量占全省高职院校总数的94.4%，基本覆盖了江苏省所有高职院校，提前招生与对口单招一起构成了江苏省高等职业教育分类考试招生制度的基本框架。

一是实现了高职院校人才培养需求与社会多元利益诉求的统一。高职提前招生政策改革是一项涉及诸多利益主体的系统性工程，其利益主体涉及教育行政部门、试点高职院校、高中、相关合作企业、学生和家长。一方面，高职院校提前招生拓展了高职院校多样化的考试招生选拔办法，极大地缓解了江苏省高考报名人数逐年递减的生源危机，另一方面，为普通高中毕业生提供了区别于普通高考的又一种招生考试形式。提前招生在高考之前进行，有助于社会大众更加深入全面地了解职业教育和高职院校。不少院校通过订单班和现代学徒制等形式与行业知名企业合作考核选拔学生，一定程度上提升了职业院校的社会影响力和知名度，进而也增强了职业教育的吸引力。

二是奠定了职业教育是教育类型而非教育层次的坚实基础。有的人对高职教育和高职院校有偏见的原因在于高职院校考核录取方式基本与本科院校无异。依托学生的高中学业水平考试成绩和高考成绩进行录取，且录取批次在本科院校录取批次之后，让职业教育沦为“差生教育”和低于本科教育的“低层次教育”。提前招生改革试点改变了高职院校以往单纯考核学生的高中学业水平考试成绩和高考成绩这种固化的考核方式，考核方式由单一的知识性评价逐渐转变为综合素质评价，逐步形成了凸显职业教育特色、契合技术技能人才成长特点的“文化测试+职业综合素质”考核模式，这样的变化表明，高职院校开始探索符合职业教育技术技能人才成长规律的人才招考方式，选拔符合其自身培养需求的合适生源，这无疑也奠定了职业教育是教育类型而非教育层次的坚实基础。

三是实现了考试招生要求从粗略模糊到准确规范的转变。从2007年到2010年，江苏省高职院校单独招生工作由试点院校自行组织报名、命题、考试、评卷和录取。省级教育主管部门未对高职院校单独招生工作作出具体明确的要求。自2011年开始，江苏省在试点办法中，对院校的招生简章、报名方法、文化测试与技能考试、录取办法等多个环节做出指导性意见，开始完善并逐步规范单独招生的相关工作要求。2011年，江苏省国家示范性（骨干）高职院校单独招生改革试点办法规定，参加单独招生改革试点的高职院校制定招生章程，在招生章程中明确本校报考条件、文化测试科目、技能考核或面试办法、录取规则、收费标准等。各校招生章程须报省教育考试院，经审核后向社会公布。2017年，江苏省高职院校提前招生改革试点通知规定，院校应严格按照教育部的要求，制定本校提前招生简章，明确本校报考条件、文化科目要求、技能考核或面试办法、录取规则、咨询方式、收费标准、监督机制、申诉渠道等，表述要准确、规范、清晰，避免产生歧义或误导考生。由此可见，在江苏省高职提前招生改革试点的发展历程中，其招考程序和相关工作要求由试点初期的粗略模糊走向准确规范，充分彰显了高职提前招生政策的人本特征，即致力于为每一位选择高职提前招生入学方式的考生提供公平而有效率的入学机会。

2. 江苏省高职院校提前招生政策实施过程中的现实困境与对策建议

（1）高职院校提前招生政策实施过程中的现实困境。

一是存在考试内容流于形式、评价方式过于简单问题。提前招生“文化测试+职业综合素质”考核模式已经开始突破以往过于关注学生学业评价和高考成绩的习惯性观念，开始结合高职院校的特点创新招生考试的新方式，注重综合素质评价，凸显技能考核的重要性。但是，在职业综合素质或职业适应性考核环节，还没有形成统一的标准与规范，各个院校都自主选择不同的考试方式，主要侧重于职业倾向或心理层面考核，缺少专业分类的针对性考核，技能考核的实际操作性不强。与此同时，在高考报名人数逐年下降的大背景下，一些院校提前招生的实际报名数达不到其计划数，这些高职院校面临着无法筛选的尴尬境地，技能考核或者面试流于形式。从 2017 年起，对参加省文化联考的考生是否参加面试或综合素质评价不作具体要求。形式化的考核评价方式可能导致录取的生源整体质量下降。

二是高职提前招生的学生无法公平享受到同普通高考录取学生对等的权利。与普通高考招生录取批次相比较，高职提前招生学生的升学通道存在一定的阻隔 “天花板”。高职院校“3+2”专本分段培养专业、“4+0” 高职与普通本科联合培养试点项目基本都不投放在高职提前招生批次。此外，高职院校在提前招生批次也少有投放中外合作办学的专业计划。面对同样的招生宣传群体，政策上的差异在一定程度上削弱了其填报的积极性，也与“立交桥式贯通”的现代职教体系建设理念不相符。

三是存在混合编班、同一人才培养方案现象。自高职院校提前招生改革试点以来，主要面向普通高中毕业生。高职院校提前招生改革试点的逻辑起点是为高职院校选拔“合适”的人才，并向其提供适合的高质量教育，进而培养高素质技术技能人才。从当前现况观之，对大多数试点院校来说，提前招生录取的学生既有单独设置编班，也有与高考录取学生混合成班，但无论是哪种编班形式，其教学内容、教学方式和管理模式都是一样的，这实际上背离了高职提前招生选拔合适人才的改革初衷，也弱化了其实际作用及功能。

（2）完善江苏省高职院校提前招生政策的对策建议。

提前招生试点要遵循高职教育人才选拔规律和科学培养的价值导向，有利于高职院校根据职业技能人才成长规律选拔“合适”的生源，培养新时代德技并修的高素质技术技能人才。

一是优化完善高职院校提前招生考核方式，因材施考，加大职业技能考核比重。2019 年，《江苏省高等职业院校考试招生制度改革实施方案》提出建立“职教高考”制度，以“分类考试、综合评价、多元录取”为基本原则，以“文化素质+职业技能”为考试招生办法，扩大高职院校的招生自主权，拓宽各类人群接受高等职业教育的入学途径。对高职院校而言，要充分利用其在高职提前招生政策中的自主权，在省级提前招生的宏观政策框架内，不同的院校结合自身办学特色，进一步突出高职院校提前招生考核方式的“职业性”和“应用性”，面向不同招生对象精准厘定适合的考试内容、形式及录取办法，科学选拔人才，因材施考、综合评价，择优录取。

二是以增强职业教育吸引力和选拔合适人才为行为逻辑，以职业生涯教育与职业教育体验为抓手，举办形式多样的交流与宣传活动。立足当下高中阶段学生职业生涯教育淡化、边缘化的现实状况，一方面提前招生试点高职院校要常态化“走出去”，通过线上全过程宣传和线下宣讲与体验相结合的方式与高中学校尤其是友好学校或生源基地保持密切联系，全方位宣传学校的特色与优势，同时也安排资深教师走进高中，在心理抗压能力和职业选择等方面为高中学校提供专业化指导；另一方面要适时将高中师生和家长“请进来”，如举办校园开放日，职业教育体验周活动，让高中师生和学生家长走进高职院校、走进实验实训室、开展职业体验活动等，促进学生和家长对高等职业教育的了解和理解，提升高职院校的社会美誉度和吸引力。

三是探索构建提前招生录取学生的分类培养模式。一方面，针对不同生源特点，分类编制人才培养方案，采取灵活多元教学模式，创新教学组织和考核评价方式。提前招生录取的学生单独编班，单独设置人才培养方案，在教学内容、教学方式和管理模式及评价方式上区别于高考录取学生，形成凸显职业教育特色、技术技能型人才成长特点的培养体系，充分发挥高职院校提前招生对技能型人才的选拔功能。另一方面，确保提前招生录取考生享受与普通高考录取考生平等的权利。贯通提前招生批次录取学生的升学通道。将高职院校“3+2”专本分段培养专业、“4+0”高职与普通本科联合培养试点项目和中外合作办学项目投放在高职提前招生批次。

四是高职院校扩招 100 万背景下，高职院校提前招生政策将大有可为。 2019 年政府工作报告中提出高职院校扩招 100 万人。除招生工作中主流生源的应届高中毕业生外，鼓励退役军人、下岗职工、农民工等报考高职院校。针对退役军人、下岗职工、农民工等报考群体，更要分类确定录取标准，择优录取，构建适合这一考生群体现实基础的考试与招生录取方式。提前招生作为高职院校的自主招生方式之一，具有灵活性和适应性的显著特点，可以积极探索创新考试招生形式，满足不同类型生源的多元化入学需求，主动适应江苏省及区域经济社会高质量发展对职业教育（高职院校）培养高素质技术技能人才的要求。

（二）高职院校实现扩招 100 万目标的困境与路径选择

高职扩招 100 万是应对“云物大智移”等互联网技术交融渗透对实体经济影响的战略举措之一，亦是高等职业教育发展的重大机遇。目前，生源哪里来、资源谁来投、人才如何育、就业如何导等四个方面困惑亟待解决。帮助高职毕业生高质量就业，提高企业参与办学的积极性，落实分类招生分层指导，实施内部治理提升人才培养质量等四大措施，能有效促进扩招政策迅速落地。

1. 实现扩招 100 万的四大困境

一是招生工作困境。其一，传统生源总量低位运行。目前高职院校招生的传统生源主要是高中、中等专业学校、职业中专和技校的应往届毕业生。2017 年出生人口比 2016 年减少了 63 万人、出生率比 2016 年下降了 0.52‰，这一数据比日本的出生率还低，中国人口自然增长率下降到了 5.32‰的低生育水平。高职教育适龄人口数量也不可避免地下降，如江苏省 2009 年高考报名人数为 54.63 万人，到了 2018 年这个数据下降到 33.2 万人，与此同时江苏本科的招生人数还在持续增加。因此高职院校传统生源总量低位运行，部分高职院校甚至出现“生源荒”，这一情况短期内不可能出现根本性变化。其二，社会人员报考率有待检验。 2019 年 2 月广东省印发了《广东省职业教育“扩容、提质、强服务”三年行动计划（2019—2021 年）》，预计到 2021 年新增 12 万个以上高职学位。江苏省教育厅葛道凯厅长 2019 年 4 月份接受《中国青年报》采访，江苏高职在校生容量可以增加 18 万，最多可以增加 27 万。 2019 年 4 月江苏发布《江苏省高等职业院校面向社会人员开展全日制学历教育试行办法》，新增高职学位主要服务于退役军人、下岗职工以及农民工等社会人员，专业设置、录取方式、学习方式和就业质量成为报考者最为关注的热点，能否吸引他们积极报考，有待检验。其三，招生宣传难度增加。目前高职院校招收传统生源，主要通过自主招生（部分省份叫提前招生、单独招生等）、高考、注册入学、对口单招等方式录取。扩招后又将产生一个新的招生形式。生源多元化、方式多样化、宣传周期全年化、宣传范围扩大化，高职院校招生宣传难度势必大大增加，招生工作中的人力、物力、财力的投入将呈倍数增长。应往届高中（中职）毕业生集中在校园，可以统一宣传，而退役军人、下岗职工以及农民工等比较分散，易造成招生宣传范围变化很大，甚至会造成招生宣传找不到学生现象。

二是资源投入困境。其一，政府资源投入落地需要时间。2019 年 4 月 30 日，国务院常务会议确定了使用 1000 亿元失业保险基金结余实施职业技能提升行动的措施，提高劳动者素质和就业创业能力，讨论通过高职院校扩招 100 万人实施方案，加快培养各类技术技能人才促进扩大就业。广东、江苏等经济发达省份陆续制定了配套政策，但是经费哪里来、师资如何扩及宿舍怎么建等具体措施需要实践检验后才能明朗。其二，非传统生源学习投入有限。以江苏为例，2019 年高职新增学位主要用于招收社会人员，具体为具有本省户籍或在苏务工（需提供 6 个月以上劳动合同证明）、具有高中阶段学历或同等学力及以上的企事业单位在职职工、退役军人、进城务工人员及待业人员等。他们在社会中大多具有固定的角色定位，有的已经为人父母，需要承担社会及家庭中的工作职责和生活责任，这会消耗他们大部分的时间和精力，对其学习动机和主观能动性产生客观阻碍。其三，高职院校教育管理资源投入不足。高职扩招 100 万的目的是为产业发展提供技术技能型人才保障，扩招后相应师资力量、实训条件、宿舍容量等都亟待改善。为确保扩招后的生师比，教师队伍建设势必要加大力度，外引内培，以“四有”标准打造数量充足、专兼结合、结构合理的高水平“双师”队伍。既要引进一些名校博士毕业生，培养成行业有权威、国际有影响的专业群建设带头人，也需要招聘一些了解企业产品工艺，能解决生产技术难题的人才。实训基地扩容和新建学生公寓需要时间和经费，除了学费外，政府配套拨款要迅速到位，确保高质量高标准完善硬件，保障生均教育资源不能下降，这些均使高职院校教育管理资源的投入面临巨大挑战。

三是人才培养困境。其一，高职院校学生管理难度增大。高职院校在实施扩招计划时，不是为了完成扩招的招生计划，也不是为了招生而招生，而应站在社会经济高质量发展的角度完成扩招任务。生源多样化，非传统生源人才培养与传统生源的人才培养差异较大，培养难度也相对较高。高职院校招收传统生源均为全日制在校生，实施统一教育及管理。而非传统生源由于入学分散，教育教学及生活均无法实现统一管理，给高职院校学生管理工作提出了新的课题。其二，人才培养方案实施困难。高职院校的目的是培养技术技能应用人才，针对传统生源已经形成较为完善的人才培养方案，培养方案的实施也形成了一种较为成熟的模式。但是针对退役军人、下岗职工以及农民工等生源，由于其基础文化水平参差不齐，且生源个体发展方向差异较大，无法形成完全统一的人才培养方案。要实现人才的高质量培养，需要针对个性化生源制定专门的人才培养方案，甚至要实现一人一方案，这就对高职院校的人才培养提出了较大的挑战。另一方面，高职院校现有的人才培养评价体系与非传统生源的人才培养完全不同，无法对非传统生源的人才培养进行评价，这也是高职院校对非传统生源人才培养的一大难题。

四是就业指导困境。高职院校旨在培养技术技能型应用人才，相关院校的就业指导也完全是针对传统生源的全日制学生进行，有着基本完整的就业指导体系。扩招 100 万后，生源多样化，新增退役军人、下岗职工以及农民工等社会人员，相关高职院校现行就业指导体系就必须做出相应调整。不管是退役军人、下岗职工或是农民工均有自己的就业背景，高职院校需要结合生源的就业背景，宏观考虑当前就业状况，对非传统生源做出特定的就业指导，甚至是一对一的就业指导。

2. 推进扩招工作的路径选择

关键点：高质量就业和相应社会尊重。社会尊重和公平就业是影响高职教育发展的一个重要因素，高职院校绝大多数是由中专校单独或者合并升格而来，20世纪八九十年代的中专技校由行业或大型国企办学，招生即就业，毕业生实习有保障，就业更不用愁。目前学历高消费现象盛行，如公务员招考岗位学历要求本科以上的比例高，很多大型国有企业如电力系统、水利系统内企业，他们公开招聘应届专科毕业生的信息很难找到，这些现状削弱了高职毕业生参加公平竞争的机会。高职院校扩招100万的出发点不仅仅在于扩大规模，更在培养一大批技术品行过硬的大国工匠。《国家职业教育改革实施方案》明确了职业教育与普通教育是两种不同教育类型，具有同等重要地位，加快落实文件精神，提升高职毕业生就业质量和社会尊重的顶层设计，是高效快速实现扩招100万的关键。

突破点：提高企业参与办学动力。《国家职业教育改革实施方案》明确指出企业参与办学的动力不足，高职扩招100万归根到底是为企业培养各类人才，显然圆满完成扩招100万的突破点在企业。企业追求经济利益最大化无可厚非，它们与高职院校合作共同办学，必然会增加运行成本，如果要鼓励它们参与办学要让它们获得有效人力资源，这样才能增加企业的内生动力。2019年3月29日江苏发布《江苏省职业教育校企合作促进条例》，该条例是全国首部省级职业教育校企合作领域地方性法规，它在制度保障、经费投入、成果共享等方面为产教融合、校企合作指明了方向，能促进企业放心安心用心参与办学。

切入点：分类招生分层指导。一是制定“综合评价+技能考核”的考试招生制度。2005年上海3所高职院校率先开展单独招生改革，江苏、安徽等省份逐步推广，高职单独招生已进行多年，招生规模和社会影响日益增大，已经转变成高职人才选拔的重要形式。江苏部分高职院校在主管部门指导下，在“综合评价+技能考核”的招考制度方面做了许多有益尝试，特别是《江苏省高等职业院校面向社会人员开展全日制学历教育试行办法》明确要求试点开展社会人员招生院校采用“综合素质评价+职业适应性测试”的形式组织考试。在“综合评价+技能考核”适合职业教育发展规律的招生制度改革上狠下功夫，是圆满完成扩招100万任务重要切入点。二是坚持“以生为本，因材施教”的人才培养理念。无论是高中、中职毕业生的传统生源，还是企业员工、退伍军人、农民工的非传统生源，他们考入高职院校首要任务都通过学习来提高自身的知识和专业技能，实现自身更好的发展。相对而言，退伍军人、下岗职工以及农民工等非传统生源，其学习目的性更强，主要是为了再就业或更好就业。生源多样化的特征，需要当代高等职业教育突出因材施教这个主题，将生源多样化对传统教学模式的挑战转变为当代高职教育的亮点，既是高职教育的出路，也是高职大发展的必由之路。高职院校要充分调研“非传统生源”学习背景、学习动机以及学习目的，结合学校办学特色，以生为本，因材施教，充分提升学习育人的成效。三是建立“分类管理、多元发展”的管理服务模式。高职扩招100万后，生源类型的多样化将呈现出年龄结构差距拉大、文化水平高低不一、专业技能基础不同、学生个体差异明显增加、发展诉求差异巨大等特征。针对这种情况，为了更好地适应学生发展，同时满足社会的需求，构建“分层管理、多元发展”的管理服务模式成为首选。根据不同的生源，本着以人为本的理念，尊重生源个性化差异，针对性地制定人才培养方案和教育管理制度，坚持分类培养分层教学，助力学生多元化发展。

着力点：内部治理促进人才培养质量提升。目前高职院校全日制人才培养、教育管理模式主要建立在高中或中职毕业生基础上，着重培养学生知识和技能。扩招后生源结构势必发生变化，相应的人才培养管理模式亦要创新，但万变不离其宗的是人才培养质量。常州工程职业技术学院首创的“五纵五横一平台”院校内部质量保证体系，能有效厘清学校人才培养质量各环节上“质量保证”责任，形成“质量自治保证”良性状态。突出“全员、全程、全覆盖”，健全内部质量保证体系，强化质控指标体系的构建，促进标准链与目标链有机结合，加强信息化建设，破解“动态监测与实时预警”难题，为重大决策提供全方位支撑。将内部治理作为人才培养质量提升的着力点，将为高职扩招的实践提供有效保障。

（三）高职院校校园开放的工作内涵及运行机制设计

开放校园是“职业教育活动周”的重要内容，高职院校校园开放活动是为了更好地贯彻实施“职教 20 条”，弘扬“工匠精神”，是高质量发展的必由之路。高职院校通过加强顶层设计、完善工作机制、整合校内资源、推广信息平台和嵌入招生宣传，做到校园开放有广度、有深度、有温度、有黏度。通过固定开放日和长期开放项目相结合，推动校园开放工作有序、规范、高效开展。

1. 高职院校校园开放工作的现状

一是以政策性安排为主，主动开放意识缺乏。尽管当前校园开放工作在高职院校已被大家广泛认同，各学校均重视校园开放工作，但对校园开放的理解仍不全面，对校园开放还存在一些误区，缺乏主动开放意识。在学校层面上往往只根据上级文件要求，仅在五月份安排校园开放工作，对校园开放还停留在以落实上级文件精神为主的“微观”层面。而真正在宏观层面上对校园开放进行系统规划还有所欠缺。“明确开放日宗旨，在宣传学校的同时，注重弘扬大学精神，促进大学与社会密切联系、共同发展。美国高校开放日活动是其大学精神的直接体现。中国高校不仅要学习其活动方式，而且要突出大学精神与内涵，以不断促进大学发展。”高职院校只有在进一步明晰校园开放的宗旨，有了系统科学的规划，才能从根本上确保校园开放的长期发展。

二是以固定开放日为主，常态开放机制缺失。目前多数高职院校都会选择校庆期间或在志愿填报前选择特定的日期举办校园开放，通过展示校园文化和办学特色，以期扩大办学影响。经过多年高速发展，当前高职院校的办学条件齐备，教育教学资源丰富，校园文化和职业文化逐步形成，特别是近几年来各地各校加强了对实验实训室的建设，并在实践教育环节形成一定的优势，但高职院校的实验实训室除了院校之间的共享外，一般不对社会公众开放。随着社会的不断发展，校园日常开放必然成为趋势，高职院校应在不影响日常教学的情况下，建立一套规范化的日常开放制度，以发挥高校服务社会和文化传承创新这两项职能，让相对封闭的高校实训实验室更好地面向公众，更多地面向社会。

三是以招生宣传类为主，学生生涯规划缺位。目前多数高职院校举办的校园开放与招生咨询会相结合，仅局限于吸引考生报考，开展招生宣传为主，没有建立高职院校的校园开放与高中学生的职业生涯发展规划相衔接的机制。当前高中阶段学生鲜有职业体验的实践安排，对未来职业岗位的了解仅停留在教材或中学课堂里，学生在认识自我的同时更需了解职业。企业由于生产周期、安全管理等因素，向高中学生开放的主动性不够，而高职院校的实验实训室更接近企业生产实际，因此高职院校更要发挥应有的社会责任，让高职院校校园开放与高中学校职业生涯规划相衔接。校园开放中让更多学生走进实验室，通过专业教师展示本专业的研究成果，提高感性认识；高职院校选派专业教师，定期到高中学校开展职业规划教育，在进行招生政策宣传的同时，更要使高中学生初步了解大学的专业设置情况、相关专业的发展现状和就业前景，从而更好地帮助他们选择自己将来的专业。

2. 高职院校校园开放工作的实践要点

一是开放群体要有广度。高等职业教育要扩大影响，校园开放必须要扩大面向的群体，不仅面向中小学生，更要面向社会公众、企业人员和校友。小学生们通过参加校园开放活动，了解更多职业信息，从而进行“职业启蒙”教育。中学生通过参加校园开放活动，实时了解职业发展的新变化，通过职业体验，科学进行学业与职业生涯规划，结合个人的兴趣、特长和学习能力等进行自我认识，对未来专业选择作出科学规划。社会公众参与其中，近距离地感受职业教育在改革开放40多年来取得的成就，改变对职业教育的认识。企业与校友通过校园开放活动，在与高校互动的过程中对人才培养提出建议，更有利于高职院校培养适合行业企业需求的人才。

二是开放项目要有深度。职业教育是教育体系的一种类型，对促进人的社会化发展有着特殊作用，社会人的一个重要特点就是职业化。因此校园开放不是简单地开放校园，到校园观摩和游览，高职院校的校园开放内容要充分体现职业性。根据各个学校的特色和专业优势，推出形式多样、参与性强的体验活动，服务不同年龄段学生的体验需求。通过开放实验实训室，与科普教育宣传结合起来，让更多的公众走进实验室，亲身体验实验过程，增加对专业知识的了解，提高对专业的认知。开放智能制造类实验室，通过机器人、无人机等项目的展示体验，让参访者更加了解现代企业生产流程和产业升级进程；如开放化学检验类实验室，通过水质、空气质量检测实验，让参访者更加信任科学检测；开放现代服务类实训室，通过模拟操作和演示，让参访者更加崇尚服务理念。

三是开放服务要有温度。高职院校的校园开放日不再是“简单地打开校门，开放校园”，而是更加注重学校和公众之间的互动交流，尤其注重服务。在校园开放实践中，不仅认识要有高度，工作要有力度，服务更要有温度，要始终坚持把提高服务水平作为出发点和落脚点，让参观者感受到高职院校当前的办学水平、管理水平和服务水平。因此校园开放的服务内容、服务流程都要精心设计，能更多地从方便参观者的角度设计活动，从开放点的设置、开放线路的安排、宣传单页的设计以及便民服务的安排等细节入手，提供服务清单，明确服务质量标准；从专业讲解人员、职业体验指导师资、学生志愿服务者等组建服务团队，进行系统培训，明确工作职责，提高服务水平。

四是开放对接要有黏度。校园开放是一项体验活动，参访者的体验结果是衡量校园开放质量的关键。目前校园开放工作各高校都很重视开放前精心准备、开放中热情服务这两个阶段，往往忽视了开放后的跟踪服务，使得高校和参访者之间没有建立有效的沟通反馈机制。没有重视用反馈信息来诊断与改进工作，这很大程度上会影响开放的质量，不利于校园开放的持续健康发展。高职院校校园开放可以通过新媒体微信平台，建立信息交流，发布校园开放体验问卷调查，记录参访者的感受，重点在受访者的意见反馈上，认真总结每次校园开放中存在的问题，分析校园开放实施安排的合理性和有效性，提出改进措施，并优化到下一次的校园开放活动中。另一方面根据参访者的需要，及时将他们想进一步了解的问题给予反馈，精准服务，提高认同感。开放工作有黏度，从而更好地促进校企合作项目的前期对接，促进高校与中学教育项目的有效融合。

3. 常州工程职业技术学院校园开放工作的实践

一是加强顶层设计，牢固树立开放办学意识。高等职业教育要提升现代化办学水平，必须牢固树立开放办学的发展理念，常州工程职业技术学院坚持开放办学理念，建立“校园开放—反馈—改进”的工作机制，把校园开放建成高校与社会有效交流的平台。校园开放中办学条件、办学成果的展示、开放过程中社会公众与学校互动和交流，对社会公众而言，可以增加对高职教育的了解，对高校而言根据公众的反馈，不断改进学校的不足，其结果是一种双赢。

二是完善体制机制，保障开放活动规范运行。校园开放要规范运行，必须要有制度保障。学校层面制定《常州工程职业技术学院校园开放制度》，明确开放制度、经费保障、人员保障，使校园开放各项工作有据可依、有章可循、流程明晰。一要建立开放制度，通过制度来规范和引导校园开放，集中开放经校长办公会讨论后实施；日常开放实行先申请后实施制度，同时通过制度来明确职能部门和二级学院在校园开放中的职责。二要加强经费投放，为保障校园开放的持续发展，每年投入一定比例的经费，并对支出的项目进行明确的规定。三要加强人员保障，校园开放项目多，且开放时间更多利用双休日进行，人员涉及各个部门，管理人员、指导人员和服务人员要有保证。

三是整合校内资源，构建对外合作交流平台。常州工程职业技术学院在工作实践中做到全校联动，整合资源，丰富校园开放内容。在每年固定的两个“校园开放日”中，为学生和家长提供多个开放项目：以橱窗、图片、视频等形式展示学院办学成果和专业特色；学工处、招就处、继续教育学院、二级学院提供学业、就业及专业咨询；开放图书馆、校史馆、现代建筑技术馆、京东实训中心、民防馆、体育场馆、食堂以及宿舍；现场设置大学生科技作品展等让参观者近距离感受学院办学实力。在日常的校园开放中，根据中小学、社会团体及企事业单位的申请需求，及时做好对接，以项目化方式进行推进，落实开放的具体内容及参与人员，保证开放的质量。

四是推广信息平台，校园开放线上线下融合。常州工程职业技术学院在实践中做到线上交流，线下体验。把校园开放与移动信息技术相融合，开通校园官方微信“校园导览”功能，将新媒体运用到校园开放，以微信公众号为基础，结合学校办学成果，设计出基于微信的校园参观导览平台，导览项目包括：图书馆、会议中心、校史馆、现代建筑技术馆、CBT巴哈车队、常州检验检测认证学院、京东校园实训中心、大学生活动中心、常州民防科普教育馆、学校体育馆（场）、学生食堂、学生宿舍等。参观者关注微信公众号后发送参观点编号或者名称，即可获这些参观点的语音、图片、视频、文字等形式的介绍，等同于“私家讲解员”，微信导览实现了将参观点的资料信息“揣进口袋里，带回家”的功能，不仅节约了时间，还满足了个性化的需求，从而提高学校的服务效率和服务质量。

五是嵌入招生宣传，吸引高职院校适合生源。校园开放提供了高职院校与考生现场观摩交流的平台，学校通过通俗易懂的语言向考生及社会公众讲解专业，展示专业成果。考生可以近距离感受学校办学实力，走进实验室让学生对学校特色专业有更直观的了解。让考生与专业带头人面对面，进一步提高对专业的认识。安排在校学生与考生交流，增加考生的专业认同感，提高考生对学校的认知度，发挥校园开放在招生宣传中的重要作用。

（四）高职院校招生宣传工作研究

在大数据背景下，高职院校在招生宣传工作中，充分发挥大数据在数据收集和处理上的优越性，逐步转向以数据为抓手，科学进行工作。选取一所高职院校，以问卷调查数据为基础，分析其现阶段招生宣传工作的效果，挖掘考生填报志愿所关注的核心问题，以期进一步完善招生宣传工作方式方法，提高其招生宣传的精准性和有效性。此外，伴随着招考制度改革不断推进，招考模式呈现多元化。高职院校招生工作量日益繁重，传统工作模式已难以满足现阶段招生工作需要。结合常州某高职院校招生工作的现状和需求，研发符合时代发展的招生管理平台，运用大数据技术挖掘有效信息用于招生管理及决策，强化信息管理的准确性和安全性，以期提升学校招生工作效能。加强与各高中学校互动，构建育人共同体，强化对高等职业院校分类考试招生政策的宣传解读，引导学生充分结合个人兴趣特长、学习状况等，合理规划未来发展，选择适合自己的受教育形式。

四、推广应用的价值及进一步研究实践的思路

（一）推广应用价值

1. 理论价值

（1）基于“适合的教育”的视角，探索完善江苏省高职院校分类考试招生制度的改革路径。“适合的教育”的核心要义在于承认差异、尊重差异，满足学生不同成长与发展需要。将“适合的教育”核心理念融入高职院校考试招生制度改革，有助于丰富高等职业教育考试招生理论研究，有益于巩固职业教育与普通教育具有同等重要的地位的观念，也有利于推动创新高等职业教育考试招生制度改革。

（2）立足江苏高职院校分类考试招生制度演变与相关问题研究，探讨高职院校分类考试招生的意义与内涵。系统梳理江苏省高职院校分类考试招生制度的缘起、演变，剖析改革项目的实施成效及面临的现实困境，数据分析江苏高职院校将分类考试录取成为招生主渠道这一目标的达成度。

（3）深化现有改革项目的基础，探索完善江苏省高职院校分类考试招生制度的对策，创新性提出对高职单招、对口单招、注册入学、高职统招等高职院校考试招生模式进行整合，通过设立职教高考制度，扩大注册入学规模，构建江苏特色升级版的高职院校分类考试招生新方案。

2. 实践价值

（1）试点职教高考制度，扩大注册入学规模。一是区别于夏季举行的全国统一高考，在春季举行职教高考试点工作。可将高职单招和对口单招同时纳入职教高考范畴，不仅面向中职考生，同时也面向高中考生。投放应用型本科高校和职业教育本科高校的招生计划，同时投放原高职统招中“3+2 专本贯通”招生计划。二是进一步完善和优化高职院校录取批次和模式，本科批次录取结束后，未被录取的考生，可试行直接使用学业水平考试或高考成绩参加注册入学录取。

（2）优化考核方式，探索职业适应性测试。以“分类考试、综合评价、多元录取”为基本原则，探索引入职业适应性测试，实行“学业水平考试+综合素质评价+职业适应性测试”的招生录取办法。形成凸显职业教育特色、技术技能型人才培养的招考制度。加大技能考核的比重，扩大高职院校的招生自主权，拓宽各类人群接受高等职业教育的入学渠道。

（3）扩大招生对象，规范社招工作。通过帮助高职毕业生高质量就业，提高企业参与办学的积极性，落实分类招生分层指导，内部治理重构等举措，有效促进扩招政策迅速落地，提升人才培养质量，确保人才培养同校同质。

（4）完善运行机制，校园开放常态化。高等职业教育要增加办学影响力，吸引更多更适合生源报考，需要常态化开展校园开放工作。通过完善体制机制，保障开放活动规范运行，促进职业教育与基础教育项目的有效融合。

（二）进一步研究的思路

本课题通过问卷调查与深度访谈，了解了江苏省高职院校分类考试招生制度推进过程中的经验得失、成效与问题。总结了高职院校分类考试招生制度的已有实践经验，从“适合的教育”理念出发，遵循职业教育人才的选拔与成长规律，构建更加完善的综合评价与多元录取体系，尊重学生的发展差异和不同需求，为学生提供多样化的教育选择，提供适合职业人才成长的选拔方式。但是由于研究时间和课题组成员能力与水平的限制，本课题的研究还不够深入和全面。在以后的研究中，我们将结合《国家职业教育改革实施方案》中建立“职教高考”制度，完善“文化素质+职业技能”的考试招生办法，提高生源质量，为学生接受高等职业教育提供多种入学方式和学习方式的相关要求，继续以“适合的教育”的理念审视高职院校分类考试招生制度改革，深入探寻并破除分类考试招生制度中存在的阻碍职业教育人才成长规律的“不适合”因素和环节，进一步优化考核评价和录取选拔体系，以期为学生提供适合的职业教育，助推高职学生人生出彩。

高职院校内部治理体系现代化的实现途径研究

——以常州工程职业技术学院为例

熊　威

项目立项以来，课题组紧紧围绕内部治理现代化主线，深入学习党的十九大、十九届二中、三中、四中全会精神，特别是十九届四中全会通过的《中共中央关于坚持和完善中国特色社会主义制度、推进国家治理体系和治理能力现代化若干重大问题的决定》，结合常州工程职业技术学院的内部治理实践，对高职内部治理现代化的标准和路径进行了系统研究，形成了若干研究成果，现将成果的核心观点和主要内容总结如下。

一、厘清了高职院校内部治理体系建设的困境

在教育主管部门的推动和院校竞争压力下，一批高职院校主动求变，率先改革内部治理结构，健全制度体系，形成了具有高职教育特色的内部治理建设模式。但这些模式在解决多元共治、权力共享、约束制衡等方面存在诸多困境。

（一）利益相关者的参与困境

高职院校作为一种社会组织，其自身发展受到举办者、管理者、市场等多方面影响，“地方人民政府、行业组织、企业、教师、受教育者、社区等都是高职院校的确定型利益相关者，他们在高职院校的办学过程中扮演着不同的角色”。当前的高职院校治理中，教师、学生、社区等利益相关者的参与相对不足，影响了治理的有效性。高职院校陆续成立了办学理事会，教育主管部门、地方政府、行业企业、教师以及学生代表成为理事会的成员，形式上架起了利益相关者参与学校治理的桥梁。但实际运行中，由于价值观差异、体制束缚、顶层设计缺陷，办学理事会决策咨询的功能没有得到充分发挥。随着社会治理水平的不断提升，教师和学生参与高职院校内部治理的意愿日益强烈、平台日益增多，但仍然面临着理念和机制上的困境。在治理理念方面，行政管理者习惯于“指挥者”角色，师生习惯于“执行者”角色，两者仍然陷于传统集权式管理场域中，与现代治理理论倡导的“沟通协商、共治共享”理念格格不入。如果不转变管理者和师生的管理服务理念，高职院校现代治理结构就无从谈起。在治理机制方面，师生参与内部治理的制度越来越健全，但这些制度中有相当一部分仅限于“文本”上，没有有效落实到实践中。

（二）学术权力与行政权力的平衡困境

高职院校的学术话语权到底由谁来掌握，一直备受关注。现代学界普遍认为，高职院校

学术权力和行政权力并非彼此对立的关系，它们相互依赖，彼此制约，共同履行高职院校办学使命。在高职院校起步阶段，行政权力主导学校发展的模式是必要的。但进入新时代，行政权力主导一切的模式已经不能适应现代高职教育的发展要求。

（三）两级管理的落实困境

从世界高等教育发展历史来看，“校为统筹协调，院为办学实体”是世界一流大学普遍采用的治理模式。作为我国高等教育的重要组成部分，高职教育没有理由不实施两级管理。世界高等教育实施两级管理和国内部分高职院校成功实践的经验证实，实施两级管理是提升高职院校办学水平的必由之路，是建设现代高职院校制度的主要突破口和有效路径，也是高职院校由管理走向治理的动力源头。当前至少有四大困境掣肘着高职院校两级管理，一是长期的“等靠要”导致二级学院自主发展能力先天不足，思想上也未做好充分准备；二是集权式管理的惯性作用大，短期难以被先进的治理理念消除；三是缺乏系统的顶层设计，对深化两级管理的信心不足；四是二级学院之间发展不均衡，实施两级管理后会进一步扩大院际差距，影响学校稳定。

（四）治理过程的透明化困境

现代治理理论认为“善治”应具备六个基本要素：“合法性、透明性、责任性、回应性、有效性和法治”。高职院校内部治理在追求“善治”的过程中，应该坚持公开透明，确保主管部门、地方政府、行业企业、教师、学生都有权获得与自己利益相关的决策信息，包括学校事业发展规划、人力资源政策、学生发展政策、校企合作政策、预算与决算以及其他有关的办学信息。公开透明是保证高职院校内部治理不被权力和金钱掌控的前提，是高职院校实现“善治”的必要条件。在全国职业院校实施管理水平提升行动计划的背景下，高职院校在管理的公开化、透明化方面迈出了可喜步伐，但其内部治理透明化仍然遇到三重困境，一是“不愿透”，担心透明化会向竞争对手泄露学校办学机密，会削弱管理层的权威；二是“不会透”，缺乏透明化的技术和手段，忽视现代信息技术在治理透明化方面的巨大能量；三是“不敢彻底透”，高职院校办学过程中仍然存在少许不规范行为，全面彻底公开化对高职院校来说是一大挑战。

（五）治理文化的熔铸困境

治理文化是高职院校在办学治校育人过程中形成的文化形态，它包括治理理念、治理价值观、治理目标、治理模式、治理结构等若干方面。“治理体系和治理文化是同质同向的，有什么样的治理文化，就可能构建什么样的治理体系；有什么样的治理体系，就可能形成什么样的治理文化。”由此可见，治理文化是高职院校治理体系现代化的方向指引和条件保障，是培育践行校园核心价值观的重要载体。高职院校内部治理体系建设既要重视治理结构、治理制度、治理主体等硬件建设，也要重视治理愿景、治理文化等软件建设。治理文化建设面临双重困境，一是缺乏理论支撑，没有系统研究高职院校治理文化的内涵与途径，没有顶层设计治理文化建设的系统性方案；二是缺乏价值观支撑，对现代治理理论倡导的“协商、沟通、合作、共赢”理念缺乏普遍的认同感，“器物”价值盖过“精神文化”价值的认识短期难以扭转。

二、研制了高职院校内部治理现代化的标准

高职院校内部治理体系是在法治、共治、善治理念的统领下，各利益相关方本着平等协商、合作共赢原则，有效参与学校决策、执行、监督的体制、机制和制度安排。实现高职院校内部治理现代化的首要任务是厘清高职院校内部治理现代化的标准。从国内外内部治理的成功经验看，我国高职内部治理至少要实现理念的现代化、主体的多元化、机制的科学化、过程的民主化、文化的现代化、结构的现代化。

（一）治理理念的现代化

判断一所高职院校内部治理体系是否达到现代化的要求，治理理念是最重要的衡量参数。在长期的办学过程中，高职院校应坚持正确的办学思想，从而在人才培养、科学研究、社会服务和文化传承方面形成符合多元治理主体共同利益的核心价值观，这种价值观在高职院校内部治理中内化成"院校自治、学术自由、教授治学、民主管理"的现代高职院校内部治理核心理念，最终自觉引领院校的内部治理，自觉区分行政事务和学术事务，弱化领导权力和行政权力，提高学术权力地位，积极探寻保护保障教师和学生利益的机制，回归高校人才培养的本质属性。

（二）治理主体的多元化

有学者认为："根据利益相关者理论，大学治理应实行利益相关者共同治理"，高职院校隶属于大学体系，因此高职院校应实行利益相关者共同治理，这就需要多元化的治理主体，允许每类利益相关者在内部治理中发声表态，形成多元化的治理主体，满足每类利益相关者合理的诉求，调动每类利益相关者参与高职院校内部治理的积极性，最终内化成支持内部治理的合力，助推高职院校内部治理工作向更高的目标发展。

（三）治理机制的科学化

机制原指机器的构造和工作原理，现引申为内部组织和运行变化的规律。高职院校内部治理机制即以内部治理结构为组织结构，为解决内部治理问题、达到内部治理目标而开展的内部制度设计。良好的内部治理机制是确保高职院校内部治理得以运转的基石，一所内部治理体系达到现代化的高职院校，必然有一套科学的治理机制来作为保障。当前，高职院校要妥善处理领导权力、行政权力、学术权力与民主权力之间的分配关系，协调各方的地位和作用，形成四种权力相互补充、相互协调和相互制衡的局面，最终形成科学化的"党委领导、院长负责、教授治学、民主管理"的高职院校内部治理机制。

（四）治理过程的民主化

治理过程的民主化即高职院校在内部治理过程中，坚持社会主义民主，尊重多元治理主体的意愿，尊重他们的合法权利，充分调动他们的积极性，主动参与院校的办学，达到提高办学质量的目的。

高职院校起源于20世纪90年代，存在办学历史不长、办学文化积淀不足、内部治理经验不丰富等问题。

当前，民主理念已经成为推进高职院校内部治理的重要原则，先后出台了大学章程等法治制度，完善了教职工代表大会制度、学生代表大会制度等体现民主思想的文件，做到了治理过程有法可依、有章可循，同时建立了健全配套的监督管理机制，扎实推进治理过程的现代化，加强对治理过程民主工作的指导、监督和检查，做好整改，确保民主治理落到实处。

（五）治理文化的现代化

当前学界对治理文化还没有一个统一的定义，景枫等学者认为："所谓治理文化主要是指由国家积极地采取一定的手段或者默许民间社会采取一定的手段对国家和社会进行治理，以期达到和谐秩序的一种文化形态"，包括"治理主体、治理手段、治理对象和治理目标等若干方面"。因此，在本文中，高职院校治理文化即高职院校的多元治理主体借助一定的手段对院校进行内部治理，达到和谐秩序的一种文化形态。

治理文化的现代化是指继承传统文化的基础上，向现代化的治理不断迈进的过程。治理文化的现代化对于高职院校内部治理体系建设有着重要影响，它引领着内部治理体系建设，两者相互存在、相互交融、相互影响。

（六）治理结构的现代化

治理结构是开展高职院校内部治理体系现代化建设的核心要素，有着举足轻重的作用，《国家教育中长期教育改革和发展规划纲要（2010—2020年）》提出，要从完善治理结构、加强大学章程建设、扩大社会合作、推进专业评价四个方面加强中国特色现代化大学制度建设，由此可见治理结构在内部治理中的重要地位。

先进的治理结构首先要去除行政化，其次要协同领导权力、行政权力与学术权力，妥善处理内部权力之间的平衡，同时要通过加强大学章程建设，建立起系统的现代化高职院校治理结构。

三、总结了常州工程职业技术学院内部治理的实践经验

教育部2012年印发的《全面推进依法治校实施纲要》从制定具有自身特色的学校章程、建立规范性文件审查与清理机制、健全科学民主决策机制、完善决策执行与监督机制、完善民主管理和监督机制、健全社会参与机制、建立健全学术自由的保障与监督机制等方面部署了依法治校的主要任务。为贯彻落实，高职院校应将章程和制度建设作为落实纲要的突破口，全方位推进现代高职院校制度建设，建立由"五位一体"内部治理结构、"一章八制"制度体系、"五纵五横"内部质量保证体系、"制度化"内部控制体系、"数据化"治理平台构成的内部治理体系。

（一）健全"五位一体"内部治理结构

内部治理结构是现代高职院校制度的基石，是保证党的教育方针政策得到有效落实和高职院校依法自主办学的基础性工程。高职院校要始终坚持社会主义办学方向，深入贯彻落实教育部《全面推进依法治校实施纲要》《依法治教实施纲要（2016—2020年）》，中共中央办公厅《关于坚持和完善普通高等学校党委领导下的校长负责制的实施意见》等文件精神，全面构建党委系统、行政系统、学术系统、民主管理系统、决策咨询系统相辅相成的"五位

一体”内部治理结构。在持续优化党委系统和行政系统基础上，高职院校应重点推进学术系统和决策咨询系统建设。一是依据高职院校章程，不断完善学术体系，成立校级层面学术委员会及其专门委员会、二级学院层面的学术分委员会，架构体系完备、协调高效的学术系统，在体制上保证学术权力的有效运行。二是依据《中华人民共和国高等教育法》《普通高等学校理事会规程（试行）》，成立由主管单位代表、行业企业代表、地方政府代表、知名专家代表、校友代表组成的办学理事会，为利益相关者参与高职院校治理提供制度平台。三是按照校务治理科学化、透明化原则，设立财经工作委员会、学生工作委员会、后勤工作委员会等协商组织，为党委会、院长办公会的决策提供咨询意见。四是在纵向治理结构方面，大力推进两级治理，将人权、财权、事权逐步下放给二级学院，支持二级学院依法依规自主办学，形成了学校统筹协调、二级学院自主发展的良性机制。

（二）健全“一章八制”制度体系

制度作为治理的核心要素，其现代化水平决定着治理质量水平的高低。高职院校在“管办评”分离的政策背景下，要加快完善符合职教规律和管理规律的制度体系，深化依法治校，推进治理体系和治理能力的现代化。高职院校应以章程建设为统领，以八项基本制度为支撑，不断健全依法治校的制度体系。持续健全八项基本制度，包括党委领导下的校长负责制、教职工代表大会制度、学术委员会制度、办学理事会制度、校务委员会制度、师生权益保护制度、财经委员会制度和信息公开制度，形成覆盖办学治校育人全领域的“制度网”。具体而言要做好以下几项工作：一是坚持党委领导下的校长负责制，不断完善党委会议事规则、校长办公会议事规则、“三重一大”决策规定，保证党的教育方针、路线、政策在学校得到贯彻执行。二是以教职工代表大会章程为依据，不断完善教职工代表大会议事规则和办事流程，充分发挥教职工代表大会的民主协商和监督职能。三是坚持学术自治原则，不断完善学术委员会相关制度，形成学术权力与行政权力耦合的良性局面。四是以办学理事会章程为依据，不断完善理事会运行机制，形成高职院校与利益相关者协同前进的共治格局。五是推行校务委员会制度，不断完善宣传思想工作委员会、学生工作委员会、招生就业工作委员会、后勤保障工作委员会等辅助决策的组织，保证决策的科学性与前瞻性。六是坚持维护师生合法权益，不断完善教师申诉与救济管理规定、学生申诉与救济管理规定等师生权益保护制度，营造公正和谐的学习与工作生态。七是成立财经工作委员会，对重大投入、重要财务事项进行论证，保证财经决策的科学性。八是以教育部《全面推进依法治校实施纲要》为依据，建立信息公开制度，打造透明校园。

（三）建设“五纵五横”内部质量保证体系

内部质量保证体系是高职院校履行质量自主保证责任、持续提升办学质量水平的重要制度安排，是推动高职院校由“外驱式”发展向“内生式”发展转型的助推器，也是建设新时代高职教育强国的动力引擎。“五纵五横”内部质量保证体系能够有效保证办学质量水平持续提升。它的核心是“建立‘学校—专业—课程—教师—学生’五个层面的质量保证目标体系和标准体系，建立决策指挥、质量生成、资源建设、支持服务、监督控制等纵向五个系统相互支撑的质量保证组织体系”。高职院校应借鉴知识管理模式，以标准建设为切入口，厘清各部门在质量保证中的角色和定位，保证各部门守好“责任田”，又与其他部门协同工作。应借鉴目标管理模式，通过编制学校发展规划、二级学院规划、专业建设方案、课程建设方案，打造“学校目标—二级学院目标—专业建设目标—课程目标”上下衔接、相互支撑的目标链，确保学校战略目标有效落地。应通过实施考核性诊改，将目标任务落实到责任部门，并将目标任务完成率作为部门绩效考核的重要指标，有效推动各部门的积极性和创造性。只要持之以恒地推动“五纵五横”内部质量保证体系建设，高职院校的治理形态一定会发生质的转变，会由静态管理走向动态治理，由粗放管理走向精细治理，由经验管理走向数据化治理，由权威管理走向自主自治。

（四）建设“制度化”内部控制体系

内部控制是高职院校治理的重要组成部分，是防控治理风险，确保教育财政投入绩效持续提升的重要保障。《行政事业单位内部控制规范（试行）》明确提出：行政事业单位内部控制是单位为实现控制目标，通过制定制度、实施措施和执行程序，对经济活动的风险进行防范和管控。高职院校应以“服务发展、规范运行、透明财务”为建设目标，以规范经济活动有序运行为主线，对经济活动和业务流程进行优化重组，梳理各项规章制度，厘定具体工作标准，改造办事流程，形成“制度管人、流程管事、过程可溯、透明和谐”的内部控制体系。同时要建立内部控制风险管控动态调整机制，提高学校财产安全级别，实现内控管理的科学性、合规性。可以将资金使用绩效纳入内控观测点，将绩效管理贯穿经济活动的全过程，在预算申报环节根据授权开展绩效目标审核。内部控制体系建设可以有效防范经济活动风险，既可堵住权力寻租的空间，也会创设规范办学的氛围，有利于推动学校治理体系的现代化进程。

（五）打造“数据化”治理平台

随着新一代信息技术的发展，治理理念及手段发生了重要转变，透明治理不再是遥不可及的梦想，治理进入了与信息技术融合的新阶段。《教育信息化 2.0 行动计划》明确提出，建立教育部“互联网+政务服务”网上办事大厅，实现政务服务统一申请、集中办理、统一反馈和全流程监督，分步实施教育政务数据的共享开放，做到事项清单标准化、办事指南规范化、审查工作细则化和业务办理协同化，实现“一张表管理”和“一站式服务”，切实让百姓少跑腿、数据多跑路，增强人民群众获得感。高职院校应该按照“三对接”原则（对接人才培养工作状态数据平台、对接学校改革建设进展、对接最新信息技术）自主开发高度集成化的智能化平台，实现信息化要素的“四融通”（多重系统之间的融通、现场办公与云端办公的融通、现场学习与移动学习的融通、数据采集与数据分析的融通）。首先，要打破信息孤岛，建立统一门户，实现校内所有系统的“一站式”访问。其次，要建设网上事务大厅，实现预算管理、财务报销、项目申报、职称评审等管理服务事项的线上办理，提升管理服务效率和透明度。最后，要运用云计算、移动互联网、大数据、人工智能技术，打造智能化管理服务云平台，支撑管理服务在云端的运行，为管理决策提供数据支持。

四、提出了高职院校内部治理现代化的途径

（一）构建高效互动的治理结构，充分发挥党委领导的核心作用

针对治理结构当前存在的问题，对治理结构进行改革显得迫在眉睫，要从组织结构、权

力结构、决策结构、监督结构、组织规则等方面入手，优化高职院校内部机构职责设计，精简内部机构规模和数量，减少行政人员数量，淡化其行政级别，建立健全教职工代表大会和学生代表大会。通过运用章程来正确定位政治权力、行政权力，明确各自权力边界，厘清学术清单，优化学术委员会委员遴选制度，确保教授对学术事务独立决策。进一步改革和完善内部治理制度，建立健全容错纠错机制，构建高效互动的治理结构，推动师生员工积极主动参与内部事务治理。

坚持党委领导是我国高职院校显著特征，是加强内部治理体系现代化建设的要求，是推进高职院校内涵提升的动力，因此要充分认识坚持党委领导的重要意义，发挥党委领导的核心作用。

建立健全科学民主的决策机制，改革决策的主要程序和形式，允许各类治理主体表达意愿，为最终的科学决策提供依据，确保内部治理结构运行的正确方向。党委做好协调工作，解决内部各种不协调的问题，加强内部治理主体之间的交流，激发和调动师生员工的积极性，促进不同治理主体之间的沟通与合作，增强内部治理能力。

充分发挥教代会、学代会作用。教职工代表大会制度、学生代表大会制度等两项制度是高职院校实施内部民主治理的重要形式，同样在内部治理过程中不可或缺。教职工代表大会是以教职工为主体的学术权力行使治理权力、参与内部民主管理的途径，学生代表大会是以学生为主体的民主权力参与高职院校内部治理的窗口。高职院校要进一步对两项制度进行完善，保证正常运行，通过设立学生校长助理、教代会和学代会代表列席院长办公会、重大问题征求代表意见等方式来提高民主权力参与内部治理程度，增强民主氛围，最终在内部形成以章程为核心、两大制度为支柱的高职院校内部治理制度体系，确保内部治理机构有序、依法开展内部治理。

（二）推进多元治理主体治理，最终实现共同治理

高职院校是一个典型的利益共同体组织。就其内部而言，存在着党委、校长、教师、学生这四种治理主体，他们密切关注学院的发展，与学院的利益息息相关，因此高职院校的党委和校长要解放思想，勇于创新，推进内部多元治理主体参与院校的治理工作，尤其是教师和学生，更要提高他们的治理地位，建立健全相关制度，确保教师和学生可以通过学术委员会、教职工代表大会和学生代表大会等载体来积极参与内部治理。

（三）加强内部规章制度建设，构建依法治校的法治基础

（1）加强章程建设。“章程是高等学校依法自主办学、实施管理和履行公共职能的基本准则”，在整个依法治校的进程中发挥着类似“宪法”的根本性作用，是“政校分开、管办分离、依法办学、社会参与”的现代大学制度的集中体现，是高职院校开展内部治理的制度基础。没有章程就没有成功的内部治理。因此对高职院校而言，当务之急是建立自己的章程，保证办学理念和办学目标得以实现。在制定章程时，特别要注意既要考虑到高职院校隶属我国大学体系的实情，不能简单移植大学的章程，又要充分考虑高职院校紧密联系行业产业办学的行业特色。

（2）培养高素质的管理队伍。制度建设的关键在于人，在于高素质的制度建设主体。能够制定出高质量的规章制度的管理人员必须具备以下素质：一是熟悉党和国家的教育方针政策、各级法律法规、行业政策与规划、学校的各类规章制度。二是掌握学校的发展规划和

年度重点任务，了解各部门的定位及重点工作。三是深刻理解自己所在岗位的职责，熟悉本部门内其他岗位的职责。四是具备较高的公文处理能力，能够按照党政机关公文处理规范独立起草制度文本。当前，高职院校管理人员的能力素质应强化三方面的工作，首先，要加强系统性培养，不仅仅是培训中层干部，更要培训基层的管理人员。人力资源部门应将基层管理人员的培养纳入师资发展规划中，从培养目标、内容、方式、考核等方面系统性规划基层管理人员的培养，特别是要在培训内容中增加法律法规、行业政策的内容。其次，要加大人才轮岗力度，鼓励管理人员在部门内轮岗，在全校范围内跨部门轮岗，一方面可以防范管理风险，规避职业倦怠，另一方面可以通过跨岗位锻炼，增强管理人员的综合业务能力和全面素质。最后，要加快破除职务终身制，推进职员制改革，为基层管理人员搭建成长通道，让他们有目标地工作、有激情地奋斗，激发他们提升自我素质的积极性和创造性，营造每个追求进步的人都有舞台的氛围。

（3）强化规章制度的管控。任何规章制度的建设程序都要包括动议、立项、审批、起草、征求意见、审核、会签、审议、修订、签发、实施等环节，每一个环节都影响着制度的质量，都不能忽视。一要把好“入口关”，可立可不立的制度不立，不成熟的制度不立，管控临时性事项的制度一般不立。高职院校应尽快成立法规部门或明确承担法规职责的职能部门，配备专职人员负责全校规章制度的管控。任何一个制度在出台前，都要经过法规部门对其可行性、必要性进行审核，只有通过审核的制度，才能进入起草阶段。二是严控“过程关”，对起草过程进行全程监控，确保制度的制订过程符合法定程序。特别是在征求意见阶段，必须通过座谈会、研讨会、访谈等方式征求相关部门和服务对象的意见，同时应保证有法规部门人员参与征求意见。三是把好“审核关”，法规部门要对职能部门提交的制度文本进行内容与形式审查，审核内容包括是否符合国家、地方的法律法规，是否符合行业规范和学校的发展规划，是否与其他规章制度冲突，是否存在跨界矛盾等。只有通过法规部门审核的制度，才能提交会议审议。

（四）营造健康积极的内部法治文化，以文化带动内部治理

规章制度建设不仅仅是起草制度文本这个显性活动，其背后蕴含的是法治文化，是依法治校的文明风尚。如果高职院校缺乏浓郁的法治文化，规章制度的质量是没法保证的，是不可能持续的。法治文化对高职院校规章制度的影响主要体现在三个方面。一是影响制度制定主体的行为，优良的法治文化可以使制度制定主体自觉遵守法律法规，自觉用法治思维来制定、实施规章制度。二是保证制度的持续改进，任何制度都要随着形势不断完善，不存在一成不变的制度。优良的法治文化能够让高职院校自觉根据形势变化及时对制度进行修订或废止，能够让每一个制度都变成“活的规范”。三是保证制度得到高质量执行，当前高职院校规章制度的质量水平不高，其原因之一就是很多制度“挂在墙上”，没有得到有效执行。优良的法治文化可以浸润每一位师生的心灵，让每一位师生知法守法，让学校的每一项制度都能得到不折不扣地施行。熔铸浓郁的法治文化，可以从以下几个方面入手：一是打造法治载体，在校园中布置法治宣传教育内容，在教师和中层干部队伍中开展法治教育培训。二是组织法治文化活动，包括法治讲座、学术研讨会、知识竞赛、法治先进人物评选等，通过打造品牌法治活动，让每一位师生参与法治、融入法治、享受法治。

（五）主动引入外部监督力量，双轮驱动促进内部治理水平提升

外部监督不是干预高职院校的内部治理，恰恰是为了更好地开展内部治理，做到及时纠正在内部治理过程中存在的错误，因此高职院校要摒弃错误观念，按照“监督—诊断—改进”的发展理念，积极主动引入外部监督力量，如可以借助办学理事会来对高职院校进行监督，首先办学理事会的成员是高职院校的利益相关者，他们有责任有义务履行监督责任，同时办学理事会的成员来自校外居多，他们不受高职院校的政治权力和行政权力领导和束缚，可以自由表达意见和建议。

外部监督力量重点监督章程等内部法治制度是否齐全，法治制度的制订是否符合法律程序和法律精神，四大权力的运用是否合法，权力边界是否清晰，治理过程是否发扬民主，“三重一大”问题是否充分听取教师和学生意见等。要加大信息公开力度，对于监督反映的问题，做到主动公开，及时整改，以此来促进内部治理水平的提升。

“协同供给式”产教深度融合途径与机制研究报告

陈向平

一、研究背景

（一）产教融合成为国策

2013年1月教育部印发的《关于2013年深化教育领域综合改革的意见》提出“完善职业教育产教融合制度”，首次把产教融合作为职业教育的一项基本制度来推进。同年11月，十八届三中全会提出，加快现代职业教育体系建设，深化产教融合、校企合作，培养高素质劳动者和技能型人才。2014年5月国务院《关于加快发展现代职业教育的决定》，在全面规划现代职业教育的指导原则、任务目标、创新体制机制中提出产教融合、校企合作。2017年10月召开的党的十九大对新时代我国职业教育工作做出新的部署，明确指出，完善职业教育和培训体系，深化产教融合、校企合作。同年12月国务院印发《关于深化产教融合的若干意见》，对未来十年深化产教融合的目标做出规划，即发挥企业重要办学主体的作用，行业企业深度参与办学，形成多元化的办学体制，建立校企协同育人的办学机制，推动教育和产业融合发展、教育供给与产业需求协调发展，健全完善需求导向的人才培养模式，基本形成职业教育、高等教育支持产业升级和经济发展良性互动的格局。2019年1月国务院印发《国家职业教育改革实施方案》，明确了职业教育与普通教育是两种不同教育类型，具有同等重要地位，并从促进产教融合校企“双元”育人、建设多元办学格局、完善技术技能人才激励保障政策、加强职业教育办学质量督导评价等方面，为职业教育改革发展领航定向。2013年以来，产教融合已经成为提升职业教育质量的国策，成为新时代发展职业教育的基本要求。

（二）产教融合的实践遇到瓶颈

任占营在《国家教育行政学院学报》（2018年7月）上撰文指出，职业教育体量大而不强，校企合而不深等，还不能很好地满足人民群众和经济社会发展对优质、多层、多样职业教育的迫切需要。当前产教融合的实践遭遇到四个瓶颈问题：一是产权保护制度不健全。实践表明，维持产教融合永续发展的最有效途径是让行业企业从校企合作中获得利益回报。当前大中型企业投入产教融合的资金及资源不足，主要是其没有信心保证适当的利润，甚至担心投入的安全性。这是产权保护制度缺位带来的影响。在产教融合中，由于缺乏政策及法律的支持，校企双方的投入产权往往处于模糊状态，难以得到确认。二是中间性组织淡化。行业组织、学会、研究会等中间性组织可以协助企业和学校破除组织属性差异带来的合作障碍，降低校企双方的合作风险和成本。但是高职院校的产教融合大多是产业界和高职院校的直接对话，没有中间性组织的斡旋。产业界与职教界在组织性质、运行机制、战略目标、精神文化、权力关系等方面有着巨大差异，两者的直接对话往往面临诸多矛盾和冲突，也不能有效降低组织间的交易与管理成本。三是教育文化与产业文化融合难。当前产教融合实践中，文化的融合主要集中在物质层面和制度层面，如高职院校引入企业化的生产环境、企业化的教学过程、企业化的规章制度等，但在核心价值观等精神层面的融合方法不多，效果不显。四是学校研发能力难以满足行业企业需要。大多数高职院校的专任教师是学科出身，与产业界的距离较远，工程实践能力不足，他们往往难以胜任企业技术创新任务。虽然这些年专任教师下企业实践锻炼已经成为常态，但实践成效并不显著。

（三）产教融合的研究亟待突破

根据中国知网， 2014—2019 年标题中包含“产教融合”和“产教深度融合”两词的论文多达 217 篇。比较有代表性的研究有：杨运鑫（2014）等提出的产教融合的统筹督导、法规保障、激励补偿、多元配置、协调联动和质量评价的五大机制。韩西清（2014）以山东商业职业技术学院为例，在创新学校管理体制机制、深化教育教学改革、推进校企合作、提升社会服务能力、建立有效动力机制等方面提出了若干建议。王丹中（2014）在深入探讨产教融合意义基础上，提出学校专业设置与产业对接、课程内容要与职业标准对接、教学过程要与企业生产过程对接的建议。顾东岳等（2014）指出产教融合生态圈的形成，须政府部门统一规划布局，政府部门、企业、学校共同推进产教融合生态圈的构建……梳理这些产教融合理论探索的相关成果，理论研究总体滞后于实践，对普遍存在的校企合作专业覆盖面小、浅层合作、一次性合作、挂牌合作等深层次问题的解决，缺乏专门的、系统的、高质量的理论指导，对产教深度融合长效机制的探索还没有取得质的突破。

二、研究思路

本课题研究强调以问题导向与目标导向为基本原则，以策略研究和模式研究为切入点，从我国高等职业教育领域产教融合中突出的问题及其所导致的职业教育办学质量和效益的种种缺陷出发，围绕突破产教深度融合的瓶颈，打造中国特色、世界一流的高水平职业教育的目标，以构建产教深度融合、校企协同供给的新型职业教育体制机制创新模式为核心主张开展研究，在理论实证与实践总结的基础上，提出产教深度融合的优化模式，为政府和教育行政部门决策提供操作依据，为职业院校优化产教融合、校企合作模式提供可资借鉴的范式。具体思路如下：

第一步，对国家、省市有关产教融合、校企合作的政策文件进行分析，总结出政府对职业教育产教融合的系统要求，提炼出产教深度融合的诊断标准。

第二步，分析职业教育发达国家产教融合的特点及其运行模式，为架构中国特色的高职院校产教融合范式提供经验借鉴。

第三步，通过文献收集和分析，结合常州工程职业技术学院的产教融合实践，总结高职院校产教融合存在的问题，分析背后的深层次原因。

第四步，在上述三步工作的基础上，结合常州工程职业技术学院的产教融合探索，提出具有校本特色、可资借鉴的“协同供给式”产教深度融合模式，包括理念、体制、机制、平台、资源、文化的融合。

第五步，运用“协同供给式”产教深度融合模式来关照我国高职教育产教融合进展，结合上述几步提出的标准、经验及问题，提出加快推进我省高职教育产教深度融合的建议。

第六步，结论与展望。

三、开展的研究、实践及成果

学校扎根常州，坚守“立足常州、服务江苏、辐射全国”的办学定位，一步一个脚印，逐步成长为江苏省高水平高职院校和全国高等职业教育改革创新的先行者。学校紧紧围绕中国制造强国战略、质量强国战略，主动融入常州“五新三高两智能”十大产业链，以立德树人为根本，创新产教深度融合机制，抢抓专业转型升级，深化协同育人改革，积淀形成了“协同供给式”产教融合模式，有效促成了学校培养力、服务力、贡献力的全面提升，也为全国职教同行推进产教深度融合提供了范例。

（一）融合旗舰型机构先进要素，形成“协同供给式”产教融合模式

2002 年升格为高职院校以来，学校始终将校企合作作为培养应用型人才的主要途径，特别是 2011 年专门成立校企合作办公室以后，产教融合开始步入快车道。历经十余年的实践探索，形成了由四大主体、三类平台、五种机制构成的“协同供给式”产教融合模式（见图 1）。四大主体包括地方政府及职能部门、行业组织、龙头企业和学校。先后与常州出入境检验检疫局、常州市民防局、常州市体育局、常州市武进区民防局等政府部门共建了一批创新和服务平台，与中国检验检测学会、中国化工教育协会、江苏省焊接学会、常州装饰装修行业协会、德国手工业协会等行业组织共建了一批育人平台，与中国检验检疫科学研究院、哈尔滨焊接研究所、上海城建市政工程集团、通标标准技术服务有限公司（SGS 公司）、东风汽车有限公司东风日产乘用车公司、京东集团等大院大所和龙头企业共建了一批

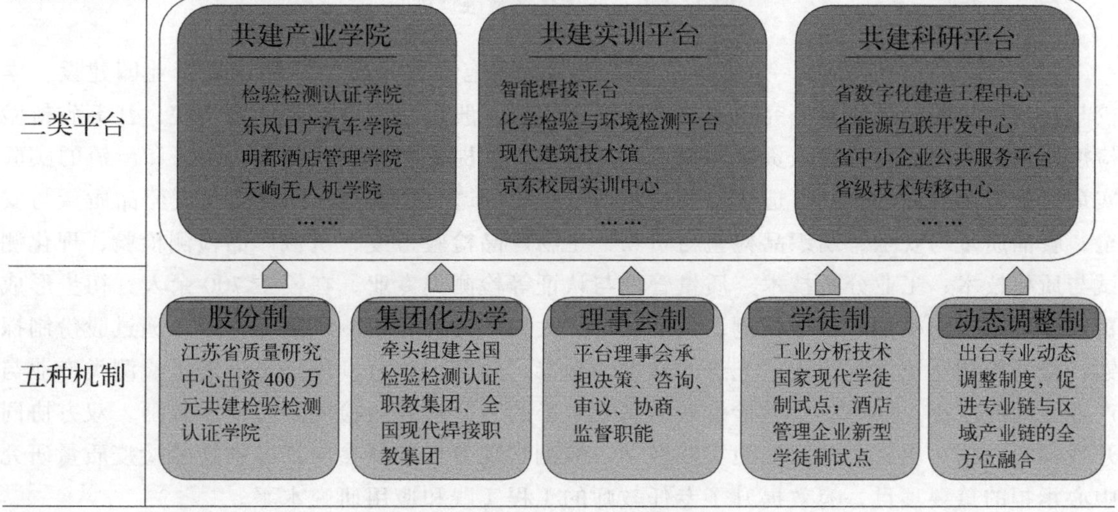

图 1 “协同供给式”产教融合模式

高水平产教融合平台。三类平台包括多主体共建的产业学院、实训平台、科研平台，目前已经建成产业学院6个，省级产教深度融合实训平台2个，省级科研平台5个，支撑着全校80%的专业。五种机制包括股份制、理事会制、集团化办学、学徒制、动态调整制。这些机制的高效运行，充分激发了地方政府、行业组织、龙头企业以及学校的合作活力，保证了学校产教融合从点升级到面，从伙伴升级为命运共同体。

（二）求同存异敢为人先，形成“五位一体”产教融合机制

产教融合成败的关键在于机制设计，在于能否激发合作各方的动力，释放各方的创新活力。面对校企合作中的“壁炉现象”，学校深入贯彻落实《国务院办公厅关于深化产教融合的若干意见》《职业学校校企合作促进办法》，在产教融合实践中逐步摸索出了“五位一体”产教融合机制（图2）。

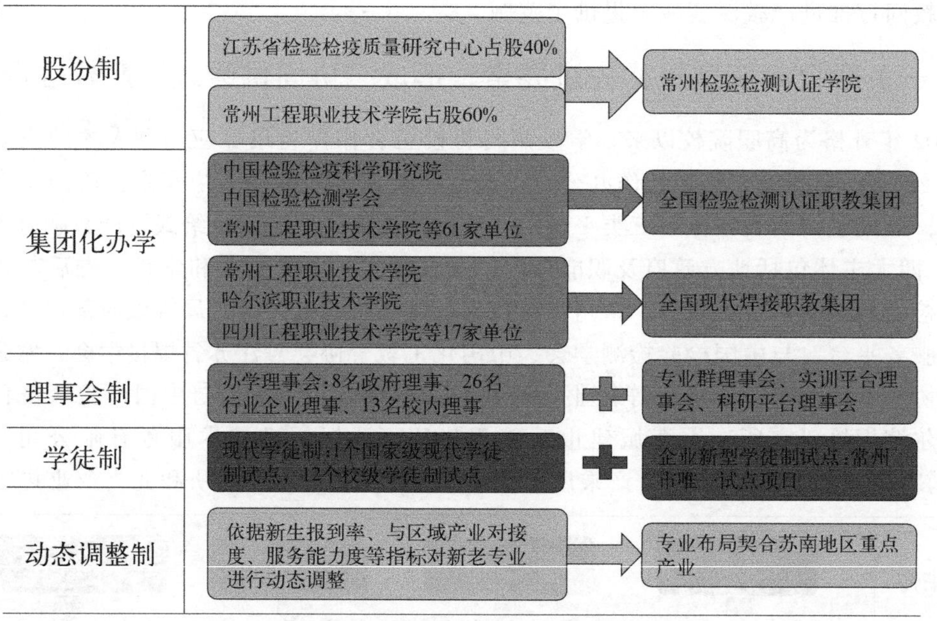

图2　“五位一体”产教融合机制

（1）探索股份制办学。为支撑质量强国战略实施和常州检验检测认证产业园建设，学校与江苏省检验检疫质量研究中心共同建设国内首家股份制检验检测认证学院。江苏省检验检疫质量研究中心首期投入资金400万元，学校首批提供一幢现代化办学场所和一流的实验实训设施，双方立志将其打造成检验检测认证行业的“黄埔军校”。目前开设药品质量与安全、食品质量与安全、纺织品检验与贸易、生物产品检验检疫、机械产品检测检验、理化测试与质检技术、工业分析技术、质量管理与认证等检测类专业，在校生700余人，初步形成覆盖化学与生物检测、机械检测、认证认可三大领域的检验检测认证专业群。通过股份制探索，检验检测认证学院引入了先进的技术、标准、师资、规范，进一步缩短了检测类专业与产业之间的距离。江苏省检验检疫质量研究中心的专家被聘为检测学院兼职教师，双方协同开发课程、编写教材，共同实施实践教学。检测学院专任教师参与江苏省检验检疫质量研究中心承担的重要项目，有效提升了专任教师的工程实践和应用研究水平。

（2）走集团化办学之路。教育部《关于深入推进职业教育集团化办学的意见》指出，

开展集团化办学是深化产教融合、校企合作，激发职业教育办学活力，促进优质资源开放共享的重大举措，是服务经济发展方式转变，促进技术技能积累与创新，同步推进职业教育与经济社会发展的有力支撑，行业部门、中央企业和行业龙头企业、职业院校，要围绕行业人才需求，牵头组建行业型职业教育集团。学校贯彻教育部文件精神，联合中国检验检疫科学研究院、中国检验检测学会、通标标准技术服务有限公司等国内检验检测领域的 61 家企事业单位组建了全国检验检测认证职业教育集团。检测职教集团成立以来，全力助推合作办学、优势互补、资源共享、协同发展，有力推动了学校检测类专业的快速成长和全国检验检测认证行业职业教育规模化、集约化、连锁化发展，学校检测类学生在国家、省级技能大赛中屡获大奖，薪酬水平增长率达到 20%，在国内外行业龙头企业就业率增长 20%。

在焊接技术与自动化专业教学资源库（国家级）参建单位基础上，学校联合哈尔滨职业技术学院、四川工程职业技术学院、机械科学研究总院哈尔滨焊接研究所、江苏省机械工程学会焊接分会等 17 家单位组建了全国现代焊接职业教育集团。焊接职教集团集聚了行业内最为知名的科研院所、高职院校以及龙头企业，形成了焊接专家库、焊接教学资源库、焊接信息库、焊接技术库“四库合一”的集团化办学模式。焊接职教集团成立后，先后承办了全国焊接行业的一系列活动，共同推进了国家级焊接专业教学资源库的推广使用，为集团成员深化交流合作打造了高端优质平台。

（3）健全理事会制度。学校建立两级理事会制度，搭建政行校企多方合作桥梁，有效推动了产教深度融合。建立由 8 名地方政府职能部门代表、 4 名行业组织代表、 17 名合作企业代表、 2 名校友代表、 2 名知名专家代表、 13 名校内教职工代表组成的办学理事会，学院党委书记为理事长，中国检验检测学会副会长汪秋霞、中国认证认可协会常务副会长生飞，江苏省化工行业协会会长秦志强为副理事长。办学理事会严格按照章程规定运行，自 2016 年成立以来，累计开展各项论证、协商活动 9 次，已经成为学校科学决策、民主监督、社会参与的重要组织形式和制度平台。学校通过名誉理事长李新实的牵线搭桥，成功与国家级科研机构中国检验检疫科学研究院建立了全面战略合作伙伴关系，并共建了实体化运作的中检科常州协同创新中心。通过副理事长生飞的推荐，学校与中国认证认可协会建立了战略合作伙伴关系，并共建了中国认证认可协会常州教育培训基地，共同开发认证认可类教材。部分理事会成员参与学校“十三五”专业建设规划等重大改革方案的论证，从行业企业视角提出了诸多建设性意见。

2010 年，学校开始探索引入技术先进、管理规范、社会责任感强的企业通过合作、合资、参股等模式深度参与平台建设，先后引入上海城建市政工程（集团）有限公司、江苏佳尔科药业集团股份有限公司、无锡汉神电气有限公司、海润光伏科技股份有限公司等企业资金近 4600 万元。为有效维护合作企业和师生合法权益，保持平台设备设施与企业技术同步更新，学校参照现代企业治理架构，分批成立了平台建设理事会，包括专业群建设理事会、实训平台理事会、科研平台理事会。平台理事会实施双负责人制，校企双方协同承担育人、创新、服务功能，已经形成了利益相关方共建共管共享机制。通过理事会平台，合作企业的诉求和学校师生利益得到了有效调节，更多的新技术、新工艺、新标准、新规范等先进要素在平台上集聚，实现了产教深度融合。

（4）探索学徒制。中外实践证明，学徒制是实施职业教育的有效形式，是产教协同育人的有效模式。学校是最早一批在订单教育基础上探索学徒制的高职院校。依托沪宁线区域产业基础雄厚、龙头企业集聚的优势，学校主动跨出校门，“联姻”一批龙头企业和行业组织开展学徒制实践。2017年8月，学校与中国检验检测学会、通标标准技术服务有限公司联合实施工业分析技术专业国家现代学徒制试点项目。首批25名学徒制学生按照“2+1”模式（2年校内课程学习、1年SGS岗位实践）开始大学学习。学校与中国检验检测学会、SGS公司联合开发14门工业分析技术专业核心课程、5门企业课程，编写课程标准14份。截至2019年，学校与行业企业共实施现代学徒制试点项目11个，试点范围覆盖7个二级学院，参与学生达385人。

在探索现代学徒制的同时，学校积极贯彻落实《人力资源社会保障部办公厅、财政部办公厅关于开展企业新型学徒制试点工作的通知》（人社厅发［2015］127号）精神，主动参与企业新型学徒制试点。学校与江苏佳尔科药业集团股份有限公司联合实施企业新型学徒制试点（常州市唯一试点高职院校），首批39名佳尔科公司员工参与学习。校企双方按照“五化原则”（管理精细化、流程规范化、方案定制化、组织多样化、评价过程化），联合对企业员工实施技术技能训练与理论教育，实现了理论与实践相结合、生产与学习相结合、经验与规范相结合。试点成果得到合作企业、常州市人社局、常州市财政局的高度认可。

（5）实施专业动态调整。制定实施《新专业设置管理办法（试行）》，对接区域经济发展和产业结构优化升级，形成良好的专业设置管理运行机制，实现专业链与区域产业链的深度对接。2016年以来，围绕常州市装备制造行业和检验检测认证产业强劲发展需求，学校先后增设纺织品检验与贸易、生物产品检验检疫、机械产品检测检验等新专业14个，进一步促成了专业布局与区域产业的无缝对接。制定实施《专业动态调整管理办法（试行）》，选取“招生计划完成率和报到率、就业率、就业竞争力、专业相关度、满意度”作为主要评价指标，建立产业结构调整驱动专业改革机制，规范专业动态调整管理。2017—2019年，根据江苏省主导产业转型升级和学校集约发展的实际情况，学校停招油气储运、应用电子技术、计算机应用技术、模具设计与制造等专业17个，专业结构得到进一步优化和聚焦。

（三）多主体共建共管共享，形成“命运共同体式”产教融合平台

《江苏省高等职业教育创新发展卓越计划》提出建设融实践教学、技术服务、创新创业、产业培育于一体的产教融合平台，努力成为行业、区域教育培训与实训中心、技能鉴定中心、技术研发中心和公共技术服务中心。对照“卓越计划”要求，学校坚持“立德树人、服务导向、多元共建、开放共享”理念，打造了一批适应产业转型升级需要，支撑专业群建设，装备、技术、标准先进的“命运共同体式”产教融合平台（见图3）。

（1）共建基于“169”模式的产业学院。历经近五年的实践探索，学校的产业学院建设形成了一套相对稳定、系统高效的“169”建设模式，即坚持1个中心：培养契合产业需求的高素质技术技能人才；贯彻6个原则：人才共育、项目共研、资源共享、利益共分、风险共担、过程共管；实施9个协同：协同投入资源、协同开展专业建设、协同开发课程、协同实施教学、协同实施学习评价、协同建设实训基地、协同培养师资、协同管理运行、协同开发教学资源。“169”产业学院建设模式的运行，破解了教育界与产业界“貌合神离”的难题，有效提升了学校产教融合深度，也为兄弟院校深化产教融合提供了实践案例和经验。

学校在股份制二级学院探索基础上，引入中国检验检测学会、中国检验检疫科学研究院、中国认证认可协会、SGS公司、常州检验检测认证产业园组建多主体的检验检测认证学院，集聚多方资源培养质量工匠，目前已经成为常州检验检测认证产业发展的技术人才

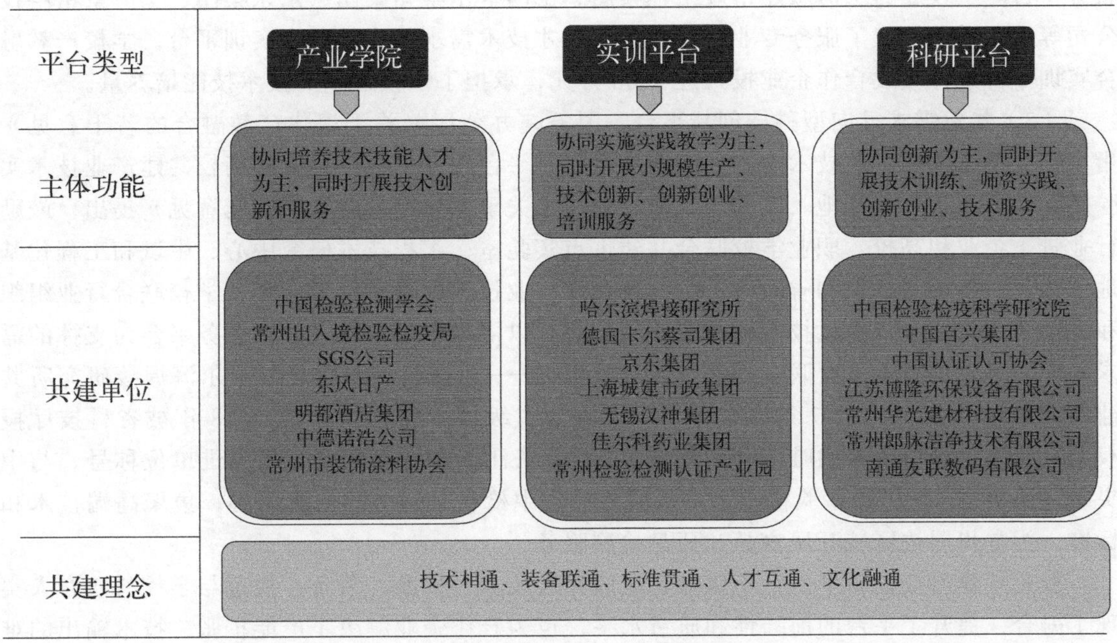

图 3　“命运共同体式”产教融合平台

“蓄水池”和员工培训“加油站”。为支撑常州“十大产业链”中新能源汽车及核心零部件产业的高质量发展，学校整合智能制造类专业，与东风汽车有限公司东风日产乘用车公司、中德诺浩（北京）教育科技股份有限公司共建东风日产汽车学院，采用日产公司的技术、标准、规范，引入德国汽车行业标准和教育培训资源，协同培养汽车工匠。紧扣苏南旅游和酒店服务业强劲的发展需求，学校与江苏华怡明都酒店集团有限公司共建明都酒店管理学院，通过校企协同实施现代学徒制、企业新型学徒制形式，培养服务高星级酒店的服务工匠。为支撑常州市无人机产业发展，学校与天岣（常州）智能科技有限公司共建无人机学院，培养市场紧缺的无人机应用型人才。

（2）共建“产学研创培用”产教融合实训平台。学校坚持“立德树人、服务导向、多元共建、开放共享”理念，与行业组织、产业园区、龙头企业共建了一批融“产学研创培用”于一体的产教融合实训平台。在省级焊接及检测实训基地、江苏省高级技师鉴定机构、江苏省特种设备焊工考试机构基础上，聚集人才、资本、技术等创新要素，进行资源集成、设备升级、内涵提升，建成国内一流的智能焊接集成实践平台，包括：与机械科学研究总院哈尔滨焊接研究所、无锡汉神电气有限公司等单位共同打造焊接智慧车间；与德国 HWK 合作共建“中德国际焊接技术培训考试中心”，开展国际化焊接人才培训；与德国退休工程师协会（SES）合作，建立外国专家工作室；与中国焊接学会共建机器人焊接培训基地。平台已经成为年服务周边高校学生实践和企业员工培训可达 15 万人时的焊接领域新技术应用与服务高地。

学校紧紧依托工业分析技术、食品质量与安全、理化测试与质检技术等特色专业，面向化学化工、消费品（食品、药品、化妆品、纺织等）、特种设备制造和电气安全等领域，联合中国检验检疫科学研究院、SGS 公司、检科测试集团等单位，集聚技术、人才等创新要素，以资源共享为核心，以服务中小企业检验检测服务需求和技术创新需求为导向，建设检验检测公共实训平台。该平台于 2018 年被省经济和信息化委员会认定为省级中小企业公共服务平台。学校还与上海城建市政工程集团、德国卡尔蔡司集团、京东集团、上海景格科技公司等知名企业共建了服务专业建设和企业人才技术需求的产教融合实训平台。学校产教融合实训平台累计吸收合作企业投入近4600万元，承担了学校近半的技术技能培养量。

（3）共建需求导向型科技创新平台。国务院办公厅《关于深化产教融合的若干意见》指出，要继续加强企业技术中心和高校技术创新平台建设，鼓励企业和高校共建产业技术实验室、中试和工程化基地。江苏省政府办公厅《关于深化产教融合的实施意见》提出，鼓励行业骨干企业和高校、职业学校联合共建重点实验室、工程技术研究中心、中试和工程化基地。为贯彻落实国务院和省政府关于高校建设产业技术创新平台的意见，学校联合行业组织和龙头企业共建了一批以技术转移中心为核心，以协同创新平台、技术服务平台为支撑的需求导向型科技创新体系。联合焊接行业权威机构——机械科学研究总院哈尔滨焊接研究所共建技术转移中心，于2017年被省科技厅批准为省级技术转移中心， 2018年被省科技厅授权可自主认定合同（省内唯一高职院校），并荣获江苏省技术市场交易先进单位称号。与中央级科研机构——中国检验检疫科学研究院共建中检科常州协同创新中心，集聚高端技术和标准，为常州周边区域开展食品、药品检测服务。

校企共建科技创新平台，不仅将企业的先进技术、标准、装备、规范与学校科研育人实现了融合，提升了平台的前瞻性和质量水平，也为合作企业解决了产能扩张、技术输出的难题。得益于合作企业的参与，学校先后建成江苏省生物酶工程技术研究开发中心、江苏省中小企业公共服务平台、江苏省建筑数字化建造工程研究中心、江苏省能源互联及大数据集成应用工程技术研究开发中心、江苏省高校技术转移中心等5个省级创新平台。依托创新平台的资源集聚、协同攻关、集成共享、融合创新功能，学校“四技服务”经费连续五年位居全省高职院校第一，科研到账经费年均增长20%，连续三年入选高职院校服务贡献50强。

四、推广应用的价值及进一步研究实践的思路

（一）推广应用价值

本研究以协同创新为引领，以校企共建，资源共享，互惠互利，构建产教融合框架下的产业人才培养体系为研究对象，以形成促进产教深度融合的新型制度体系和良性运行机制为研究目标，从校企共建共享的路径来研究产教深度融合的相关问题，探索校企深度合作的“双赢”模式。就这一点来讲，突破了以往单纯站在学校或企业角度单一方向研究的狭窄视野，立足利益共同体双方互动的协同供给式研究，更好地适应产教发展的重大需求，这是对现有产教融合路径研究的一种拓宽。同时站在经济社会发展转型升级的重要战略机遇时期，探索优化校企合作育人模式，完善产教深度融合的长效运行机制，以高水平的应用研究为同类型院校的校企合作模式提供理论参考，也为我国现代职业教育的健康发展提供可资借鉴的实践经验。

通过开展产教深度融合、校企协同机制创新改革的研究与实践，聚集各方资源，问题导向，集中攻关，在构建校企深度融合利益、治理与评价机制、建立任务驱动、项目牵引的人员聘用和分配制度、建设多元主体协同参与人才培养体系开发与质量监控等方面取得较大的突破，为全面深化职业教育改革创新，破除制约产教融合发展的体制机制瓶颈障碍，激发学校办学活力，建立健全现代职教自治管理制度，显著提升职业院校对区域产业转型升级和构

建现代产业体系的支撑度，显著提升职业院校对支持地方经济社会发展和管理机制创新的贡献度，显著提升一流高水平优质学校建设的影响力作出贡献。

（二）进一步研究的思路

产教融合中职业院校和企业都是主体，但不是所有的企业都有资格做教育。德国只有五分之一到四分之一的企业有资格做教育，这些企业被命名为“教育企业”，能够享受与学校一样的社会待遇。《国家职业教育改革实施方案》明确提出，在开展国家产教融合建设试点基础上，建立产教融合型企业认证制度，对进入目录的产教融合型企业给予“金融+财政+土地+信用”的组合式激励，并按规定落实相关税收政策。这是建立中国特色“教育企业”的新纪元，是深化产教融合的重大举措。但对于什么是产教融合型企业，它的特征与功能是什么，如何评定等等问题都需要尽快研究确定。这是破解产教融合“剃头挑子一头热”的关键一步，也是一项紧迫的研究任务。后续课题组将尽快引入部分行业组织和企业高管，协同开展产教融合型企业专项研究，系统界定产教融合型企业的内涵、特征、标准、使命、义务等，为政府制定产教融合型企业认定政策提供参考。

产教融合平台不仅可以建在校内，也可以建在企业中。当前的政策主导方向是在校内共建综合性实训平台，通过引入企业装备实现与产业同步。从产业发展规律来讲，产业技术迭代迅速，装备更新周期日趋缩短，校内实训装备更需要不断更新，仍然依靠财政投入是不可持续的。参考德国、中国台湾地区的实训平台建设经验，可以鼓励把部分实训基地建在企业内，由企业去主导。这样也给课题组带来了研究任务，就是要厘清企业内实训平台的定位、功能、运转机制、评价机制、成本核算机制等问题，特别是要研究解决企业正常生产与批量学生顶岗实习之间的矛盾。后续课题组将选择 1 个行业组织专家和 2 家紧密型合作企业高管，协同研究企业实训平台的运行机制、成本分担机制、风险防控机制，为破解校企共建企业内实训平台的困境，研究出双赢的对策。

高职院校内部质量保证体系与诊改机制研究

陈向平

办好人民满意的职业教育，必须直面的一个核心问题就是如何保证人才培养质量。为促进高职院校健康、有序、高质量发展，不断扩大高职教育的影响力与吸引力，国家及教育主管部门通过制定管理标准、开展院校评估、建立人才培养工作状态数据采集与管理平台和质量年度报告制度等举措，建立并逐步完善了高职教育的质量保障体系，在提高与保障高职教育质量，规范高职院校管理等方面发挥了十分重要的积极作用。政府采取的质量提升举措，质量管理的原动力大都来自于政府与教育主管部门等外部机构，聚焦于外部质量保障体系建设，高职院校自身质量保证的动力机制却一直处于被动状态。随着2012年国务院教育督导委员会办公室的成立，我国教育质量保证体系的顶层设计做出重大调整，开始深入推进“管办评”分离，明确政府、学校、社会三方在教育治理体系中的职责分工，标志着我国教育教学质量管理进入一个以“管办评分离”为主要特征的新的发展阶段。在这种新形势新业态下应运而生的高职院校质量自主保证人才培养质量的“诊断与改进”制度设计，无疑在推进高职院校内部质量保证体系建设与自主保证质量的动力机制上，具有里程碑意义。开展高职院校内部质量保证体系建设与“诊断改进”制度设计研究，可以在提升人才培养质量的同时，促进学校将内部治理水平提升到一个新的高度。

一、研究背景

2013年4月起，本课题主持人参与了教育部职业教育与成人教育司委托的“职业教育评估系统架构与高职院校下轮评估实施方案的研究与实践”课题研究，课题组在总结前两轮评估基础上，围绕高职院校人才培养质量，就如何开展第三轮评估及其评估方案制定工作开展研究。2015年初，为适应“管办评”分离的要求，课题组转向“职业院校教学工作诊断与改进制度”的研究，为教育部职成司出台《教育部办公厅关于建立职业院校教学工作诊断与改进制度的通知》(教职成厅[2015]2号)、《关于印发〈高等职业院校内部质量保证体系诊断与改进指导方案（试行）〉启动相关工作的通知》(教职成司函[2015]168号)及《江苏省高等职业院校内部质量保证体系诊断与改进工作方案》(苏教高[2016]9号)等文件提供了决策参考。在此研究基础上，适逢江苏省教育厅办公室发布《关于开展高等职业教育创新发展系列课题研究的通知》(苏教办高[2016]13号文)，该项目后续研究获得江苏省高职研究会重点课题立项。依据课题申报计划，课题组在教育部职业教育与成人教育司立项课题“职业教育评估系统架构与高职院校下轮评估实施方案的研究与实践”前期研究基础上，依托全国职业院校教学工作诊断与改进专家委员会秘书长单位和全国首批诊改院校试点单位的条件优势，在江苏省高等职业院校内部质量保证体系诊断与改进工作专家委员会的支持下，立足前期研究成果，重新梳理课题研究重点与研究攻关方向，围绕院校内部质量保证体系建设的制度创新，优化研究团队结构，扩充项目试点单位，明确责任分工，协调研究计划，取得了学校内部质量保证体系建设与诊改机制创新的一批新成果，并以院校内部质量自治的个案范式，为高职院校内部质量保证体系的建立完善，以及教学工作诊改机制的有效运行提供了借鉴与指导。该课题于 2018 年 12 月由江苏省高等教育学会高职教育研究委员会组织成果鉴定，并顺利结项。

质量治理永无止境。高职院校内部质量保证体系建设作为高职创新发展行动计划的重要部分，已经成为高职院校主动适应经济社会发展新形势与新需求，不断提升人才培养质量的重点行动。国家相继出台了《教育部办公厅关于建立职业院校教学工作诊断与改进制度的通知》《关于印发〈高等职业院校内部质量保证体系诊断与改进指导方案（试行）〉启动相关工作的通知》《关于确定职业院校教学诊断与改进工作试点省份及试点院校的通知》《关于全面推进职业院校教学工作诊断与改进制度建设的通知》等制度文件，全面开启院校履行人才培养工作质量保证主体责任的质量管理新时代。各省在全国诊改专委会的指导下，相继成立省级诊改专委会，以试点省、试点院校内部质量保证体系的“诊改”工作为抓手，切实推进高职院校内部质量保证体系建设由“他治”向“自治”的目标迈进。各职业院校按照“需求导向、自我保证，多元诊断、重在改进”的方针，深入开展院校内部质量保证体系建设实践。围绕自主保证质量的常态化诊改机制建设，兴起了一场内部质量保证体系建设探索热潮。然而，将新的质量管理模式落实到具体院校的具体工作中，仍然面临着诸多问题与挑战。课题组立足前期丰富的研究成果，围绕高职院校如何编制质量保证体系建设专项规划、设计质量保证体系建设与运行方案、建立“55821”的体系架构及诊改模型、开发学校、专业、课程、教师、学生层面的目标与标准、探索诊改运行实施及支撑诊改运行的信息平台建设等方面，深入开展校本层面的实证研究。

2017 年 12 月，经江苏省高等教育学会高职教育研究委员会遴选推荐，“高职院校内部质量保证体系与诊改机制研究”获江苏省高等教育教改研究重中之重课题立项（课题批准号： 2017JSJG420）。在全面总结前期研究成果基础上，课题组按照课题项目申报书的研究思路与江苏诊断与改进工作专家委员会的指导意见，围绕“建立与完善学校内部质量保证体系，建立常态化的人才培养质量自主诊改机制”，从“学校、专业、课程、教师、学生”5 个层面，设定 5 个子课题，以 5 个层面诊改机制的实施与运行为研究对象，全面梳理江苏 5 所诊改首批试点院校基于“55821”的“诊改”实践经验与做法，查找诊改试点院校诊改运行机制中存在的问题，寻求解决问题的方法路径，为高职院校内部质量保证体系的建设提供借鉴，为全国高职院校建立学校自主保证质量的教学工作诊断与改进制度建设提供指引。课题组的研究，通过高职院校自主保证人才培养质量的诊改机制制度设计，推动高职院校切实履行人才培养工作质量保证的主体责任，深化院校“质量自治”的内涵建设，推动高职院校质量管理行动与水平迈上新台阶。通过编制内部质量保证体系建设指南，为指导高职院校内部质量保证体系的建立完善和诊改机制的有效运行，推进高职院校内部治理体系与治理能力现代化建设提供借鉴与指导。

二、研究思路

课题组在《教育部办公厅关于建立职业院校教学工作诊断与改进制度的通知》《高等职

业院校内部质量保证体系诊断与改进指导方案（试行）》文件精神指导下，聚焦目前高职院校内部质量保证体系建设与建立常态化诊改机制试点实践中的难点问题，以课题申报院校为破题探索实践单位，针对“学校、专业、课程、教师、学生”五个层面的诊改试点实践，积极探索高职院校自主质量保证的新思路、新措施和新方法，为江苏高职院校内部质量保证体系构建、运行与诊断机制创新工作提供理论支撑与实践指导。出台院校内部质量保证体系建立与运行的相关指导意见，以建设指南与诊改复核指引的形式，为高职院校内部质量保证体系建设与开展常态化的诊改工作提供策略建议与方案样本，促进高职院校在质量保证诊改制度框架下，结合校情创新质量管理新机制，探索形成具有职教特色的校本化人才培养体系、协同育人体系与质量自主保证体系，促进职业院校各质量保证主体自觉开展自我诊断与自我改进，不断提升人才培养质量。

课题研究按照理论研究与实践研究两部分展开。理论研究主要着力于理论分析与文献综述，重点梳理教育主管部门的质量保障与评估政策，以及高职院校内部质量保证体系建设方面的主要成果及存在的主要问题。实践研究主要着力于通过现状调研，将“诊改”理念与各高职院校自身发展实际相结合，建构学校由“他治”走向“自治”的体系化制度建设与实施运行机制设计，探索学校自主确定各层面质量目标与标准，打造具有校本特色的“两链”，并以“8”字螺旋开展质量诊断、改进、提升的实践路径。各试点学校基于“55821”质量保证体系框架下的实践案例，为江苏乃至全国高职院校的内部质量保证体系建设及其诊改机制的常态化运行提供可资借鉴的范式。

三、研究过程及成果

（一）理论研究

（1）制度建设层面。国内外关于质量保障体系建设的研究成果很多，现就国家及教育主管部门为规范高职教育发展，保证高职教育质量，借鉴国内外研究成果应用于政策引导层面，对质量保证体系建设的研究与实践作综述。

首先，标准的建立为高职教育质量保障提供了制度依据。2000 年，教育部颁布实施的《高等职业学校设置标准（暂行）》，规范了高职院校的设置条件、明确了设置程序和要求，从源头上保障高职院校基本办学条件，为人才培养质量提供了基本保证。2004 年教育部发布了《高等职业院校专业目录（试行）》，2012 年发布了 410 个高职专业教学标准，对高职院校专业的培养目标与规格、教学实施、教学管理、专业建设、教学资源等方面做出了规定，为专业教学质量提供保障。为保证基本教学质量，教育部于 2004 年、2008 年先后开展了两轮高等职业院校人才培养工作评估，推动高职院校改善办学条件、强化内涵建设、改革人才培养模式，推进了高职教育质量保障体系建设。

其次，人才培养工作状态数据为监测高职教育质量提供了手段。为进一步完善高职教育质量保障体系的建设，2009 年起，教育部建立了高职院校人才培养工作状态数据采集与管理平台，及时采集高职院校人才培养过程数据，实施动态监测，为院校自我检查、量化管理提供支持，同时也为地方教育行政主管部门加强对教学工作的监测、检查、比较、预警提供手段和依据。为接受社会对高职教育质量的监督，推动教育质量的持续改进打下基础。

最后，实施质量年度报告制度强化了社会对高职教育的质量监督。自 2011 年起，高职教育建立了人才培养质量年度报告制度，形成了国家、省、学校、二级学院四级报告制度发布体系，向社会展示高职教育的建设成效与问题。自此，高职教育基本形成了以外部质量评估为主要方式的质量保障体系。

纵观我国高职教育质量保障体系的发展历程，以外源性动力为驱动的质量保障体系在提高教育质量、规范院校管理等方面虽起过积极作用，但仍然存在一些不容忽视的缺陷和问题：

一是教育质量的管理方与评估方尚未进行分离，质量评估结果的信度与效度不高。

二是教育质量评估缺乏相应的法律法规，约束与管理力度不够。两轮评估的实践经验表明，在评估方案的制定与实施、评估机构的建立、被评院校评估材料的准备等方面应有明确的法律法规进行界定与管理，缺少法律法规支撑的教育质量评估难以转化为常态化的工作。

三是评估专家遴选制度不够完善，“多元参与、多方评价”的评估原则流于形式。由于行业企业专家、一线教师对评估及人才培养工作理解程度不深，造成评估专家队伍能力结构不够合理，行业企业和教学一线的专家难以充分发挥作用，“多元参与、多方评价”局面尚未真正形成。

四是评估数据难以进行源头采集，数据准确度不高，影响评估工作有效开展。

综上所述，我国教育质量保障体系的建设还是主要依靠外部评价来推动质量提升，学校内部质量保证体系处于自发、松散、碎片化状态。在“管办评”分离的形势背景下，学习、吸取国内外先进的质量管理理念，以科学的理论、全面质量管理的思想，从与人才培养质量密切相关的 5 个层面入手，建立高职院校保证质量的教学工作诊断与改进制度，形成以学校为主体，教育行政部门为引导、利益相关方共同参与的上下配合、内外协调、积极有效的质量保证运行机制，切实提高高职院校自主保证质量的能力与水平，在引导高职院校质量保证体制机制探索方面开展进一步的研究，具有十分重要的实践指导意义。

（2）理论探索层面。 2015 年底，教育部印发《高等职业院校内部质量保证体系诊断与改进指导方案（试行）》，要求所有独立设置的高职院校建立常态化的内部质量保证体系和可持续的诊断与改进工作机制。围绕“诊改”主题，课题组组长杨应崧教授等一批全国诊改委专家，在《中国教育报》等报刊撰文，就“诊改”机制发表观点，为全国高职院校有效开展诊改工作提供了强有力的理论指导。其中，杨应崧教授于 2015 年 10 月 30 日、 2016 年 7 月 5 日，分别在《中国教育报》发表了《教学质量要“医院体检”，更要“自我保健”》《诊改不是加给学校的“紧箍咒”》两篇文章，帮助各方深入了解推出“诊改”举措的初衷、准确理解“诊改”含义，提出建立诊断改进机制、扎实开展“诊改”制度建设、支持优质高等职业院校实现更高水平发展等举措。袁洪志发表的《高职院校质量保证主体责任须落实》，从深化学校内涵建设的现实需要出发，强调高职院校借助“诊改”的有效开展，建立和完善内部质量自主保证有效机制的重要性。周俊发表《诊断与改进：质量自我提升的不竭动力》《教学“诊断与改进”：变“迎评”为“日常”》等文章，阐述了通过诊改培植学校内生力量，实现质量自我保证，一方面要建设好支撑质量的各项要素，如校企合作、师资队伍、实训条件、信息化资源、教育教学管理等；另一方面，要建设好质量持续自我提升的动力机制，防止和克服质量提升过程中可能出现的建设倦怠等观点。崔岩发表《履行质量主体责任，高职如何找准“坐标系”》的文章，提出了高职院校履行质量主体责任，采用“诊断”+“改进”的模式是一条重要路径，引导高职院校内部质量保证体系建设中建立常态化的“诊断改进”机制。这些专家的文章为促进高职院校构建内部质量保证体系和有效开展“诊改”工作指明了方向。

（二）实践探索

1. 适应“管办评”分离，高职教育质量保障体系的健全与运行机制创新亟待突破

“管办评”涉及“管”“办”和“评”三方，在以往的教育实践中，“管”和“评”的职能基本由政府机构来承担，“办”的主体则主要指学校教育举办方。随着《国家中长期教育改革和发展规划纲要（2010—2020 年）》（2010 年）、《中共中央关于全面深化改革若干重大问题的决定》（2013 年）和《教育部关于深入推进管办评分离 促进政府职能转变的若干意见》（2015 年）等文件的颁布，教育界已经达成这样的共识：“管办评”必须分离，以便逐步形成政府宏观调控、院校自主办学、社会广泛参与，职能边界清晰、多元主体共治的职业教育质量保障新格局。

（1）厘清政府、学校和社会权责，正确认识“管办评”分离。适应“管办评”分离，首先必须正确认识“管办评”三者之间的关系，即“管”与“办”的关系，“管”与“评”的关系以及“评”与“办”的关系。在这三对关系中，最难处理的是“管”与“评”关系。随着教育领域的开放性逐步增强，内需驱动和社会驱动的教育评估开始取代现有的行政驱动的评估，第三方评估的需求日益凸显，“管办评”分离日益成为共识。虽然教育行政部门依然充当着管理者，但是教育评估的主体却发生了变化，逐步由政府机构向专业机构和社会组织转变。“管办评”也由当初政府与学校的关系逐步扩大到政府、学校和社会的关系，正确处理“管办评”关系的实质就是要正确定位政府、学校和社会在教育活动中的关系格局。只有进一步提高政府效能、激发学校办学活力、调动社会各方面发展教育事业的积极性，形成决策、执行和监督三者相互区别、相互协调并且相互制约的良性互动机制，才能切实提高高职教育质量。

（2）“管办评”三主体各司其职，共同建立高职教育质量保障体系。①“管”：政府依法履职，提高教育督导实效。《教育部关于深入推进管办评分离 促进政府职能转变的若干意见》（教政法 ［2015］ 5号文）明确规定，“转变政府职能，严格控制针对各级各类学校的项目评审、教育评估、人才评价和检查事项”，把教育评估从政府管理职能当中分离出去，但是这并不是说政府不再有评估教育的需求，而是“管”“评”两者由行政附属关系走向具备法律效力的契约关系，政府在这方面的职能由“评估评价”向“教育督导”转变。新体系下，政府发挥教育督导功能主要通过三个途径：第一，成立各级各类的教育督导队伍对其归口范围的教育实施督导和评估监测，其结果向社会发布，限期复查，依法奖惩；第二，引入市场机制，将委托专业机构和社会组织开展教育评价纳入政府购买服务范围之列；第三，建立学校、省和国家三级高等职业教育质量年度报告制度，每年发布学校、省和国家高等职业教育质量报告。②“办”：学校完善内部治理结构，积极开展自我诊改。根据《高等职业教育创新发展行动计划（2015—2018 年）》，完善的院校治理结构要包含以下三个核心要素：第一，有符合学校要求，具有前瞻性、规范性和可控性的学校章程。学校章程是学校内部最重要的“宪法”，它保证学校办学有法可依、有据可查，以可靠的制度约束力促使学校良性发展。第二，有一个具有决策力、执行力的高效决策层。俗话说，“校长是学校的灵魂，有一个好校长，就有一所好学校”，有效的决策层能够提升学校的资源整合、科学决策和战略规划能力。第三，有社会群体广泛参与的非官方机构。学校可根据实际情况设立校级学术委

员会、专业指导委员会、有办学相关方代表参加的理事会，共同提升学校办学水平。有了三大核心要素，学校能够确立合理的人才培养目标，根据本校的人才培养目标要求，定期对本校的专业建设、课程建设、师资队伍建设、学生发展、内部治理等展开自我监测预警和诊断改进。③“评”：社会广泛参与，提高评价有效性和客观性。“管办评”分离的一个重要初衷就是要解决“社会参与教育治理和评价还不充分”的问题，社会参与教育评价有三种途径：第一，作为教育活动的利益相关者，如学生、学生家长、用人单位以及与学校相关的行业协会、专业学会、基金会等社会组织，参与学校组建的各种理事会、委员会或学生会等非行政机构，影响学校人才培养目标制定、课程标准修订和专业设置等具体教育活动；第二，具有教育评价资质的专业机构和社会组织教育接受政府或学校委托，对学校教育开展评价，将教育评价结果作为资源配置、干部考核和表彰奖励的重要依据，专业机构将成为高职教育外部评价的主要承办方；第三，新闻媒体等非官方组织以大学排行榜等形式，对高职院校教育进行评价，通过对学校声誉的判断来影响资源分配与获取，推动学校内部质量保证体系建设。

2. 推行质量“自治”，落实院校人才培养质量保证的主体责任

开展职业院校“诊断与改进”制度设计，既是适应实施“管评办分离”、教育行政部门转变职能的现实需要，也是职业教育主动适应经济发展新常态，自主保证质量，提升高职教育核心竞争力的需要。“诊改”制度设计的愿景是落实质量保证主体责任，推行质量“自治”，创建“我的学校我负责”“我的学生培养我负责”的质量治理生态。通过建立质量生成主体（包括学校、教师、学生、专业、课程）自主提高质量的保证体系，形成覆盖全员、贯穿全程、纵横衔接、网络互动、常态化、周期性的人才培养质量管理系统与富有内生活力和创新动力的良性管理机制。基于高职院校自身内部质量保证体系建设的逻辑起点，“诊断与改进”制度设计具有以下主要特征：

（1）自主性。“诊断与改进”的主体是质量的直接创造者，包括管理方、举办方、实施方与成才方。制度设计目的是引导和帮助质量生成主体切实发挥教育质量保证主体的作用，通过自主建立的全面达成外在需求目标并不断创造性超越既定目标的人才培养质量保证体系，并依据体系中目标组成要素的坐标系，对现实状态持续进行自我定位、诊断和调整改进，实现全面的质量监控与管理。

（2）常态性。建立“诊改”制度的根本出发点，就是构建质量保证社会共建共治共享机制，使高职人才培养质量保证走向制度化、常态化的轨道，使职业院校能够不依靠外部评估手段，自主实现教学质量管理的规范、精细、到位，实现职业院校人才培养质量的“事前建立目标标准、事中实施监测预警、事后进行诊断改进”的常态化监管与指导。

（3）实时性。开展“诊断与改进”的主要依据是来自于源头的实时数据与信息，以及各方的诊断意见与知识成果，它与传统“评估”运行形态的区别在于指标体系的设计与应用。评估的指标体系是评估组织者对评估对象做出价值判断的依据，标准是静态的，注重的是结论。“诊断与改进”的指标体系是质量生成主体用于诊断、定位、导航的，标准是开放的、动态的，融入工作全过程，与人才培养工作融为一体，没有起讫时间限制，注重的是过程而非结果。

（4）动态性。“诊断与改进”的标准是由质量生成主体根据社会需求和人的全面发展需求制定的，在保证底线的前提下，各地区、各院校都可以设定适合自身实际的标准，并且可

以跟随需求的变化和达成的状态不断修正和优化，使得质量生成主体始终保持改进提升的激情与张力。“诊改”制度体系的运行动力来自于质量生成主体的内在需求，来自于的“质量改进螺旋”的激励与持续改进机制，贯穿于质量生成全过程。

（5）引导性。推行“诊断与改进”工作，是为了引导和帮助高职院校切实发挥教育质量保证的主体作用，为高质量全面达成预定的目标并不断创造性地超越，引导“管办”双方以“诊断改进”为纽带，围绕同一个质量保证目标，各负其责协同诊断，建立“诊断”与“改进”相交、相联、互动的上下联动“双循环”改进机制，从而从根本上突破靠行政手段、强制性、间歇性激励推动的外部“评估”的弊端，推动在智能化环境下，建立由质量生成主体需求带动、常态化机制推进的网络化、内生性的质量保证系统。

3. 坚持问题导向，推进高职内部质量保证体系建设与运行

高职院校内部质量保证与人才培养、教学科研、社会服务、文化传承以及各种软硬件建设都有密切的关系，从院校质量治理自我诊改的角度看，目前院校质量保证体系存在的主要问题有：

（1）质量主体自主保证意识薄弱，质量文化建设重视不够。长期以来，高职院校的质量保证主要依靠政府主导和推动，在政府“指挥棒”的引导下，院校习惯于被动接受、应付各级各类审核性评估与考核性检查验收，尚未形成质量保证的主体意识，尚未形成“全员、全方位、全过程”的“三全育人”质量观，尚未形成优秀的质量文化。院校内部质量保证体系实践运行中，存在着教学管理有标准但执行不严、有执行但冲突较多、有评价但指标不科学等问题，存在着教学研究重理论轻应用，教学建设重投入轻绩效，教学管理重形式轻内涵等现象，多数院校实施自上而下的层级管理模式，依靠行政推动与院校领导经验管理为主，质量主体习惯于被动服从，缺乏主观自觉意识。“经验式”管理模式，累积形成“模板化”思维，缺乏主动保证质量的习惯、信念和机制，导致质量主体内生动力不足，主体责任缺位，质量管理粗放、低效，造成了“行业企业认为学生的技术技能水平达不到企业用工要求，学生本人、家长认为3年的学习获得感不强，对其就业与未来发展帮助不大，社会认为高职人才培养质量水平对于产业发展的贡献度与支撑度不够”等质量评价的“负效应”，高职院校内部质量治理的文化生态面临严峻挑战。

（2）质量生成系统标准体系不健全，监控预警机制作用发挥不力。质量是办学的生命线，但由于缺乏统一的质量评价标准，以及教育教学质量显现的滞后性，导致部分院校在办学过程中忽视对质量的关注。为此，国家、地方教育行政主管部门、行业、企业相继出台许多关于学校、专业、课程、资源建设、基地建设等方面的标准。标准，即是底线。院校在实际工作中，需要结合自身情况制定校本化目标与标准。从目前院校内部质量保证体系建设与运行的现状来看，质量管控底线标准体系不健全的状况较为普遍，项目意识较强，评估情结突出，质量保证尚未内化为自主自觉自律行为，常态化的全面质量管理机制尚未形成。

（3）人才培养质量保障能力不足，自主与管理的关系尚未完全厘清。高职院校普遍办学历史较短，从中职升格为高职后，主要精力聚焦在校园环境、师资队伍、实践条件、教学管理基本规范等方面的建设中，尚未有足够的时间和精力投入到质量保障体系的建设之中。有的管理人员缺乏对现代高等教育治理体系研究，院校内部治理体系建设经验不足，能力不够。对全面质量管理的路径尚不清晰，目标链、标准链未能完全形成。层级管理中自主与管理的关系散乱，质量管控体系运行失调。在专业层面，建设目标与定位模糊，建设标准不完

善，专业教学过程数据监测不到位，课堂教学与人才培养目标衔接贯通不畅，侧重监控教师教学层面，缺乏对学生学习情况、就业情况、毕业后满意度的持续跟踪，持续改进机制尚未形成，教育质量得不到有效保证。

（4）机制创新亟待突破，科学管理能力有待提升。推动高职院校建立自主质量保证的“诊改”制度，一方面是要建立健全院校内部质量保证体系中支撑质量生成的各个要素，如校企合作、师资队伍、实训条件、信息化资源、教育教学管理等；另一方面，是要建设好保证质量持续自我提升的动力机制，防止和克服质量提升过程中可能出现的建设倦怠。但从目前诊断与改进试点学校推进与建设的情况来看，促进质量持续提升的内部动力机制与科学管理的平衡机制问题较多，克服由“他治”走向“自治”、由“管理”走向“治理”的路径依赖仍是较大的障碍与瓶颈。以教育行政主管部门“他治”为主的外部质量评估形式，由于实践历史较为长久，工作思路较为熟悉，工作体系基本形成，工作模式日益成熟，为广大高职院校所接受，并形成适应性的依赖。因此在院校自身内部质量保证体系构架、管理制度设计、运行机制实施等多个层面始终有挥之不去的评估情结，由外在动力机制转化成内在动力机制，理念转变与机制创新成为院校由“他治”走向“自治”革命的一大难题。特别是动力机制与兼顾公平与效率的科学制衡机制更需攻关突破。学校要建立健全的质量标准体系、制度管控体系、监控反馈体系、质量改进绩效评价体系为主框架的内部质量保证体系，实现常态化实施运行，将诊改的重心真正落实到改进层面上，导向性的评价与绩效考核机制、约束激励机制的改革创新，是破解院校质量自主保证难题的一大关键。

（5）信息化管理服务平台建设滞后，难以满足诊改需求。随着信息技术的广泛应用，传统的管理、教学模式已不能满足日益增长的院校治理和人才培养模式改革的新需求。目前多数学校的信息化工作缺乏统一规划和顶层设计，各业务系统分散建设、相对独立，信息孤岛现象比较严重，用户单点登录和统一身份认证平台、公共数据采集与交换平台和统一门户平台的数据中心尚未建成。学校信息化队伍软件开发技术无法满足需要，校企合作建设协同创新组织形式缺乏，配套支持力度不足，激励机制缺失，协同攻关能力不强。随着云计算、大数据、物联网和移动互联网的快速推进，信息化运维人员能力提升需求与保障软硬件系统正常运行管理需求之间的矛盾十分突出，信息化自主开发和合作建设体制机制亟待突破。质量过程数据的“有痕”实时采集难以实现，状态数据采集效率低下，反馈不及时，过程不完整，无法统一共享，预警、诊改难以实时进行，脉冲式回溯、主观经验性的事后评判仍是常态。基于信息管理的动态化、实时化、一体化状态数据实时诊改分析平台成为院校内部质量保证体系建设中的一大瓶颈。

4. 实施常态化自主诊改，有效提升高职院校内部质量保证体系建设水平

高职院校开展质量自主保证的重要抓手，就是要推进落实人才培养诊断与改进工作，核心任务是要充分发挥学校质量保证的主体作用，全面落实学校人才培养质量的主体责任，以创新完善学校内部质量保证体系为有效载体，扎实提高人才培养质量；以落实质量自主保证任务为主线，推动学校内部治理体系与质量文化建设更上新台阶。试点单位的实践经验与做法，具有一定的推广应用价值：

（1）坚持需求导向，以质量文化引领人才培养质量持续提升。学校质量保证体系建设要坚持“需求导向”，依据经济社会和学生个体发展多样化需求，确立符合学校自身实际的办学定位与发展目标，使学校的办学特色与地方经济、社会发展需求相适应，发展思路与人

才培养目标定位相匹配，不断提升质量与发展目标的契合度；以科学的质量观，落实学校质量保证体系建设规划，建立上下配合、内外协调、积极有效的质量保证运行机制，促进五个层面形成持续改进的质量保证螺旋。现代质量文化是学校内部质保体系建设目标之一，也是师生员工自觉接受"诊改"理念、主动参与"诊改"的文化价值追求。通过质量知晓、质量认同及质量建构三个层次，采取培育精神文化、建设物质文化、强化制度文化、激活行为文化四个举措，建立持续深入、全面渗透的特色现代质量文化，将质量内化为全体师生的价值观念和行为规范，形成"人人重视质量、人人创造质量、人人享受质量"的氛围。以质量文化建设为引领，通过多种渠道多种途径，将"全员、全程、全方位"的"三全"育人理念和现代全面质量管理理念落到实处，激发人才培养各主体追求质量的积极性与创造性，增强质量自律，形成全员全程全方位参与质量建设的学校、院系质量文化。

（2）强化质量自律，使质量意识与质量行动成为师生员工的共同追求。学校要通过贯彻落实"诊改"制度，进一步完善内部质量保证体系，以立德树人为根本，做好内部质量保证体系架构的顶层设计。通过整体规划、目标设定、组织架构、保障队伍、质量标准、诊断评价等方面系列化制度设计，按周期进行"诊断"，充分发挥各质量主体自我质量保证的积极性，从人才培养的基本活动入手，建立学校、专业、课程、教师和学生五个层面的质量目标标准体系，以目标达成度来衡量质量保证的水平。同时依据各层面质量保证目标，全面全程建立起服务师生发展的质量保证体系运行机制，充分运用信息技术手段，将师生受益、师生发展、师生满意的自我评价和改进作为质量保证的基本要求，形成螺旋上升的"目标—标准—设计—组织—实施—监测—预警—改进—设计"的监测预警机制，以及"目标—标准—设计—组织—实施—诊断—激励—学习—创新—改进—目标"的诊断改进机制，不断提高各个层面质量保证的有效性，促进人才培养质量持续提升。通过向政府、社会、家庭和受教育者定期公布人才培养质量和社会服务质量的定期质量年度报告制度，接受社会评价与公开监督。充分听取家长、社会和用人单位等利益相关方对人才培养质量的意见和建议，增强人才培养与社会需求的适应性，促进学校完善内部治理结构，提高治理能力，提高利益相关方对人才培养工作的满意度。

（3）推动多元诊断，以内部质量保证体系统领学校人才培养质量保证过程。学校内部质量保证体系建设需要全员全程参与，需要各部门、各层级间互相支持配合，需要各体系之间有机融合与循环改进。学校各个部门和全体人员的日常教学工作都要在质量保证体系的框架下制订目标和标准，构建完备的专业建设标准、课程标准、教师发展质量标准、学生发展质量标准等体系，并按照各项质量标准制定好质量保证管理制度，组织开展相应的质量保证活动，依据质量保证的各项制度或标准开展相关人才培养工作。内部质量保证体系运行中获得的信息要及时，并公开透明地向社会、学生、家长、教师、政府等利益相关方反馈，听取不同意见，促进共同提高。通过多元诊断甄别的方式，及时发现质量保证体系运行中的问题，帮助教师、学生、管理者及时改进工作，促进学生、教师、管理者的成长发展。

（4）重在改进落实，使质量保证走向制度化、常态化。学校是质量的直接生成者，是质量保证的第一责任人。学校的质量保证要建立在科学的治理结构和完善的制度体系基础之上，并保证有效实施，横向五个层面和纵向层次之间要"8"字螺旋。开展诊断与改进工作，进行诊断与改进，是学校查找不足与完善提高的工作过程，是学校作为质量主体应尽的义务与必须担当的责任。围绕质量规划与质量目标，建立常态化周期性的教学工作诊断与改进制度，制订各个层面、各个类别的诊改方案，开展多层面多维度的诊断与改进工作，构建校内全员全过程全方位的质量保证体系。诊改工作的关键是切实有效地“改进”，追求的是不断提升、主动适应需求的能力。将定期开展的自我诊断与改进工作状况纳入年度质量报告，以不断完善内部质量保证制度体系和运行机制，进一步促进人才培养质量的持续改进与不断提升。

（5）提高信息化水平，使信息化平台成为诊改和提升内部治理水平的有力工具。质量信息的及时反馈是实施人才培养质量评价的前提，是保证人才培养质量目标实现的关键，也是提高内部治理能力的重要手段。学校要把信息化水平提升作为诊断与改进工作的基础，建立全校的信息数据采集网络与人才培养工作状态信息动态平台，并根据学校自身特点，开发完善数据平台在学校内部资源共享和大数据的分析功能，使平台建设不仅能进行日常管理和教学质量监控，更能满足查找问题与薄弱环节，推动持续改进，确保人才培养质量不偏离设定的质量目标的需要。数据平台也是学校向教育主管部门和社会各界展示办学实力和水平的窗口，建立质量保证信息公开制度，定期发布质量信息与年度质量报告，实时采集、整理、分析、运用各类反馈信息，持续改进提高教学质量和工作学习环境。

（三）主要成果

1. 制度文件：发布《高职院校内部质量保证体系诊断与改进工作复核指引（试行）》

为加强“事前建立目标标准、事中实施监测预警、事后进行诊断改进”，准确把握诊改方向，突出高职院校质量保证主体的地位和责任，督促高职院校有效落实内部质量保证体系建设与运行实施方案，以教育教学管理信息化平台建设为支撑，以诊改为手段，加快内部质量保证体系建设，建立常态化的自主保证人才培养质量机制，营造现代质量文化，进一步提升办学水平和人才培养质量。课题组通过对试点单位的实践研究，进行了诊改复核制度设计，依托全国职业院校教学工作诊断与改进专家委员会发布了“高等职业院校内部质量保证体系诊断与改进复核工作指引”，主要围绕“完善院校内部质量保证体系、提升教育管理信息化水平、树立现代质量文化”三项主要任务，对高职院校内部质量保证体系建设与教学工作诊断与改进提供方向引领，指导高职院校建立基于高职院校人才培养工作状态数据、自主诊改、省级教育行政部门根据需要抽样复核的工作机制，促进高职院校在建立教学工作诊断与改进制度基础上，构建网络化、全覆盖、具有较强预警功能和激励作用的内部质量保证体系，实现教学管理水平和人才培养质量的持续提升。

2. 工作指南：编制《高职院校质量保证体系建设指南》，为院校质量保证体系建设落地提供样板

研究成果中的《建设指南》部分，是院校内部质量保证体系建设与诊改机制运行实施的行动指南。由“质量保证体系建设应有明确的指导思想、质量保证体系建设应遵循的基本原则、质量保证体系建设应有科学可行的规划、建构结构合理的质量保证工作体系、学校质量保证要以专业质量保证为基础、教师质量是人才培养质量保证的关键、学生质量是人才培养质量保证的核心、充分准确的信息是质量保证的重要依据、质量保证要以成效为检验标准、质量保证体系建设的特色与亮点”十个部分内容组成，从理念转变、质量文化建设到体系设计与机制运行，全面规划了学校质量管理由“他治”走向“自治”的框架与路径。围绕院校人才培养质量持续提升这一目标，高职院校自身质量保证能力的保障指引主要包括以下四个

方面：

（1）建立纵横衔接的质量保证组织体系，完善组织保障。学校横向层面质量保证治理结构通常由质量保证决策机构、质量保证执行机构、质量保证监督评价机构和质量改进研究机构组成。纵向层面可建立二级的院系质量保证机构，面向教学一线的院系质量保证机构，应把教学质量保证作为最为重要的工作目标与工作职责。

（2）加强质量保证队伍建设，增强队伍保障。学校要建立一支保证质量运行和监控评价、持续改进等相关部门人员配备齐全的专兼职质量保证队伍，加强对质量保证队伍的业务培训与考核，把握学校质量保证目标，掌握各类质量标准，指导开展各项质量评价，提出质量保证的改进举措。

（3）完善质量保证制度体系，加强制度保障。依据区域或行业的要求，按照高素质技术技能型人才的培养目标，制定学校人才培养质量标准、专业质量标准、课程质量标准、教师发展质量标准、学生发展质量标准等，形成人才培养过程完整、规范的目标链与质量标准体系，并按照各项质量标准建立包含人才培养全过程的开放多元的质量保证制度。以提高人才培养质量为宗旨，定期开展培养质量的自我评估与诊断，及时发现问题，推动人才培养质量保证工作持续改进形成良性运行常态。

（4）加强规划与统筹，提高经费保障。制定质量保证体系建设规划，依据规划目标体系，细分落实目标体系下的各项工作任务，制定诊改工作方案与实施细则，以落实改进为重点，统筹经费投入与条件保障，优先满足与人才培养质量密切相关的教学条件、资源建设及其综合改革的需要。

3. 专著与论文：出版《高职院校内部质量保证体系与诊改机制研究》专著与相关论文

对高职院校人才培养而言，内部质量保证体系的建设至关重要。课题组各试点单位依据研究为江苏“诊改”工作提供了理论支撑与实践指导，全面梳理目前教育主管部门在政策层面、高职院校在实践实施层面，开展质量保证体系建设及其院校质量自主保证机制探索方面所取得的主要成果及其存在的问题。按照问题导向思路，重点研究了当前“管办评”分离形势背景下，高职教育质量保证体系建设实践的创新思路。《高职院校内部质量保证体系与诊改机制研究》专著及公开发表的关于质量保证体系建设的系列论文，以试点单位学校内部质量保证体系的建设实践为典型案例，针对高职院校开展内部质量保证体系建设与建立常态化诊断改进机制中突出的重点难点问题，探索破题改革创新的实践路径。以科学的理论与质量管理理念，架构基于“决策指挥、质量生成、资源建设、支持服务、监督控制”纵向五个系统与“学校、专业、课程、教师和学生”横向五个层面的质量目标与标准，通过建立“五纵五横”质量标准系统，为高职院校内部质量形成科学有效的标准体系提供借鉴与指导。通过各试点单位结合学校实际创新的基于“五纵五横一平台”“8 字形诊改螺旋上升机制”“机制与文化双引擎”等内部质量保证体系建设实践，为高职院校树立质量归根结底靠自身保证，质量治理共治、共管、共享等新理念，建立高职院校自主保证质量的教学工作诊断与改进制度，开发结合学校自身发展实际的信息实时采集诊改分析管理平台，形成以学校为核心，教育行政部门为引导，社会参与的上下配合、内外协调、积极有效的质量保证体系运行机制，以“诊断”+“改进”的模式，找准着力点，加强内涵建设，推进“全员、全程、全方位”的“三全”育人理念和现代质量管理理论落到实处，形成具有院校自身特色的质量保证体系和质量文化提供借鉴与指导。

四、推广应用价值及进一步研究的思路

（一）项目研究为教育主管部门提出的政策建议

1. 健全组织，明确职责，优化院校质量自主保证的发展环境

高职院校推进内涵建设，深化教育教学改革，内部质量保证体系的建设是关键。常态化的诊改机制有效实施与高效运行，是院校自主保证人才培养质量的重要路径与抓手。政府部门要以省诊改专委会平台为依托，以诊改复核的指标体系、政策体系、标准体系、统计体系、效能评估体系的顶层设计为引领，健全组织架构，理顺全省诊改工作中管、评、办三方权限职责与工作体制，引导院校建立质量自主保证的责任意识和全面质量管理的现代质量文化意识，致力于优化院校质量自主保证的发展环境；通过诊改试点复核工作，遴选一批院校内部质量保证体系建设的案例样本，发挥诊改试点院校先行先试的经验推广和辐射带动作用；出台院校内部质量保证体系示范试点项目的专项引导政策，以诊改复核工作撬动院校自主质量保证的积极性与主动性，激发院校质量自主保证的内生动力，切实发挥五纵五横各系统各层面质量主体的自主保证作用，有效提高院校自主保证质量的能力与水平。

2. 进一步完善约束与管理机制，推动院校治理结构优化与质量保障能力提升

教育主管部门建立院校质量自主保证体系建设的评价机制与问责机制，在年度质量报告制度、诊改复核制度大框架下，完善约束、问责管理制度，通过问责主体与客体、问责内容、问责程序与问责结果，进一步明确院校内部各系统、各层面之间的质量依存关系，厘清管理与自主之间的权责体系，促进院校自觉树立责任意识，在人才培养的各领域各环节建立质量管理与诊断分析改进制度，优化组织机构管控事项，完善内部质量管理制度与内控机制。通过对院校内部质量保证体系建设与运行机制的诊断复核，推动院校由质量管理走向质量治理，实施标准化、系统化、信息化、常态化的自我质量保证机制，建立目标管理、标准流程、工作规范、规章制度一体化的内控体系，强化纠正和预警，实现持续改进，不断完善质量治理的科学化水平。将院校内部质量保证体系的有效运行作为院校绩效评估的重要指标，纳入院校办学水平与社会服务能力贡献评价体系之中，通过激励与问责，促进院校管理模式由传统外控的行政化管理走向现代自主保证，营造以学校为核心、教育行政部门为引导、多元参与协同共治的质量文化环境。

3. 加强质量保证队伍建设，建立健全质量诊改队伍建设的长效机制

在当前院校内部质量保证体系与“诊改”工作不断向前推进的实践中，质量意识强、专业能力突出的质量管理队伍建设是院校实施科学管理、提高诊改工作效能的重要保证。专门的质量保证诊改工作队伍与组织机构，对院校开展常态化的自我诊改工作发挥着重要的保障作用。院校的诊改与自主质量保证需要加强各环节的质量监控和反馈，需要专门的质量管理人员对院校人才培养体系与教育教学过程作出准确的诊断分析，需要质量管理人员具有先进的管理理念，能够采用现代管理方法，使用信息化的管理平台，对各层面人才培养质量作出

准确科学的诊断，并提出合理的改进意见。但目前院校诊改工作的专门队伍规模有限，力量薄弱，全面质量管理的理论方法缺乏，信息化素养与质量管理的专业能力亟待提升。在当前深化高校教师人事制度改革的背景下，院校质量管理队伍的建设需要引起高度重视。建议以资格认证和职称评审为导向，建立院校质量保证专业队伍遴选培养制度，开发院校质量保证体系诊改专家资格认证，加强诊改专业队伍的培养与培训，提高院校质量保证队伍的素质与能力。健全完善诊改工作专业管理队伍的考核激励机制，对院校质量管理自我诊改工作取得成效的优秀教师进行表彰和奖励；出台“院校质量保证队伍建设管理”评价制度，定期开展质量保证机构与队伍的考核、鉴定、认证工作，不断提升院校质量保证的能力与水平。

4. 加快质量管理信息化进程，全面提升“诊改”平台管理与服务效率

院校质量保证体系的有效运行，常态化诊改机制的有序推进，信息化质量管理平台是其中最为重要的现代化管理工具。教育主管部门应整合当前信息化质量管理平台资源，完善全省及各院校质量管理信息化顶层设计，加大投入，统筹整合信息化资源，形成合力，集约共享。从全省质量诊改与质量报告的角度，集中全省信息化资源、平台、人力、物力优势，一体化规划全省各院校质量管理重要监控指标与诊改复核指标体系，建立实时数据采集分析的数据中心，打造全省高职教育质量诊改预警分析与质量报告平台，使动态预警与质量定期发布统一，质量管理绩效评价与奖惩机制统一，实现信息化资源的优化配置和高效利用。出台信息化质量诊改平台建设制度，统筹规划与集约指导院校质量保证体系诊改分析平台建设，立足提高教学质量与推动学习方式变革，为师生提供高质量教学信息化服务目的，推动院校实现教学信息化建设模式从“面向技术的模块化建设”向“面向用户服务的一体化建设”的转变。创新质量管理信息化决策、投资、管理、评价制度，加快质量管理信息化进程，全面提升质量诊断的管理与服务效率，促进质量管理科学化、规范化。出台相关奖励制度，加快院校信息化基础设施和质量管理信息化环境建设，对内部质量保证体系建设与质量管理行动取得显著成效的院校实施绩效奖励。建立信息化资源共建共享机制，扩大信息化管理平台的共享受益面，提高资源使用效率和效益。加强教师教育信息技术培训，提高教师信息化教学能力，建立数字化的教师教学支持与学生学习支持服务体系，提升教师与学生的信息技术能力及素养。加强质量管理信息化的理论与实践研究，推进信息化手段在质量保证中的深入应用，推出一批具有指导作用和推广价值的研究成果。

（二）项目研究的推广应用价值

1.《高职院校内部质量保证体系建设指南》为全国诊改工作提供参考

在教育部职成司与全国诊改专委会的指导下，在江苏省教育厅高度重视与大力支持下，江苏省高职院校内部质量保证体系建设与诊改机制研究成果，首先在诊改方案实施试点院校被借鉴应用与推广。江苏五所试点学校围绕《高等职业院校内部质量保证体系诊断与改进实施方案》的编写和落实，借鉴《高职院校内部质量保证体系建设指南》，开展了系列的培训与交流工作。试点学校常州工程职业技术学院自 2016 年 6 月至 2019 年承办质量保证相关专题会议和培训 29 期，共接待来自全国 31 个省市地区的专家和代表 9877 人次。其中教育部、各省市地教育主管部门领导 1242 人次，企业行业专家 36 人次，院校长 1438 人， 1147 所高职院校 3955 人次， 542 所中职院校 3242 人次。通过试点院校相应的专题培训工作，为顺利推进高职院校

质量自主保证的理念转变与自我诊改制度与机制创新奠定了较为坚实的基础。

2. 实践样本为试点学校开展内部质量保证体系建设提供案例借鉴与参考

在《高职院校内部质量保证体系指南与操作实务手册》的指导下，江苏省诊改试点学校围绕学校内部质量保证体系建设与运行实施方案，进行了多次的交流研讨，形成了一些建设性的策略建议，在院校实施操作层面具有普遍适用性，为高职院校编制质量保证体系实施方案提供了参照。结合诊改试点单位的推进状况，课题组针对院校内部质量保证体系建设与诊改制度设计，提出了以下建议：

（1）要明确高职院校诊改机制建设与运行实施方案的主要内容。高职院校内部质量保证体系建设与诊改方案应包括指导思想、目标任务、体系建设、组织实施、自我诊改、保障条件、路线图、时间表等主要内容。主要手段是通过学校自身的诊改机制，建立学校、专业、课程、教师、学生不同层面的完整且相对独立的自我质量保证机制。在学校诊改方案编制过程中特别要强化学校决策指挥、质量生成、资源保障、支持服务、质量监控纵向层面各层级管理系统间的质量依存关系，强化形成网络化的内部质量保证体系，提升学校信息化平台建设与管理水平，培育现代质量文化。

（2）明确打造目标链与标准链的重要性。高职院校内部质量保证体系建设与诊改实施方案中应重点关注“目标链”与“标准链”的建设，特别是“两链”设计是否形成纵向贯穿、互为因果关系，目标有标准支撑、标准有数据支撑，链与链之间是否合理可行，便于诊断。围绕学校的自我诊断，设计了供参考的框架体系，见表1。

表1　参考框架

层级	规划(计划)	目　标	标　准	诊断点
学校	“十三五”规划	“十三五”规划目标	支撑标准	用于自我诊断
部门(院系)	子规划	子规划目标	支撑标准	用于自我诊断
专业	专业建设计划	专业建设目标	专业建设标准	用于自我诊断
课程	课程建设计划	课程建设目标	课程建设标准	用于自我诊断
教师	职业发展规划 课程教学计划	职业发展目标 课程教学目标	职业发展标准 课程教学标准	用于自我诊断
学生	学生发展规划	学业发展目标 个性拓展目标	学业发展标准 个性发展标准	用于自我诊断

（3）要重点建立质量改进的螺旋上升机制。高职院校学校在机制建设方面，应突出学校管理部门，尤其是教学、学生、人事、资源、信息等部门质量改进螺旋机制的建立。目前机制建设运行方案中比较集中的问题主要有：质量主体不够明确、准确，自我诊改周期没有确定，目标、标准、诊断要素和诊断点不够清晰，目标没有按照一定周期进行分解，诊断数据信息的采集没有明确，诊断结论的形成没有明确，链接机制没有建立，落实改进措施（自身改进、上下联动改进）不够明确等八个方面。

（4）重视专业层面的诊改机制。人才培养方案是实现人才培养目标的途径设计，是专业建设计划的重要组成部分。但人才培养目标只是专业建设的一个重要的子目标，不能简单地用专业人才培养方案替代专业建设计划。专业层面的质量保证，应在如何制定专业建设计划方面，在专业人才培养方案的基础上，通过诊改，进行梳理、拓展、提升。专业诊改机制围绕有无明确的自我诊改运作周期、自我诊断指标体系、过程监控指标、程序规范（包含数据信息采集、状态诊断、原因分析、对策形成、调整改进的责任分解、程序设计、方法途径等）、链接机制等方面系统化设计实施方案。

（5）明确课程层面的诊改机制设计思路。课程教学方案是实现课程教学目标的途径设计，是课程建设计划的重要组成部分。但课程教学方案只是课程建设一部分，不能简单地用课程教学方案替代课程建设计划。课程层面的诊改机制与专业诊改机制一样，需要试点学校在如何制定课程建设计划方面做些探索。

（6）明确信息化平台建设在质量保证体系建设中的重要性。高职院校质量保证体系的运行，离不开信息平台的支撑。江苏各试点校信息化管理平台在软硬件系统、管理支持团队建设、平台的功能发挥等方面存在着部分问题，随着信息化服务质量管理与开展常态化诊改机制的深入推进，学校的信息化管理水平将获得进一步提升。

（三）进一步研究的思路

本项目研究虽取得了显著的成果，对有效推进高职院校切实履行人才培养工作质量保证的主体责任，深化“质量自治”的内涵建设，有着极为重要的积极意义。但质量管理是高职院校内涵发展的核心问题，质量建设永远在路上。建构科学合理的高职院校内部质量保证体系，切实提高高职院校自主保证质量的能力与水平，这样的研究还有待于进一步深化、拓展和完善。从当前全国各地推进落实诊改制度的现状来看，高职院校内部质量保证体系建设的特色与亮点还不够突出，质量文化的创新、质量保证理论的研究及其国际化质量认证项目的推进等方面，还是任重道远，仍需要继续深化研究与实践。需要进一步从制约质量提升的机制建设入手，从教育教学改革的重点领域与关键环节入手，从师生成长发展的保障研究入手，聚焦学校自主质量保证机制实施运行中的难点问题，重点突破，为深入推进高职院校内部治理现代化建设的实践行动指导提供有益的借鉴。

高职学生工匠精神培养的研究与实践

——以“BSC”工程实践项目为依托

于　瑞

一、课题研究背景与意义

（一）研究背景

工匠是指熟练掌握某一领域技术的手艺人，工匠精神就是凝结职业之上反映出的职业品格。自古，尊崇和弘扬工匠精神就是我国的一种优良传统。小到瓷器、丝绸等工艺品，大到桥梁、道路等工程建造，都离不开那些匠人精益求精、追求完美的工作态度。概括来说，工匠精神是指所有人员的一种职业价值取向和行为表现。它涵盖了职业操守、思想态度、素养品德、文化氛围多个层面。

当前我国正处于从“中国制造”迈向“中国智造”乃至“中国质造”的关键转型时期，需要大批量的高素质劳动者和技术技能型人才。全国上下大力弘扬工匠精神，高等职业教育更被赋予了培育工匠精神的重要使命。工匠精神作为一种职业素养，是学生职业道德、职业精神和技术技能水平有机融合的集中体现。

（二）研究意义与价值

1. 研究意义

从国家层面看，要实现“中国制造”向“中国智造”再到“中国质造”甚至“中国创造”的转变，必须在高职院校培养大量具备工匠精神的高素质技术技能型人才，这是中国经济转型升级发展的必然要求。从企业层面看，企业的长期发展不仅需要技术技能型人才，更需要具有“工匠精神”的高素质技术技能型人才。工匠精神是“中国质造”“中国创造”的灵魂所在，是企业生存和发展的重要保障与关键所在。从高职院校层面看，高等职业教育的目标要求高职院校应是国家未来工匠的摇篮。当前，面对“中国制造”背景下对高级技能人才的旺盛需求，高职院校必须切实提高人才培养质量，大力加强工匠精神的培养，这既是服务国家战略的必然要求，又是促进学校发展和学生发展的现实需要。从学生层面看，具备工匠精神职业素养的学生，更容易得到社会的认可，也更能促进企业的发展和自身的发展。由此可见，高职院校从职业道德、职业能力、职业态度及职业理想等方面培养学生的“工匠精神”，是引导学生未来职业生涯发展的有效举措，有助于学生自我价值的实现。

2. 实践价值

国内高职院校对工匠精神的研究大多以理论性、框架性为主，尚未形成成熟的模式，本项目的研究可推动高职院校将工程实践项目应用于职业教育中，培养学生的学习兴趣，提高学生技术应用能力和自主创新能力。在工匠精神培养基础上研究高职院校汽修专业人才培养能够为职业教育人才培养模式改革提供借鉴和参考，有效推动高职院校课程改革和教学改革。将工匠精神运用于实践也是实现中国强国梦的必要条件，是各行业生生不息的基石。

二、课题国内外研究现状

（一）国外的研究现状

谈及国外的工匠精神，荷兰“王室供应商”、英国萨维尔街西装、日本千年制刀工艺等都堪称典范。德国发达的制造业也是工匠精神外化的一种表现。美国亚力克·福奇所著《工匠精神：缔造伟大传奇的重要力量》介绍了西方的工匠文化。美国社会学家理查德·桑内特在《匠人》一书中论述了20世纪工匠精神在西方城市中的具体表现。在日本，工匠精神被称为“职人文化”，日本有许多家拥有先进技术的长寿中小企业，这些企业能够坚持下去的秘诀就是追求极致。国外关于职业学校学生工匠精神培养的研究文献不多，更是缺乏将工匠精神与高等职业教育结合的综合性研究成果。

（二）国内的研究现状

近年来，国内学术界对于职业教育中的工匠精神进行了大量研究，研究的主要内容涉及工匠精神的内涵及其培育意义、职业教育中工匠精神缺失的归因分析以及职业教育培育工匠精神的路径。这些研究取得了一些成果，但也存在着重理论轻实证，重研究轻实践的严重不足，在后续研究中，应该进一步重视工匠精神在教育教学中的渗透和工匠精神培育的实证研究。当前亟须开展研究，找到恰当的实施路径和方式方法，设计科学的测评验证体系，构建一套系统有效的工匠精神培育机制，从真正意义上将职业素养、工匠精神与职业教育有效整合，落到实处，以增强学生职业素质、职业精神特别是工匠精神教育的实效性，发挥职业教育工匠精神塑造的奠基作用，从而完善职业教育对学生职业精神培育的制度和机制。

三、课题研究主要理论成果

（一）高职院校汽修专业前景探讨

1. 我国汽车维修行业亟待完善

随着经济水平的提高，交通运输越来越便捷，汽车产业飞速发展。中国的汽车销量越来越多，2020年上半年，我国汽车共计销售1026万辆，同比下降16.9%。其中乘用车销售787.6万辆，同比下降22.4%，商用车销售238.4万辆，同比增长8.6%。

图1所示为我国2020年上半年汽车月度销量走势。

随着中国汽车产销量的增加，汽车尾气的排放，给环境带来了很多问题，也给汽车维修

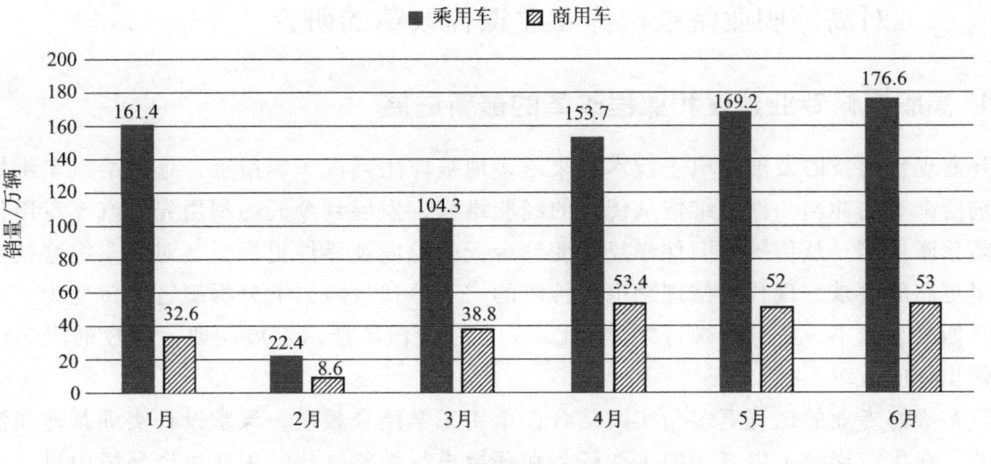

图 1　2020 年上半年汽车月度销量走势

行业带来了巨大的挑战，除了面临着技术方面的创新压力之外，还存在诸如汽车维修技术不足的问题。

近几年我国汽车增长速度加快，2017 年，全国汽车保有量为 2.09 亿辆，到 2020 年，全国汽车保有量增长到 2.8 亿辆（图 2）。随着汽车保有量的不断增加，汽车后市场也得到快速发展，汽车维修和保养是汽车后市场重要的组成部分之一。统计数据显示，2019 年，我国汽车售后维修市场规模约为 6770 亿元。然而，维修企业鱼龙混杂，我国维修企业数量过饱和已是事实，并且现有的维修能力已经不能满足社会需求。

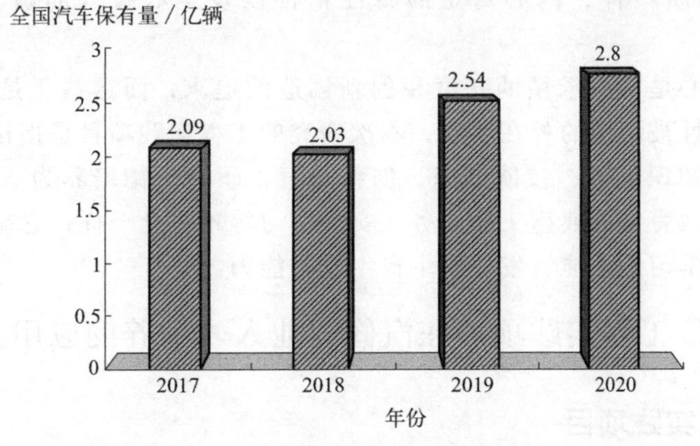

图 2　2017—2020 年全国汽车保有量

2. 我国汽车维修行业发展趋势

随着我国汽车保有量的快速增长，中国的汽车维修市场也成为人们公认的朝阳产业，有着较大的发展空间和利润空间。随着国外各种品牌汽车的涌入、国内汽车更新速度的加快以及电子技术在汽车上的广泛应用，维修项目日渐增加，行业利润水平也逐渐提高。作为为社会输送技术人才的高职院校，汽修专业的前景可谓大好，随着社会的发展，整个汽车维修行业的技术水平和服务质量也将提高，行业行为更加规范，市场格局更趋合理。

（二）对高等职业院校汽修专业课程改革的研究

1. 高职汽修专业建设和课程改革的最新进展

随着现代科技的发展，电子技术越来越多地被应用到汽车制造上，这也给汽车维修界带来了前所未有的冲击。汽车维修从传统的经验维修，发展到今天的利用先进汽车专用仪器进行故障诊断检测；从传统的旧件修复转变到今天的总成及零件更换，这对汽车维修技术人员提出了更高的要求。现代维修理念也由传统的“三分找故障、七分拆螺钉”转变为“三分找故障、四分靠读书、三分拆螺钉”。因此，为了适应汽车技术发展需要，我校的汽车维修专业也做出相应改革。

汽车维修专业的课程更多与实践结合，采用工学结合教学，课堂设在实训基地和汽车维修企业。在生产岗位上以真实的工作任务和环境进行教学，让学生在生产环境中进行训练，在实践过程中发现、思考、分析、解决问题，充分调动了学生的积极性与主动性，提高了学生的专业技能，使学生初步形成汽车维修岗位所需要的职业能力。

在课程改革中值得一提的是采用“开放式教学”，即开放实训室，学生依据个体的差异及特长爱好，自主选择实训项目训练，培养了学生足够的动手能力，个性得到发展。

2. 以工程实践项目为载体的工匠精神培养

在高职汽修专业的课程改革中，学校将重点放在了学生专业技能的培养上。然而，要让学生在该职业上有更长久、更高层次的发展，就必须培养学生追求卓越的创造精神、精益求精的品质精神、内心笃定的专注精神以及全心投入的敬业精神，概括起来就是工匠精神。

工匠精神的核心是精益求精的态度和创新创造的追求，而这些正是个体内在潜能被激发、自主学习积极性被调动的外在表现。本次研究的工程实践项目是指符合高职学生兴趣爱好、心理特点的集知识运用、技能训练、创新教育、职业道德培养为一体的人才培养的载体。它与现在高职教育中的典型工作任务、实训实习等不完全一样，它重在提高学生学习兴趣，激发学生内在学习的潜能，发挥学生自主学习能力。

（三） BSC工程实践项目在汽修专业人才培养的应用

1. BSC 工程实践项目

随着中国社会的发展，中国的汽车保有量越来越多，中国已经成为世界第一大汽车制造国。现在也正是中国的一个转型时期，即由制造大国转变为制造强国的转型期。要实现这一伟大目标，汽车行业也需要更多的技术型人才。为了能够支持创新型国家建设，为我国青年工程师搭建一个更好的培养平台，中国汽车工程协会推出了一项赛事——BSC。

BSC，全称“中国汽车工程学会巴哈大赛”，是一种汽车设计和制作竞赛，开展于职业院校和本科院校之间。作为一种全新的教育技术和工程实践过程， BSC 给参赛的学生和老师带去了新的挑战。参赛车队需按照赛事规则和赛车制造标准设计制造出参赛车辆，并进行多种静态和动态项目测试。竞赛以兴趣为向导，旨在为培养高素质技能型应用人才提供竞赛平台，从而为汽车产业输送复合型人才，促进汽车运动文化产业的发展。该项目使学生的学习兴趣得到提高，激发了学生内在的学习潜能，使学生自主学习能力得到充分发挥，值得各高等院校的各专业学习和应用。

2. BSC 工程实践项目开展的意义

对于职业院校的学生， BSC 大赛是一次对自己全新的挑战，在比赛过程中，当遇到问题，如何正确面对和解决问题?如何追求更好的参赛作品?当学生在思考和解决这些问题的时候，工匠精神已经融入每个学生的心中。在学习技能操作的同时，也学习了耐心、专注、坚持的精神，这是一切职业技术人员所必须具备的特质，这种特质将会在比赛中通过人与人的情感交流和行为感染得到培养，这是学生在课堂的理论学习中无法获得的。在比赛过程中，参赛学生可以了解自身的不足，不断提升自己，比赛也将提高大家的自主学习能力，提升学生的职业技能水平。

3. BSC 工程实践项目对汽修专业课程改革的影响

① 对照大赛的要求，学校可以发现课程体系的不足之处。职业教育人才培养模式的关键之一就是课程体系的建设。对照大赛的流程和特点，改变原有的课程体系，调节专业课程内容，使得内容更具有针对性和实用性。学校可以将大赛作为教学依据，实现与职业岗位之间的无缝对接。发现现有课程体系的不足，从而有针对性地做出调整，使教育体系中的实践教育与理论教育相结合，从而提高职业教育课程质量。以汽修专业课程改革为例，与大赛相结合的课程建设，需要将课程专业技术能力划分为三个层次，即基础能力、技术能力、实战能力。职业院校可以以此为导向，进行课程建设。

② 学校可引进大赛项目，加大实施课程改革力度。大赛设立的初衷，就是希望全国各大职业院校和本科院校可以注重学生的职业技能训练，激发学生自主学习的积极性，从而为社会培养出更多优质的技术型建设人才。因此，在大赛课程建设对接的过程中，学校可以自己引进竞赛项目，在内部展开汽修技能比赛，这也是推进学校课程体系改革的一种体现。将竞赛项目以课程模块的方式融入课程体系中，这种方式对于学生来说是耳目一新的。

③ 学校可以借鉴大赛的评价方式，完善专业课程的评价体系。以往学校的课程考核评价，以期末考试成绩为主，通过测试分数来评价学生的技能掌握情况，许多学生考前突击，也可以应付考试，这影响了评价体系的有效性和客观性。而大赛的考核评价分很多方面，包括现场操作、成果展示、作品评价等，评委还会对学生的临场应变能力和大赛创新意识做出评价，最终的结果较为全面，这样的评价方式更加客观。学校可借鉴大赛的评价方式，构建完善的高职课程教育评价体系。

4. BSC 工程实践项目中工匠精神的体现

工匠精神的内涵有敬业、精益、专注和创新。参加技能竞赛是弘扬工匠精神，培养大国工匠的有效手段。在比赛过程中，学生学习技能、苦练技能的主动性被激发，培养了学生精益求精、勤于奋进的工匠精神。参赛学生在比赛过程中体现的创新精神也是现代工匠精神的核心要素。唯有不断创新，拥有在行业中领先的技术和产品，才能在该领域中拥有话语权，引领行业技术的发展，向世界展示由工匠创新精神构建起的实力。

（四）高职院校工匠精神培育的现状和培育措施调查

1. 调查设计

为了了解高职院校工匠精神培育的现状和问题，本次研究在本校以发放调查问卷“高职院校工匠精神培育的调查问卷”来了解现阶段高职学生对工匠精神的认知程度以及对学校工匠精神培育满意程度。本次共发放问卷400份，收回有效问卷372份。

培育具备工匠精神的学生，首先要让他们清楚地认识工匠精神的内涵。学生只有对工匠精神有深刻的理解，才能时刻审视自己的行为，检验自己的专业能力。

从图3我们可以看出，46%的学生对工匠精神的认识还停留在“听说过、有一点了解的程度”，占总样本的最大比例。仅有5.9%的学生对工匠精神非常了解，对工匠精神完全不了解的人占12.7%。

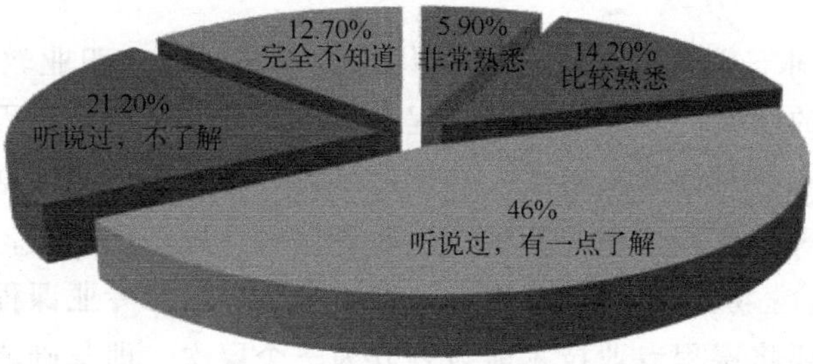

图3　本校学生对工匠精神了解程度

问卷针对工匠精神有所了解的246名学生做了进一步调查，内容包含对“工匠精神的认识”“与专业技能的关系”“工匠精神的重要性和必要性”，数据见表1。

表1　本校学生对工匠精神核心的了解程度

题目	选项	人数	比例
工匠精神核心	对工作无私奉献的精神	88	35.7%
	个人道德品质的一种体现	68	27.6%
	追求不断创新的精神	43	17.4%
	苛求完美主义的精神	47	19.3%
工匠精神培养与提高专业技能的关系	非常紧密，相辅相成	108	44%
	比较紧密	97	39.4%
	不知道	32	13%
	比较不紧密	9	3.6%
	完全不紧密	0	0
工匠精神在今后职业生涯中重要性	非常重要	118	48%
	比较重要	82	33.3%
	一般	46	18.7%
	完全不重要	0	0

从上面的数据我们可以看出，大部分同学对工匠精神的重要性、与专业技能之间的关系以及概念认识比较清晰，对工匠精神的核心，每个学生有不同的理解。

调查中有一项是关于学生对高职院校培养工匠精神的途径选择，其中“学校系统培养和企业实习相结合”所得票数最高，15.6%的学生选择“自己领会感悟”，19%的学生选择“今后在工作中探索”，5.4%的学生选择“学校系统培养”（图4）。

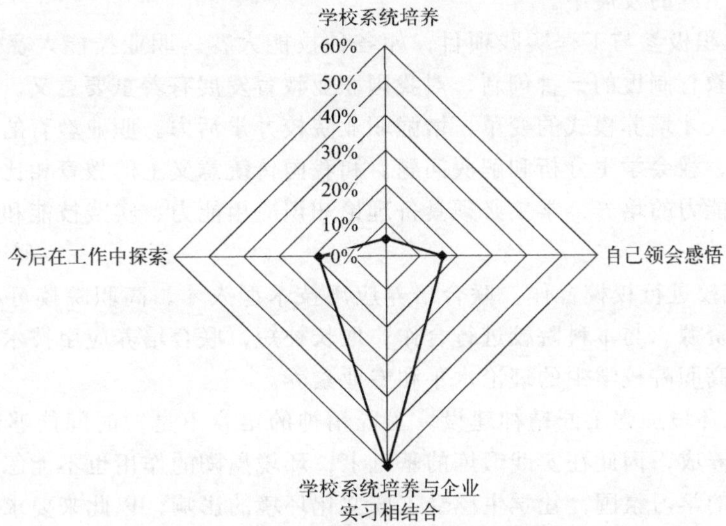

图4 高职院校培养工匠精神途径的情况

由图5可知，学生在选择学校培养工匠精神的途径中，希望更多“提供见习、实习、实训的机会”，同时在“专业课程中融入工匠精神的培养”“通过课外活动”这三个选项中的票数最高，值得我们反思的是，“由任课老师教授”这一选项很少有学生选择。

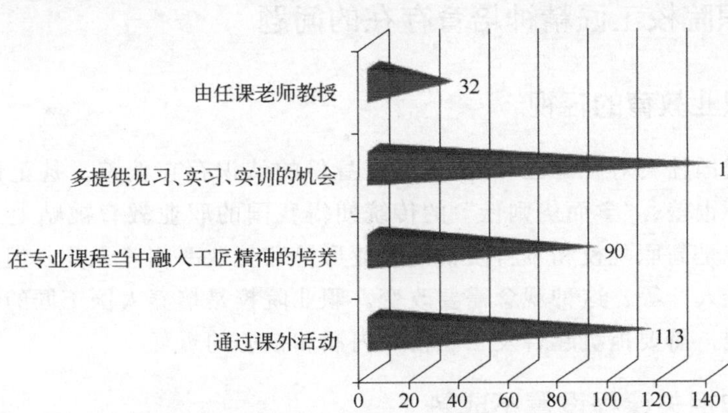

图5 高职院校对今后培育工匠精神方式的选择情况

2. 当前高职院校开展工匠精神培养的基本措施

① 校企合作，学生在企业实训。校企合作作为教学和实践相结合的有效方式，让学生能够在企业接触到实际工作，强化理论知识，将理论运用于实际，以达到提高高职院校学生专业素养与技术水平的目的。这种方式也是许多高职院校用于培养学生工匠精神的首选方式，同时也可以提高学校的就业率。有了校企合作的桥梁，学生对工匠精神的认识更为深刻，在职业教育发展中，校企双方可以共同对学生的课程、教学计划以及实训标准进行定制。双方之间分工明确，通过相互协作，实现共赢。在企业实训期间，企业可直接对学生进

行指导，学生可以在企业中进行生产和顶岗实习，毕业后可到企业直接工作，实现实习到就业的转变。在这一过程中，学生能够亲身感受到工匠精神对企业发展和自身成长的重要性。在实习的过程中，学生能够从企业的师傅身上学会对品质的追求和坚持，将工匠精神潜移默化融入自己职业生涯的发展中。

② 鼓励学生积极参与工程实践项目，如各种技能大赛。职业技能大赛作为一种工程实践项目，是我国教育制度的一种创新，对我国职业教育发展有着重要意义。职业技能大赛可以促进职业院校人才培养模式的变革，增强职业院校办学活力。职业教育的核心任务是提升学生的实践能力，教会学生分析和解决问题。和我国传统意义上的教育相比，职业教育更加注重对学生实践能力的培养，学生必须具备理论知识应用能力、实践技能和职业素养融为一体的综合素质。

③ 与本科院校进行校校合作，联合培养应用技术型人才。高职院校可利用比自身层次更高的本科院校资源，与本科院校进行合作，取长补短，联合培养应用技术型人才，这一措施可以极大提高高职院校学生的理论水平和专业素养。

④ 学校文化环境加强工匠精神建设。工匠精神的培育不是短时间能够促成的，需要长时间行为习惯的养成，因此在实践锻炼的基础上，环境熏陶的作用也不能忽视。学校要为学生营造一个良好的学习氛围，让学生感受工匠文化环境的影响，以此来要求自己。职业技术院校对工匠精神培育环境的建设直接影响到学生对工匠精神的认知和践行。学校可通过海报、线上媒体等形式让学生了解工匠精神，明白工匠精神的内涵；也可以定期组织以弘扬工匠精神为主题的活动，如讲座、辩论赛等；在校内展出体现工匠精神的典型案例，进一步深化学生对工匠精神的认知和理解。

（五）高职院校工匠精神培育存在的问题

1. 社会对职业教育的轻视

长期以来，我国社会对“工匠”“工人”等身份的认识存在偏差，甚至认为高职院校毕业的学生文化成绩很差，“学而优则仕”的传统使得我国的职业教育被贴上了劣质教育的标签，但是实际情况是高职院校和本科院校的就业形势和就业率相差无几。但是高职教育在人们的意识中总是低人一等，这种观念需要改变。职业院校是培养大国工匠的摇篮，也是弘扬工匠精神的主阵地，需要担负起普及工匠精神内涵和核心的重任。

2. 职业精神相关课程设置不成熟

大多数职业教育学校都开设有思想政治、就业指导课程，以教师教授理论课程的方式加强学生职业精神、工匠精神的培养。问题在于，此类综合素质的培养在学生的人才培养模式中并没有明确的标准，许多老师在授课过程中选择一带而过，没有针对高职学生某一职业特点专业性、实践性教育。仅仅通过课堂上学习到的理论知识来提高学生对职业精神、工匠精神的认知，效果并不明显。

3. 校企之间利益难以得到保障

目前，校企之间的合作受到很多因素的影响和制约，学生很难在学校和企业之间顺利转换角色，使得校企之间的合作质量并不是很高。校企之间的合作虽对双方都有利，但是因为二者所追求的目标不同，之间的合作仍会产生矛盾。因此，要保证校企之间良好和持续深入的合作，需要建立统筹兼顾的合作机制。

另外，校企合作模式缺乏法律法规、政策制度的保障，虽然这种模式得到国家的认同和重视，但是我国仍没有形成和校企合作相关的法律、配套的体系和成熟的保障机制，这使得校企双方在合作过程中的权利和义务都难以得到保障，校企合作的模式无法长期维持。

（六）基于工匠精神的校园文化建设策略

1. 加强“双师型”师资队伍建设

在人才培养过程中，将学生的职业技能培养与工匠精神培养相融合的关键要素是教师。因此，“双师型”师资队伍在工匠精神的培养过程中有着举足轻重的作用。高职院校可以采取“引进来送出去”的方法加强“双师型”师资队伍建设。一种是“引进来”，就是通过引聘实践经验丰富的高级技术专家担任学校的专业负责人或专业教师，指导专业建设和学生实践；充分利用校企合作的便利条件，邀请企业优秀技术人才来校兼职工作。这些企业的优秀人才既具备丰富的理论知识，又有丰富的实践技能。另一种是“送出去”，就是以企业访问工程师或到企业挂职锻炼等形式将教师送到企业学习，给教师提供更多的机会，完善教师在企业的实践锻炼。

2. 深入开展产教融合、校企合作，推行现代学徒制

以往高职院校在实际培养过程中，往往侧重于强调实践技能和实际工作能力的培养，一定程度上忽视了学生职业精神和职业素养的培育。随着我国职业院校产教融合、校企合作的深化，“名师带高徒，授艺又育人”的协同育人办学机制日趋成熟。技能大师带徒授艺，不仅传授知识和技能，更以身作则、教学相长，引导学生养成优良的职业道德和职业素养，以工匠精神锻造高技能人才。因此，将工匠精神融入现代学徒制，是全面实施素质教育，高度融合职业精神和职业技术技能培养，进一步提升学生社会责任感、创优意识、创新精神和实践动手能力的重要举措。

3. 开展研究性学习

这里所说的研究性学习，是指学校和教师通过研究，基于所教专业和课程，开发各种工程实践项目，例如各种职业技能大赛，带动学生参与比赛，在比赛过程中对学生言传身教，让学生在过程中形成自己的技能。这种教学方式对学生技术和技能的培育也是非常好的，接受过这种锻炼的学生也会受到企业的广泛欢迎。高职院校学生的学习特点鲜明，对“坐而论道”的学习方式，学生们容易感到厌倦，当需要将知识在学习和工作中进行转移的时候，就会存在困难。研究性学习则不会存在这些问题，它将高职学生的学习建立在研究实践的基础上，让知识迁移变得更加简单。这是一种值得在各大高等院校大力推行的学习模式，可以加大释放师生们的创新能力。

4. 引导学生发现专业之美

进行基于工匠精神的高职院校校园文化建设的目的，是通过激发学生对所学专业的热爱，使得学生对自己的专业技能精益求精，创新创造。要让学生真正热爱自己的专业，可以

通过参与职业竞赛提高学生的职业认同感，也可由教师引导学生发现专业之美。所以教师在向学生讲授专业知识时，不能刻板地照本宣科，要通过本专业吸引人的事，去引导学生发现专业之美。利用专业本身的吸引力去吸引学生，为学生工匠精神的培育和践行打下基础。

工匠精神的传承无法通过文字记录的方式来流传，也无法用某种程序去指引，只能用一代人的精神去感染另一代人，当我们去做一件事的时候，应该有一种把这件事做好的决心，做到精益求精。把这种精神作为学校的一种理念去认真执行，不能过多地注重形式，让学生看不到学校内在的价值追求。

5. 发挥校园文化有效载体作用

校园文化作为一种教育文化氛围，是培育工匠精神的有效载体。要发挥校园文化对工匠精神养成的独特作用，推动优秀产业文化进教育、企业文化进校园、职业文化进课堂，组织具有工匠精神的社会成功职业人士和优秀校友专题报告、经验分享和工作展示，着力推进职业素质养成工程；融入区域文化特点，深化区域人文精神培育；建立文化传播阵地，开展博雅教育，组织文化讲座、论坛和展示，弘扬中国传统工匠文化；打造书香校园，建立校内外素质教育基地，丰富具有工匠精神的素质教育特色活动。

要在日常教育教学过程中，积极引入行业企业的管理体制和规章制度，将有关的操作规范和要求张贴在显眼位置，让学生了解并适应企业的管理方式；要借鉴国内外职业教育优秀文化成果，推进文化交流共享，讲好工匠故事，传递文化力量；要将行业要素、职业要素融入有形的物质建设中，继续推进以职业特点给校园景观、道路、楼宇、文化阵地命名的工作，充分利用条幅、提示板、雕塑、文化长廊等载体，使标语引导、图片说话、墙壁提示、挂像感召，让师生觉自愿地感受和体会工匠精神。

（七）工匠精神与高职课程思政的融合

1. 工匠精神与高职课程思政的一致性

课程思政的适时提出，契合了新时代对高素质劳动者和技术技能人才培养的迫切需要。工匠精神培育与课程思政建设，两者在育人理念上是一致的。习近平总书记曾强调过要注重高校学生课程思政教育，并将工匠精神融入课程思政教育中。工匠精神的内涵包括精益求精的态度和勇于创新的精神，这正是当代思政教育所追求的。当前，中国制造需要在国际上树立品牌形象，产品质量是关键。这需要我国的产品生产人员具有精益求精的态度，打造完美产品，因此，在课程思政中将工匠精神中精益求精的思想灌输给学生，让学生体会到用心打磨产品的获得感，为以后优秀匠人的培养打下基础。

2. 工匠精神与高职课程思政融合的路径

① 调整课程思政的教学目标，着重培养学生专注、创新、敬业的精神。高职课程思政教育不仅仅是为了培养学生的政治素养和爱国情操，也要着重于学生职业精神的培育，使学生能够适应社会经济转型带来的变化。

② 带领学生去企业现场实践，邀请企业优秀工匠进行访谈，线下的交流能够给学生更深刻的印象，真实的工作环境也能激发学生的兴趣。与优秀的工匠面对面地交流，提升了课程思政实践教学的效果，让学生能够看到提升职业素养在个人职业生涯中起到的巨大作用，

对学生也有激励作用。

③ 高职院校应在课程思政理念引领下，挖掘公共基础课、专业课、通识课等各类课程的核心内涵，以工匠精神培育为价值合力，整合“思政元素”，实现育人的整体效应。

四、结语

工匠精神是一种信念、执着和信仰，是对工作的一种追求，也是一种精神的传承。细节决定成败，态度决定一切。现代社会的人都需要沉下心来，努力做好自己的事，做好自己的本职工作。做好本职工作不仅仅是为企业创造利润，也是在做好自己的作品，这是工匠精神所应具备的基本前提。工匠精神将成为新一代青年的理想追求，作为培养服务一线的创新型技术技能人才的高等职业技术院校，更加需要培养具有工匠精神的高水平、高素质人才。因此，高等职业院校应在教育教学改革、理论教学、实践训练和教师培训等方面融入工匠精神，使得学生无时无刻不感受到工匠精神，形成良好的职业价值观，为毕业走进社会，实现“制造强国”做出贡献。

从另一个方面来看，目前我国的高等职业教育改革发展面临困境，培养学生工匠精神是解决困境的一种有效方式。培养学生工匠精神不仅让学生在求职时具有更多的优势，也能够提高学生入职后的竞争力，因为具有工匠精神的学生入职后能很快适应角色的转变，利用自己的优秀品质和专业能力适应岗位的需求，为企业经营和发展贡献力量。

工匠精神，是一种职业精神，它是职业道德、职业能力和职业品质的体现，是从业者的一种价值取向和行为表现，它也是中华民族5000多年历史文化在生产生活中的积淀。这个时代的每一个人都需要工匠精神的引领，并成为工匠精神的践行者，让工匠精神成为人人向往的精神追求。

大数据视域下高校贫困生认定机制与资助策略研究

窦苏明

一、研究意义与价值

大数据是实现高校精准扶贫的重要手段。大数据背景下高校贫困生资助精准化核心是“精准”：精准识别贫困生、按不同贫困等级进行分级资助并实现动态监管以及精准评估。于是，如何才能有效精准识别贫困生以及实施差异化资助工作、应用大数据构建高校贫困生资助体系成为当下高校贫困生管理的重中之重。大数据时代，家庭经济困难学生认定新模式的构建，对实现资助的政治功能、资助的文化、资助的教育目标具有积极的意义。

（一）理论意义

本研究在国家提出“精准扶贫”政策背景下，结合大数据的优势，提出高校贫困生资助工作精准化势在必行。大数据给我国高校贫困生资助工作带来新的视野和方法。课题组通过对数据的产生、发展及现状分析，梳理大数据的由来以及产生的必然性，并从其根本属性比较大数据与数据的区别与社会价值。在理论上，目前研究“精准扶贫”和“大数据”的研究都较多，但结合大数据提升高校资助精准认定的研究还较为新颖，为高校资助部门提供了理论参考。

（二）现实意义

随着高校扩招，目前高校学生数量急剧上升，学生生源地越来越广泛，贫困生人数也随之不断增加，大大增加了贫困生资助部门的难度和工作量。亟须运用信息化、数字化手段存放数据资料，拓展数据采集途径，精准认定识别贫困生，增强资助工作的科学性与效率。传统的资助管理手段很难精准识别贫困生或按照区域进行差异化资助，这既是教育资助问题的重要理论问题，更是实际资助过程中的难题。我们课题团队在研究实践中，结合了大数据实际应用、大数据预警功能等技术给高校资助部门工作注入新鲜血液，规范贫困生资助工作，进一步提高了高校贫困生资助工作精准化。

（三）研究价值

大数据作为计算技术的新形态，为我们开展高校贫困生资助工作精准化研究提供了新的视角、思维、工具和方法。充分利用大数据技术，构建精准识别的新模式，实现以人为本，差异化资助方式，建立实时、动态、及时、全面资助管理体系，对于提高高校贫困生资助工作精准化水平，促进资助工作的科学性和实践性，实现贫困生资助工作的公平正义，具有重要的理论价值和现实意义。

主要包括：

（1）本课题利用数据挖掘的过程对贫困生认定具有一定价值。虽然不同的地方院校对于贫困生认定的标准可能不太一致，但是本课题中所使用的数据挖掘算法以及数据处理方法对于贫困生工作来说，依旧具有一定的参考价值。

（2）本课题所实现的贫困生认定系统具有一定实用价值。本课题探索构建的系统，可以实现贫困生评定、操行评定和自动化学生数据采集等功能。这些功能充分利用了现有资源并且通过数据挖掘算法得出的规则，提出评定建议，从而简化了贫困生认定工作，提高了工作效率。

（3）促进了校园数字化、信息化建设。本课题探索构建的系统开发方法、技术和源码对校园数字化、信息化具有一定的参考价值，部分代码可进行复制，降低开发难度，减少开发时间。

二、研究目标、研究问题与研究内容

（一）研究目标

本课题旨在建立一套基于信息化的精准认定贫困生的标准体系，并依据认定标准建立一套规范化的精准资助管理机制，构建多元化资助模式。不仅力图实现精准认定，减少“伪贫困生”现象发生的同时，也不遗漏任何一个贫困学生，而且尝试实现科学动态管理，通过认定、复议、预警和激励的管理机制实现精准资助，最终建立系统化的资助服务项目和帮困服务机制。

（二）研究问题

（1）大数据背景下构建高校贫困生资助工作精准化体系是必要且可行的。

（2）高校贫困生资助工作体系存在不足，根本在于解决精准资助相关问题，其首要环节是实现精准认定。

（3）大数据不是贫困生认定初期的一次性工具，而是贯穿高校贫困生资助工作始终的元素，是实现资助体系动态管理持续发展的推动力。基于信息化手段，通过学校和政府两个维度实现动态化管理，是实现精准资助的必要途径。

（4）建立覆盖全国高校的统一资助信息数据库平台是未来资助工作的发展趋势。将资助信息纳入个人信用体系在信息化时代具有现实可能性。

（5）高校学生资助工作重心从保障型资助向发展型资助转变，更加需要重视受助学生成长成才，因此探索资助策略的创新模式是必要且有意义的。

（三）研究内容

第一部分主要探讨高校贫困生精准资助的现实困境。高校贫困生资助工作日益发展，但精准资助体系还有待完善，存在一些不足之处，包括认定不够精准、资助策略单一等问题。随着信息化产业的快速发展，大数据给高校贫困生资助工作提供了新的机遇。课题组主要探究高校贫困生精准资助的发展空间，总结现有的关于大数据应用于学生资助的研究成果，梳理相关文献，寻求理论支撑。

第二部分主要分析本课题的核心概念。首先，关于贫困生精准资助。论述贫困生精准资助的理论意义和现实意义，界定高校贫困生精准资助的内涵与外延，实现精准资助的要求和标准。其次，关于大数据。阐释大数据的含义，论证大数据应用于高校贫困生精准资助的可能性，对大数据的来源和分类进行说明和讨论。

第三部分探索大数据视域下高校贫困生精准认定的工作体系。利用科学数据，建立一套规范化的精准认定 KPI 评价标准。基于信息化平台、信息化流程、信息化途径三个维度建立三阶梯高校贫困生精准认定体系。

第四部分探索大数据视域下高校贫困生精准资助的管理机制。在第三部分精准认定 KPI 评价标准的基础之上，从学校和政府两方面出发，建立双通道高校贫困生精准资助的动态管理机制。

第五部分探索大数据视域下高校资助策略的创新模式。课题组通过信息化手段拓宽资助服务项目，搭建包括大学生创业、勤工助学等项目的多元化平台。其次，更加关注受助学生成长成才，建立六位一体帮困服务机制，将物质帮扶、学业帮扶、精神帮扶、心理团辅、就业援助与育人帮扶有机融合，有效整合部门资源，寻求多部门、多岗位的“协同作战”和“大合唱”方式，建立一支全方位、立体式的协作队伍，实现发展型资助，最终实现全员育人。

如何多角度收集数据，如何多维度分析数据、挖掘数据，如何量化数据指导精准资助工作，寻找资助策略的创新模式，构建能为当前高校学生资助工作所用的规范化精准资助体系，实现信息化条件下的高校贫困生的精准资助，是本课题的研究重点。

三、研究的结论与建议

（一）研究结论

资助的效果与效率取决于对资助对象的精准识别与资助手段的科学性和合理性。贫困生资助工作是高校人才培养工作的重要组成部分，关乎学生的成长成才、学校的稳定与发展、社会的和谐与进步。教育部于 2015 年提出了“精准资助”这一概念与内涵，并于“十三五”期间把实现精准资助作为国家和教育主管部门的明确目标，这一思想为我们开展高校资助工作精准化研究指明了正确的方向。当前，高校贫困生资助工作在取得巨大成就的同时，也存在资助系统智能化程度低、缺乏精准识别贫困生标准、难以科学实施资助考核、重经济资助缺乏人文关怀等问题与不足，直接或间接导致资助精准度不高，影响资助的效果及其公平公正性。因此，如何有效精准认定、准确资助隐形贫困生，如何有效核查、及时取缔虚假贫困，如何使国家高校贫困生资助的顶层设计精准落地，是当前和今后一个时期做好高校贫困生资助工作的大逻辑。

通过我们课题项目的调查研究与访谈，可以看出大数据视域下高校贫困生认定机制与资助策略研究是一项实践性很强的活动。资助工作从贫困生精准认定、差异化资助、精细化管理及资助评价这四个主要环节和维度，搭建了大数据支持的高校贫困生精准资助工作体系，并据此从构建数据平台、完善政策体系、强化资助育人、开展资助评价等四个主要方面，提出了大数据背景下高校贫困生资助工作精准化的实现路径。它应遵循助困与育人相结合、情感教育与自我教育相结合、个性特征培养与全面发展相结合的思路，落实各项保障机制，才能取得大数据视域下高校贫困生认定机制与资助策略的研究实效，真正为高校贫困生全面成长成才服务，得出以下几点结论：

1. 核心概念

（1）大数据的科学内涵和基本价值："大数据"一词，又称巨量资料，它不仅囊括了规模庞大的数据对象，而且还涵盖着数据对象的处理和应用活动。它是实际的、有限的数据集合，能够在合理的时间内撷取、管理、处理和整理相关的数据信息，快速获得有价值信息，最终实现数据对象、技术和应用三者的有机统一。伴随着互联网的迅猛发展，运用大数据技术通过翔实和系统的数据统计，能够为社会各类决策提供重要的数据认证和信息支撑，目前，大数据技术已经得到社会各领域的一致认可和广泛应用。大数据技术作为一种新的模式，为各种决策方针提供重要的数据支撑，具有较强的科技、理论和现实价值。大数据能够为社会管理和决策提供重要的信息化技术手段，特别是它能够从数量巨大、非线性相关的数据中攫取大量的数据，并进行客观的数据情形模拟，再现科学真实的情境，使大数据在技术价值领域得到充分的运用和推广。大数据技术能够从数据来源广泛、资料内容复杂、种类丰富多样的信息中获取丰富的数据资源，从宏观的角度全面掌握重要的数据信息，为政策决策提供重要的数据基础。大数据技术能够帮助我们探究事件之间的关联性，分析事件发生的可能性，指导我们更好地预测事物发展的动向。大数据能够更好地指导我们综合分析和评价事物的发展规律，有效地预测未来发展的态势，凸显大数据极强的使用价值。

（2）大数据技术与精准认定工作分析：维基百科将大数据定义为无法在一定时间内用常规软件工具对其内容进行抓取、管理和处理的数据集合。权威 IT 研究与顾问咨询公司 Gartner 将大数据定义为大数据是大量、高速及多变的信息资产，它需要新型的处理方式去促成更强的决策能力、洞察力与优化处理。美国国家科学基金会则将大数据定义为由科学仪器、传感设备、互联网交易、电子邮件、音视频软件、网络点击流等多种数据源生成的大规模、多元化、复杂、长期的分布式数据集。而 2011 年 5 月，麦肯锡研究院发布《大数据：创新、竞争和生产力的下一个新领域》宣布大数据时代来临并给出大数据定义，大数据指的是大小超出常规的数据库工具获取、存储、管理和分析能力的数据集。同时强调，不是必须超过特定大小的数据集才能算是大数据。

大数据技术是在计算机技术基础上发展起来的一种新型数据处理模式，它能对海量的数据进行采集、存储和关联分析，并从数据中发现可利用的新知识，创造出新的价值，从而提升新能力。

2. 高校贫困生精准资助中存在的问题

高职院校贫困生资助工作是在国家资助扶贫政策下产生的高职院校教育资助模式。我国在改革开放初期就高职院校资助工作的相关问题进行了初步的研究，21 世纪开始将资助与育人相结合，研究资助育人模式下对贫困生的帮扶工作。我国高职院校资助模式是跟国家经济建设和社会发展密切联系的，资助模式基本是按照"助学金型-贷款型-混合资助型"发展，刘彩霞（2002）指出，我国自 1994 年实施招生并轨、交费上学、自主择业以来，高职院校贫困生资助问题日益凸显，应探索、完善资助模式帮助贫困学生顺利完成学业。在《高校思想政治工作质量提升工程实施纲要》（以下简称《纲要》）中对发展型资助内涵给予了明确的阐述，即将"扶贫"与"扶智""扶志"结合起来，建立国家资助、学校奖助、社会捐助、学生自助“四位一体”的发展型资助体系，构建物质帮助、道德浸润、能力拓展、精神激励有效融合的资助育人长效机制。王康平指出，贫困生资助的理论基础有高等教育成本分担、人力资本投资、教育机会均等等理念，他认为，高职院校贫困生资助理念的多元化将是我国学生资助唯一的选择。近年来，高职院校不断创新资助育人新模式，高职院校贫困生资助工作的研究逐步迈向更加科学、精准、优化、时效的方向。张煜予（2016）提出“双轨模式”的资助模式，强调“奖贷困”为核心的“多维度精神资助”双轨并行。陈清（2015）提出现有的发展性资助不是对传统资助方式的否定，而是一种完善与补充，内涵应该包括经济资助、精神引导和能力培养。新形势下，高职院校育人资助体系质量逐步提升，对资助育人工作提供了具有时效性的理论依据。《我国高校贫困学生新资助体系的实施现状及对策》对现有的资助政策进行了一系列的解读和分析，对资助育人体系的不断完善改进提供参考和指导。

（1）贫困生的认定过程准确性不足。

因为贫困生认定过程存在人为因素的干扰，所以其中的准确性还有待商榷。人为因素的干扰最主要来自三个方面：第一，贫困证明存在舞弊空间。一般，贫困家庭会向地方政府及相关部门开具证明，但有些证明出具时主观性和随意性较强，加上没有真正全面了解每个家庭的实际经济状况，审核材料时也不进行二次调研，这就造成一些“伪贫困生”的出现。第二，个别学生隐瞒家庭真实经济能力。在申请贫困生时，有些确实存在家庭经济困难的学生因为心理自卑、自尊心强不愿透露自己真实的家庭状况，而选择了默默放弃受资助的机会；相反，有的家庭经济状况良好的学生却强钻空子，夸大自己的贫困程度，极力申请贫困补贴。第三，评议、审核等流程难保万无一失。学生在填完贫困生认定申请表后，还会经历班级民主管理小组评议、二级学院领导小组审核等流程。在班级民主管理小组评议时，同学关系中的情感因素会发挥重要作用。此外，二级学院领导小组的审核也是建立在学生申请、评议结果等程序上的，学校很难组织专员走访每一个家庭进行贫困认定。

（2）贫困生的认定标准科学性有待提高。

从当前的标准来看，高校认定贫困生，是以城市居民最低生活保障标准、学生家庭人均年收入等指标为主要参照标准。然而，我国区域经济发展很不平衡，城乡差距明显，倘若按照统一的标准进行认定，则覆盖面过广，没有明确的贫困层次之分，很容易造成资助结果的不公平；倘若分地区按照不同标准进行认定，则会加大资助工作的难度和复杂程度，甚至引发学生之间、学生与学校之间的矛盾。科学的认定标准的落地，能有效帮助高校资助尽早走出两难境地，也能适当缓解贫困生与资助资格失之交臂的遗憾。

（3）对贫困生的跟踪管理持续性和动态性需加强。

我国绝大多数高校对贫困生的认定周期都是一年。但一经认定，周期内就很少再进行相关数据的更新和对贫困生的跟踪管理。这样的认定机制相对稳定，但也存在一些弊端。如：有的同学家庭突然发生变故，陷入经济危机，但因为错过了认定时间，也就无法及时获得资助；有的同学为了持续获得学校和国家的补助，刻意隐瞒家庭经济好转的事实，继续占用宝贵资源……如果学校仅仅是确定好贫困对象，将补助发放到位就不对原有的信息系统做好更新，不对贫困生的日常消费支出、学习状况、心理波动等各个方面进行持续跟踪，不对新生成的数据开展深入分析，那么会在很大程度上弱化扶贫的精准性和时效性。所以，高校对贫困生的跟踪管理还应保持周期内的持续性和动态性。

（4）对贫困生的激励和预警要讲究科学手段。

很多情况下，“贫困”一词糅合了物质层面的贫乏与精神层面的匮乏，它是一种非常复杂的社会现象。所以，高校对贫困生的资助不能仅停留在物质层面，还应该深入他们的精神深处，要从贫困生在学习、生活、就业、人际关系、心理状态等方面可能存在问题和困难入手，从而达到资助的整体性、系统性和全面性。要实现上述的理想状态，高校对贫困生的资助工作还应从“资志”和“资智”出发。“资志”即磨炼意志，提高技能。当前很多高校都为贫困生提供了一些校内勤工助学的岗位，但这样的岗位数量有限且工作内容单一。也很少有高校与社会企业在这方面形成直接的良性合作，贫困生虽是以劳动换取报酬，但其主观能动性、意志、能力等都没有得到真正的培养。“资智”即立志成才，完成学业。有部分贫困生虽然获得资助，但学习动力不足，学习成绩不理想，甚至还产生“等靠要”的依赖心理。这说明，我国高校的精准资助工作远没有达到育人效果，经济资助与精神育人的脱节，导致了部分贫困生过分强化权利意识，而忽略义务概念。此外，高校也缺乏对贫困生的心理预警和疏导。有些贫困生因为经济条件较差，心理敏感自卑，不善沟通，脱离群体；有些容易产生焦虑、暴躁、嫉妒他人的情绪；还有些理所应当地接受来自学校的“同情和怜悯”，从来不想感恩与回报。

3. 大数据助推高校精准资助工作的必要性

伴随着新时代我国教育事业的蓬勃发展，高校精准资助工作作为一项长期的政治任务，成为社会聚焦的热点问题，同时也是政府积极组织开展全国精准扶贫工作重点关注的内容之一。特别是高校学生精准资助工作是我国整个教育扶贫事业的关键环节，与我国高等教育事业的稳定发展和高素质人才的培养都具有密切的关联。大数据技术为开展高校贫困生精准资助工作提供了新的工具和方法。在大数据技术的助推下，高校学生精准资助工作是一个逐渐完善健全和逐步转型优化的过程，大数据能够逐渐满足我们对多元化、即时性信息资源的需求，使高校学生精准资助信息的收集速度更加快速，信息的来源更加广泛，信息的种类更加多样，高校能够深入了解和掌握大学生思想动态、心理状态和学习生活等基本情况，在相关数据的对比和量化中，帮助高校认真分析学生资助工作的基本状况，实现高校学生资助工作的可视化、数据化和科学化。

随着高校扩招，高校的贫困生数量以及对贫困生资助工作的难度也在不断增加。大数据作为一种全新的技术和方法，为高校的精准资助注入了新鲜血液。运用大数据推进精准资助，就是要将大数据的理念、方法和技术贯穿并应用于高校资助工作的全方位和全过程，从而增强对贫困生的精准识别，完善资助方案，加强对贫困生大数据的动态化、长期性管理，最终达到资助育人的效果。

（1）大数据技术的应用实现资助对象的精准识别。

精准资助是我国高等教育“十三五”规划中提出的重要任务，精准地识别资助对象是确保这一工作得以完成的前提和关键。大数据技术的应用可以保证减少认定流程中人为因素的干扰，降低随意性和主观性。高校通过与学生家庭所在地相关部门、银行等机构建立密切联系，并统计学生在校期间日常消费支出等信息，可以建立一套综合、多元、量化的数据系统。通过给各项数据分配权重，最终计算出真实、准确、科学的结果，实现对真正贫困家庭和贫困生的精准识别，从而解决高校贫困生精准认定的痛点和难点。

（2）大数据技术的应用实现精准资助数据库的建立。

对比人工制表、样本抽样等方式，大数据具有更全面、更细致的特征。由大数据支持建立的数据库能收集到全体学生最细微的变化，能精确反映学生群体中可能潜在的特征。如果高校能积极引入大数据技术，并建立起全面、系统的数据库，那么资助工作将能有效克服传统管理方式的弊端以及对人类经验决策的依赖，形成以大数据为基础的决策、管理方式。在实际操作中，资助数据库可以收纳学生的各类数据信息，如家庭平均年收入、食堂消费金额、网络购物支出等。对这些数据长期性的监测和动态性的管理，不仅能及时发现隐瞒虚报的“伪贫困生”和因遭受意外状况致贫的非受助学生，还能实时调整资助对象，精准划分贫困档次，对他们给予个性化的帮助。

（3）大数据技术的应用实现资助育人的价值意蕴。

高校的精准资助育人体系，以育人为基本出发点和最终落脚点。大数据技术的应用，有利于全面提升学生（特别是贫困生）的综合素质，对于加大高校人才培养力度具有重要意义。主要体现在三个方面。第一，除了实现精准认定，大数据技术还能对贫困生进行隐形资助，这样的资助过程能适当减少受助学生的自卑感和心理负担。第二，大数据技术能够实时捕捉学生的学业状况、心理状态、消费情况等并对这些数据进行动态管理。班主任或辅导员可以及时地对他们进行思想教育、心理辅导。第三，高校可以与政府机关、校外企业等组织合作，向贫困生推送数据库中不断更新的高质量勤工助学岗位。学生通过自己的劳动，既能获得经济报酬，又能锻炼社会实践能力。

4. 高职贫困生主要存在五种情况的需求

通过访谈，研究者发现，基于自身特殊的成长经历和家庭环境，面对大学的学习与生活，被访者的需求不仅仅局限于经济层面，贫困生的需求呈现多样化的特点，有：生活保障的需求、融入集体的需求、建立良好关系需求、承托家庭希望的需求、未来职业发展的需求、

（1）衣食“有”忧：生活保障的需求。

经济问题是贫困大学生进入大学面临的第一个困难，首先是学费和生活费问题。例如，A1同学说“每年暑假，我和家人就开始担心下一学年的学费和生活费”。 B2同学提到“我的父母以务农的方式供我上学，对于我一个贫困的学生来说，高额的学费是我所支撑不了的，后来我了解到了学校对贫困生的帮助”。进入学校后的生活费的问题也成为贫困生需要自己解决的问题，一些贫困生甚至还需要打工挣钱资助自身家庭。例如， A5同学提到自己来自西部，“当年来学校报到时，付完学费和住宿费，身上只剩下百来块钱，生活费都没有了，很害怕”。由此可见，经济上的捉襟见肘成为高校贫困生大学生活的掣肘。

（2）不想做个“小透明”：融入集体的需求。

除了最基本的生活保障的需求，高校贫困生还有着融入集体、获得归属感的烦恼。例如， B2提到，自己刚入学时面对陌生的集体，充满迷茫，觉得城市和身边同学的一切事务都很新鲜，很想融入集体，他说老师和同学在个人的生活和学习方面给予很多的关注，自己觉得很温暖。很多贫困生因家庭生活不富裕，为了节约路费，他们难得回家，宿舍和班集体就成为贫困生度过大学时光最多的地方。例如A4就提到家较远，路费贵，几乎不回家，节假日会觉得特别孤独。在贫困生中，特别是在特殊背景中长大的孩子，例如孤儿或单亲家庭孩子，他们会更向往友情和亲情，渴望得到组织或团体的认可和接纳，拥有一种爱与归属感。

（3）不想孤立无援：建立良好关系的需求。

贫困生同样需要与他人交往，希望拥有良好的同学关系、师生关系，获得他人的关心和支持。例如 A2 提到自己是一个人际交往能力比较差的学生，“因为家庭经济的原因，更是缺乏自信，有时候很自卑，不善于表达自己，心里向往与别人交流，也看许多人际交往方面的知识，却总是行动不出，这让我很苦恼！”大学时代的朋辈关系对人的成长与发展有着极其重要的作用，朋辈关系对个人的影响甚至可以超过教师和长辈， C4 提到，当时家里遭遇重大变故时是身边的舍友和同学帮她走出了困境，让她又燃起了生活的希望。贫困生有时因经济原因和自身面临的一些困难，让他们不能维持良好的朋辈关系。 C2 提到，平时不舍得乱花钱，找借口推脱了各种小聚和玩耍的机会。贫困生一方面想要和同学们建立良好的人际关系，另一方面又顾及自身经济条件以及学习状况，因此十分困惑。

（4）穷人家的孩子早当家：承托家庭希望的需求。

很多高职贫困生在求学过程中，往往承载着整个家族和村庄的期望，“知识改变命运”“穷人的孩子早当家”这样的观念和思想在他们身上体现得尤其深刻，他们对知识非常渴求，学习也非常认真刻苦。如 B6 提到“家里就我一个出来读书，兄妹早已外出打工养家，我非常珍惜这读书的机会，不能辜负家人对我的期望”。一方面，他们希望通过自己的努力，获得优异的成绩来证明自己，例如 A2 提到“我来自西部的农村，视野窄，见识少，与其他同学差距很大，刚来学校时连电脑都不会用，被同学嘲笑过，我决心要好好学习，一定要得到其他同学的认可和老师的肯定”。另一方面，从与受访者的交流中，能深切感受到贫困生强烈的学习动机，他们希望找到理想工作，担负起家庭的重任，回报父母。例如 B3 提到“我希望把专业学好，拥有一技之长，能立足社会，减轻父母的负担。” C1 也提到毕业之后找到理想工作，改善家人的生活质量。

（5）我的未来是不是梦：未来职业发展的需求。

对于贫困大学生来说，接受高等教育是他们实现人生理想的重要途径，在访谈中很多同学都提到了希望通过学好专业，落实一份好工作来改变命运。在访谈中， C3 提到，“当时，我选择建筑专业，据说建筑行业人才需求量大，建筑技术人员待遇好，地位高，可以尽快帮家里脱贫”。入学后，做好人生的学业与职业生涯规划成为贫困生的重要需求之一。将来人生规划是否能够顺利实现，也是他们日常所担忧的，只有就业的愿望实现，才能有自我实现的幸福感、价值感，例如 B3 也表明他希望把专业学好，早日实现个人职业理想。

基于马斯洛需要层次理论，将贫困生分为经济贫困生、心理贫困生和能力贫困生三种不同类型。本研究通过质性访谈和分析，发现贫困生存在生活需求、安全需求、人际需求、尊重需求、自我实现等需求。在现实中，这些学生的上述需求不能得到很好的满足，现有的高校资助政策一定程度上解决了贫困生的生活需求，但其他层面的需求缺少关注。原因是，长期以来，贫困生的认定标准是家庭经济困难程度，然而，在实际贫困生资助工作中和访谈里，笔者发现“贫困生”的“贫困”不能单指经济困难，还应考虑到因经济困难而导致的思想、学习、生活、心理和能力等方面的困难。

（二）政策建议

1. 大数据视域下高校学生精准资助模式建构的有效路径

（1）科学运用大数据技术，实现贫困生认定过程的精准化。

高校要坚持以学生为中心，加强贫困生认定工作的精准程度，强化贫困生资助工作的帮扶力度，积极发挥精准资助专项资金的帮扶作用。高校要科学地运用大数据技术，充分借助大数据手段，建立精准资助动态数据收集库，搭建完整的贫困生认定大数据信息处理平台，深入挖掘贫困生的基本信息，不断推进数据资源的交换和共享，同时及时更新贫困生的基本数据库，为高校学生精准资助认定工作提供准确真实的数据资料。高校要积极开展贫困生的精准识别工作，明确贫困生资助的任务重点，准确摸清在校贫困生的底数，对贫困生的基础情况进行摸底调查，从家庭基本情况、经济收入状况、思想状况等角度进行归类，为需要资助的贫困生开展建档立卡，深刻全面地记录在校贫困生的基本状况，通过细致入微了解，强化对贫困生的精准识别，细致掌握其致贫原因，准确地把握贫困生的现实情况，实行贫困生的动态管理，科学地利用大数据的信息功能，加强各部门之间的数据比对、信息资源的共享和数据的科学分析，做到因势利导、因人而异，制定符合客观实际、富有个性化和差异化的资助方案，加强对贫困生的心理辅导和人文关怀，培养贫困生积极健康的人生态度，切实满足贫困生多层次、多元化的物质和精神需求，保证受资助贫困生帮扶工作的精准化和人性化。

（2）有效整合大数据信息，推动贫困生资助形式的差异化。

当前，高校将贫困生困难程度划分为一般困难、比较困难、困难和特别困难四个等级，由于贫困生的家庭经济状况是一个运动变化的过程，因此，高校贫困生资助工作要依据贫困生的家庭收入和自身需求的变化做出相应的调整，制定个性化、差异化的精准资助方案，为贫困生的需求提供精准化的资源配置，使高校学生精准资助工作更加全面具体、富有人性化。高校要运用大数据技术，不断收集贫困生的学习和生活消费等相关数据资料，深入挖掘和剖析贫困生的基本资料，创新贫困生资助的形式，健全贫困生帮扶机制，及时跟踪和调查经济贫困学生的资助情况，使高校学生资助工作更具有实效性和针对性，切实保证家庭经济困难学生的帮扶到位。高校在认真落实国家免学费、发放助学金政策的同时，再通过免除贫困生住宿费、教材费，提供勤工助学岗位、定向就业岗位等方式，帮助贫困生解决经济困难问题。同时，高校通过互联网积极动员社会组织、企事业单位、爱心人士积极参与贫困生资助活动，有效组织有资助意向的民营企业深入校园开展精准资助行动；充分发挥工青妇残联等群团组织的有生力量和整体优势，将资助的重点放在高等院校，并积极开展“一对一”结对帮扶活动。

（3）深入挖掘大数据功能，助推贫困生资助管理的动态化。

大数据是高校管理信息化的必经之路。高校要精准识别资助大学生的基本情况，加强与大学生生源地民政部门和居委会的联系，通过大数据信息传输功能建立贫困大学生的档案数据信息库，充分考虑和研究贫困生的致贫原因和贫困状况，对受资助大学生情况进行细致的研判，及时跟踪受资助大学生的基本信息，形成较为完整的贫困生档案信息管理系统。高校要坚持科学合理的原则，制定完善的贫困生评定标准，深入挖掘大数据功能，对贫困生的家庭经济情况、学习生活状况、思想健康状态以及致贫原因等进行分类和计量，并有效针对不同类型、贫困标准的贫困生建立细化量化的评价标准，将贫困生的评判标准尽可能地细化和量化，为有效制定科学可行的资助措施打下坚实的基础。在高校贫困生认定过程中，高校要坚持科学动态、灵活多样的原则，利用大数据技术科学比对、准确权衡、及时跟踪和记录贫困大学生的资助情况，对家庭经济情况得到改善、家庭整体生活水平提升的贫困生，高校要随时跟踪调研并及时调整资助策略，实现人力和物力资助效果的最大化。对弄虚作假、挥霍浪费资助金的贫困生，高校对其行为较轻的，要批评教育；对于特别严重的学生，要予以严肃处理。对因突发事件或意外事件致贫的大学生，高校要及时予以资助，确保受资助学生得到最大限度的帮扶。因此，高校要采用准确定位的方式，精准分析贫困生的现实状况，精准确定贫困生的资助需求，高校要积极对贫困生开展资助动态管理，使贫困生真正得到必要的帮扶和资助。

（4）加强大数据安全管理，实现贫困生资助信息的安全化。

大数据为精准资助提供思维模式和技术支撑。高校要坚持以人为本的理念，强化大数据意识，加强大学生德育教育，提高对精准资助工作的重视程度，将对贫困生的资助嵌入进高校日常管理的工作之中，做到准确识别贫困生的基本情况，加强资助工作的内部管理，规范大数据的使用流程，强化大数据安全管理，实现高校学生资助工作的系统化和精准化。由于大数据分析涉及大学生的个人隐私，因此，高校要加强对大数据系统的日常管理和监控，规避大学生基本信息和资料数据的泄露，确保大数据信息使用的稳定性和安全性。同时，高校通过政治理论素质培训、互联网信息技术专业知识培训等，全面提高大数据管理员的政治素质和业务技能，建立一支政治素质高、业务能力强的大数据管理团队，进一步提升管理员的大数据技术专业知识储备，增强管理员的大数据分析能力，强化管理员的大数据评判能力，全面提高高校大数据技术的应用水平。并且高校要高度重视对大数据信息的监管，严格规范大数据的使用方法，建立完善的大数据信息预警机制，健全大数据信息动态监测机制，做到二十四小时专人值班，提升大数据安全管理的系数，实现贫困生精准资助信息的安全化。

综上所述，在大数据视域下，高校要着力强化大数据意识，科学运用大数据信息技术，有效地整合大数据信息资源，深入地挖掘大数据的信息管理功能，切实加强大数据的安全和管理，增强贫困生资助信息的安全化，助力综合性资助人才培养的专业化，实现贫困生认定过程的精准化，推动贫困生资助形式的差异化，助推贫困生资助管理的动态化，实现高校学生精准化资助，促进大学生全面自由的发展。

2. 建立“六位一体”高职院校发展性资助育人新模式

通过信息化手段，运用大数据支持精准资助育人工作，搭建创业、勤工助学等项目相融合的多元化平台，建立物质帮扶、学业帮扶、精神帮扶、心理团辅、就业援助、育人帮扶于一体的“六位一体”发展性资助育人机制，具体模式包括六大模块：物质帮扶、学业帮扶、精神帮扶、心理团辅、就业援助、育人帮扶。

（1）高职院校贫困生物质帮扶。

利用大数据，建立贫困生信息数据库，多渠道覆盖学生各方面信息，高职院校可根据贫困生的户籍所在地、家庭经济状况以及当地城乡居民委员会和村民委员会和相关的民政、银行等的统计数据信息，对每位贫困生的信息建立档案，实现贫困学生的动态管理。要真正实现贫困生的精准资助，动态管理是必要的。作为精准化的重要组成部分和手段，通过资助动态化管理实现及时发现、及时纠偏、减少资助失误。汇总、分享高职院校各部门的信息数据，将校园一卡通、学业成绩、日常消费信息等结合起来，统计分析，从不同维度、角度掌握学生在生活、学业、消费等方面的情况，更全面深入地了解学生，实现大数据时代的动态帮扶。目前，贫困生占比基数仍不少，这就需要高职院校在根据国家资助政策进行资助的同时，不断拓展多渠道助学资金，利用社会资金，对贫困学生进行更为广泛的资助。

（2）高职院校贫困生学业帮扶。

在学业上，通过学校教务信息数据库掌握贫困学生学业各方面的数据信息，将数据记录并量化出来，有针对性地对不同贫困学生在各自薄弱的领域进行帮扶。利用“一对一”结对帮扶或者“朋辈帮扶”，利用优秀学生团体组织，开展固定式、时效式的针对练习，发挥学生群体的作用。同时结合学校育人办学模式，利用“订单式”“直通式”专业计划，对学生进行专业方面的辅助，分析就业形势，依托就业大环境，引导贫困生正确规划职业生涯，实现稳定就业。高职院校通过加强学校基础设施、教学设备、实验设备和师资力量建设及开展各种有益学生学业发展的活动，切实提高贫困学生的学习能力和水平。

（3）高职院校贫困生精神帮扶。

高职院校贫困学生因家庭经济状况差难免会出现缺乏自信、自卑、自暴自弃、焦虑的问题。高职院校要建立防御机制有效应对学生出现的各种问题。校园智慧学工系统重点关注贫困生的信息并与学生的第二课堂学分情况关联起来，查看贫困学生在校参与课外实践活动的情况，举办并鼓励学生参与各种文娱、社会实践等活动，引领学生树立正确的思想观念，积极主动融入校园、融入社会。发挥辅导员、班主任的主体作用，关注贫困生学习、生活等方面的状态，及时引导和教育学生，降低学生心理防御界限。搭建实践教育平台，通过作品展示等形式，激发学生的进取心，促使学生自强自立，不抛弃、不放弃自己。加强师生们的交流互动，提升信心，做自信的强者。鼓励学生参加高职院校和社会举办的各种活动，尝试与不同人交流，增强适应能力。在接触的过程中，降低自身的自卑感，发现自己的优点，慢慢解除心理焦虑，安抚内心，向长远方向发展。

（4）高职院校贫困生心理团辅。

高职院校可以利用大数据，依据专业心理测试方法如 SCL-90 测试、新生入学测试等数据，对大学生心理进行评估，掌握学生基本心理动态倾向。运用学校专业心理团辅筛选、评估、追踪贫困生心理状态，借助学生力量调查贫困学生的日常表现对于心理问题学生给予专业指导。将贫困学生的心理问题记录归档，定期追踪和反馈给相关部门人员，做好信息共享，用大数据的力量帮助贫困生找到心理问题的根源并予以帮扶。

积极搭建心理健康辅导咨询平台，促进贫困学生心理健康发展。利用家校合力的方法，关注贫困生心理变化发展，将大学生思想政治教育和心理健康教育相结合，帮助学生认识心理健康的重要性以及了解心理健康知识和排解心理问题的方法。加强心理健康的宣传活动，定期组织学生学习，开展积极向上的心理健康教育活动，设立心理健康专家访，让患有心理疾病的学生，有依可寻，有法可解。开设心理健康教育必修课和选修课，在日常生活中，加深对学生心理层面的教育和指导，特别是贫困生的心理。

（5）高职院校贫困生就业援助。

就业工作作为高职院校发展的重要内容，需要高职院校予以重视，建立健全就业信息机构、设置专职岗位人员做好就业工作。大数据环境下，各种数据来源多样，信息数据庞大，就业工作要抓取关键信息，针对贫困学生难就业，慢就业等问题，高职院校要把握好就业这个重要环节，提供就业平台，让贫困生在复杂就业环境下有机会进入社会，得到锻炼。加强校企合作，增加实习基地和实训内容，提升学生的实践能力。充分利用社会资源，面向工厂、企事业单位等机构，开展求职经验分享大会，模拟招聘环节，结合贫苦生专业特点和个人兴趣爱好，精准匹配工作岗位。注重贫困生的专业能力和综合能力培养，打造出综合素质能力强的当代大学生。

（6）高职院校贫困生育人帮扶。

做到真正的资助育人，需要资助部门利用大数据技术，综合抓取贫困生在校期间学习、活动、获奖情况等各类数据，根据贫困生不同的专业、各异的特点给予个性化帮扶和专业化指导，做到精准的育人帮扶。例如，利用智慧学工系统抓取学生的各类学业成绩、第二课堂总分、评奖评优类别、获奖情况等信息，综合评估学生的综合素质能力，针对薄弱环节，通过多种渠道，提高学生的素质能力。

高职院校构建“六位一体”资助育人新模式可以更加细致、精准地资助高职院校贫困生，实现资助和育人的良性循环模式，切实帮助贫困生完成大学学业，培养学生自立自强、诚实守信、感恩图报的优良品格，做中国特色社会主义事业的建设者和接班人。

3. 大数据视域下贫困生精准认定体系构建

（1）大数据信息化平台的构建。

为了利用大数据技术实现贫困生精准认定，常州工程职业技术学院自主研发智慧学工系统，建立了一个专门信息数据系统，对学生申请信息进行全面分析，从大量信息中挖掘出真实有效的信息。信息平台坚持定量与定性结合，对家庭经济困难学生进行精准识别，从根本上提高资助工作的精准度和信息化水平。系统认证流程如图1所示。

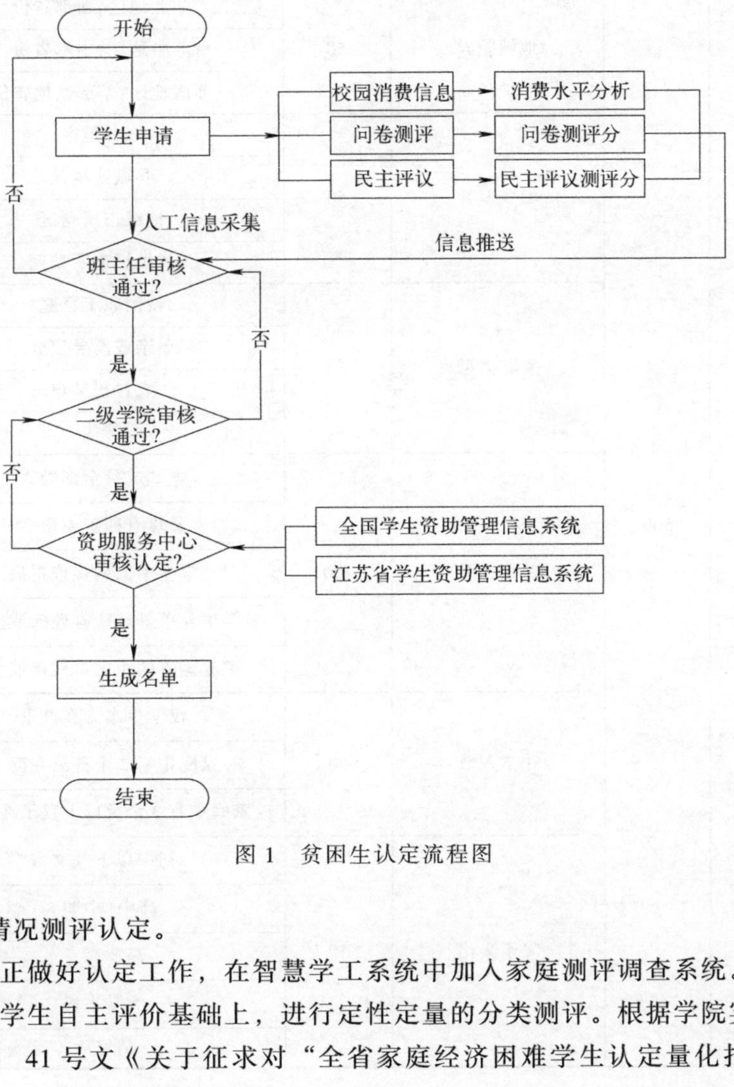

图1　贫困生认定流程图

（2）家庭情况测评认定。

为了客观公正做好认定工作，在智慧学工系统中加入家庭测评调查系统。该测评系统基于前期调研，在学生自主评价基础上，进行定性定量的分类测评。根据学院实际，结合苏教助中心［2018］41号文《关于征求对“全省家庭经济困难学生认定量化指标”修订意见的通知》中的指示精神，确定5个一级指标，15个二级指标，不同的指标被赋予不同的权重（具体见表1）。

为了使学生在网上测评简单化，经过前期调研，使用19道选择题的问卷来涵盖这5个一级指标和21个二级指标。通过电脑或手机端，学生在智慧学工系统中参与测评。问卷中每个问题对应一个分值，学生做完问卷调查生成一个家庭经济测评分，得分越高者家庭经济越困难。

表1　常州工程职业技术学院家庭经济困难学生认定指标

<table>
<tr><th colspan="2">一级指标</th><th colspan="2">二级指标</th><th colspan="2">三级指标</th></tr>
<tr><th>指标名称</th><th>权重</th><th>指标名称</th><th>权重</th><th>指标名称</th><th>权重</th></tr>
<tr><td rowspan="5">直接指定指标</td><td rowspan="5">—</td><td>孤儿</td><td rowspan="5">—</td><td>孤儿</td><td>1000</td></tr>
<tr><td>烈士子女</td><td>烈士或因公牺牲军人和警察子女</td><td>1000</td></tr>
<tr><td>低保户</td><td>民政部门认定的城乡低保家庭子女</td><td>1000</td></tr>
<tr><td>五保户</td><td>持《农村五保供养证书》人员</td><td>1000</td></tr>
<tr><td>建档立卡</td><td>持《扶贫手册》人员</td><td>1000</td></tr>
<tr><td rowspan="24">基本情况</td><td rowspan="24">500</td><td rowspan="3">地域差异</td><td rowspan="3">50</td><td>苏北地区,西部省份</td><td>50</td></tr>
<tr><td>苏中地区,中部省份</td><td>30</td></tr>
<tr><td>苏南地区,东部其他省份</td><td>10</td></tr>
<tr><td rowspan="4">城乡差异</td><td rowspan="4">50</td><td>农村地区</td><td>50</td></tr>
<tr><td>县域或镇区</td><td>30</td></tr>
<tr><td>地级市所辖区</td><td>20</td></tr>
<tr><td>省级城市所辖区</td><td>0</td></tr>
<tr><td rowspan="4">家庭类型</td><td rowspan="4">50</td><td>特困职工家庭</td><td>50</td></tr>
<tr><td>单亲或离异家庭</td><td>30</td></tr>
<tr><td>农村扶贫户</td><td>20</td></tr>
<tr><td>其他</td><td>0</td></tr>
<tr><td rowspan="5">健康状况</td><td rowspan="5">100</td><td>家庭成员全部健康</td><td>0</td></tr>
<tr><td>父母有残疾或重病</td><td>100</td></tr>
<tr><td>学生本人残疾或重病</td><td>100</td></tr>
<tr><td>学生兄弟姊妹中有残疾或重病</td><td>80</td></tr>
<tr><td>家庭赡养的祖父母残疾或重病</td><td>50</td></tr>
<tr><td rowspan="3">在学人数</td><td rowspan="3">50</td><td>仅学生本人在读书</td><td>0</td></tr>
<tr><td>家庭中有2个孩子在读书</td><td>30</td></tr>
<tr><td>家庭中有3个及以上孩子在读书</td><td>50</td></tr>
<tr><td rowspan="5">父亲文化</td><td rowspan="5">50</td><td>初中以下及文盲</td><td>50</td></tr>
<tr><td>高中(中职)</td><td>40</td></tr>
<tr><td>高职高专</td><td>20</td></tr>
<tr><td>大学本科</td><td>10</td></tr>
<tr><td>研究生</td><td>0</td></tr>
</table>

续表

一级指标		二级指标		三级指标	
指标名称	权重	指标名称	权重	指标名称	权重
基本情况	500	母亲文化	50	初中以下及文盲	50
				高中(中职)	40
				高职高专	20
				大学本科	10
				研究生	0
		父亲职业	50	无业人员	50
				农村种植或养殖户	40
				城市劳力工人	50
				城市技术性工人	30
				城市自主创业者	30
				企业人员	30
				政府机关和事业单位	0
		母亲职业	50	无业人员	50
				农村种植或养殖户	40
				城市劳力工人	50
				城市技术性工人	30
				城市自主创业者	30
				企业人员	30
				政府机关和事业单位	0
收入	400	家庭年收入	200	24000 元以下	200
				24000~36000 元	150
				36000~48000 元	100
				48000~72000 元	50
				72000 元以上	0

（3）民主评议。

为了更加客观了解贫困生在校表现，班级成立民主评议小组。评议小组成员在智慧学工系统对申请者在校表现进行评价。为了使评价结果更加定量，评价分为在校生活情况、学习态度、个人品质等 3 个一级指标， 13 个二级指标。民主评议小组成员根据申请者在校表现，对申请者各项指标进行评价。智慧学工系统能够对评议小组产生的测评分进行自动汇总，并将结果推送给班主任。

（4）校园消费信息。

校园消费信息在一定程度上反映了学生的经济状况。分析学生的校园卡消费记录，可以了解学生的消费水平。智慧学工系统对三个月内全校学生一卡通原始数据进行分析，根据三个月内一卡通消费总金额和消费次数计算平均单次消费金额。系统根据平均单次消费和对应人数，计算出消费区间分布。贫困生申请者在智慧学工提出申请后，系统能够调取申请者的一卡通消费记录，并根据申请人三个月内平均单次消费金额进行测评。如果申请人的消费记录在全校消费区间分布中处于高消费水平，系统将发出红色警示。

（5）班主任评估。

智慧学工系统能够根据申请人家庭经济测评分、民主评议测评分、校园消费信息自动给出学生困难等级，并将判定结果推送给班主任。鉴于每个学生家庭有自己的家庭情况，班主任谈话能够更详细地了解学生家庭情况。班主任与学生谈话以后，结合对学生的了解，对智慧学工系统判定的申请者困难等级进行评估和调整。为了对每位申请者有详细的数据评估基础，班主任需要将与学生面对面谈话的要点，以及对申请者困难等级调整的原因输入智慧学工系统。

（6）二级学院评估分析。

班主任端口的数据会推送到所在的二级学院端口。二级学院资助工作人员在智慧学工端口能够对各班级所给出的贫困生等级进行自动汇总分析，给出各二级学院贫困生占总人数的比例、贫困生地区分布、贫困生在各专业与班级的分布等数据，二级学院资助工作人员根据智慧学工汇总的结果，结合对学院学生情况的了解，对贫困生认定结果进行分析与确认。如二级学院资助工作人员对认定结果有不同的判断，可退回班主任重新认定。

（7）学生资助中心分析汇总。

智慧学工系统中，二级学院端口数据推送至学院学生资助中心。学生资助中心端口能够根据江苏省学生资助管理信息系统和全国学生资助管理信息系统获取的残疾学生、建档立卡学生名单，对二级学院推送的相关贫困生进行信息比对，如相关学生信息不匹配，系统将发出警告，并可将结果退回二级学院重新认定。此项数据分析，可以有效减少相关家庭学生所需证明材料，真正让学生少跑腿。学院贫困生认定情况的相关数据到达学生资助中心端口后，系统能够对全校的贫困生数据进行汇总分析。资助中心根据各二级学院提供的贫困生信息，分析确认以后，生成最终名单。

（8）智慧学工系统数据分析。

智慧学工系统能够自动对家庭经济情况测评产生的大数据进行汇总分析。此项分析不仅能为精准认定服务，还可以通过分析家庭经济困难学生的特征，进一步修正学校贫困生认定指标，进一步完善精准认定过程。

以常州工程职业技术学院智慧学工系统贫困学生家庭情况大数据分析为例，如图 2 所示，2017 年被认定为困难的学生中，有 2%是孤儿、12%来自农村五保户或扶贫户，18%来自单亲或离异家庭、19%来自特困职工家庭、41%来自低保家庭、41%来自一般家庭。

如图 3 所示，2018 年被认定为困难的学生中，有 1%是军烈属或优抚子女、4%是孤儿、31%来自农村五保户或扶贫户，22%来自单亲或离异家庭、17%来自特困职工家庭、25%来自低保家庭。

通过 2017 年和 2018 年困难学生家庭类型对比分析，可以掌握学院家庭经济困难学生家庭类型的基本概况。相比于 2017 年，在 2018 年困难学生中新增了军烈属或优抚子女类型的困难学生，且一般家庭困难类型不再出现在困难学生中。说明 2018 年认定结果主要分布在孤儿、低保家庭、扶贫户等需要被关注的学生群体中，认定结果更加有理有据，更科学合理。

如图 4 所示，在 2018 年被认定为困难的学生中，有 75%来自农村、16%来自县城或镇区、6%来自地级市所辖区、3%来自省城所辖区。以上数据充分说明，困难学生中大多数来自农村地区，下一年度贫困生认定指标可以放大城乡差异的分值。

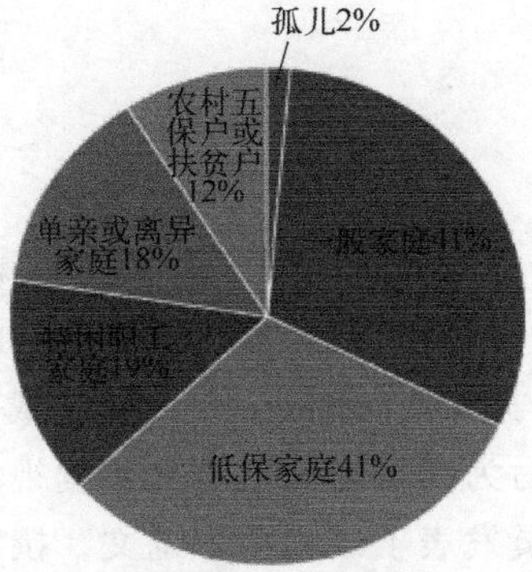

图 2　2017 年困难学生家庭类型

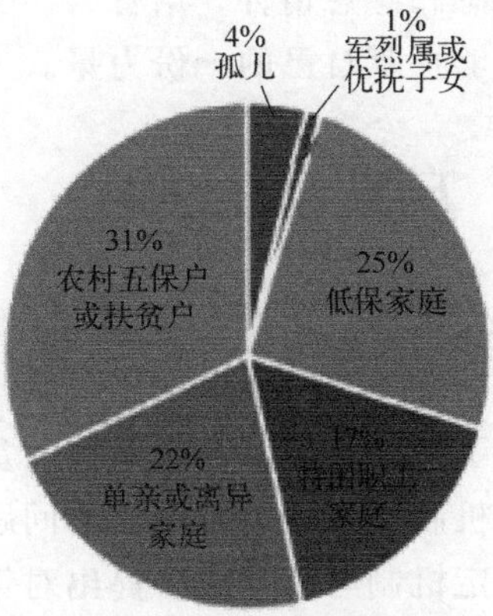

图 3　2018 年困难学生家庭类型

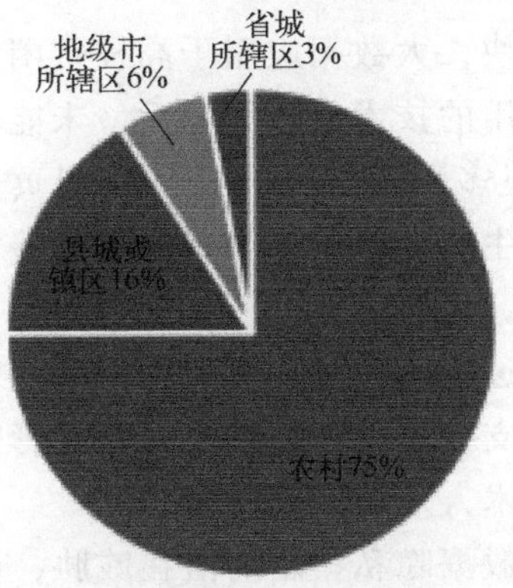

图 4　困难学生家庭所在地分布

（9）总结。

通过构建智慧学工系统，对贫困生申请数据进行自动汇总分析，根据大数据数据分析结果自动给出贫困等级，实现了贫困生的精准认定。同时，通过数据分析比对，实现了数据流动，减少了贫困生申请所需的材料证明，便利了学生。

总之，随着扶贫工作的深入推进，精准扶贫成为我国理论和实践研究的重点和热点问题，高校学生资助管理工作是“精准扶贫”战略中的重要环节。高职院校贫困生资助工作不但要充分掌握贫困生的迫切需求，而且还应注意分析并满足贫困生不同层次的需求，这是高职精准扶贫工作的有效之路，也是高职资助工作的创新之路。真正做好爱护和尊重每一位贫困生，让他们在校园里感受到爱与被爱、感受到安全感与归属感，充分发掘贫困生的潜能和创造力，改变重物质，轻精神的贫困生资助现状，让高职贫困生资助工作实现帮困、助学、育人三者相融合的目的。大学生思想政治教育在本质上就是要关注学生的需要、尊重学生的价值、促进学生的全面发展。贫困大学生是校园中的特殊群体，承受着来自生活、思想、心理上的巨大压力，想要解决贫困大学生的实际问题，除了基本的经济援助外，更需要加强对贫困大学生心理上的辅导，充分尊重和关心他们，引导他们自信、自立、自强，促进贫困大学生全面健康和谐发展。

以大数据信息为基础，政府、高校和社会共同努力和认真搜集相关的资助信息，科学解读国家精准扶贫政策的内涵，精准辨析高校贫困学生的基本情况，严格按照高校精准扶贫帮扶基本要求和具体计划，各部门齐抓共管积极开展贫困生精准资助工作。高校通过开展精准资助工作，切实帮助学生减轻大学期间的经济压力和生活重担，帮助贫困生顺利地完成大学期间的所有学业，切实实现教育的公平，为大学生提供一个健康娱乐的成长和学习环境；高校学生精准资助工作能够有效拓宽学校德育工作的实践载体，使高校将更多的时间和精力注入大学生本身，紧密聚焦学生、密切关注学生，更好地实现高校思想政治教育工作的正常开展；高校学生精准资助工作能够为大学生的学习和成长营造更加宽松自由和谐、积极奋进向上的校园环境，而且能够有效地提升高校文化建设的凝聚力和向心力，切实提高高校的整体水平和综合竞争力；高校学生精准资助工作有利于指导大学生树立诚信意识，培养大学生强烈的使命感和感恩情怀，培育大学生勇往直前、积极乐观向上的人生态度，使大学生将来步入社会能够贡献自己的一份力量。

四、反思与讨论

本研究主要立足点在常州，借助教育厅高校资助中心和江苏省高教学会等大数据的支持，同时结合本校学生资助工作实践进行大数据视域下高校贫困生认定机制与资助策略研究，调研了常州科教城五所高校的贫困生资助育人现状与特点，分析了大数据视域下高校贫困生认定机制与资助策略研究的问题、面临的挑战，最后为高校如何推动大数据视域下高校贫困生认定机制与资助策略提出对策和建议。课题组成员发表了6篇学术论文，撰写了1篇调研报告。研究成果针对性强，研究结论真实可信。当然，因财力、物力和人力的限制，本研究还存在以下几方面不足：

第一，我国在资助领域的研究起步较晚，但近几年发展很快，大数据应用于高校贫困生资助工作取得了一定成效。但是我国目前贫困生资助工作所应用的技术仍较为落后，未能转变资助工作思维方式，资助工作精准化程度不高。课题组经过多种方式，包括学校网页介绍、相关通讯报道、数据库学术论文查询，以及几所高校贫困生的访谈等，虽获得了一些资料，但对研究来说依然感觉缺少丰富的、翔实可靠的数据资料。

第二，大数据软件平台、技术开发还需要一个漫长的研究过程；大数据价值的体现依赖于大数据的技术及应用，而大数据分析技术需要有专业人才的支持，人才的不足将直接影响到数据的获取和分析能力，学校贫困生资助工作需要大数据技术人才的专业队伍。

第三，大数据应用于高校贫困生资助工作还存在着贫困生数据隐私披露的潜在威胁，面临着隐私和伦理的挑战。这都在提醒我们在运用大数据提升高校贫困生工作精准化的同时还需要清醒地意识到大数据运用可能面临的障碍。

第四，大数据视域下高校贫困生认定机制与资助策略研究是一个复杂而多变的问题，尽管在研究过程中做了许多努力，但由于研究团队水平的限制，有些研究还是不够深刻，相关理论还不够丰富，有些观点的总结和说法带有一定的主观性。

第五，受人力、财力等方面的影响，常州市内高校贫困生的调研，所选案例学校有限，未能覆盖大部分学校的数据。

第六，大数据时代，数据成为决策最为重要的参考之一。本研究由于缺少大数据的支持，所以研究的结论和思考更多来自文献分析研究，以及实践者、管理者和研究者的主观判断，可能一定程度上会影响研究成果的传播和应用。

高职院校“通专创”三结合创新创业教育体系建设研究

——以应用化工技术专业为例

仇志海

一、课题研究的背景

党的十九大明确提出创新是引领发展的第一动力，是建设现代化经济体系的战略支撑，要加快建设创新型国家，鼓励更多社会主体投身创新创业。自 2015 年国务院办公厅下发《关于深化高等学校创新创业教育改革的实施意见》以来，包括高职院校在内的各高等院校将创新创业教育作为高等教育改革的突破口，在课程体系建设、实践平台建设、师资队伍建设等方面开展了大量卓有成效的工作。课程体系建设是创新创业教育取得良好效果的基础性工作，但在具体建设工作中存在着与通识教育不匹配，与专业教育相脱节的问题，尤其是在高职院校，由于生源的差异化和师资队伍的相对不足，体现得更加明显，对高职院校高素质技术技能人才培养目标的实现产生了掣肘作用。

加强高职院校创新创业教育体系建设，必须要将通识教育、专业教育、创新创业教育三者有机融合，将创新创业教育融入人才培养全过程，强调创新创业教育融入专业教育、强调第一课堂和第二课堂相结合、强调实践体验过程、强调创新创业教育是增值教育而不是新增教育。

二、课题研究的意义

（一）理论意义

1. 为高职院校创新创业教育实践提供理论支撑

创新创业教育需要扎根于理论支撑的土壤，才能焕发生命力。目前，针对创新创业课程体系建设没有形成系统性的研究体系，对当前在创新创业课程体系的实施运行过程中遇到的一系列问题进行提炼升华，加强对创新创业课程体系建设的理论研究，为创新创业教育的实践提供重要的理论支撑，是推动职业院校创新创业教育深化改革发展的必由之路。

2. 为高职院校创新创业教育搭建一个相对合理的理论架构

通过对目前正在实施的创新创业教育课程体系和开展的相关创新创业教育活动、创新创业教育实践以及竞赛等实际操作环节等进行研究，不断地深化总结，强化理论性研究，能够提炼出相对科学、合理、完整的创业教育模式与课程体系架构，为创新创业教育的全面开展提供有力的理论体系依据，使创新创业教育能够积极稳妥地推进下去。

3. 为高职院校创新创业教育的实施提供可操作性的指导

目前职业院校开展的创新创业教育都遇到了各种各样的问题，如在认识上的不足、缺乏相应的领导机制、制度建设的缺失、师资队伍不健全、经费得不到保障、实践基地供给有限等。对创新创业教育模式与课程体系的完善，可以从目标体系、教学体系、保障体系、评价体系和公共服务体系几个层面进行深化，通过上述几个层面互相配合及协调的论证，能从理论上深化创业教育体系的可操作性，从而进一步促进了创新创业教育的有效实施。

（二）实践意义

深化高等学校创新创业教育改革，是国家实施创新驱动发展战略、促进经济提质增效升级的迫切需要，是推进高等教育综合改革、促进高校毕业生更高质量创业就业的重要举措。为推进大众创新、万众创业，加强高校创新创业教育，国务院及各有关部委连续下发了系列文件。高职院校作为我国高等教育的重要组成部分，必然需要积极响应党和政府的号召，不断深化创新创业教育改革，满足高职学生多样化成长成才的需要。

课程体系建设是开展好创新创业教育改革的首要前提和重要基础，基于“通专创三结合”的理念开展创新创业课程体系建设有利于整合序化现有各类创新创业类必修、选修及培训课程，形成递进式培养过程，更加符合教育教学规律；有利于丰富并促进学院三级通识课程体系建设；有利于形成具有紧密结合专业的创新创业项目的建立与实施，更加促进学生的专业学习和创新创业素质的养成，培养出符合经济社会发展要求的高素质技术技能型人才。

本课题研究将首先依托中国特色高水平高职学校和专业建设项目——应用化工技术专业开展前期研究和实践，根据专业建设方案和“通专创三结合”的教育理念，整合序化现有的创新创业课程，根据专业建设需要开发新的课程，构建“三阶段递进式”创新创业课程体系。经过一段时间的实践后，向学院其他专业推广，最终建立全校性的“通专创三结合”的创新创业课程体系。

三、课题研究的理论依据

（一）主体性教育理论

所谓主体性教育，主要包括两方面内容：一是强调学生在教育中的主体地位和作用，在具体的教育活动中，要以教育为本体目标促进人的发展。二是强调教育活动主要是为实现人的意义与价值。

主体性教育理论要求高校在创新创业教育的整个过程中，既要重视学生的个人兴趣，发挥学生的专长，同时也要激发学生的主观能动性，提高学生对于创新创业教育的兴趣，提高自身的综合素质。只有具有主体意识与创新意识的人才能为这个时代做出更大的贡献。通过创新创业教育让学生更好地认知自我和社会之间的关系，有意识地控制自己，有更好的社会适应能力。

（二）理论结合实践理论

理论结合实践理论就是从知行合一的角度出发，对人类认识或学习活动的规律进行归纳总结。其指在教学中应坚持理论与实践相结合，引导学生在学习理论知识的前提下，通过运用理论知识去实践，以实践的方式解决实际存在的问题，培养学生解决问题的能力，能够保证知行合一，不与社会实践相脱离。

创新创业教育的目标需要提高学生的整体素质，培养学生的创新精神、创业意识和创业能力，不仅需要理论教学，更需要实践。让学生通过学会从实践中应用理论知识，锻炼创新创业的精神和能力，皆需要通过行动来达到提升。通过教师的教与学生的学，同时通过实践最终实现知行合一。理论结合实践原则符合终身教育原则，创新创业教育为学生埋下的是一粒种子，让学生未来真正进入社会之后，能基于理论去发现问题、更好地解决问题，从而发挥创新精神、创业意识和创业能力。

（三）生态系统理论

20 世纪 70 年代，布朗芬布伦纳认为能动的正在成长的人与其生活的环境之间进行着相互适应的过程。在整个过程中，人受各种情境关系以及情景所处的更大环境所影响，提出了生态系统理论。布朗芬布伦纳将人发展过程中的外界环境引入了系统的概念，分成了四个系统：微观系统、中间系统、外层系统和宏观系统。在四种系统的相互交融下，共同促进个体的成长与发展。

依据生态系统理论，以学生为中心，外界环境会对学生创新创业的行为活动产生影响。本文将影响学生创新创业教育的外界环境分为学生自身、高校和社会三个层面。学生自身为微观层面、高校为中观层面、社会为宏观层面，分析外界整体环境对大学生创新创业的影响。

四、课题研究的目标

（一）探索创新创业教育途径与方法

深入理解把握“通专创三结合”的创新创业教育理念，研究如何将通识教育、专业教育和创新创业教育三条人才培养路径有机结合，寻找探索既有高职教育特色又符合创新创业教育规律的高职院校创新创业教育途径与方法。

（二）构建创新创业教育课程体系

构建“三阶段递进式”的创新创业教育课程体系，一方面结合学院三级通识课程体系构建“三阶段递进式”的创新创业课程体系，另一方面在专业教育中通过项目化课程、专业实训、毕业设计等环节融入创新创业教育内容，达成“通专创三结合创新创业教育”目标。

（三）搭建创新创业教育体验实践平台

搭建创新创业教育体验实践平台，建设实验实训室、教师科研室等硬件平台和教师科研团队、学生社团、大学生创新创业训练计划、职业技能大赛、创新创业竞赛等软件平台，结合专业学习、创新训练、创业实践、竞赛活动，统筹搭建一体化创新创业教育体验实践平台。

五、课题研究的主要内容

（一）“通专创三结合”创新创业教育理念

研究如何将通识教育、专业教育和创新创业教育三条人才培养路径有机结合，树立“通专创三结合”的创新创业教育课程体系建设理念，形成高职院校人才培养合力。

（二）“三阶段递进式”创新创业课程体系

研究如何依托学院三级通识课程体系，建立“三阶段递进式”的创新创业课程体系；探索如何通过项目化课程、专业实训、毕业设计等环节在专业教育中融入创新创业教育内容，达成“通专创三结合创新创业教育”目标。

（三）一体化创新创业教育实践体验平台

研究如何结合专业学习、结合创新创业训练、结合学生职业发展、结合教师科研项目，统筹搭建一体化创新创业教育体验实践平台。

六、课题研究的方法

（一）文献研究法

对中国特色高水平高职学校、专业建设改革和高职院校创新创业教育体系建设相关的文章、论著、文件、数据等进行整理、分析，厘清通识教育、专业教育和创新创业教育之间的关系，形成支撑本研究的理论观点，并佐证相关结论。

（二）调查研究法

以访谈、问卷等方式进行现场调研。调研对象主要包括有代表性的高等院校，如深圳职业技术学院、深圳信息职业技术学院、南京工业职业技术大学、常州信息职业技术学院、常州机电职业技术学院等中国特色高水平高职学校和专业建设单位，以及开设有应用化工技术专业的高等院校的管理者、教师和学生，以获取调查对象所开展的创新创业教育体系建设情况，对创新创业教育的认识、理解和需求，分析存在的问题，找寻对策。

（三）实证研究法

以中国特色高水平高职学校和专业建设单位——常州工程职业技术学院应用化工技术专业为例，开展“通专创三结合”创新创业教育体系建设的实证研究，以三年为一个周期，修订人才培养方案、建立课程体系和实践体系，结合高职院校教学诊断与改进工作进行实证研究。

七、课题研究成果

（一）高职院校创新创业教育体系建设现状调研

《国家职业教育改革实施方案》对高职教育发展提出了总体思路和工作目标，尤其是在中国特色高水平高职学校和专业建设计划项目对申报单位提出了包括创新创业典型经验高校、深化创新创业改革示范高校、中国“互联网+”大学生创新创业大赛、“挑战杯”全国大学生课外学术科技作品竞赛和中国大学生创业计划竞赛获奖情况等基本要求。大力开展创新创业教育必然成为高职院校提升人才培养质量、服务国家战略、融入区域发展、完成“双高计划”建设目标的必然选择。但相对来说，由于高职教育的快速发展和工作重心的迁移变化，高职院校创新创业教育体系还不健全，相当大一部分“双高计划”建设单位的创新创业教育工作在顶层系统设计、师资队伍建设、教育教学体系和实践平台建设等方面，都需要更新升级甚至重构。

1. 整体认识不够到位，顶层设计不够系统科学

随着创新创业教育理念的不断深化和主管部门的大力推动，当前大多数高职院校尤其是双高建设单位都已将创新创业教育作为学校的重点工作加以推进。但囿于传统教育理念和主客观条件不一，不同高职院校对待创新创业教育的态度各异。调研发现，有些学校创新创业教育工作缺乏科学合理的顶层设计、统筹和规划，将深化创新创业教育改革简单粗暴地理解为只是锦上添花的工作，只要通过增设几门课程、开展几次活动、参加几场竞赛就可以完成目标、取得成绩。与此相对应的另外一种情况是，有的高职院校管理者层面对创新创业教育非常看重，但专业教师和学生却始终“来不了神”，认为职业教育只是培养生产、管理一线的劳动者，创新创业是小部分人的事，大面积开展创新创业教育会影响到职业的忠诚度，影响到工作的稳定性。另外，从学生的角度来看，也存在对创新创业教育的误解与偏见，认为创新创业教育只是教授如何创业的技能，忽视了积极参与创新创业实践活动能够对自身职业成长和个人全面发展起到良好的促进作用。以上片面认识，严重影响了高职院校创新创业教育工作的健康、良性、可持续发展。

2. 师资建设滞后，团队力量薄弱

一支数量充足、结构合理、能力突出的师资队伍是高职院校开展创新创业教育工作的保障。但从部分双高建设单位的调研情况来看，高职院校的创新创业教育师资队伍建设存在较为突出的问题。一是数量严重不足，调研显示，有的学生人数过万的高职院校中专职创新创业教师不足 10 人有的甚至只有 1 名负责协调的工作人员；虽然从网站或申报表格中可以看到部分高职院校聘任了大量创新创业导师，但许多是以讲座或评审的方式来开展工作，且频次难以保证。二是结构极不合理，创新创业教育教师多由辅导员、行政管理人员兼任，专业教师参与创新创业教育的机制体制建设尚处于初级阶段，多数专业教师对创新创业教育缺乏理解和认识，同时不愿意改变传统教育教学方式，对开展“专创融合”工作存在畏难和抵触情绪。三是师资素质亟待提高，正是由于数量不足和机构不合理等因素造成高职院校创新创业师资多为“半路出家”，有的甚至是“临时借调”，大多数并不具备专门的、系统的创新

创业教育理论和实践知识，无法对学生的创新创业项目进行有效的实际指导；同时，很大一部分创新创业教育教师少有企业工作经历，更没有自身成功的创新创业经验，无法提升教学指导的针对性与实操性。

3. 教育模式单一，同质化趋势明显

从国内部分“双高计划”建设单位的调研情况来看，目前国内高职院校的创新创业教育模式可以大致分为综合育人式、项目引导式和创业实训式等三种类型。综合育人式是指已经按照要求将创新创业教育纳入人才培养方案，开设相关必修、选修课程，同时在第二课堂中积极组织开展创新创业实践活动，实现第一课堂与第二课堂的有机融合。项目引导式是通过遴选学生加入教师科研技术服务项目，在项目实施过程中由教师引导或者学生自主学习创新创业知识、训练创新创业技能、发现创新创业机会，以工程类专业为主。创业实训式则是指依托大学生创业园、实验实训中心等，组织学生开展创业实践体验，为学生提供创业培训、政策扶持及咨询服务等。在这三种模式中，综合育人式较为普遍，且由于校内资源投入有限、校外资源引入不足等问题，已经出现了“课堂教学流程化、教育方式单一化、学习成果无用化”的情况，使得各高职院校的创新创业模式逐渐出现同质化现象，无法满足“双高计划”建设院校特色发展的要求。

（二）高职院校创新创业教育体系建设路径设计

高职院校需要大力推进教育教学、技术服务、实习实训协同育人，汇聚政府、行业、企业、学校、社会等各方资源，形成培养合力，加快培养具有创新精神、创业意识和创新能力，具有精益求精的工匠精神的大国工匠和能工巧匠，为经济社会转型升级和创新型国家建设提供人力智力供给。符合这一要求和发展趋势的创新创业教育体系建设，可以从构筑创新创业教育生态圈、培养“双师四能”创新创业师资队伍和建立创新创业学分银行等方面入手，探索创新创业教育助力高等职业教育健康和高质量发展。

1. 构筑高职院校创新创业教育生态圈

生态圈的概念源于生物学，指的是特定区域内的有机体与其生存环境所构成的相互作用、自我调节的统一体。从 20 世纪 70 年代开始，有专家学者将生态圈概念运用于教育领域，形成了教育生态系统理论，为教育教学体系构建带来新思路，取得了新突破。高职院校开展创新创业教育同样需要统筹考虑多方资源，通过在相互影响的主体间建立有效的运行和保障机制，实现教育与社会各方的良性循环。一是建立协同一致的人才培养机制，学校、企业、行业、政府、社会服务机构等多方主体共同参与，这些构成要素相互协作、反馈沟通，构筑起“双创教育+项目孵化+校企合作+政策指引+社会服务”一体化的人才培养体系。二是构建完善的教育教学体系，创新创业教育融入人才培养全过程需要从高职院校的顶层设计开始，在制订学校规章制度、设定人才培养目标、修订专业人才培养方案、开展“三教”改革等诸多方面同步发力，注重创新创业教育和思想政治教育的融合、和劳动教育的融合、和学生全面发展的融合，将创新创业教育理念贯穿到人才培养全过程。三是联合政府机构、行业企业开发共建创新创业实践载体，结合实践载体建设，搭建创新创业成果的转化平台，如技术转移中心、项目交易网站等，实现各资源要素之间的无界化整合和转化，促进创新创业教育生态圈（图 1）的良性循环。

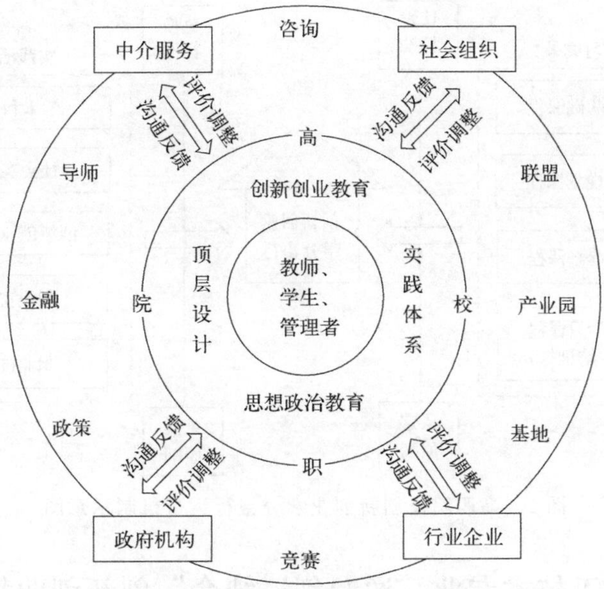

图 1　高职院校创新创业教育生态圈示意图

2. 打造“双师四能”复合型师资队伍

“双师四能”复合型师资队伍是高职院校开展创新创业教育，培养创新创业人才的重要保证。首先是拓宽高职院校创新创业师资来源，把好进口关。在大众创业万众创新的时代背景下，高职院校需要通过外引内培，拓宽教师队伍来源。可以采用校企双聘、项目式柔性聘用等措施，聚焦引进教师的创新创业能力，把好创新创业师资的进口关。其次是建立师资队伍职业生涯规划，把好发展关。根据教师职业生涯发展的“预备期—适应期—成长期—成熟期”不同阶段进行有针对性的指导与培训，借助校内创新创业基地或创新创业研究中心等机构开展培训活动，邀请专家、学者和专业相关的创新创业成功人士担任培训讲师，帮助专业教师更新理念、了解行业企业发展趋势。然后统筹推进混合式团队建设，把好整体关。通过建设基于专业（群）的结构化教学创新团队，依托协同创新中心的科技创新团队以名师、大师工作室为载体的师徒对子等方式打造高水平创新创业教育教学团队，同时通过聘任行业龙头企业技术带头人兼任产业教授，成立产业教授工作室，以项目为载体进行科技研发和工艺革新，带动校内专业教师创新创业能力的提升。

3. 建立创新创业学分银行制度

学分银行制度是基于终身学习理念而构建的一种学业管理制度。在《国家中长期教育改革和发展规划纲要（2010—2020 年）》和《国家职业教育改革实施方案》中都明确提出了要建立学分银行制度（图2）。学分银行制度体现了多元智能、结果导向、人本主义、建构主义等理念和价值，能够很好地契合高职院校创新创业教育的差异化和个性化特征，帮助高职学生在快速更新的时代背景下开展自主学习、创新学习和终身学习，并能够进行成果认定和学分转化。另外，创新创业学分银行的建立可以客观记录并量化评价学校创新创业教育活动情况，有助于支撑高职院校创新创业教育生态圈的建设。

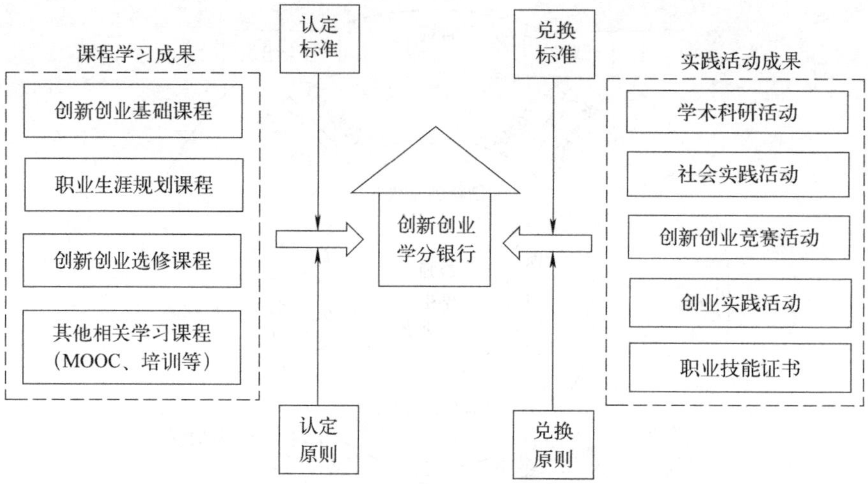

图 2　高职院校创新创业学分银行运行机制示意图

（三）应用化工技术专业“通专创三结合”创新创业教育体系设计

课题组根据研究内容和研究目标，设计了应用化工技术专业“通专创三结合”创新创业教育体系。在纵向上，以学生知识、技能、素质的逐步积累为依据，以专业技能学习为载体将通识类课程、专业类课程、创新创业类课程融合在一起。在横向上，以学生的学习成长规律为依据，将第一课堂教学活动、生产性实践训练、创新创业实践体验活动有机结合，提高高职学生的综合素质和专业技能水平，培养具有创新精神和创业能力的高素质技术技能人才。

1. 锻造“三层渐进”的通识教育课程体系

课题组设计了三层递进的“1352”通识课程体系（图 3），即以全人教育理念指导贯穿整个体系为一条主线，以思想道德素质、身心素质、人文科学素质、生活技能、职业素养五大模块为核心内容，以学校、二级学院、专业（群）三个层面的课程为逻辑架构，以必修与选修两种方式为途径，构建有机融合的“1352”通识课程体系，丰富学习内容，加大选修课程比例，满足学生个性化学习需要，促进学生在学习掌握专业技术技能的同时，获得基于“人的全面发展”的其他各种文学、艺术、美术等通识教育。通过“1352”通识课程体系的建设，将学校与企业、教学与生产、素质养成与技能训练、课内与课外相结合，形成了由通识教育、专业教育、创新创业教育相融合的课程群体系，为实现高素质技术技能型人才的培养目标提供了坚实的保障。

2. 实施“专创融通”的专业课程教学改革

课题组根据高职院校学制安排，将专业教育课程和创新创业课程融为一体，以“基本能力—职业能力—综合能力”三阶递进的步骤开发项目化课程体系，形成灵活开放、弹性的课程矩阵，实现多学期、分段式等灵活多样的教学组织形式。第一学年以专业概貌课程引入专业教育，通过开展社会实践、学生社团活动、企业参观、市场调查等第二课堂活动，训练学生的创新思维，引导学生产生创业想法，培养学生从事专业领域和实现岗位创新创业的基本

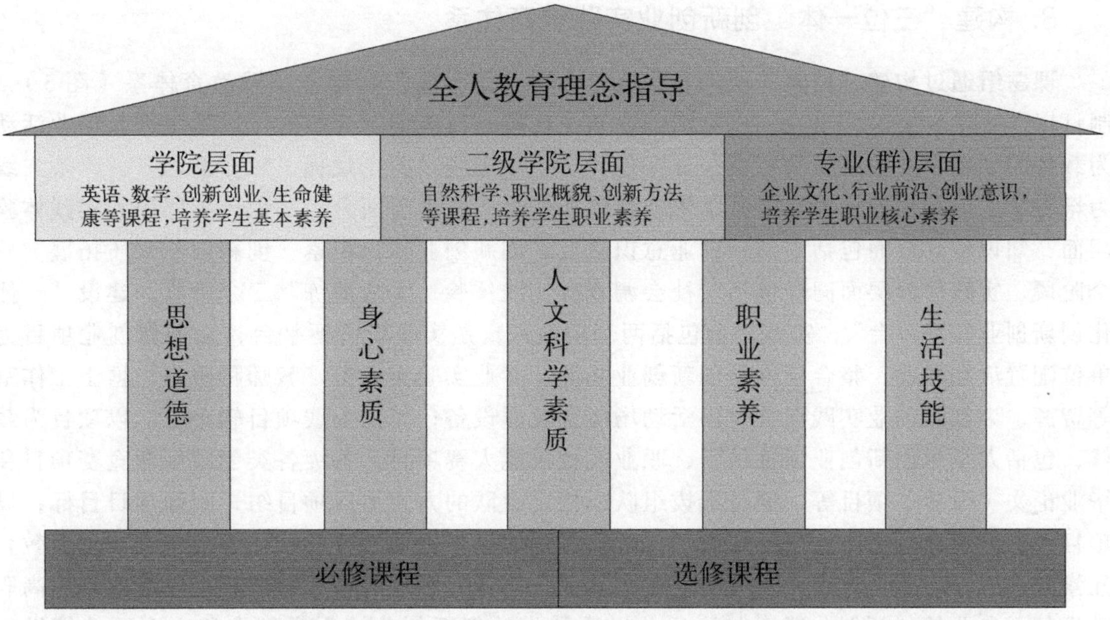

图 3　高职院校“1352”创新创业通识教育课程体系建构图

能力。第二学年以专业核心课程学习为主，通过带领学生参与“入门项目、主导项目、自主项目”层层递进的形式，将学生的第一课堂与第二课堂统一整合，培养学生的职业能力；在第二课堂活动中，引导学生积极参与教师科研项目、企业服务项目、主持大学生创新创业训练计划项目等形式培养创新创业能力。第三学年以专业拓展课程、毕业设计、顶岗实习等为载体，引导学生养成解决专业领域行业企业中出现的实际问题的综合能力；选拔有志于创办企业的学生进入学校创业园开展创新创业实践活动，培养经营管理初创企业的企业家精神和能力。形成专业教育与创新创业教育相互融通、同频共振的整体性“专创融通”专业课程教学方案（图 4），可以培养学生的创新意识和创新思维，提高学生的创新创业能力，推动学生实现岗位创新和成功创业。

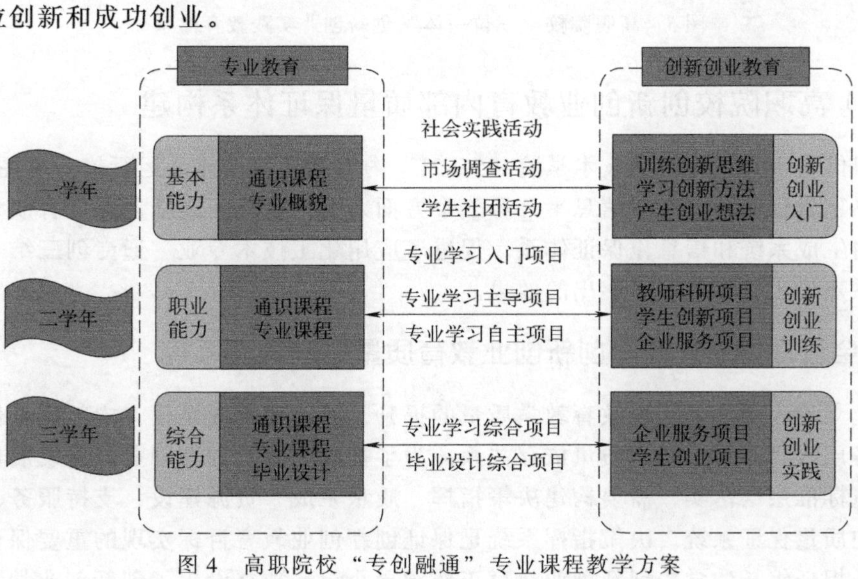

图 4　高职院校“专创融通”专业课程教学方案

3. 构建“三位一体”创新创业实践教育体系

课题组通过构建“理念、课程、实践平台”三位一体创新创业实践教育体系（图 5），制订以学年学期为时间单元、以创新创业知识传授与技能训练为核心、以学生创新创业活动为载体的创新创业实践教学方案，方案包含“一条主线、两个层面、三个阶段”：一条主线为培育学生创新创业精神、提升学生创新创业能力；两个层面分为知识传导层面和实践体验层面；知识传导层面包括“创新创业意识激发、创新创业知识积累、创新创业素质拓展”三个阶段，实践体验层面同样包括“社会调查、实践体验、实战演练”三个阶段。建设“一体化创新创业实践平台”，实践平台包括两个层面：一是实践场所硬平台，以创新创业项目为单位配置活动场所，整合校内外创新创业基地、专业实验实训室、教师科研室、博士工作室等资源，为创新创业实践训练提供活动场所和仪器设备；二是实践项目软平台，以项目为载体，包括大学生创新创业训练项目、职业院校技能大赛项目、各级各类创新创业竞赛项目和毕业论文（设计）项目等，通过选拔组队或指定组队的方式组成项目组，明确项目目标，以项目组的形式进行运作。通过建设“三位一体”的创新创业教育实践体系，将创新创业教育元素融入人才培养全过程，实现与学业、专业、就业、职业的相互融通，可以有效培养高职学生基于专业的创新创业能力与素质，提升学生的创新创业核心竞争力和全面可持续发展能力。

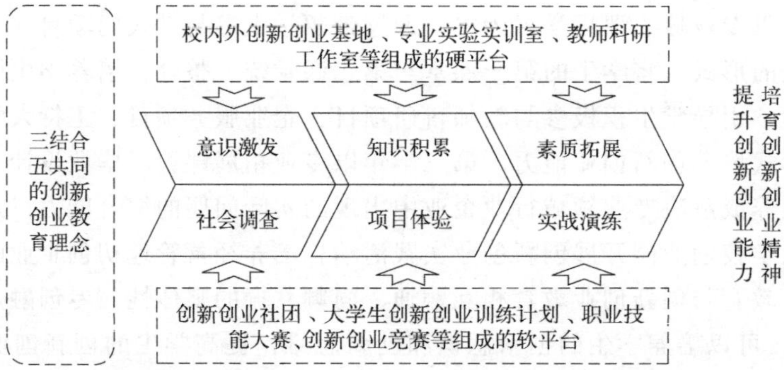

图 5　高职院校“三位一体”创新创业实践教育体系

（四）高职院校创新创业教育内部质量保证体系构建

课题组借鉴常州工程职业技术学院“55821”内部质量保证体系运行模式（图 6），从健全管理体系、日标体系，搭建信息平台等三个方面入手，构建了创新创业教育质量纵向管理系统、横向生成系统和信息化保证体系，促进了应用化工技术专业“通专创三结合”创新创业教育体系建设工作，取得了突出的效果。

1. 健全管理体系，构建创新创业教育质量纵向管理系统

通过建立诊改制度来实现教育教学质量的提升，其首要前提是建立内部质量保证体系，强化学校各层级管理系统间的质量依存关系。为了把高职院校创新创业教育发展目标、质量目标和质量标准层层落实，需要构建决策指挥、质量生成、资源建设、支持服务、监督控制等五个纵向质量保证系统。决策指挥系统是保证创新创业教育目标实现的重要保证。学校成立了由校长担任组长的学校创新创业教育工作领导小组，独立设置了创新创业学院，以搭建

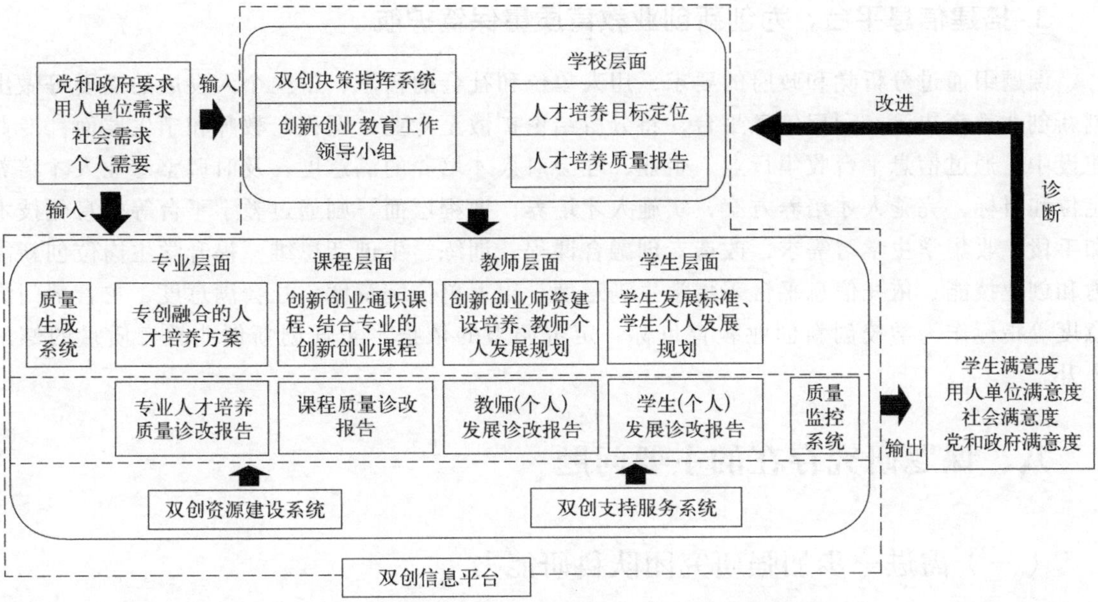

图 6　高职院校“55821”内部质量保证体系运行模式

内部质量保证组织架构，负责体系构建、质量监控、政策制订修订等事项。质量生成系统是纵向系统中最重要的部分，主要包括创新创业学院、教务处、学工处、团委等职能部门和各二级学院，负责面向全体学生开展创新创业教育教学和实践活动，保障质量生成。资源建设系统主要包括人事处、财务处、科技处等，负责师资队伍建设、经费投入、实验实训室建设等工作，为创新创业教育提供资源支撑。支持服务系统则由后勤部、保卫处、图书馆等部门构成，负责环境营造、实践活动安全、图文资料供给等职责，提供外围支持服务。质量监控系统主要由质管办、审计监察处等部门组成，负责质量评价反馈、过程管理和结果管理的事宜，并将结论反馈给决策指挥系统。

2. 建立目标体系，构建创新创业教育质量横向生成系统

创新创业教育内部质量标准的制订者和监控者是学校，决策层需要全面深入地把握创新创业教育的根本所在。在课题组推动下，学校将创新创业教育作为卓越人才培养的抓手之一，出台了《推动创新创业教育高质量发展实施意见》等一系列激励政策；同时从课程设置、师资配置、场地支撑、经费支持等方面给予了保障，保证了学校创新创业教育质量的内部生成条件。在制订专业人才培养方案时，以“基本能力—职业能力—综合能力”三阶递进的步骤构建专业课程体系，以项目和任务为载体，将创新理念和创业意识贯穿其中；将第一课堂与第二课堂统一整合，通过社团活动、社会实践、技能竞赛等，训练创新创业技能，形成专业教育与创新创业教育相融的整体性专业领域学习方案，在专业层面实现创新创业教育质量的生成。设置了面向全体的创新创业通识课程和面向专业群的共享课程；在专业核心课程教学过程中嵌入创新创业知识和技能、融入创新创业教育理念；同时加大实践课程在创新创业教育课程体系中的比重和地位，发挥好实践课程的作用；坚持把最新、最前沿的科技成果和商业模式引入教学过程；选取同龄人、校友创新创业故事进行案例教学等，保障创新创业教育质量的生成。

3. 搭建信息平台，为创新创业教育质量保驾护航

课题组通过分析党和政府的要求、用人单位和社会的需求、学生个人发展的需要等做出创新创业教育决策，利用信息平台，将分析结论扩散至专业、课程、教师和学生层面；专业建设中，通过信息平台收集行业、企业、社会对人才培养的满意度，及时调整专业人才培养定位和目标，完善人才培养方案，实施人才培养；课程层面，则通过教学平台等信息化技术和手段，收集学生学习需求，改造专创融合课程，训练学生创新思维，提升学生岗位创新能力和创业技能；依托信息平台采集学生满意度、用人单位满意度、社会满意度、主管部门满意度等指标作为学校创新创业教育目标、定位调整的依据，实现创新创业教育质量的螺旋上升。

八、课题研究存在的主要问题

（一）需进一步加强研究团队科研能力

研究团队来自各个二级单位，包括科技发展部、教学工作部、创新创业学院、马克思主义学院和化工学院等。在组织研究团队的时候，认为这样可以从各个角度加强对课题研究的合力，能够不断推进研究工作。在实际研究过程中却出现了很多意想不到的问题，例如受到各部门工作牵绊，很难有集中时间进行课题研讨；在具体组织开展创新创业教育活动时，难以集中力量。同时，研究团队成员的研究方向各有侧重，对创新创业人才培养的理解有所不同，也阻碍了研究工作的顺利进行。

（二）需进一步提炼研究成果

由于课题组成员分散，以及人员调动等原因，课题研究资料不能得到及时收集和整理，对课题研究工作造成了一定的困扰。同时对具体组织实施的过程投入了大量的精力，但总结提炼的深度不够，很难形成逻辑严密、格式规范的研究成果，例如论文、专著等。

高职院校学历留学生人才培养模式研究

——以常州工程职业技术学院为例

李旭海

一、课题提出及意义

2010年以来，来华留学生人数日趋增加。根据国家留学网统计数据显示， 2018年在华留学生49.22万人，比2017年增长0.62%，与2016年的44.28万人相比，增幅为11.16%。接收来华留学生的高等学校中增幅最大的是高等职业院校，根据《2019中国高等职业教育质量年度报告》，2018年高职院校全日制来华留学生比2017年增长近50%，是2016年的2.4倍。江苏省是职业教育招收培养留学生规模最大的省份之一，截至2019年年底有43所高职院校招收培养国际学生，在校生1万多名，其中学历留学生6093名。常州工程职业技术学院从2015—2021年持续招生7届共264名留学生，来源于缅甸、泰国、老挝、孟加拉国等16个“一带一路”沿线国家。大量留学生进入中国校园，增添了校园活力，同时也带来了新的教育管理问题。高职院校开展留学生培养时间短、积累少，普遍缺乏经验，在留学生培养实践中，暴露出不少问题。一是没有充分注意到留学生生源国产业对人才的需求，出现以学校为中心设置专业的问题。二是没有充分注意到留学生与中国学生培养目标的异同，导致嫁接人才培养方案设置课程的问题。三是没有充分注意到留学生基础、文化、习惯和能力差异，导致插班上课“教不懂、学不会”的现象。四是没有充分注意到针对性的教学和评价方法，出现评价标准降低的现象。五是没有充分注意到留学生教育培养的系统设计，导致跨部门协同管理效率不高的现象。除了上述共性问题外，还有留学生心理健康问题、涉外安全问题、人际沟通问题等特殊问题亟待解决。

2018年10月，教育部发布《来华留学生高等教育质量规范（试行）》(以下简称《规范》)，对人才培养目标、招生录取、教育教学、管理服务和支持等进行了系统的设计，并提出了具体的质量标准和工作规范。职业院校培养留学生是职业教育进入新时代的新命题，是中国职业教育融入世界职业教育体系的“连环扣”，更是职业院校内涵建设和国际化发展的“试金石”。 2020年6月，教育部等八部门共同发布的《关于加快和扩大新时代教育对外开放的意见》（下文简称《意见》)指出，要通过完善质量标准体系，提高来华留学教育质量和管理水平，做强“留学中国”品牌。但是，不少职业院校在留学生培养工作中存在培养目的不明确、培养内容无区别、培养规格无差异等问题，对在为谁培养人、怎样培养人、培养什么样的人的疑惑尚没有清楚答案。因此，探究新时期职业院校留学生人才培养的内涵、价值与实践路径，具有重要的现实意义。

二、课题研究的目标与内容

（一）研究目标

落实中央《关于做好新时期教育对外开放工作的若干意见》和教育部《推进共建“一带一路”教育行动》，按照《江苏高等职业教育创新发展卓越计划》文件精神提升我院国际化办学水平，坚持教育对外开放，深度融入世界教育改革发展潮流，以适应高职教育与国际标准接轨的需求，结合我院职业教育教学改革经验和成果，通过研究、比较目标院校留学生培养方案，吸收国内外有关留学生人才培养的经验和举措，整合转化为具有我院专业特色，适应生源国文化差异、留学生文化水平和学习习惯的外国学历留学生培养方案。运用现代教育理论、教育思想指导我院外国留学生人才培养目标、人才规格、教学计划编写，形成相对稳定的教学内容、课程体系、教学形态，完善管理制度和评价方式，构建留学生“1+2+1”人才培养模式，为把学院建设成为“一带一路”沿线国家留学江苏的目标高职院校、向海外输出高职教育品牌的先行校，提供理论和实践支撑。

（二）研究问题界定

本研究首先要明确研究的问题是如何针对留学生教育的特殊性优化人才培养方案，探索适宜的人才培养模式。因此要明晰人才培养模式的本质，把握特殊性，了解差异性。

1. 人才培养模式的本质

所谓人才培养模式是指在一定的现代教育理论、教育思想指导下，按照特定的教育方针、培养目标和人才规格，以相对稳定的教学内容和课程体系、管理制度和评估方式，实施人才教育过程的总和。人才培养是一个复杂有机的系统，广义上说涵盖整个教育管理活动，是静态的制度设计和动态的运行机制的统一体。人才培养模式反映一定的教育思想、教育理念，它是理想化的人才培养设计，是教育理论的具体化，既有具体的技术技巧，又有潜在的运行规律，它由人才培养理念、专业设置模式、课程设置方式、教学制度体系、教学组织形式、隐性课程形式、教学管理模式与教育评价方式八大要素构成。

人才培养模式分成三个层级。最高层级是主导整个高等教育系统的模式，如素质教育模式、通才教育模式、专才教育模式；第二层级的人才培养模式是各高校一以贯之的人才培养方法和特质；第三层级则是某专业针对某特定群体独特的培养方式。本文讨论的留学生人才培养模式为第三层级。

2. 培养留学生的特殊性

只有理解人才培养的深刻内涵，才能准确把握隐含在留学生培养行为背后的现实价值和需求，从而具体化培养目标、从特定目标出发，才能制定出符合现实价值需求的人才培养规格和质量标准。教育部等九部门印发的《职业教育提质培优行动计划（2020—2023 年）》指出，要加强职业学校与境外中资企业合作，培养熟悉中华传统文化、中资企业急需的本土技术技能人才，推进“中文+职业技能”项目，助力中国职业教育走出去。这是对当前培养留学生的目标定位和路径指南。留学生培养要立足服务国家战略，促进优势产能走出去，驱动国内国外经济双循环，为构建职业教育命运共同体筑基固本。对于职业院校而言，参与留学生培养能促进课程和教学改革，提高课程的国际适应性，以适应国际化发展要求。

留学生培养规格具有特殊性。《规范》要求留学生的培养目标和专业水平在毕业时与所在学校和专业的中国学生一致。通过培养，他们对中国的历史、地理、社会、经济等国情和文化的认识、理解达到较高水准，具备使用中文从事本专业相关工作的能力，能够跨文化在多国家的环境中运用知识和技能，参与国际交流与合作，能够主动传播中国文化，达到知华、友华、爱华的目标。

3. 留学生培养的差异性

入学方式不同。外国留学生进入中国高职院校须成功完成《国际教育标准分类法（ISCED 2011）》3级教育，达到通向高等教育的基本条件，一般认定为高中毕业或具有高中同等学历。留学生申请中文授课的专业，入学时应至少达到国际汉语能力标准四级水平。接收留学生的高校还可以根据专业入学基本要求，审核其教育经历中取得的学业成绩和学术成果、参加我国教育考试的成绩和参加外国有公信力的教育考试的成绩等，以作为入学选拔的资格。

教育管理不同。近年来，来华留学生参照中国学生实施趋同管理，各高校大多建立了院校两级管理体制，健全应急处理机制，组建留学生管理专兼职队伍，指导成立国际学生组织，国际教育学院、学生工作处、教务处、二级学院等单位在服务、教育和管理留学生日常学习和生活上，形成了具有各校特色的协作机制。为了帮助更多优秀外国学生来中国学习，教育部和各地方政府设立了国家和地方政府奖学金；此外，留学生还有机会获得与中国学生一样的学校或企业奖学金，还有一些学校为留学生提供了优于中国学生的住宿条件和其他学习生活上的优待。这些都体现了留学生与中国学生教育管理上的差别。

实习就业不同。受学制所限，外国学生无法像中国学生一样有半年甚至一年时间顶岗实习；此外，因为语言、签证等问题，也不便采用工学交替的方式到企业实习。所以在培养留学生的职业技能中，需要有更贴近工作实际的校内实训环境、更多具有企业经历的教师和更丰富的生产性教学设计。一般而言取得专科学历的外国留学生无法直接在中国就业。

（三）研究内容确定

1. 研究留学生国别文化差异和学习习惯，解决人才培养针对性的问题

截至2017年10月底，我院留学生来自缅甸、老挝、孟加拉国、俄罗斯、哈萨克斯坦、吉尔吉斯斯坦、印度尼西亚、埃塞俄比亚、泰国、喀麦隆等国家。从地域分布来看，留学生主要来自中亚、东亚、南亚等地，各国学生接受基础教育的水平不同，学习习惯大相径庭。如何有效进行分层选拔因材施教，是本研究要解决的重要问题之一。

2. 研究留学生语言转化和汉语教学方案，解决汉语水平提升的问题

目前招收的“一带一路”沿线国家留学生的语言基础或母语语系主要为英语、俄语和东南亚语系，学生接受了12年左右的基础教育，但英语水平参差不齐，用英语来作为汉语教学的媒介，显然不合时宜，且这些留学生已经过了母语期最佳语言习得期，如何更有效地实现语言转化，在有限的时间内提升汉语水平是本研究将解决的问题之一。

3. 研究留学生专业课和实践课实施方案，解决人才培养规格的问题

对外国留学生培养与对国内学生的培养，在目标上有着明显差别，将国内学生的人才培养方案直接用于外国留学生培养显然不合适。不同国家工业、技术和服务水平千差万别，留学生学成回国后将面临不同于中国的产业和社会需求，他们能否适应生源国的职业需求将是我们制订专业课程和实践课程方案的重要任务，因此调研外国留学生人才培养需求，以需求为导向确定人才培养规格是本研究的主要内容之一。

4. 研究中国文化融入第一、第二课堂办法，解决中华文化认同的问题

根据留学生招生及管理相关文件的精神，教育和培养除了要满足学生全面发展的目的，还要让留学生"知华、友华、爱华"，因此，如何将中国文化融入第一、第二课堂，提升留学生中华文化认同感是本课题要解决的问题之一。

三、研究对象和方法

（一）研究对象

1. 研究外国留学生知识水平、学习习惯、文化差异对其在中国学习的影响

通过调查问卷、访谈和入学测试，掌握留学生英语（听、说、读、写）、数学（几何、代数、数理统计与概率）、科学（物理、化学、生物）基础文化水平，访谈、观察、了解留学生学习习惯。为分层教学提供依据。

研究生源国缅甸、老挝、孟加拉国、俄罗斯、哈萨克斯坦、吉尔吉斯斯坦、印度尼西亚、埃塞俄比亚、泰国、喀麦隆等国的文化习俗以及与中国的差异，求同存异，尊重学生习俗，为教学组织和日常管理提供建议。

起草适应生源国文化差异，留学生文化水平、学习习惯的外国学历留学生人才培养方案指导意见。

2. 研究生源国经济、产业、技术和人才需求

通过调研了解生源国经济发展水平，主要支柱产业和新兴产业以及人才需求，尤其是"走出去"中方企业的人才需求。为编排专业课程和实践课程提供科学依据和建议。

3. 研究外国留学生中国文化沁润及语言转化路径

开展中华文化进课堂实践研究。第一课堂以中华文化必修及选修课的方式，循序渐进地植入第 1 至第 5 学期，并将第二课堂成绩单作为毕业的必要条件。学生要获得第二课堂的成绩，则需加入中华传统文化相关的社团或俱乐部，一方面加深对中华文化的认识，另一方面可以加强与中国学生的交流。

开展教法研究，探索二外转汉语的课程设置及教学组织策略。

4. 研究外国留学生人才培养实践

一是开展理论研究。研究留学生人才培养编订的文件和文献，掌握撰写的原则和方法，

根据上诉研究内容和建议，组织专业带头人起草《留学生人才培养方案》(以 2017 级留学生为例)。

修订留学生学籍管理、日常管理、公寓管理、奖学金评定等文件，与《人才培养方案》形成留学生教育管理和培养体系。

二是开展实践研究。跟踪 2017 级留学生管理和教育全过程，横向对比各分层教学平行班汉语和专业技能水平，环比其他年级留学生汉语和技能水平。如有条件，持续开展毕业生跟踪调查，了解掌握归国后就业创业情况。

(二) 研究方法

(1) 文献研究法：收集、研究国内外有关留学生人才培养、教育教学和管理等相关资料和案例，深入了解国内外有关他国留学生的人才培养研究现状，国内接收、培养外国留学生的相关教育政策，使课题研究的内涵和外延更丰富、更明确、更科学。在现有的研究水平基础上有所突破和提高。

(2) 调研分析法：在课题研究阶段，通过与标杆院校负责接收培养留学生的单位，如国际交流学院(处)、国际教育学院、港澳台办、外事办等相关部门联系调研，对外国留学生培养、教学、管理、服务现状进行调查分析，对获取的数据进行整理和分析，归纳总结出现存问题，并分析原因，提出解决问题的建议。在课题实施阶段，组织专家进行分析、论证，提出留学生的人才培养方案，并制订培养计划，在本校已有留学生的各专业落实实施。运行一个周期后，采用问卷、测试等方法，向学生、教师及管理人员进行分别调查，了解课题实施效果，并根据调查结果及时调整研究的方法。

(3) 实践研究法：在外国留学生教育、培养和管理中，对部分专业留学生的教学管理专项实践进行跟踪，并开展研究。对学校层面、二级学院层面、专业教研室层面、教师教学层面开展的实践，如何有效发挥环境育人、管理育人、服务育人的作用和课程建设、教学设计、课堂实施等实践进行归纳和绩效分析。观察留学生在本课题研制的人才培养方案指导下的学习活动中的表现，收集相关资料和数据，对学生的行为和学习结果进行分析研究。

(4) 效果对比法：将运用本设计研制的留学生人才培养方案教育管理的学生学习效果与按照中国学生人才规格培养的留学插班生的学习效果做比较，通过统计和数据分析来了解实践的成效。

(5) 经验总结法：结合学院落实留学生人才培养方案，立体全方位地培养外国留学生的实践经验，提炼指导思想、有效做法、攻坚举措和实施路径，形成具有先进思想、目的明确、举措有效，且适合推广的人才培养方案，并在课题实施过程中，根据研究的重点，总结研究的得失。

四、课题研究的依据

(一) 理论依据

留学生的人才培养主要理论依据：有效教学理论、认知结构学习理论、隐性教育理论等。

1. 有效教学理论

有效教学（effective teaching）理论源于20世纪上半叶西方的教学科学化运动。受到20世纪以来科学思潮的影响，在心理学特别是行为科学发展的背景下，人们意识到，教学也是科学。即教学不仅有科学的基础，而且还有科学的方法。人们开始对教学的哲学、心理学、社会学理论，以及如何用观察、实验等科学方法来研究教学问题进行研究。有效教学的核心是教学的效益。它关注学生的进步或发展，关注教学效益，要求教师有时间与效益的观念。有效教学是一套教学策略，它需要教师掌握有关的策略性知识，以便对课堂教学中的具体情景做出及时的决策。有效教学的“教学”，是指教师引起、维持和促进学生学习的所有行为和策略。它主要包括三个方面：一是引发学生的学习意向、兴趣。教师通过激发学生的学习动机，使教学在学生“想学”“愿学”“乐学”的心理基础上展开。二是明确教学目标。教师要让学生知道“学什么”和“学到什么程度”。三是采用学生易于理解和接受的教学方式。截至2022年，学校开展留学生教育7年来，在尝试、摸索、实践和反思后，课题组认为应有效地进行启发引导性、探究性、实践性学习活动，并有效地组织、研究思维的有效拓展，实施教学的有效评价，促成学生知、情、义、信、行的和谐统一，使学生在探究中体验，在感悟中升华。

2. 认知结构学习理论

布鲁纳（J. S. Bruner）认为，学习是一个主动的过程，即是认知结构的组织和重新组织，知识的学习就是在学习者的头脑中形成各学科知识的基本结构。教育者的任务是，把知识转化成一种适应正在发展着的形式，以表征系统发展顺序，作为教学设计的模式，让学生发现学习。所谓发现，当然不只限于发现人类未知晓的事物的行动，还包括用自己的头脑亲自获得知识的一切形式。学习是无处不在，无时不在的，并不仅限于学校里的正式学习，社会生活中的学习和发生在学校里的学习同样重要。因此留学生教育无论是第一课堂还是第二课堂，最为关键的是要让学习者拥有良好的学习方法和策略。

3. 隐性教育理论

“潜移默化”式的教育，即隐性教育（implicit education）。“隐性教育”这个概念发端于1968年美国教育社会学家杰克逊（P. W. Jackson）在其专著《班级生活》（*Life in classrooms*）一书中关于学校“潜在课程”（hidden curriculum）以及1970年美国学者N. V. 奥渥勒提出的“隐蔽性课程”（hidden curriculum）的研究。之后，又出现了“隐性德育”的概念，我国从20世纪80年代末90年代初开始了对隐性教育的探讨和研究。所谓隐性教育，就是受教育者在心理上并未察觉的一种无意识教育方式。具体而言，就是教育者为了改变当前受教育者总是以被动、应付的态度去接受教育的状况，按照预定的教育内容和方案，隐藏教育主题和教育目的，淡化受教育者的角色意识，将教育内容渗透到教育对象所处的环境、文化、娱乐、舆论、服务、制度、管理等日常生活氛围中，引导受教育者去感受和体味，潜移默化地接受预先所设定教育内容的一种教育方式。它实现教育目的于日常生活中，渗透教育过程于休闲逸致间，以潜移默化、润物无声的方式对受教育者的思想、观念、价值、道德、态度、情感等产生影响。隐性教育的教育主体体现为“宏观性主导”，或者说隐性教育的“操作者”是“宏观性主导”。在留学生教育培养中，隐形教育主要蕴含在管理育人、服务育人、环境育人中。

（二）政策依据

1. 教育部、外交部、公安部令第42号

为规范学校招收、培养、管理国际学生的行为，为国际学生在中国境内学校学习提供便利，增进教育对外交流与合作，提高中国教育国际化水平，教育部、外交部、公安部联合发布《学校招收和培养国际学生管理办法》，文件对留学生招生管理、教学管理、校内管理、奖学金、社会管理、监督管理等进行了规范。

2. 教外［2018］50号文

《来华留学生高等教育质量规范（试行）》是教育部首次专门针对来华留学教育制定的质量规范文件，是指导和规范高校开展来华留学教育的全国统一的基本准则，也是开展来华留学内部和外部质量保障活动的基本依据。文件对人才培养目标、招生录取、教育教学、管理和服务支持等做了详尽的规范，具有很强的针对性和可操作性，既与其他教学标准和规范相互补充、衔接、配合，又体现了地区、学校间的差异化办学，凸显了学校的办学自主权。

3. 教育部等八部门相关文件

《教育部等八部门关于加快和扩大新时代教育对外开放的意见》是对2016年出台的《关于做好新时期教育对外开放工作的若干意见》又一次升华和促进。新时期教育对外开放是提升教育综合实力和国际影响力的有效手段，是现代化建设和外交大局的重要组成部分。要扎实做强“留学中国”品牌，努力建设具有国际影响力的全球教育中心和世界优秀青年向往的留学目的地，主要在于提升留学生人才培养质量，加强对留学生中国国情、法律法规教育和英语授课示范课程建设，推进中外学生趋同化管理和服务。

五、研究方案

根据研究选题方向，确定研究目标，在准备阶段课题组根据工作岗位和研究基础进行分工，讨论研究内容，确定研究方法，制定研究方案如表1。

六、研究过程

（一）调查阶段

2017年11月，确定研究目标。课题组确立研究方向、研究目的、研究内容和研究方案，根据研究任务分工，制定研究工作计划。

2017年12月—2018年1月，选取常州机电职业技术学院、南京工业职业技术大学、无锡职业技术学院等省内3所高职院、宁波职业技术学院省外1所高职院作为调查研究对象开题，开展访谈和调查，掌握当前来华学历留学生职业教育的现状，整理出招生、教育、管理、服务、学习、生活、就业、文化适应等八个方面的问题。开展文献研究，掌握当前留学生人才培养研究的前沿动态。在问题描述上，概括起来有如下几个方面：一是留学生汉语基

表1　研究思路流程

思路	流程	描述
确定选题方向	立项准备	收集、整理、归纳留学生人才培养过程中的困难、问题和现象、访谈留学生、调研“走出去”企业了解人才专业素养需求，访谈教师了解教学困境
开展基础调研	文献研究 案例研究 问卷调研	了解国内外研究现状，掌握来华外国留学生人才培养中出现的问题，留学生学习期待，留学生回国就业技能需求，制定研究计划 选取2～3所目标高职院校留学生培养工作进行比较研究，掌握实践现状和存在的问题 通过问卷调研我院留学生、汉语教师、专业教师、导师对留学生素质、技能、知识目标的期待和达成度
形成调研成果	形成调研成果	根据基础调研的数据和案例，人才培养规格，撰写调研分析报告或论文，形成基础研究成果，提供给教务处和各专业团队参考
人才培养方案编制	编制留学生人才培养方案	基于调研成果，组织专业带头人及团队，修改或编制外国留学生人才培养方案，送专业委员会论证，党政联席会和教务处审批
课程体系建设	汉语课程体系 中国文化课程体系 专业及实践课程体系	进一步细化人才培养中的课程体系。形成英语、缅语、俄语对汉语的转化的基本做法，打造汉语听、说、读、写及汉语综合能力课程体系，设计HSK考前培训强化课程计划。构建中国传统文化、社会、历史、传统体育、文学、音乐、书法等中国文化选修和必修课程体系。形成专业课、实验实训课、参观实习、顶岗实习、毕业设计和社会实践课程体系。按照人才培养方案实施教学和管理
完善管理制度	修订教学工作和管理工作制度	进一步完善留学生管理工作的各项规定：学籍管理规定、留学生管理工作规定、留学生奖学金评定办法等
凝练人才培养模式	留学生人才培养模式	从留学生管理、教学、人才培养实践经验中提炼留学生人才培养模式的内涵。总结我院留学生人才培养的一般性、简单性、重复性、结构性、稳定性、可操作性的做法，形形固定工作流程和制度体系
整理研究成果	总结实践经验，形成研究成果	形成留学生人才培养模式研究报告，公开发表论文，撰写结题材料

础薄弱，学生入学前考取的汉语水平证书名不副实，达到了入学要求的HSK4级，但仍然不能适应专业课学习。二是留学生人才培养方案不完善，很多职业学院留学生教育起步晚，但迫于抢占市场，大跃进式发展，尚未做充分准备和研究，就快速上马项目，存在完全照搬中国学生培养方案的情况。三是留学生教育的国际化师资缺乏，教师综合应用教学方法，跨文化授课驾驭能力有待提高，国内教师普遍还不能进行双语教学，自身的国际化视野还不够。四是服务管理存在偏差，有的学校将留学生当成贵宾，给予超国民待遇，有的学校无视留学生文化、宗教、学习习惯的差异，搞简单的同质化管理，还有的学校，未按照上位文件的要求普遍设置奖学金、降低入学条件、放松考核要求、放宽毕业条件等。

（二）研究阶段

2018年2月—2019年5月，围绕留学生人才培养的本质，比较留学生与中国学生的培养差异，在培养路径选择上进行系统分析和研究。

围绕留学生跨文化学习的适应性开展研究。课题组提出要正视留学生成长和心理发展。课题组成员发表在《福建茶业》上的论文《从茶文化角度看提升留学生交际能力的跨越性变革》即是通过制作茶、泡茶、品茶的实践，通过茶的谚语、俗语，使留学生了解中国语言背后的逻辑和思维。通过茶的“茶禅四谛”和“清怡和真”的思想，引导留学生调试身心，面对困境。

围绕为谁培养留学生，怎样培养留学生，培养什么样的留学生，开展研究。课题组通过研究认为：留学生的培养目标和专业水平在毕业时与所在学校和专业的中国学生一致，同时还要对中国的历史、地理、社会、经济等国情和文化的认识理解达到较高水准，具备使用中文从事本专业相关工作的能力，能够跨文化在多国家的环境中运用知识和技能，参与国际交流与合作，能够主动传播中国文化，达到“知华、友华、爱华”的目标。课题组成员 2021 年在《常州工程职业技术学院学报》发表的论文《职业院校留学生人才培养路径探析——以常州工程职业技术学院为例》认为需要通过建立健全留学生管理制度、优化人才培养体系、加强汉语教学及文化沁润、注重国际职业能力培养等举措来实现培养目标。

围绕招生教育留学生的相关政策开展研究。重点对照研究《学校招收和培养国际学生管理办法》《来华留学生高等教育质量规范（试行）》《关于加快和扩大新时代教育对外开放的意见》《推进共建“一带一路”教育行动》《职业教育提质培优行动计划（2020—2023 年）》。

（三）实践阶段

2018 年 2 月—2018 年 9 月，人才培养方案编制和实践。根据调查和研究的结果，结合学校留学生培养的实际情况，课题组参与研制并发布《制定留学生人才培养方案的原则意见》，指导各专业制订（修订）留学生专业培养方案并实施。开展留学生座谈会、教师座谈会、访谈用人企业，了解培养效果，为调整培养策略收集建议和意见。经过实践，共发布 2017 级、 2019 级、 2021 级三版留学生人才培养方案。

2018 年 10 月—2019 年 6 月，修订完善了学生管理制度。课题组主要成员参与留学生教育管理相关文件制订与修订，先后修订《常州工程职业技术学院外国留学生管理工作规定（修订）》《常州工程职业技术学院国境（外）交流生管理办法》《常州工程职业技术学院外国留学生奖学金评选办法（修订）》《常州工程职业技术学院留学生公寓安全规范》等文件，促进实施留学生二级管理，成立外国留学生教育管理工作领导小组。

2019 年 7 月—2021 年 9 月，实施留学生中国文化和国情教育第二课堂。课题组参与指导申报“汉语志愿者协会”“国际学生中华文化研习社”等社团，旨在拓展学生的文化视野，提高留学生对中华文化的认识理解，以达到提高留学生的综合素质、丰富留学生的校园文化生活的目的。举办“寻找故宫里的历史”“龙城探秘”“走进新农村”等社会实践活动，让留学生近距离接触中国历史和社会。通过寓教于乐的实践活动，让留学生理解中国文化，热爱中国文化。

（四）总结阶段

2021 年 10 月—2021 年 11 月，总结研究成果。总结课题立项以来开展的研究和实践，整理调研数据、文章、制度和研究小结，撰写研究报告。

七、成果分析

学校招收培养留学生以缅甸、孟加拉国、塔吉克斯坦为主，主要集中在东南亚、中亚的“一带一路”沿线国家，如图 1 所示。历届招生出现了探索、扩张、缩紧的发展历程。学校招收留学生人数如图 2 所示。

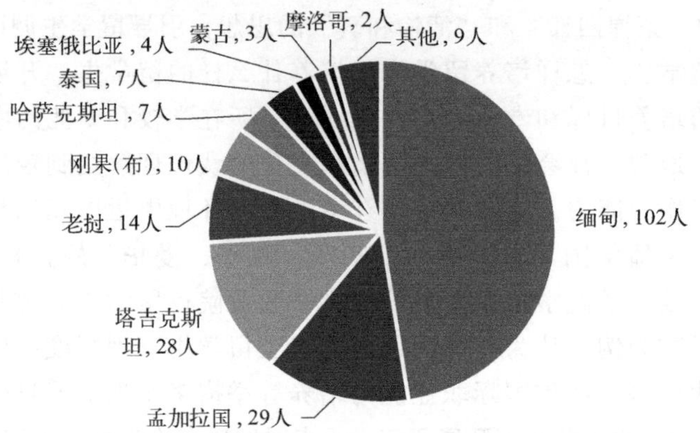

图 1　历届留学生国别示意图

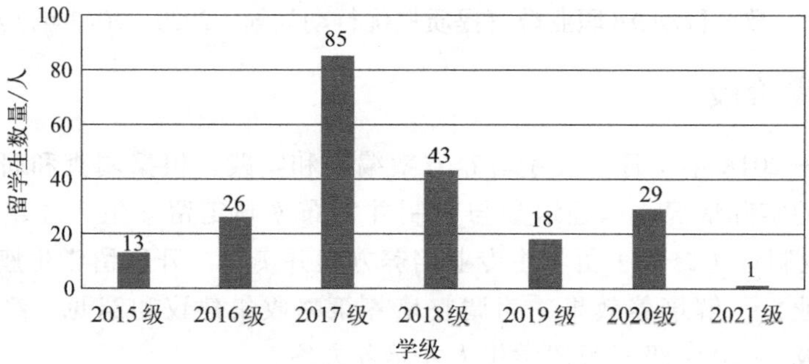

图 2　历届留学生数量统计

课题组重视课题研究对实践指导作用的发挥。为掌握改善程度，持续开展了 4 年留学生教育培养满意度调查，调查对象为 2018 届、 2019 届、 2020 届、 2021 届 152 名毕业生。问卷采用五级量表，涉及专业级课程针对性、教师教学水平、教学方法手段、教学效果、实践能力、岗位能力、教育教学、生活环境、安全医疗、管理服务、就业与发展、母校推荐等四项 26 个观察点。

留学生对学校育人环境和教学效果总体满意度高。对教师的理论和专业水平，学校的教学设备、图书馆、体育馆等硬件配置和校园安全 100%非常满意；对专业内的课程设置、校舍条件、实训条件、医疗、班主任工作、母校推荐度、学校综合水平等非常满意率在 90%以上；对自己的就业能力、实践能力、理论水平不太自信，有超过 10%的留学生选择“部分达到”；对归国后的就业薪资期待比较高， 85%的留学生期望收入达到 4000 元人民币以上， 55%的留学生希望在中资企业工作。

经过人才培养方案的优化和管理体系的梳理，留学生人才培养质量有提升，能够达到设定的培养目标，专业能力和语言能适应国际人才需求，在跨文化的应用技术人才中具有一定的竞争力。

八、研究结论

（一）研究成果的主要内容

本研究从促进留学生适应和认同中国文化，优化人才培养体系和管理机制，提高人才培养质量出发，重点探索如下内容：（1）留学生中国文化认同培育基本途径；（2）留学生国际化复合型人才培养基本体系；（3）留学生教育管理体制机制基本框架。通过研究，课题组认为：一是留学生中国文化适应和认同的培养应以汉语课、中国文化课等“第一课堂”与社会实践课、社团课等“第二课堂”为主要途径，辅以教学、服务、管理中的师生关系和互动等渠道。二是留学生人才培养体系应包含国际化、复合型、高素质技术技能三大培养目标，“校企协同、专创融通”培养路径，通识课、专业基础课、专业方向课、毕业实践课、专业拓展课等五大培养模块。三是留学生管理应建立“院校二级管理、跨部门协同配合”为主要机制的服务管理体系，包含招生录取管理、日常事务服务、教学组织管理、意识形态管理、安全管理、留学生团体管理等专项内容，涵盖衣食住行学等方面。本研究总结了提升留学生教育、服务和管理水平的有效途径，为提高留学生人才培养质量提供了保障，为同类院校举办留学生教育提供借鉴和参考。

（二）重要观点和对策建议

1. 建立健全留学生管理制度

在探索中完善留学生管理工作制度。强化战略思维，将开放办学的理念和思路融入校院两级中长期规划，结合办学基础制订适宜的目标，将建设任务和举措分解落实到年度工作中，并定期开展诊断与改进，保障目标达成。结合留学生教学管理全过程，学校成立留学生教育管理工作委员会，形成外事管理、国际教育、教务管理、学生工作、后勤保卫、二级学院等相关部门协同参与的留学生管理工作机制，制订留学生招生录取、奖学金评定、学籍管理、宿舍管理等专项工作管理文件，明确责任分工，规范工作程序。

在实践中改进留学生协同管理机制。国际教育学院按照学校规划和二级学院年度计划编制留学生招生简章，在招生办公室指导下开展招生宣传、资格审查、入学测试等工作，全程做到申报学生信息公开、招生考试程序公开、录取结果公开，接收纪检监察部门和社会监督。留学生预科阶段的教学及日常管理由国际教育学院负责，编入专业班级后由二级学院负责，趋同于中国学生管理。安排留学生专职辅导员、班主任和专业导师分别负责养成教育、日常管理、专业教育等工作。

在管理中沉淀经验和方法形成文化。经过一个周期教育和管理，学校内形成较为完整的管理体系和机制，将服务、教育和管理的实践方法，沉淀为培育留学生的良好文化生态，以实现永续健康发展。

2. 优化留学生人才培养体系

在教学改革中优化人才培养方案。学校开展国别和政策研究，合理设置留学生招生专业，在教育部要求的学历留学生专科入学标准基础上，合理制订录取规则和条件。根据培养目标编制人才培养方案和专业教学标准，将汉语及中国历史、经济、政治、文化等作为通识教育的主要内容，将“知华、友华”作为素质培养的必要目标。增加实践类课程在总学时中的比例，坚持知识传授和能力培养并重，实施“汉语+职业技能”的双证书制度，保障人才培养质量的水准。学校将留学生人才培养方案中的课程模块分为通识课、专业基础课、专业核心课、专业拓展课、实习实践课等五个模块，约120学分。通识课旨在教授中华传统文化、自然科学基础知识和工具性知识，包括人文素质课程、文化基础课程、体育与健康课程等。专业基础课、专业核心课围绕职业标准和岗位要求，按照工作过程导向设置相关课程，突出培养学生实践能力和问题解决能力。专业拓展课由专业提升课程组、交叉拓展课程组、就业创业课程组、学历提升课程组、科技创新课程组等若干个个性化学习模块组成。实习实践课包括顶岗实习、毕业综合实践、毕业教育等。

3. 加强汉语教学及文化沁润

在汉语教学中培养留学生跨文化交际能力。学校注重培养留学生跨文化交际能力，通过显性和隐性的汉语课程及文化活动，让他们理解和承认文化差异，尊重、包容各民族文化，能够综合运用语言、社交等技能实现跨文化交流与合作。

系统地培养学生跨文化交际交流合作能力从以下四个方面着手。一是要安排有充分中华文化认同和民族自豪感的教师参与留学生教学和管理，从教师的言行和举止中散发出中华文化的魅力，实现在服务中育人、在管理中育人。二是将汉语和中国文化相关课程贯穿培养始终。按照汉语水平等级标准设计汉语听说读写课程，创设宽松、民主、自由的教学氛围，提高汉语教学质量总体感知度，激发留学生学习汉语的动力；通过“中国文化概论”“中国语言文化”“中国传统文化”等课程，让留学生了解中国，认同中国文化。三是创设体验式教学，寓教于乐。组织留学生走进“新农村”、参观博物馆、考察历史文化古迹、体验民俗技艺等让他们感知、了解真实的中国；结合中国传统节日，举办美食、美文、美乐等民俗活动，组织书法、剪纸、茶艺、汉语歌曲、朗诵比赛等形式多样的文化体验活动，不仅丰富了他们的业余生活，更有效提高了留学生对中国文化的理解和认同，增强了他们在学校的归属感。四是营造中文学习环境，发挥环境育人功能。小到留学生公寓的中国结装饰，大到校园的亭台楼榭，中国元素皆能成为留学生教育的隐性素材。民族舞社、太极拳社、龙舟队、汉语角等社团活动发挥着留学生培养第二课堂的积极作用。

4. 注重国际职业能力培养

用国际化师资队伍和世界先进职教资源培养留学生国际职业能力。留学生归国就业是主要的发展方向，提高他们的国际职业能力是构建全球职业教育命运共同体的目标。学校通过合作办学吸收职业教育先进国家的专业标准、课程标准，引进世界通用职业资格证书，组建国际化师资队伍，开发双语课程，加强与国内外大型企业合作，搭建国际化产教融合平台，为留学生提供了先进的实践教学资源和实习实训机会，为提高留学生的国际职业能力提供了软硬件保障。拓展跨国校际合作，营造学校浓厚的国际化氛围，为留学生接触多元的文化、理念和技术提供平台。组织留学生参加“一带一路”国际技能大赛、国际青年创新创业技能大赛、金砖国家技能发展与技术创新大赛等，锻炼他们参与国际竞争的心理素质和能力。

用适宜的教学方法启发留学生的职业意识。鼓励教师采用灵活多样的教学方法，发挥教的主导作用，调动留学生的主体作用，使受教育者在学习和实践中形成与从事职业密切相关的思想和观念。实施小组教学法培养团队意识和奉献意识，通过项目教学法培养工匠意识和规则意识，采用任务驱动法培养创新意识和竞争意识……教师可结合自身的教学能力，根据不同的教学内容和学情选用适宜的教学方法。所谓“教学有法，教无定法，贵在得法”，其目的是让留学生在“学做并用、手脑并用”的教学互动中，植入职业意识，获得职业能力，提升职业素养。

九、研究引发的思考

（一）如何理性地对待留学生教育和管理

职业教育作为类型教育应当有足够的理由和自信在开放办学中走出一条新路。招收留学生是职业院校彰显教育综合能力和水平的重要方式，是扩大世界影响力的一个表征。学校如何理性地看待招收培养留学生这一现象，决定了培养的投入力度和培养效果。既要摒弃为了招收留学生而办留学生班的想法，更要摒弃勒紧裤腰带集中资源向留学生倾斜的做法，还要注意内外有别的教育方法。

（二）如何持续关注留学生毕业后的发展

培养留学生，学校不能仅仅只负责留学生在华学习的三五年，更要关注其毕业后的职业生涯发展和社会活动。学校应该建立留学生校友联系机制，持续关注他们在华企工作或对话友好活动中的表现，引导他们参与两国教育、文化、技术等方面的互动，增进各国人民间的友谊。

十、尚待解决的问题

（一）留学生的专业教育问题

因留学生招生专业分散，独立成班的专业仅应用化工技术、焊接技术及自动化（更名为：智能焊接技术）、国际商务三个，其他学生以插班的方式进行教学，无疑插班生的教学与中国学生无异，培养的方式与中国学生专业方向雷同。今后，在设置招生专业时应当根据生源国产业人才需求或合作企业订单培养需要结合学校优势专业等集中开设，采用专门的人才培养方案实施教学，避免插班入学，提高人才培养的专业性。

（二）留学生教育管理信息化问题

留学生的个人信息字段具有特殊性，对于他们的入学信息、学籍信息等有特别的要求，因此无法无缝对接进学校的教务管理系统和学生管理系统，存在数据孤岛问题。这就给信息筛查、成绩记载、毕业审核等造成了困扰。今后，应当优化学校的教务管理系统，预留必要的字段或自由扩展字段，包容各类学生（例如：社会扩招生）。

（三）留学生教学质量保证体系和评价体系问题

构建科学、可行的教学考评制度是提升学历留学生教学质量的重要保证。有效的学历留学生教学考核制度有利于引导教师按照评价指标和要求去完成各项教学任务，保证教学效果，不断提高教学质量，从而推进高职院校学历留学生综合职业能力的形成。在今后制订学历留学生课程考核标准时，一是遵循实事求是的原则，充分考虑到高职院校学历留学生的实际情况，如汉语水平、专业基础等，制订学历留学生课程考核标准；二是树立形成性考核的理念，对学历留学生的课程考核可以包括课堂行为表现、作业完成情况、课外日常行为表现、对专业术语的理解程度、专业词汇的增长量、课内实训的表现等内容，将其进行量化，作为平时成绩；三是实施多样化的期末考试方式，对学历留学生课程的期末考试可将理论知识和实践能力采用闭卷或开卷、笔试或口试、专题报告或案例分析、个人作业或小组协同等多种方式进行。

学历留学生的培养作为高职院校国际交流合作的重要内容之一，已经纳入各级教育主管部门对高职院校高质量考核的指标体系，因此，学校应当高度重视学历留学生的培养，组织专家开展研究，构建多元融合的人才培养模式，凝练符合实际的培养目标，制订科学的人才培养方案并认真组织实施，确定科学、合理的教学考核方式，不断提高学历留学生的培养质量。

基于全生命周期的教师分类培养管理机制研究

叶爱英

一、课题提出与研究背景

本课题在“人的全面发展”理念基础上，综合世界各国高校空前激烈的人才竞争环境，贯彻落实《国务院关于印发国家职业教育改革实施方案的通知》《中共中央 国务院关于全面深化新时代教师队伍建设改革的意见》《深化新时代职业教育“双师型”教师队伍建设改革实施方案》等文件精神，加快构建现代职业教育体系，培养更多高素质技术人才、能工巧匠、大国工匠的背景下，提出教师发展应向内涵式发展，发展职业教育急需一支精湛的“双师型”师资队伍等系列研究课题。

纵观高职教师的发展，教师培养仍然存在着零散、无序、不成体系；教师发展关注现在，未能注重未来发展；教师队伍建设关注高层次人才队伍建设，忽略青年教师的培育培养等问题。

基于上述教师发展现状，本课题以教师全生命周期发展为依据，构建“初入职、成长期、成熟期、衰退期”不同阶段的教师培养发展机制和培养体系。通过构建教师分类分层培养体系、教师自我发展诊断改进平台，改变目前高职院校的教师发展只注重现在，未能注重教师未来发展的现状；通过搭建校级、省级、国家级、国际级多层级教师培养平台，改变目前高职院校只注重高层次人才队伍建设，忽略青年教师的培育培养现状。

二、课题研究的实践意义

（1）以全生命周期视角管理、培养高职院校教师，从把握全程到注重阶段提出动态管理的思想，为高职院校的教师可持续发展提出了全新的管理和发展思路。

（2）教师分类培养、分类管理、分类评价机制的建设，建设“教师教育、创新、研究、研修”四位一体、协同发展的“互联网+数字教师”的教师发展平台，为高职院校教师队伍建设提供了全新的理论研究和实践指导。

（3）借助现代化信息技术手段，建立教师发展诊断改进系统，对进一步实施教师个性化、精准化培养工作的实效性起着关键作用。

三、课题研究的目标

（1）以高职教师发展为研究对象，以科学发展观为指导思想，借鉴生命周期理论，构建“初入职、成长期、成熟期、衰退期”的教师全生命周期的培养机制和培养体系。

（2）依托信息化平台，利用云服务、大数据等技术，构建“在线培训、创新研究、专题研修”三位一体的全生命周期教师培养平台。

（3）依托教师发展中心建设，制订“初入职、成长期、成熟期、衰退期”的教师全生命周期发展标准，同时在制度层面建立教师培养、人才选拔、职称晋升、岗位晋级一系列制度，形成专业化、制度化、常态化的教师发展机制。

四、课题研究的主要内容

（1）教师全生命周期理论调研：设计调研问卷，查阅文献，了解国内外教师全生命周期理论研究，确定高职教师的全生命周期。

（2）基于教师全生命周期理论发展教师管理、教师培养、教师发展机制建设：以科学发展观为指导，依据高职教师职业的成长规律，划分“初入职、成长期、成熟期、衰退期”教师全生命发展周期，结合教师发展规划，架构教师全生命周期发展机制。

（3）制订教师“初入职、成长期、成熟期、衰退期”全生命周期发展标准，依据教师标准，构建教师培养、人才选拔、晋升晋级的一系列全生命周期发展制度，同时建设“在线培训、创新研究、专题研修”三位一体的全生命周期教师培养平台。

（4）对培训课程及项目、培训方式、培训手段、评价手段进行一体化设计。构建“理论-实践”“职业技能-职业认知-职业素质”教师分类培训、分类评价体系。

五、课题研究的主要过程

（一）教师发展阶段的理论调研和实践调研

1. 教师发展理论

教师发展是一个多维度、多层次、多因素的复杂体系。国外自20世纪60年代开始，以美国学者傅乐、卡茨、司德菲等为代表的学者们开始关注教师发展理论，到21世纪初，教师发展已经从理论阶段发展到实践阶段，以哈佛大学的德里克·博克教学和学习中心、英国牛津大学的学习中心最为著名。傅乐的教师关注阶段论为教师发展理论的研究开辟了先河，卡茨、伯顿、纽曼、皮特森、弗劳拉等将教师发展分为求生存时期、巩固调整时期、更新时期、成熟时期四个阶段。 80年代开始，费斯勒等学者推出一套动态的教师生涯循环理论，将教师发展划分为职前教育阶段、引导阶段、能力建立阶段、热心和成长阶段、生涯挫折阶段、稳定和停滞阶段和生涯低落退出阶段。国内也有研究者将教师的发展分为适应期、熟练期、风格期、骨干期、学术期和理想期六个阶段。

2. 信息化时代教师专业发展诉求

大数据、云计算、人工智能等互联网新技术的到来，一方面将经济发展由高速增长阶段转向高质量发展阶段，产业升级和经济结构调整不断加快，各行各业对技术技能人才的需求越来越紧迫，职业教育重要地位和作用越来越凸显；另一方面，《国务院关于印发国家职业教育改革实施方案的通知（国发 ［2019］ 4号）》文件的发布，再次让职业与技术倾向的高等教育人才培养体系得以确认。高等职业教育已经占有中国高等教育体系的半壁江山，与高等职业教育骄人的发展成就不相适应的是，高等职业院校教师应朝何种方向发展却尚无定论，教师在愈演愈烈的焦虑面前时常无奈、被动、疲于应付。社交网络的即时性，更加剧了教师焦虑的显性化。“1+X”证书制度改革、学分银行建立、学习成果互换、退役军人等新型生源的出现，也深深触动了高等职业教育高素质“双师”改革的“神经”。如何引领高职教师未来发展方向，如何应对互联网带来的焦虑，如何使教师客观评价自我及高校教师的专业化发展日益成为国际高教界的关注点。

3. 职业教育教师发展体系设计

“互联网+教育”加速了“人人都是教育的生产者，又是教育的消费者”的新型教育生态的发展。“互联网+教师发展”也发生了很大的变化。现有的教师发展机制改革主要是关于职称评审、岗位聘任的改革，但未能真正触及教师发展内生动力，未能真正激发教师的“最近发展区”。笔者所在学校，结合高职教师专业发展规律，划分教师职业发展的“初入职、成长期、成熟期、衰退期”的四个阶段，设计了四维度十一层级教师发展标准，并以标准为依据，构建教师发展线上平台，形成教师发展内生动力机制，全面激发教师发展内生动力，促进教师发展科学规划；通过诊改大数据，制订学院师资培养方案实施精准培养，建立不同成长阶段的教师发展外部激励机制，促进教师发展有序提升。

“内生外驱”的教师发展保证体系，引导教师从容应对互联网时代带来的焦虑和不安，并为相关职能部门在制订高职教师发展标准时加以借鉴，也为高职院校教师发展工作提供一定的实践经验和创新理论指导。

（二）构建全生命周期教师发展机制

1. 构建内生外驱的教师发展内部质量保证机制

依托学校内部质量保证体系建设，借鉴诊改理念，建立了“内生动力+外部干预”的教师发展体系。内生动力部分，以“初入职、成长期、成熟期、衰退期”四个阶段教师发展内涵为依据，以教师发展标准为基础，构建教师自我定位、教师发展规划和诊断改进为一体的教师自我发展平台。外部干预部分，构建以教育教学能力为主体、专业实践能力和教研科研能力为两翼的教师能力发展路径，制定“初入职、成长期、成熟期、衰退期”不同时期的教师“晋升-考核-薪酬激励”一体化外部干预机制，形成内生外驱的教师发展内部质量保证机制（图 1）。

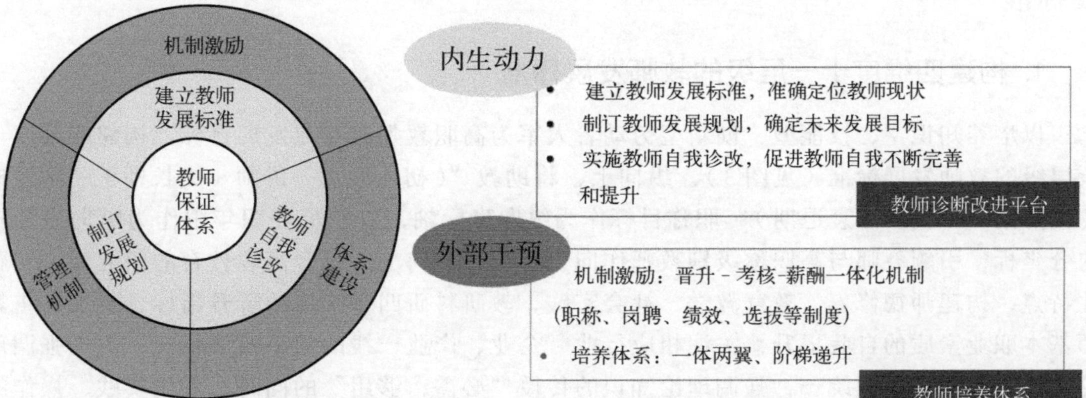

图 1 “内生外驱”教师发展质量保证机制模型

2. 构建“一体两翼，师德贯穿，阶梯提升”的高水平“双师”队伍培养体系

深入贯彻落实《国务院关于印发国家职业教育改革实施方案的通知》《中共中央 国务院关于全面深化新时代教师队伍建设改革的意见》《深化新时代职业教育“双师型”教师队伍建设改革实施方案》等文件精神，结合我校职业教育成长规律和学习认知规律，从师德、教学、科研、实践等多方面构建新教师（初入职）—骨干教师（成长期）—带头人（成熟期）—名师名匠（衰退期）的教师成长路径，以教学能力为主体、专业实践能力和教研科研能力为两翼、师德培养贯穿其中的教师培养体系（图2），建立职教师资培养培训基地，建设“互联网+教师”线上线下发展平台，全面提高教师教育教学、专业实践能力，有效促进高职教师专业化发展和职业成长。

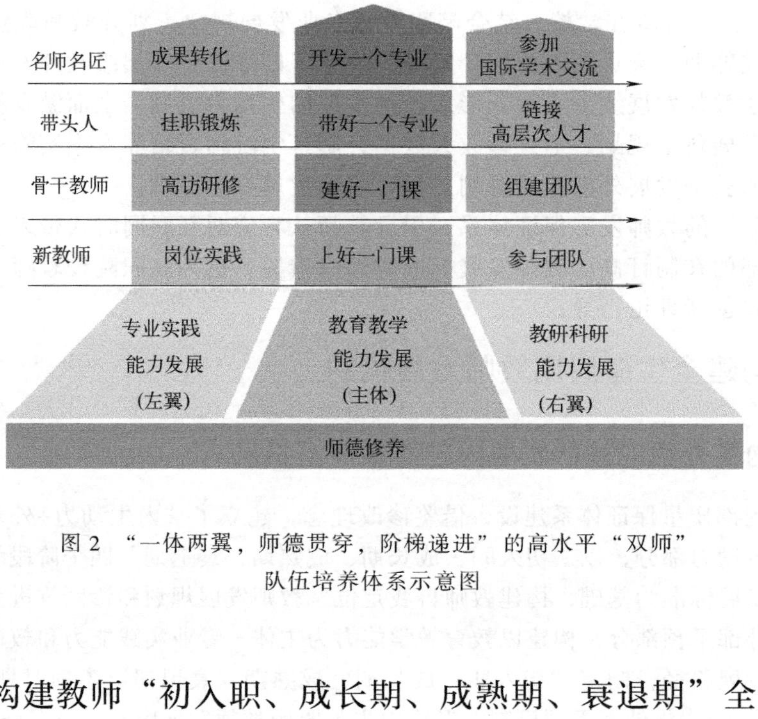

图2 “一体两翼，师德贯穿，阶梯递进”的高水平“双师”队伍培养体系示意图

（三）构建教师“初入职、成长期、成熟期、衰退期”全生命周期发展标准

1. 构建四维度十一层级的教师发展标准

以培养知识型、技能型、创新型劳动者大军为高职教师的专业发展目标，构建四维度十一层级的教师发展标准（见图3）。纵向上，将助教“（初入职）—讲师（成长期）—副教授（成熟期）—教授（衰退期）”职称目标作为纵向坐标轴，以职称任职年限作为纵向坐标轴的分坐标，引领教师与高职称级别教师作向上比较；横向上，综合高职教育的职业性、实践性特点，构建师德修养、教育教学、社会实践、教研科研四个维度的晋升指标，更加注重教师基本职业素质的自我提升，关注相应行业、企业、产业一线的前沿发展状况，更加强调理论应用与实践规范的统一，强调理论知识的传授“必需、够用”的同时，突出实践、操作的严格规范；更加强调个体发展与群体进步的统一。

职称	级别与年限	维度						
		师德修养	教育教学		教研科研		社会实践	
		素质标准	素质标准	业绩标准	素质标准	业绩标准	素质标准	业绩标准
讲师	10级 1~3年	1. 接受最基本的职业伦理，准确且正确地探索知识； 2. 认可教学行为准则与规范，有清晰教育理念和目标，有效传授知识； 3. 公平、关心、体谅地对待学生，与生建立令彼此愉悦的关系； 4. 为学生提供使用数字化工具和资源的机会，满足所有学生的多样化需要	1. 掌握所教学科系统知识及与其他学科间关系，将教学法知识应用于教学中； 2. 吃透大纲，采用合适教学方法与手段，编制课程教学方案，如期完成教学任务； 3. 科学序化课程教学内容，合理选用教学资源，有效检测学生学业成绩； 4. 设置层次清晰的学习目标，善于创设情境，让学生有机会应用知识、联系知识	1. 开设公开课4次，评价良好； 2. 系统担任1门课程的全部教学工作，质量考核1次以上“良好”； 3. 担任学生管理工作1年以上，考核“良好”	1. 把握专业在行企业中地位与角色，深入了解合作企业，开展技术服务与培训； 2. 获得院级或企业研究项目资助，在期刊等出版物上发表相关文章； 3. 开发信息化教学资源，满足所有学生需要，促使学生自主设定目标和管理学习； 4. 运用数字化工具和资源，与学生、同行、社会展开协作，促学生成功与创新	1. 主持校级教改课题或科研课题1项； 2. 在省级期刊发表文章2篇，其中1篇为本专业学术论文	1. 主动参与满足教师职业发展需求的理论与实践培训； 2. 有与企业合作开发项目天数积累； 3. 能预见技术发展的趋势，参与本区域的决策和构建； 4. 促进学生探究并解决现实世界中的真实问题，展示发展他人的能力	1. 对接一家企业，并参加企业实践半年以上； 2. 参与横向课题1项（前2名），累计到账金额3万（文科类1万）
	9级 3~5年			1. 开设公开课4次，其中1次为“优秀”； 2. 系统担任1门课程的全部教学工作，质量考核1次以上“优秀”； 3. 担任学生管理工作1年以上，考核“优秀”		1. 主持校级教改课题或科研课题2项； 2. 在省级期刊发表文章3篇，其中1篇在中文核心期刊发表		1. 对接一家企业，并参加企业实践半年； 2. 承担横向课题1项（前2名），累计到账金额5万（文科类3万）或发明专利1项
	8级 5年以上			1. 能开发行动导向的教学模式，并系统担任过2门课程的全部教学任务，考核“合格”； 2. 个人参加竞赛或指导学生参加竞赛获得省级优秀奖以上； 3. 从事学生管理工作2年		1. 参与市厅级科研课题1项（前3名）； 2. 在中文核心期刊发表学术论文1篇、教育改革论文1篇或主编教材三万字以上或发表艺术作品集		1. 主持或参与校内实训基地项目建设； 2. 深度对接一家企业，校企合作开发课程资源库建设等； 3. 主持横向课题2项以上，累计到账金额8万（文科类6万）或获得国家授权发明专利1项

图3　教师发展标准示意图（讲师10级、9级、8级）

2. 构建“四维九级”辅导员思政队伍教师发展标准

以“四有四型”辅导员队伍建设为目标，围绕“践行师德、学会教学、学会育人、学会发展”四个维度，构建9级辅导员思政教师发展标准（图4），引领思政教师辅导员成长为学生成长成才的人生导师和健康生活的知心朋友。

职称	年限/年	级别	践行师德	教书育人	教研科研	社会实践
思政助理讲师	0~1	9级	• 践行社会主义核心价值观，增进对中国特色社会主义的思想认同、政治认同、理论认同和情感认同 • 具有依法执教意识，立志成为有理想信念、有道德情操、有扎实学识、有仁爱之心的好老师	• 树立德育为先理念，掌握班级组织与建设的工作规律和基本方法 • 参与助讲思想政治、创业就业、学业与职业规划、心理健康、军事理论等课程教学任务 • 担任班主任助教	• 了解国内外职业教育改革发展动态，初步掌握反思方法和技能 • 学会运用批判性思维方法分析和解决教育教学问题	• 了解国家就业形势与政策，掌握职业指导知识和方法，掌握创新创业基本知识和方法 • 参与负责党团建设，社团建设和学生干部建设或助学帮困工作 • 参与指导学生开展党团活动、社团活动、社会实践活动和创业实践活动 • 参与职业指导或指导学生创新活动的初步体验
	1~3	8级	• 热爱职业教育事业，具有职业理想和从教意愿，认同教师工作的意义和专业性，具有积极的情感、端正的态度、正确的价值观 • 秉承爱岗敬业、诚实守信、精益求精等职业精神	• 系统讲授1门思想政治教育方面的课程，课程教学质量考核合格以上 • 学生管理工作取得一定成绩，所带班级或所带学生团体获得校级以上表彰 • 本人年度考核合格以上，至少1次为“优秀”	• 运用批判性思维方法，养成从学生学习、课程教学、企业实践、学生就业、用人单位要求等不同角度反思并改进教育教学的习惯 • 在省级以上刊物发表研究论文1篇以上 • 具有团队协作精神，参与校级以上课题1项或工作课题1项	• 获取心理咨询师等相关职业资格证书 • 及时有效处理学生中各类突发事件和重大问题，并努力稳定控制局面及时上报 • 开展学生工作和大学生状况调查研究，撰写研究报告

图4　思政教师队伍发展标准示意图（助理讲师9级、10级）

（四）制订教师培养、人才选拔、职称晋升发展制度

基于教师全生命周期发展理论，结合“初入职、成长期、成熟期、衰退期”教师成长目标，构建教师分类分级职称评审办法、分类分层人才选拔培育办法和分类分段教师培养制度，营造人人渴望成才、人人皆可成才、人人尽展其才的双栖发展生动局面。

1. 建立十一层级教师岗位晋升标准，试行岗位评聘分开制度

坚持党管人才原则，遵循人才成长规律和市场经济规律，破除论资排辈的思想观念，不唯学历、不唯资历、不唯论文，创新教师岗位评聘分开机制。围绕师德修养、教育教学、教研科研、社会实践四个维度业绩和成果，设计教师岗位2级~教师岗位12级的任职基本条

件和晋升标准。所有业绩和成果按照国家级、省级、市厅级、校级等划分成 A、 B、 C、D 四类，不同层级晋升须符合 A 类指标 1 项以上或 B 类指标多项，重能力、重实绩、重质量，形成良性有序的教师晋升发展环境，进一步优化高层次人才结构。

业绩突出或育人成效显著的，可实行“低职高聘”；凡有师德失范、失责等情形的，实行“一票否决制”，并在岗位聘任中实行降等、降聘。 2019 年，有 2 名教师因业绩突出，岗位聘任由副教授 6 级破格晋升为副教授 5 级岗位， 1 名教师因师德失范，由教师岗 10 级降聘为工勤岗 5 级。

2. 建立分岗、分层职称晋升标准，试行高层次人才直评机制

构建教学名师（教学型）、著名学者教授（教学科研型）、科技专家（科研型）、社会服务专家（社会服务型）四类人才的职称晋升通道，持续释放和激发人才活力，营造有序发展环境。新增教学为主型、科研为主型、社会服务型教师系列职称副教授、教授晋升标准。突出教育教学实绩，把认真履行教育教学职责作为教师晋升讲师的基本要求；副教授、教授晋升分为教学岗、教学科研岗、科研岗、社会服务岗位四种类型。教学岗主要考察教育教学能力、育人成效等，科研岗主要考察教师解决重大科学问题的原创能力、成果的科学价值、学术水平和影响等，社会服务岗考察成果的社会价值、内容创新和社会效益等，形成人人皆可成才局面。

试行高层次人才直评机制，凡获得国家级教学能力竞赛奖项、指导学生竞赛国家级奖项、国家级教学成果奖励等，可直接晋升副教授或教授。试行代表性成果评价办法，专利成果、项目报告、工作总结、工程方案、设计文件、教案等成果形式可替代论文要求，同时代表作数量正高不超过 5 篇，副高不超过 3 篇，职称晋升由注重“论文数量”向“成果质量”转变。 2019 年有 2 名教师提交专利作品替代论文，同行专家评定“达到”，并晋升副高级专业技术职务。

3. 创新教师企业实践分类考核办法，拓宽校企合作、企业实践内涵

依据新教师、骨干教师、博士、教授专业特长和个人能力水平，试行企业实践 1（年或月）+“X（职业技能等级证书或其他体现社会服务能力成果）”分类考核管理办法。新教师入职三年内企业实践不少于 1 年，并取得高级技能证书或培训师证书（X）；骨干教师五年内企业实践不少于 1 年，并取得横向课题、技术开发项目（X）；博士、教授五年内兼职或挂职企业工程师、科技镇长不少于 1 年以上，并实行成果转化 1 项以上（X）。企业兼职、企业挂职等模式，变企业实践“一维”为“多维”。横向课题、科技开发项目、成果转化等“X”实践成果考核管理，大大拓宽了教师企业实践范畴和深度，校企合作不再停留于“纸上谈兵”。

4. 建立分类分段人才培养办法，突出师德师风建设

深化教师发展中心建设，搭建新教师、骨干教师、专业带头人、教学名师、技术能手、技能大师各阶段成长期的选拔办法和培训平台。搭建科研、教学、创新、育人等各类平台，建立跨学科、跨专业、跨学院、跨行业等跨界团队，创新团队培育模式，“本土”和“引进”高端人才组团式“智力”帮扶模式、跨学科“智力”团队互助模式、产教融合人才培养模式多地开花。

固本强基，建立教师师德高线和底线，制订《师德师风考核办法》，编印《新时代师德师风制度解读》《高校教师师德手册》读本，召开师德师风宣传大会，将师德宣传制度化、常态化，引导广大教师时刻自重、自省、自警、自励，培育重德养德良好风尚。

（五）搭建教师专业化发展培训平台

对培训课程及项目、培训方式、培训手段、评价手段进行一体化设计，构建“理论-实践”“职业技能-职业认知-职业素质”教师分类培训、分类评价体系，实施“教育教学职业素养提升工程”“技术服务能力提升工程”“创新能力提升工程”“师德师风建设工程”“辅导员职业能力提升工程”。

1. 教育教学职业素养提升工程

以新教师上好一门课、骨干教师建好一门课、带头人带好一个专业为主线，全面实施教学能力提升［师范教育、教学基本功、课堂（课程）设计、项目化教学方法 2.0、实践教学技能、信息化素养等］和信息化教学应用能力提升计划（微课制作、数字化资源建设、MOOCs 实训、虚拟现实技术），组织开展以赛促教计划（教学基本功竞赛、信息化教学竞赛、心理辅导竞赛等），全面提升教师“互联网+”教育教学能力，助推教师成长为教练型教学名师。

2. 技术服务能力提升工程

以“技能-实践-挂职”为主线，围绕应用化工技术、焊接技术与自动化等 8 个重点专业群，瞄准智能制造、绿色生产等产业高端，依托海外合作院校和企业，全面开展实践技能提升（“1+X”实践考核训练、五年轮训、企业挂职）和技术服务能力提升（对接校内名师、带头人、骨干教师）计划，培育一批职业技能培训师，建设一支能够改进企业产品工艺、开发新技术、制订新标准的工程技术专家队伍。

3. 创新能力提升工程

以“提升自己-发展他人-共同发展”为主线，对接常州大学、江苏理工学院等本科高校，选拔一批优秀的博士、教授兼任研究生学术导师；对接科教城、紧密合作型企业，选拔一批优秀的骨干教师兼任智能制造、绿色生产、智能检测等技术专家，“学术导师”和“技术专家”同步发展，全面提高专业教师在理论创新、项目开发、技术服务等方面能力。

4. 师德师风建设工程

以教师职业规范、职业道德、行为规范、教育理想为主线，采用讲座、报告、案例、典范等方式，培养教师认识师德师风是评价师资队伍质量的第一标准，明确自己肩负的责任，教育教师们成为“有理想信念、有道德情操、有扎实学识、有仁爱之心”的好老师。

5. 辅导员职业能力提升工程

完善辅导员多层次培训体系，逐步建立涵盖骨干培训、专题培训、调研交流、跟岗实践等分层次、多形式、重实效的培训体系，不断提升辅导员的理论水平与工作素养；鼓励辅导员攻读教育管理、大学生思想政治教育、心理学等相关专业硕士、博士学位，改善辅导员队伍知识结构，提升辅导员知识储备；组建辅导员研究团队，设立大学生思想政治教育工作研究项目、辅导员工作课题等精品项目，搭建辅导员科研平台，创造条件鼓励辅导员申报大学生思想政治教育、心理咨询、就业指导等方面科研课题、精品项目，积极撰写辅导员工作案例，撰写发表学术论文。

（六）建设教师自我发展诊断改进平台

教师专业发展是一项系统工程，学校以教师发展标准为基础，把教师自我定位、教师发展规划、教师自我诊断改进当作一个系统工程加以研究，打造教师自我发展平台，努力调动一切相关方面的积极性为教师专业发展服务，为教师成长助力。图 5、图 6 是教师自我发展平台示意图。

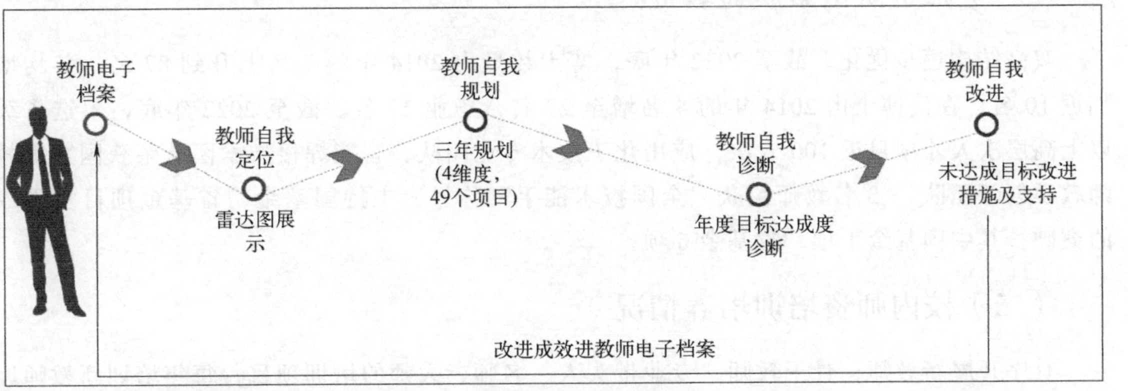

图 5　教师发展诊断改进平台

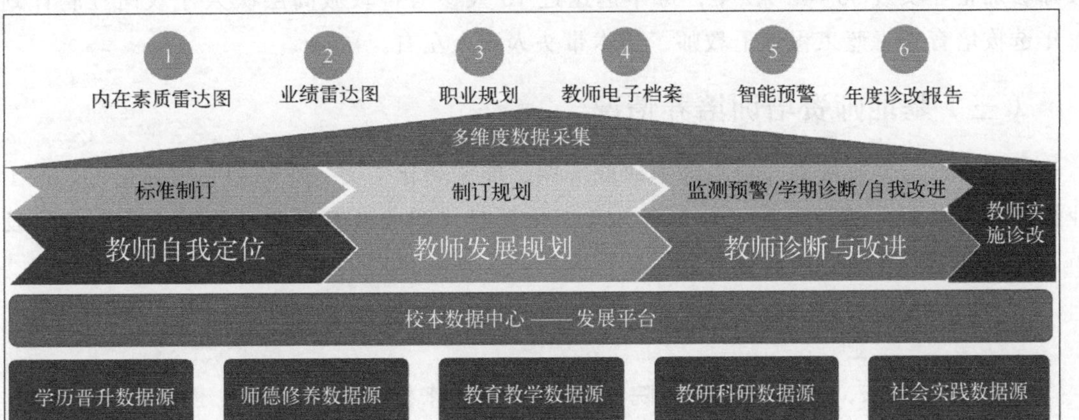

图 6　教师发展线上平台构建示意图

建立教师发展规划大数据平台，将教师个人业绩与未来发展规划形成教师成长电子档案袋，统一门户、统一数据交换、统一身份认证，实现教师培养由填鸭式向精准化培养，推动教师由传统教师向整合技术的复合型教师转型，促进“互联网+”背景下，教师管理、教师评价的教育生态发生根本性的转变，实现教师管理由粗放向精细、由经验向大数据转变。

依据教师发展平台数据统计，精细分析教师需求和教师发展目标，精准制订教师培养方案，精益培养各类教师，形成“精细分析、精准定制、精益培养”三位一体的教师发展内生动力机制。建立教师自我诊断、自我改进大数据平台，教师通过自我反思、自我改进，教师的质量意识逐步得到提高，把以往被动地接受监控管理变为教师自觉实施自我监控和自我评价。

目前学院近500名教师开展了自我定位、自我规划、自我诊断改进，统计了近500名教师的发展诉求，制订了教师个性化培养方案，充分激发全体教师的积极性和创造性，促进教师自我成长，追求卓越。

六、研究成果的应用情况

（一）师资队伍素质显著提升

双高结构逐步优化。截至2022年底，博士数量由2014年的7名上升到87名，年均增加近10名；在读博士由2014年的4名增至27名，毕业20名。截至2022年底，入选省级以上高层次人才项目近100人次，应用化工技术专业团队、智能焊接技术团队荣获国家级教师教学创新团队。3名教师荣获“全国技术能手”称号。主持国基金、省基金项目实现零的突破，其中国基金1项、省基金6项。

（二）校内师资培训培养情况

有序开展新教师、骨干教师、专业带头人、名师、大师的培训项目，每年培训新教师近30~40人，专业带头人、骨干教师近150人，培育教学名师10名、技能大师10名等；选派教师参加企业实践30~40人/年，每年选送近10人参与科教城高层次人才双岗互聘计划，每年选拔培育省青蓝工程骨干教师、学术带头人5人左右。

（三）基地师资培训培养情况

近年来承担专业带头人领军能力研修2期、能源和化工类“双师型”教师化工总控工专业技能培训数期、创新团队研修1期，为深化新时代职业教育“双师型”教师队伍建设改革，支撑江苏职业教育高质量发展，实现职业教育现代化提供实践指导和基地保障。

（四）教师发展交流情况

自2018年以来，200余所高职院校2000余人次来校交流师资队伍建设经验。2019年3月5日，学院高水平“双师”队伍培养体系于全省高职院校教师培训年度会议上交流发言。教师诊改培训案例于全国20多所高校交流汇报。

（五）教师发展体系获奖情况

“一体两翼，师德贯穿，阶梯递进”的高水平“双师”队伍培养体系于2020年4月获得首批全国职业院校“双师型”教师队伍建设典型案例100例（教师司函［2020］17号）。2020年8月，学校被教育部财政部职业院校教师素质提高计划国家级培训项目管理办公室认定为优质省级职教师资培养培训基地。

七、教师队伍建设策略建议

（一）理念先行

体系建设很重要，而体系执行的有效性更重要。好的体系应该具有高度的执行力，全体教师能发自内心地认同并在活动中有意识执行是关键。因此学校要从培训、激励、宣传全方位对教师进行教师诊断改进的理念进行宣传。邀请高职教育诊改专家、其他院校优秀教师专家开展一系列关于教育质量的专题讲座和培训，从概念、观念、意识、文化等方面提高教师对质量的认识。学校组织召开关于教学、教师发展研讨会，进一步明确学校的教育思想、办学理念、人才培养质量的价值观，让每位教师和管理者明确认识自我发展与学校发展共命运，也让每位教师对自我发展、自我诊断改进的论述产生共鸣，将诊断改进理念深入人心，实现人人参与诊断改进，促进人人自发学习、自我提升。

（二）标准引领

《国务院关于印发国家职业教育改革实施方案的通知》（国发 ［2019］ 4号）的发布，引发了高职教育领域的震荡，高技能高技术人才的需求让社会重新定位高职人才，同时也给高职教师带来焦虑，高职教师如何应对互联网时代到来，如何应对人工智能+教育生态变革，如何提升自我专业素养和水平，这一系列问题促使高职教师未来发展标准的制订迫在眉睫。教师发展内部质量保证体系建设的源头是教师发展标准的确定，教师自我先定位，才能科学制订未来发展方向，才能保证教师发展体系的方向性和时代性。所以制订教师发展标准要体现时代性，同时也要体现高职教师的高等性和职业性两个特征。以教师发展标准为依据，构建教师发展线上平台，打造教师发展共同体，全面激发教师发展内生动力，促进教师专业发展有序提升，保障教师发展内部质量体系不会偏离方向。

(三)平台支撑

“互联网+”加速了教育的自我进化，人人都是教育的生产者，又都是教育的消费者，这种新型的教育生态必然会更加适应社会的发展。“互联网+”时代的教师，应该用互联网的思维方式重新塑造教师的思维。将教师发展当作一个系统工程，打造“互联网+”教师自我发展平台，意味着把互联网的创新成果和教育教学、教师发展深度融合，使教师发展更个性化、培养更精细化、规划决策更科学化，同时保障教师发展内部质量保证体系形成良性循环。

八、课题研究的今后设想

完善教师发展线上平台，优化教师精准培训方案和计划。完善教师发展中心功能，进一步为教师成长和发展提供服务。构建教师发展文化体系，营造温馨的育人环境。